清华版·高等院校
旅游与饭店管理专业规划教材

饭店管理概论

马 勇 主 编

周 霄 副主编

清华大学出版社
北京

内 容 简 介

本书是教育部旅游管理专业教育教学改革项目配套教材之一。本书结合国内外最新相关研究成果,全面论述了现代饭店管理的基础理论、原理与方法。全书总共分为十四章,包括饭店管理概述、饭店管理理念和方法、饭店组织管理、饭店业务管理、饭店市场营销管理、饭店人力资源管理、饭店顾客关系管理、饭店投资管理、饭店设备管理、饭店服务质量管理、饭店安全与危机管理、饭店信息系统管理、饭店品牌战略管理以及饭店集团化管理等。

本书既可作为高等院校饭店管理专业师生的教材,也可作为饭店中高级管理人才的培训用书,还可以作为大中专院校旅游管理专业教师和学生的参考读本以及高等职业教育、自学考试人员的辅导资料。

图书在版编目(CIP)数据

饭店管理概论/马勇主编;周霄副主编. —北京:清华大学出版社,2005.12(2017.8重印)
(清华版·高等院校旅游与饭店管理专业规划教材)
ISBN 978-7-302-13452-7

Ⅰ. 饭… Ⅱ. ①马…②周… Ⅲ. 饭店－企业管理－高等学校－教材 Ⅳ. F719.2

中国版本图书馆 CIP 数据核字(2005)第 081300 号

责任编辑:温 洁 张彦青
排版人员:房书萍
责任印制:李红英

出版发行:清华大学出版社
      网   址:http://www.tup.com.cn, http://www.wqbook.com
      地   址:北京清华大学学研大厦 A 座   邮   编:100084
      社 总 机:010-62770175   邮   购:010-62786544
      投稿与读者服务:010-62776969,c-service@tup.tsinghua.edu.cn
      质 量 反 馈:010-62772015,zhiliang@tup.tsinghua.edu.cn
印 装 者:清华大学印刷厂
经   销:全国新华书店
开   本:185mm×260mm   印   张:25.25   字   数:597 千字
版   次:2006 年 8 月第 1 版   印   次:2017 年 8 月第 12 次印刷
印   数:20001~20500
定   价:48.00 元

产品编号:020187-02/F

丛　书　序

进入21世纪以来，随着中国社会经济的飞跃发展，综合国力的不断增强，国民生活水平的显著提高，中国旅游业迅速发展起来，并且保持着持续发展的活力。根据世界旅游组织的预测，2020年中国将成为世界第一大旅游目的地国，并成为世界主要旅游客源国之一。在21世纪的起始阶段，中国旅游业的发展将本着"大力发展入境游，积极发展国内游，规范发展出境游"的方针，逐步发展成为出入境旅游并举的旅游客源输出大国和旅游目的地大国。

中国能够快速发展成为全球最主要的旅游市场之一，首先需要大量优秀的专业人才做支撑。旅游产业的发展运行需要管理、策划、营销、服务等多方面和多层次的专业人才体系来支撑，涉及面包括了从旅游资源的规划与开发到旅游产品的策划与设计，从旅游活动的组织创意到旅游线路的营销推介，从旅游企业的管理运营到旅游项目的筹划运作以及到各种旅游服务的实际提供与操作等等；同时，随着现代旅游产业发展呈现出的多元化、国际化趋势，旅游节庆、旅游会展、旅游地产、旅游电子商务等新型旅游产业迅速发展起来，对现代旅游从业人员提出了新的要求，也是对当前旅游管理专业的高等教育提出了新的挑战。

当前，我国旅游管理专业教学建设已有了一定的发展基础，在中国步入"十一五"新的发展时期，中国旅游专业人才的培养需要一套具有新理念、新思维、高水平的精品教材，以培养出一批符合未来中国旅游产业发展需求的合格人才。为此，清华大学出版社策划组织了国内一流旅游院校中的部分院系著名专家教授和学科带头人参与编写了这套能够适应中国旅游业发展需要的高等院校系列教材。本套教材是教育部面向21世纪旅游管理专业教育教学改革工程项目的系列配套教材，由清华大学出版社组织出版。本套教材的宗旨是进一步完善全国旅游管理专业的高等教学体系，总结中国旅游产业发展的理论成果和实践经验，推进中国旅游管理专业的理论发展和学科建设，并希望有助于提高中国现代旅游从业人员的专业素养和理论功底。

在编制本套教材的过程中，我们力求系统地、完整地和准确地介绍旅游管理专业的基本理论和知识，并体现资料全、观点新和体系完整的特色，尽可能地将当前国内外旅游产业发展的前沿理论和热点、焦点问题收纳进来。本套教材既可作为全国高等院校旅游管理专业教育教学的专业教材，也可作为旅游企业专业人才培训的参考用书。本套教材由教育部工商管理教学委员会委员马勇教授和田里教授担任总主编，由华侨大学郑向敏教授、重庆师范大学罗兹柏教授和上海师范大学高峻教授担任副总主编。

　　本套系列教材将于2006年秋季陆续出版发行，其中刘纯教授的《现代饭店督导管理》、郑向敏教授的《现代饭店经营管理》已评为教育部国家级"十一五"规划教材。在教材的编制过程中，清华大学出版社特别邀请了全国旅游教育界和企业界的知名教授和专家学者进行了严格的审定，借此机会对支持和参与本套教材编、审工作的专家、学者表示衷心的感谢。

　　欢迎全国旅游高等院校师生和旅游专业人士的选用，并提出宝贵意见，以利于今后本套系列教材的修订与完善。

编委会
2006年7月

前　言

随着经济的发展和人们生活水平的不断提高，旅游逐渐成为现代社会人们重要的生活方式和社会经济活动之一。饭店作为人们旅游活动中不可或缺的一环，随着旅游业的发展也获得了长足的发展，且全球化趋势越来越明显。我国饭店业近年来虽然也获得了飞速的发展，但是由于起步较晚，与国外的饭店集团相比较，在经营理念、管理水平以及服务质量上都还有着一定的差距。自中国加入 WTO 以后，全球各大饭店集团纷纷进入中国市场，在强势的竞争对手面前，我国的饭店企业在面临发展机遇的同时，也在接受严峻的挑战。要提高我国饭店业的国际竞争水平，必须加强对饭店管理专业人才的教育和培训，因此人才的培养是我国饭店业发展制胜的关键。

本书正是本着提高我国饭店业从业人员的素质，全面提升我国饭店管理专业人才的学历和理论水平的初衷而编写的。在写作过程中作者参考了大量的国内外相关资料，并吸收了国内外学者的相关研究成果。全书总共分为十四章，包括饭店管理概述、饭店管理理念和方法、饭店组织管理、饭店业务管理、饭店市场营销管理、饭店人力资源管理、饭店顾客关系管理、饭店投资管理、饭店设备管理、饭店服务质量管理、饭店安全与危机管理、饭店信息系统管理、饭店品牌战略管理以及饭店集团化管理等。在内容体系上不但尽可能地涵盖饭店管理活动的各个方面内容，同时又结合当前全球饭店业发展的特点，进行了一定的创新，对饭店业的集团化、饭店投资等当前饭店企业管理方面的热点也进行了论述；此外，本书还针对饭店业经历的"非典"、海啸等危机事件，对饭店如何应对危机，实施危机管理进行了一定的探讨。在每章的开头，本书均向读者介绍了本章的学习目标以及核心概念，以帮助读者学习和掌握每一章的学习内容。本书既可作为高等院校饭店管理专业师生的教材，也可作为饭店中高级管理人才的培训教材，或作为大中专院校旅游管理专业教师和师生的参考读本以及高等职业教育、自学考试人员的辅导资料。

另外，本书配有电子课件，以适应多媒体教学的需要。下载地址：www.tup.com.cn。

本书由教育部工商管理教学指导委员会委员、商务部中国会展经济研究会副会长、湖北大学旅游发展研究院院长马勇教授担任主编。具体写作分工为：马勇编写第一、五、八、九、十四章，周霄编写第六章、附录，李丽霞编写第三、七、十、十一、十三章，黄其新编写第二章，刘名俭编写第四章，马勇、李莉编写第十二章。全书最后由马勇教授与周霄主任共同统稿和定稿。

本书在编写过程中参考和引用了国内外的一些相关文献和资料，在此，谨向这些文献资料的作者致以诚挚的谢意。由于时间紧迫，能力所限，本书中的缺点和错误之处在所难免，欢迎各位读者批评和指正，以便我们能不断完善。

马勇 周霄
2006 年 5 月于武汉

目　录

第一章 饭店管理概述

【学习目标】

1. 了解饭店和饭店管理的基本概念和内涵
2. 熟悉饭店管理的形式和框架体系
3. 熟悉和掌握饭店管理的基础理论
4. 熟悉和掌握饭店管理的核心职能

【关键词】

饭店 Hotel
职能 Function
饭店管理 Hotel Management
基础理论 Foundational Theory

对于企业而言，21 世纪是一个管理制胜的时代。21 世纪的饭店，只有不断地加强现代化管理，才能在日益激烈的市场竞争中取得优势，立于不败之地。然而，管理饭店是一项极富挑战性的工作，饭店管理的科学性、技术性与艺术性要求并存。一个具有高素质的饭店管理者应该深刻理解饭店管理的内涵，善于在实践中运用饭店管理的理论，通过有效地执行管理职能来实现饭店的各个经营管理目标。

第一节　饭店管理的概念体系

一、饭店概况

(一)饭店的概念

人们出门在外时，都有寻求"旅途之家"以满足其休息和栖身的需求，这类专门为顾客提供临时性住宿服务的行业，通常称之为住宿业。在我国的现代日常用语体系中，饭店、酒店、宾馆、旅馆、旅店、旅社、旅舍、招待所等都是常见的住宿业称呼，它们之间主要的区别在于，饭店、酒店、宾馆一般指较高档的住宿业，其他称呼则指相对较低档的住宿业。为了论述的方便，本书统一使用"饭店"作为住宿业的称谓。

实际上，饭店除了能够为人们提供居住场所之外，一般还可提供饮食、购物、娱乐、安全保障等其他综合性服务。因此，它可以被视作是"短期房产租赁"和"旅行生活服务"的综合体。概括地讲，饭店就是以一定的建筑设施为平台，为人们提供住宿、饮食、购物、娱乐及其他服务，并由此取得收入的企业。

关于饭店的上述界定，突出了饭店的两大特性，即服务性与企业性。饭店的服务性体现在其产品的使用价值中包含有大量的服务性劳务价值，并且这种服务性劳务价值在其产品价值构成中占据主体地位，直接通过饭店员工向顾客提供的服务劳动实现。饭店的企业性则表现为它是依法自主经营、自负盈亏、独立核算的商品生产和销售的经济组织，追求市场中经济效益的最大化是饭店与其他类别企业的共性。

(二)饭店的功能

饭店的服务水平是衡量一个国家或地区综合接待能力的重要标志之一，其数量规模和档次结构直接表征着该国家或地区的整体形象和经济发展水平。饭店的功能具体表现在以下几个方面。

1. 饭店是国家创汇的重要基地

从竞争力的角度来讲，外汇收入能力毫无疑问应该成为国家竞争力指标体系中的核心要素之一。而一些大型饭店大多具有涉外性质，其境外目标市场主要包括有较高社会地位或政治地位的知名人士和入境旅游者，他们一般具有较强的消费能力，涉外饭店通过为这类顾客提供各种高档服务，可以获取非常可观的外汇收入。

2. 饭店是解决就业的重要部门

饭店业属于劳动密集型行业，具有很强的就业吸纳能力和产业关联带动能力，可以直接或间接地解决相当数量人员的就业问题，社会效益显著。根据有关机构测算，饭店业每增加一间客房，就可为社会提供大约 1～3 个直接就业岗位和 3～5 个间接就业机会。

3. 饭店是旅游业发展的重要依托

饭店是旅游业发展不可或缺的物质基础，缺乏适量饭店的依托，任何一个地方要想发展旅游业都是不切实际的。作为旅游业"三大支柱"之一，饭店不仅是较为理想的食宿场所，它同时还能为广大游客提供娱乐、购物、保健、订票等多种服务，以满足现代旅游者日益多元化的需求。

4. 饭店是多元交流的重要场所

饭店往往是文化、科学、技术交流和社会交往的中心。许多新闻发布会、学术研讨会、产品推介会等都会在饭店中举行，尤其是一些国际性的盛会，吸引着来自五湖四海的宾客到访，极大地促进了文化艺术和科学技术的交流；同时，饭店提供的优雅环境，如咖啡厅、茶坊和娱乐场所等也促进了社交活动的发展。

(三)饭店的类型

饭店发展到一定时期必然会出现类型众多的局面，于是就产生了对其进行分类的需要。通过对饭店的分类，能够方便其市场定位，同时也有利于饭店产品的推销和在同类饭店之间进行比较。饭店通常有如下几种划分标准。

1. 根据饭店特色和客人特点划分

(1) 商务型饭店：是指那些为从事企业活动的商务旅行者提供住宿、饮食服务和商务活动场所及有关设施的饭店。

(2) 度假型饭店：是指为度假旅客提供住宿、餐饮、娱乐、休闲服务和各种交际活动场所的饭店。

(3) 会议型饭店：是指主要接待对象为各种会议团体的饭店。

(4) 长住型饭店：是指主要接待常住客人或长期居住的商务性、度假性客人或者家庭的饭店。

(5) 汽车饭店：是指设在公路旁，主要为自驾汽车旅游的客人提供食宿等服务的饭店。

2. 根据饭店计价方式划分

(1) 欧式计价饭店：这种饭店的客房价格仅包括房租，不含食品、饮料等其他费用。世界上绝大多数饭店均属此类。

(2) 美式计价饭店：这种饭店的客房价格包括房租和一日三餐的费用。目前，尚有一些地处偏远的度假型饭店仍属此类。

(3) 修正美式计价饭店：这种饭店的客房价格包括房租和早餐以及午餐或晚餐的费用，以便顾客有较大的自由空间去安排白天的活动。

(4) 欧陆式计价饭店：这种饭店的客房价格包括房租及一份简单的欧陆式早餐，即咖啡、面包和果汁。此类饭店一般不包括餐厅。

(5) 百慕大式计价饭店：这种饭店的客房价格包括房租及美式早餐的费用。

3. 根据饭店等级与档次划分

在国际上，一般将饭店分为五个等级，用星号"☆"(或字母"A")的数目来表示，称之为星级，星数越多表明饭店档次越高。

(1) 一星级饭店：最低星级的饭店。设备简单，仅提供食、宿两项最基本的饭店产品，能满足旅客基本的食宿需要，设施和服务符合国际通行的基本标准。

(2) 二星级饭店：较低星级的饭店。设备一般，除食宿基本服务设施外，还设有简单的小卖部、邮电、理发等服务设施，服务质量较好。

(3) 三星级饭店：中等星级的饭店。设备齐全，有多种综合服务设施，服务质量较高。

(4) 四星级饭店：较高星级的饭店。设备豪华，服务设施完善，服务项目健全，服务质量优秀。

(5) 五星级饭店：最高星级的饭店。其设备、设施、服务项目设置和服务质量均达到世界饭店业的最高水平。

需要指出的是，其实并不存在一个统一通行的饭店等级"国际标准"，各国都是根据自己的国情来制定饭店等级标准并进行星级评定。也有一些顶尖的饭店超越了"五星"的概念，如位于阿联酋迪拜的阿拉伯塔大饭店就享有"七星级"饭店的称誉。

4. 根据饭店经济性质划分

这是我国特有的一种饭店的分类方法，可分为国有经济饭店、集体经济饭店、私营经济饭店、联营经济饭店、股份制经济饭店、中外合资经济饭店、外商投资经济饭店、港澳台投资经济饭店等。

5. 根据饭店规模大小划分

按照饭店的规模，即客房数量，可以将饭店划分为大型、中型和小型饭店。通常，大型饭店是指拥有 600 间以上客房的饭店，中型饭店是指拥有 300～600 间客房的饭店，而少于 300 间客房的饭店则为小型饭店。

(四)饭店的发展趋势

随着时代的发展，饭店业与时俱进，不断涌现出新的建设理念和经营模式。在知识经济风起云涌、全球化浪潮扑面而来的新时期，饭店业的发展将是全方位的，变革将是深刻的。具体来说，未来饭店的发展趋势主要表现在下述几个方面。

1. 绿色化趋势

绿色饭店的兴起实际上是饭店行业在可持续发展理念的指导下响应环境保护倡议的一种自觉行为，值得大力宣传推广。绿色饭店推出绿色产品、提供绿色服务、提倡绿色消费，对于饭店自身而言，积极意义是多方面的。一方面，绿色饭店讲究生态化设计，其环境保护的社会形象很容易深入人心，受到消费者的青睐；另一方面，绿色饭店引入了循环经济的概念，可以在很大程度上降低饭店的运营成本。在我国，浙江省在绿色饭店的创建方面起步最早，成效也最为显著。据统计，该省凡是参加创建绿色饭店的成本平均下降了 15%，这个数字是非常可观的。

2. 主题化趋势

主题饭店的概念起源于美国，著名的迪斯尼度假俱乐部、太阳国际度假公司等都是经营主题饭店的专业机构。在宾客需求日益多元化的今天，主题饭店可以被看作是市场高度细分的结果，它能够极大地满足对应市场群体的特定需求，因而在全球范围内迅速普及开来。与传统的饭店相比，主题饭店从某一主题入手，把服务项目与主题相结合，以个性化服务代替刻板的服务模式，体现出饭店对宾客的尊重和信任。主题饭店不再单纯是住宿、餐饮消费的场所，更是以历史、文化、城市、自然等吸引顾客体验生活的舞台。

3. 科技化趋势

科学技术是第一生产力。20 世纪末叶以来，世界范围内新科技革命的迅猛发展，促进了人类社会生产力的大幅度提高,对人类生活的众多领域都产生了广泛而深刻的影响。饭店业也不例外,科技革新成果在饭店领域的运用也使饭店业发展步入了一个新的历史时期。高科技手段的应用简化了许多饭店服务工作环节,使饭店服务的工作效率和质量得以有效提高。在智能化饭店中,客人可以通过电脑终端直接在客房内办理购物消费和结账退房手续。顾客的一些关于旅游业务方面的咨询和预订服务也可以足不出户地通过网络"一点通"。在某些特定的服务领域,如在前厅和客房,应用机器人提供辅助服务亦将不再稀奇。

4. 品牌化趋势

品牌意味着广泛的知名度和良好的美誉度,其强大市场激发能力是毋庸置疑的,由于饭店业的竞争日渐白热化,塑造品牌已经成为饭店生存与发展的必由之路。国内外的饭店都非常注重品牌的培育,例如法国雅高集团推行品牌丛战略,在饭店的各个层次都不遗余力地打造出享誉世界的著名品牌,在高端市场有索菲特(Sofitel),在中端市场有诺富特(Novotel)、墨奇尔(Mercure),在经济型层次则有伊比斯(Ibis)、伊塔浦(Etap)、1 号方程式(Formule 1)、6 号汽车旅馆(Motel 6)等。实践证明,顾客在为选择饭店而作决策时,确实存在着品牌偏好,这也是很多品牌饭店都拥有大量回头客的重要原因之一。

5. 集团化趋势

饭店集团,也称连锁饭店,是二战以后为适应不断扩大的旅游市场而产生的,它一般是指在本国或世界各地直接或间接地控制两个以上的饭店,以相同的店名和店标、统一的经营程序和管理水平、一致的操作程序和服务标准进行联合经营的饭店企业。俗话说,"团结力量大",饭店集团较之单体饭店在经营管理、资金筹集、市场营销、人员运用、物资采购、风险扩散等方面都占有明显的优势,而这些优势大都来自饭店集团所享有的规模效应。国外的大型饭店集团,如圣达特集团、洲际集团、万豪集团等,旗下的成员饭店遍及世界各地,数量动辄几千家;而我国的饭店集团则普遍偏小,国际化程度也不高。推进饭店集团化进程,进一步打造中国饭店集团航母,将成为我国饭店发展的又一重大趋势。

二、饭店管理界说

(一)饭店管理的内涵

饭店管理是饭店经营与管理的简称,既包括经营,又包括管理,两者既有联系又有区别。经营属于商品经济特有的范畴,面向的是外部市场,是以商品生产和交换为手段,使饭店的内部条件与外部环境达到动态平衡的一系列有组织、有计划的经济活动;管理

则侧重于饭店内部，是指饭店管理者针对饭店的业务特点，对所拥有和能够支配的人力、物力、财力、信息、知识等资源加以优化配置和有效整合，以期用最小投入获取最大收益的经济活动。可见，饭店的经营和管理相辅相成、密不可分，和谐地统一于饭店的各项业务活动中。

基于上述认识，可以对饭店管理的概念作出如下表述：饭店管理是指饭店管理者在进行市场需求分析的基础上，为了有效地实现饭店预定的综合目标，根据饭店具备的经营条件和所处的经营环境，遵循一定原则，运用多种方法，对饭店的各种生产要素进行决策、计划、组织、领导、协调、控制、激励、督导、创新等一系列活动的总和。这一概念将饭店管理的目标、对象与职能集于一体，充分展示了饭店管理丰富的内涵。

饭店管理既定目标的实现程度是衡量饭店管理成效的主要依据，这些目标包括经济效益目标、社会效益目标和生态效益目标，饭店管理谋求的是三大效益目标的有机统一。饭店管理的对象则是饭店管理者在管理过程中可资凭借的各种生产要素，如人力资源、物力资源、财力资源、信息资源等，其中人力资源最为重要。饭店管理的职能是管理者与饭店实体相联系的纽带，计划、组织、控制、领导、创新是饭店管理的核心职能，而饭店管理的本质也就在于管理者能够科学地执行这些管理职能。

(二)饭店管理的特征

饭店管理的特征是由其产品特性和顾客需求共同决定的，主要有以下四个方面。

1. 饭店管理的系统性

人们常说"饭店就是一个小社会"，足见对其进行管理是一项复杂的系统工程。由于顾客对饭店产品的感知贯穿于从抵店至离店的全过程，其间涉及多部门、多环节、多岗位的服务细节，任何一个细枝末节出现失误，都将导致顾客的不满。因而饭店管理必须着眼于饭店本身的系统性，恰当地处理好整体与局部、局部与局部之间的关系，从而取得最佳的综合管理效益。

2. 饭店管理的服务性

饭店管理的服务性包含两层意思，一是饭店管理过程中应始终渗透着服务的理念，即"员工是为顾客服务的，而管理人员则是为员工服务的"，以此来调动基层员工工作的积极性和主观能动性；二是饭店管理的重点落脚于为顾客提供的服务产品的质量，管理过程中必须严格督控服务员按照饭店的服务标准与程序提供使顾客满意的服务产品。服务管理不仅是饭店管理的重头戏，也是饭店管理的特色之一。

3. 饭店管理的前瞻性

不同于人们日常的衣食住行等基本生活需求，饭店需求是一种非基本的派生需求，人们前来住店往往是因为公务出差或外出旅游度假而附带产生的住宿需求，因而当地的经济和旅游发展态势将决定饭店业的发展水平。所以，饭店管理必须具有高度的预见性和先进性，应正确把握当地的经济发展趋势，制定科学合理的经营战略；同时还要注意引导消费、创造需求，从而有效地扩大市场。

4. 饭店管理的多变性

饭店开门迎宾，客人来源与层次千差万别，文化背景各不相同，需求偏好因时因人而异，给服务工作提出了较高的要求。同时，饭店员工的情况也是多样且变化着的，员工素质不尽相同，针对同一项服务，不同的员工会有不同的服务质量；即使是同一位员工，在不同的情绪状态下也会有不同的服务效果。因此，饭店必须能够适应多变的管理环境，视客人和员工的变化情况，积极实施各种相应的管理措施。

(三)饭店管理的形式

根据经营管理主体的差异，饭店管理存在自主管理、委托管理、参与管理、顾问管理、租赁管理、特许管理等多种形式，它们本身并无好坏之分，饭店应该本着从实际出发的原则恰当地选择行之有效的管理形式。

1. 自主管理

自主管理是由饭店业主自行组织饭店领导班子的管理形式，我国大多数饭店都采取这种管理形式。具体做法是饭店业主任命本系统的人员，或招聘、调进外系统的职业经理人担任总经理、副总经理及其他高层管理人员，然后再由他们面向社会招聘或在系统内部调配中、基层管理人员。自主管理饭店的经营者通常有几种情况：其一是业主自己经营管理，很多民营饭店即采取这种方式；其二是经营者与业主在行政上有上下级关系，如国有饭店委任的总经理；其三是由外聘职业经理人担任总经理，他们仅受聘于该饭店；其四是由业主挂名法人总经理，实际经营管理权由所聘请的副总经理来行使。

2. 委托管理

委托管理是指饭店业主通过签订管理合同、支付一定的管理费用将饭店全权委托给专业饭店集团或管理公司管理的形式，被委托者既可以是来自国外的也可以是来自国内的。委托管理的饭店必须采用被委托饭店集团或管理公司的成熟管理模式，但可以选择是否采用该饭店集团或管理公司的名称，其中高层管理人员全部或大部分由被委托的集团或公司委派。为了提高业主方的管理能力，也有的饭店在中高层管理人员的副职岗位配备业主自己的管理人员作为后备力量，在实际工作中向正职学习管理经验，待委托合同期满后挑起独立管理的重担。

3. 参与管理

参与管理则是介于自主管理和委托管理之间，将饭店的经营管理部分委托给专业饭店管理公司的一种管理形式。参与管理的饭店，其中高层管理人员由业主与管理公司共同派出，一般来说，前台管理人员由管理公司派出，后台一些部门的管理人员由业主方派出。饭店要向管理公司支付管理费，同时还须支付派出管理人员的工资。参与管理还有一种低成本运作模式，即委托有一定名望的管理专家组织一个团队进行管理，它虽然可以为饭店节省一定的管理费用，但由于受聘人员只是个人行为而没有组织保证，容易产生随意性。

4. 顾问管理

顾问管理，又称咨询管理，它是指在自主管理的基础上，聘请饭店管理专家组成智囊团对饭店的管理作咨询指导、开展检查监督、进行问题诊断、提出决策方案或临时负责饭店某一部分工作的管理形式。顾问管理既可以请管理专家个人，也可以请顾问咨询管理公司。与前几种管理形式相比，咨询管理人员与饭店之间的关系较为松散，不要求一定要在饭店坐班，他们经常参与饭店的决策、有时参加店务会议和日常的业务活动，有些咨询管理人员虽无具体职务，却可拥有一定的指挥权。

5. 租赁管理

租赁管理是饭店业主通过签订租赁合同，将饭店租赁给饭店管理公司或个人经营管理，从而获取租金收入的一种管理形式。在这里，饭店资产的所有权与经营权完全分离，业主不干预承租者的经营管理，但要监督承租者对资产的责任和行为，及其经营的合法性。承租者享有全权管理饭店的权利，同时也必须承担按约定向业主缴纳租金的义务。租金的缴付约定通常有三种方式：一是承租者向业主缴纳固定租金，并承担饭店所有经营费用的支出；二是以收入分成的方式缴纳租金；三是以利润或经营毛利分成的方式缴纳租金。

6. 特许管理

特许管理就是使用特许经营权来管理饭店，它实质上是一种品牌延伸和管理模式移植的管理形式。特许经营权，代表着知名饭店集团的品牌及其管理模式，饭店向品牌饭店集团支付品牌使用费获得特许经营权后，不但可以按照该集团的管理模式和标准来管理饭店，而且还可以借助其品牌价值广泛招徕客源。我国的许多饭店在使用特许经营权时，往往还会要求对方向饭店派出管理人员帮助饭店进行经营管理，双方的共同目标是使饭店的管理能够切实达到特许经营权集团的水准。

(四)饭店管理的框架体系

饭店管理工作千头万绪,管理者应该在自己的意识中对饭店管理的内容形成一个明确的框架概念,即理清思路,把握饭店管理的纲要,并遵循纲要来实施其管理。饭店管理纲要主要包括以下几个方面。

1. 饭店建筑实体

(1) 建筑实体的外观和体量,外装修、外环境。

(2) 建筑实体的功能结构、内部布局、空间利用。

(3) 建筑实体装修形成的风格特色。

(4) 建筑实体的能源、活劳动和物化劳动的节省。

2. 饭店组织

(1) 饭店的管理体制与组织形式。

(2) 组织结构,包括部门的设置和层次划分,业务范围的划分和归属,岗位的设置和确立岗位责任制,对各管理层权力的规定。

(3) 管理人员的配备,包括评价、选拔、确定管理人员。

(4) 分配任务,即把饭店全部业务分解并分配到各部门。

(5) 编制定员,即核定各部门、各班组及饭店的全体人员。

(6) 形成劳动组织形式。

(7) 建立饭店各项制度。

3. 饭店管理的决策和计划

(1) 决策的分类和决策权限的划分,以及由此形成的决策体系。

(2) 对饭店管理的各种决策进行选择并形成计划。

(3) 实施计划。

4. 服务质量管理

(1) 明确服务质量的概念、含义和内容,树立牢固的质量意识。

(2) 确定饭店及各部门各岗位的服务质量标准,制定服务质量计划。

(3) 服务规程管理,包括制定并实施服务规程,鼓励员工按规程服务。

(4) 服务质量保证体系,包括灌输质量意识,建立质量控制系统,质量信息系统,服务质量考评奖惩措施。

(5) 实施全面质量管理。

5. 业务管理

(1) 确定业务内容，包括业务决策，各部门业务内容、业务范围的确定。

(2) 饭店整体业务的设计管理。

(3) 各部门具体业务的设计及部门间的业务衔接。

(4) 业务形式、业务流程的设计及管理。

(5) 业务信息系统，业务表单的设计、传递及管理。

(6) 业务运转过程的管理。

6. 人力资源开发

(1) 区别于人事管理和劳动管理的人力资源开发。

(2) 招收、汇集各种合格人才，合理的人才流动。

(3) 对员工的分析评价，知人善用。

(4) 对全体人员的训练和塑造。思想素质训练、业务培训、形体训练。

(5) 合理使用人才。合理使用，积极培养，从严考核。

(6) 劳动报酬的分配。分配的原则、形式及实施。

(7) 员工福利。大型福利、经常性福利。

(8) 对员工的鼓励。企业文化建设，各种激励方式的使用。

7. 财务管理

(1) 饭店投资与负债，资金计划的制定，投资决策。

(2) 资金的筹措，投入方式与运作管理，融资管理。

(3) 资金分配。时间上的纵向分配，部门间的横向分配。

(4) 资金运动管理。固定资产、流动资金、专项基金运动管理。

(5) 投资回报营业收入和利润管理。

(6) 成本费用的管理。

(7) 财经纪律，财务制度的管理。

8. 市场营销和公共关系

(1) 市场调查、市场状况和趋势，饭店的市场定位和决策。

(2) 饭店市场策略，产品设计，价格策略。

(3) 市场开拓。产品开拓，市场经营开拓。

(4) 对公共关系概念的把握和理解，公关计划。

(5) 公关决策和实施形象决策，公众认定策划，公共关系活动的审定和实施，CIS的策划和实施。

(6) 日常工作中的公关活动，着眼长远的公关活动。

9. 设备工程管理

(1) 设备设施配置投资决策、安装，正常运行管理，设备更新改造的管理。

(2) 设备资产的管理，设备档案资料的管理。

(3) 对水、电、汽、冷、暖供应的管理。

(4) 建立设备维护保养体系，建立科学的维修体系。

(5) 节能环保管理。

(6) 技术队伍和人员素质的管理。

10. 物资管理

(1) 饭店物资管理体系。组织系统、采购系统、供应系统、控制系统。

(2) 饭店物资决策。种类、等级、品牌、数量、价格、成本。

(3) 物资采购供应计划，资金计划。

(4) 物资采购、验收、进仓、管理、采购批量、采购方式。

(5) 物资定额管理。消耗定额、储备定额、资金定额。

(6) 仓库管理。进仓、堆放、保管、发放、盘点、账务。

11. 安全保卫管理

(1) 饭店安全保卫的涵义、特点。

(2) 安全保卫系统的组织。

(3) 安全保卫工作计划。

(4) 和业务运行同步，切实做好安全保卫工作。

第二节 饭店管理的基础理论

　　饭店管理必须以科学的管理理论为基石。然而，管理理论浩如烟海，要想对其有一个较为清晰的认知，有必要追本溯源，对管理理论的发展沿革进行全面而认真的梳理，从而确立科学的研究视角。纵观一个世纪以来管理理论的发展演变，大致可以分为四个阶段。

一、古典管理理论阶段(20 世纪初到 20 世纪 30 年代)

这一阶段是管理理论形成的初始阶段，其间的研究侧重于从管理职能、组织方式等方面研究效率问题，对人的心理因素考虑很少或根本不去考虑。这一阶段，在美国、法国、德国分别活跃着具有奠基人地位的管理大师，即"科学管理之父"——泰勒(F.W.Taylor)、"管理理论之父"——法约尔(H.Fayol)以及"组织理论之父"——马克斯·韦伯(M.Weber)。

(一)泰勒的科学管理理论

1911 年，美国人弗雷德·温斯洛·泰勒出版了其代表作《科学管理原理》，从此创立了科学管理理论，也标志着人类管理理论的正式诞生，其本人也被誉为"科学管理之父"。

泰勒的科学管理理论主要包括以下原理。

一是工作定额原理。泰勒认为，科学管理的中心问题是提高劳动生产率。为此必须配备"第一流的工人"，即根据人的能力和天赋把他们分配到最适合的工作岗位上去，在科学实验的基础上，为他们制定出较高的劳动定额，并通过培训使他们掌握科学的工作方法，这样工人就能顺利地完成定额，提高工效。

二是标准化原理。泰勒通过一个工具标准化的实验证明，铲运工人工作时，根据不同的物料，使用按不同物料设计制作的标准铲子，将大大提高生产效率。后来这种工具的标准化原理普及到操作方法的标准化以及工人所使用的工具、机器、材料、作业环境等的标准化上。

三是差别计件工资制。泰勒认为，要提高生产率，就要取得雇主和工人两方面的合作。而当时的付酬制度存在问题，造成雇主与工人之间的对抗，阻碍生产效率的提高。为此泰勒提出了差别计件工资制，在科学定额的前提下，采用差别计件工资制来鼓励工人完成和超额完成工作任务。这种工资制度大大提高了工人的积极性，同时由于利润的提高幅度大于工资的提高幅度，所以对雇主也是有利的，因此成为雇主和工人协调与合作的基础。

在泰勒的科学管理理论指导下，传统的经验工作方法逐渐转变为科学工作方法，管理职能同执行职能开始分离，为管理理论的进一步发展建立了基础。同时泰勒还首先提出领导的权力要与员工共享，而非加诸于员工，并把这个想法叫做参与式管理。

(二)法约尔的管理理论

1916 年，法国人法约尔发表了他的著作《工业管理与一般管理》，标志着一般管理理论的形成，也从此确立了他"管理理论之父"的历史地位。

法约尔的一般管理理论主要包括以下内容。

一是从企业经营活动中提炼出了管理职能。法约尔区别了经营和管理，认为这是两个不同的概念，管理包括在经营之中。他通过对企业全部活动的分析，将管理活动从经营职能(包括技术、商业、业务、安全和会计等五大职能)中提炼出来，成为经营的第六项职能。同时进一步得出了普遍意义上的管理定义，即"管理是一种普遍的单独活动，有自己的一套知识体系，由各种职能构成，是管理者通过完成各种职能来实现目标的一个过程"。

二是倡导管理教育。法约尔认为管理能力可以通过教育来获得，"缺少管理教育"是由于"没有管理理论"。每一个管理者都按照他自己的方法、原则和个人的经验行事，但是谁也不曾设法使那些被人们接受的规则和经验变成普遍的管理理论。

三是提出五大管理职能。法约尔将管理活动分为计划、组织、指挥、协调和控制五大管理职能，并进行了相应的分析和讨论。同时他认为管理的五大职能并不是企业管理者个人的责任，它同企业经营的其他五大活动一样，是一种分配于领导人与整个组织成员之间的工作。

四是提出 14 项管理原则。法约尔提出了一般管理的 14 项原则：劳动分工、权力与责任、纪律、统一指挥、统一领导、个人利益服从整体利益、人员报酬、集中、等级制度、秩序、公平、人员稳定、首创精神、团队精神。

(三)马克斯·韦伯的组织理论

德国人马克斯·韦伯，在其著作《社会和经济理论》中，提出了"理想的"行政管理体制，对古典管理组织理论作出了重大贡献，因此他被称为"组织理论之父"。

韦伯主张建立一种高度结构化的、正式的、非人格化的"理想的行政组织体系"。他认为这是对个人进行强制控制的最合理手段，是达到目标、提高劳动生产率的最有效形式，而且在精确性、稳定性、纪律性和可靠性方面优于其他组织。

上述三位及其他一些先驱者创立的古典管理理论被以后的许多管理学者广泛研究和传播，并加以系统化。其中贡献较为突出的是英国的厄威克(L.F.Urwick)与美国的古利克(L.Gulick)。前者提出了他认为适用于一切组织的十条原则，后者概括提出了"POSDCRB"，即管理的七项职能——计划、组织、人事、指挥、协调、报告和预算。

二、现代管理理论阶段(20 世纪 30 年代到 60 年代)

这一阶段，以梅奥(G.E.Mayo)为代表的一批管理学家在古典管理理论的基础上，对行为科学理论进行了集中的研究，产生了许多具有代表性的、到今天依然非常著名的现

代管理理论成果。同时在这一时期,许多管理学者(包括社会学家、数学家、人类学家、计量学家等)都从各自不同的角度发表自己对管理学的见解,涌现了一大批著名的现代管理理论学派,孔茨(H.Koontz)称其为管理理论丛林。

(一)行为科学理论

20世纪20年代末到30年代初全世界曾出现经济大危机。在美国,罗斯福政府从宏观上对经济实施管制,管理学者们则开始从微观上研究"硬件"以外的造成企业效率下降的影响因素,以研究人的心理、行为等对高效率地实现组织目标(效果)的影响作用为重心的行为科学理论开始萌芽。

行为科学理论早期被称为人际关系学说。它的研究起源于以梅奥为首的美国国家研究委员会与西方电气公司合作进行的霍桑实验(1924—1932年)。该实验的结论如下。

第一,工人是"社会人"而非"经济人"。这对古典管理理论的"经济人"假设提出了异议。在此基础上,梅奥等人认为,金钱并不是刺激工人工作积极性的惟一动力,要调动工人的生产积极性,首先要从社会心理方面对工人进行鼓励。

第二,企业中存在着"非正式组织"。梅奥认为正式组织与非正式组织有着很大的区别,前者以效率准则为其行动标准,后者则出于某种感情而采取行动。因此,在认为企业中存在"非正式组织"的基础上,梅奥指出在管理过程中不仅要依据效率逻辑,也不能忽视感情逻辑,否则非正式组织就将对企业的生产效率产生负面影响。

第三,新型的领导能力在于提高员工的满意度。从社会人和非正式组织的观点来看,金钱或者刺激对于提高工人劳动生产率只能起第二位的作用,而起第一位作用的是工人的满意度。因此新型的领导能力在于保持正式组织的经济需求与非正式组织的社会需求之间的平衡,通过增强员工满意度,提高生产和工作效率。

上述结论就形成了人际关系学说。此后,西方许多行为科学家以此为基础进行了更加深入细致的研究,包括个体行为、团体行为和组织行为三个层次。其中比较有代表性的理论主要集中在对个体行为的研究中,具体包括:

第一,马斯洛(A.H.Maslou)的需求层次激励理论。他认为人的需求分为生理的需求、安定或安全的需求、社交和爱情的需求、自尊与受人尊重的需求以及自我实现的需求等五个层次,当某一层次的需求满足之后,该需求就不再具有激励作用。在任何时候,主管人员都必须随时了解和正确对待人们的各种需求。

第二,赫茨伯格(F.Herzberg)的双因素激励理论。他把影响人员行为绩效的因素分为"保健因素"与"激励因素"。前者指"得到后则没有不满,得不到则产生不满"的因素,后者指"得到后则感到满意,得不到则没有不满"的因素。主管人员必须抓住能促使职工满意的因素。

第三,麦克莱兰(D.C.Macleland)的成就需求激励理论。他指出任何一个组织及每个人都代表了为实现某种目标而集合在一起的工作群体，不同层次的人具有不同的成就需求。因此，主管人员要根据不同人的不同需求来实施激励，尤其应设法提高人们的成就需要。

第四，麦格雷戈(D.M.McGregor)的"X 理论-Y 理论"的人性问题理论。他把传统的"经济人"假设概括为 X 理论，认为人的本性是懒惰的，组织要完成目标必须对工人加强管制和监督；而 Y 理论是根据"社会人"、"自我实现人"的假设而提出的，认为人并不是懒惰的，在正常情况下人愿意承担责任，只要给人创造一定的条件，他们就会努力工作，是行为科学理论中较有代表性的观点。他认为只有 Y 理论才能在管理实践中获得成功。随着对人的假设发展至"复杂人"，又有人提出了超 Y 理论。

第五，波特(L.M.Porter)和劳勒(E.E.Lawler)合作提出的波特-劳勒模式。该模式提出，激励不是一种简单的因素关系，人们努力的程度取决于报酬的价值、自认为所需要的能力及实际得到报酬的可能性，管理者应当仔细评价其报酬结构，把"努力—成绩—报酬—满足"这一连锁关系结合到整个管理系统中去。

(二)管理理论丛林

在古典管理理论和行为科学理论产生之后，特别是战后的 20 世纪 40 年代到 60 年代，随着科学技术的进步和生产力的巨大发展，生产社会化程度日益提高，管理理论的研究也出现了空前繁荣的局面，涌现出众多的管理理论学派。这一阶段被美国管理学家哈罗德·孔茨(H.Koontz)称为"管理理论的丛林"。其中较有影响力的管理理论学派有以下三种。

(1) 社会合作系统学派。创始人是美国的巴纳德，其代表作为《经理的职能》。巴纳德利用社会学和心理学的理论与方法，用社会的系统的观点来分析管理，将马克斯·韦伯等人的组织理论向前推进一大步。他认为社会的各级组织都是一个协作的系统，即由相互进行协作的两人或多人组成的系统。正式组织的存在需要有三个条件：明确的目标、协作意愿和意见交流。三个条件中若有一条不满足，组织就要解体。组织中管理人员的权威并不是来自上级的授予，而是来自下级的认可。

(2) 决策理论学派。它在社会合作系统学派基础上发展而来，吸收了行为科学、系统理论、运筹学、计算机程序等学科的内容。主要代表人物是赫伯特·西蒙、马奇等人，主要著作有《组织》、《管理决策新科学》等。该学派理论认为管理的关键在于决策，决策贯穿于管理的全过程，管理就是决策，组织是由作为决策者的个人所组成的系统，决策分为程序性决策和非程序性决策。该学派对决策的过程、决策的准则、决策组织的建立与决策过程的联系等问题进行了研究与分析。

(3) 经验主义学派。代表人物是美国的德鲁克、戴尔等人，主要著作有《管理：任务、责任和实践》、《有效的管理者》、《伟大的组织者》、《企业管理的理论与实践》

等等。该学派认为古典管理理论和行为科学都不能完全适应组织发展的实际需要，而成功的组织管理者的经验是最值得借鉴的。因此，有关组织管理的科学应该从组织管理的实际出发，分析管理人员的经验，然后加以理论化和系统化的概括。

在同一时期，还有个新的现象不容忽视，就是对顾客需求的重视。经济的发展、市场的繁荣促使卖方市场开始向买方市场转变。于是，由美国质量管理专家费根堡(A.V.Feigenbaum)首倡的全面质量管理(TQM)"始于顾客，终于顾客"的思想开始引起管理界的重视，并为世界各国广为传播和接受。与其说 TQM 是质量管理，不如说它是以质量为中心的企业管理，而质量好坏的评判是由顾客说了算的，因此需要首先从外部了解需要，然后实施内部质量控制，最后落脚于"顾客满意"。

三、现代管理理论的再思考阶段(20 世纪 60 年代中后期到 90 年代初)

这一阶段，美国的经济内临石油危机，外遇崛起的日本及欧洲的挑战，国际经济环境发生剧烈变化，美国一向自认为最先进的企业管理发生了危机，难以适应高度变化的环境的要求。管理学界开始对现代管理理论进行更进一步的探索。此时来自于战争的词汇——"战略"被引入管理界，管理学家们开始从战略管理的角度研究企业组织与环境的关系。进入 20 世纪 80 年代后，美国管理学界从日本企业的成功经验中发掘出了一系列以企业文化理论为核心的创新管理经验，开始对美国现代管理理论进行全面反思。

(一)战略管理理论

1965 年，安索夫(Ansoff)《公司战略》一书的问世，开了战略规划研究的先河。1975 年，安索夫的《战略规划到战略管理》一书出版，标志着现代战略管理理论体系形成。该书将战略管理明确解释为"企业高层管理者为保证企业的持续生存和发展，通过对企业外部环境与内部条件的分析，对企业全部经营活动所进行的根本性和长远性的规划与指导"。他认为，战略管理与以往经营管理的不同之处在于它面向未来，动态地、连续地完成从决策到实现的过程。

在同一时期，论述企业组织与外部环境关系的著作还有很多，如劳伦斯与罗斯奇合著的《组织与环境》(1969 年)，提出公司要有应变计划，以求在变化及不确定的环境中得以生存；卡斯特(F.E.Kast)与罗森茨韦克(J.E.Resenzweig)合著的《组织与管理——系统权变的观点》(1979 年)，虽然是权变理论学派的代表作，但其分析的问题也是从长期角度看待企业如何适应环境，认为在企业管理中要根据企业所处的内外条件随机应变，组织应在稳定性、持续性、适应性、革新性之间保持动态的平衡。

1980 年，迈克尔·波特(M.E.Porter)的《竞争战略》一书出版，把战略管理的理论推向了高峰。书中许多思想被视为战略管理理论的经典，比如五种竞争力(进入威胁、替代威胁、买方侃价能力、供方侃价能力和现有竞争对手的竞争)、三种基本战略(成本领先、差异化和目标集聚)、价值链的分析等。该书通过对产业演进的说明和各种基本产业环境的分析，得出不同的战略决策。这一套理论与思想在全球范围产生了深远的影响。《竞争战略》一书与后来出版的《竞争优势》以及《国家竞争优势》成为著名的"波特三部曲"，中国的管理学界以及很多实际工作者对此都不陌生。

(二)企业文化理论

这一时期，通过对不同国家管理制度的比较和研究，尤其是对日美两国管理的比较和研究，企业文化的管理理论开始受到人们关注。进入 20 世纪 80 年代以后，许多管理学专家在研究企业文化理论方面进行了深入的研究。

1981 年，威廉·大内发表了《Z 理论》一书，首先以企业文化理论轰动了美国管理学界。在这本书中，作者引用了美国公司一位副总经理的话："美国企业在 20 世纪 90 年代里将要面临的关键问题不是技术或投资，也不是规章制度或通货膨胀，关键问题是我们如何对这一事实做出反应——日本人比我们更懂得怎样管理企业。"作者直率地指出："作为一个国家我们已经认识到技术的价值，也愿意采用科学方法对待技术，然而却从不重视人的作用。"威廉·大内系统地比较了美国企业管理同日本企业管理的差别，提出了如何从美国式管理的组织(A 型组织)向日本式管理的组织(Z 型组织)转变的许多措施，其核心就是要信任和关心职工。

1982 年中期，汤姆·彼得斯和沃特曼出版的《成功之路》一书，再次让企业文化理论在美国和全世界掀起了轩然大波，将现代管理理论的再思考运动推到了高潮。作者在书中用大量的事实证明，"企业成功之路并不需要什么神奇的魔力，也不是靠那些神乎其神的现代管理理论，而只是要求领导者紧靠顾客，多到下边去'转悠'，提倡按常识办事而已"。

除此以外，理查德·帕斯卡和托尼·阿索思在《日本的管理艺术》一书中也详尽地描述了日本企业如何重视"软性的"管理技能，而美国的企业则过分依赖"硬性的"管理技能；特理·迪尔和阿伦·肯尼迪在他们的著作《企业文化》中进一步证明了企业文化对企业具有起死回生的作用。

20 世纪 80 年代后期，虽然美国经济开始复苏并达到了持续的繁荣，但对现代管理理论的再思考仍在继续进行，并基本朝着"在完善企业及一切公共部门的管理技术的同时，应当更加信任、重视、依靠组织的职工和自己的顾客"的方向发展。

四、全球化和知识经济时代的管理变革阶段(20世纪90年代以后)

在这一阶段，信息化和全球化浪潮迅速席卷世界，人类进入知识经济时代，信息和知识成为重要的战略资源，信息处理和传递技术的发展正在和仍将继续使企业生产经营活动及其组织产生重大变革。在上述环境影响下，现代企业管理在管理思想、经营目标、经营战略、生产系统和企业组织等方面开始了全面创新，管理理论学界则主要针对学习型组织、虚拟组织及柔性组织问题展开了研究。

(一)建立学习型组织

1990年，彼得·圣吉(P.M.Senge)在其所著的《第五项修练》一书中首次指出，企业应成为一个学习型组织，并提出了建立学习型组织的四条标准：人们能不能不断检验自己的经验；人们有没有生产知识；大家能否分享组织中的知识；组织中的学习是否和组织的目标息息相关。该书出版不久，就在全球范围内引起轰动，并于1992年荣获世界企业管理协会最高荣誉奖——开拓奖，作者本人也被冠以20世纪90年代的"管理学宗师"称号。

随后，在阿里·德赫斯(Arie de Geus)所著的《长寿公司》一书中，作者通过考察40家国际长寿公司，得出了结论："成功的公司是能够有效学习的公司"。在他看来，知识是未来的资本，只有学习才能为不断的变革做好准备；此外，罗勃特·奥伯莱(R.Aubrey)与保罗·科恩(P.M.Cohen)合著的《管理的智慧》一书则描述了管理者在学习型组织中角色的变化——他们不仅要学会管理的技巧，也要使自己扮演学习的领导者、师傅和教师的多重角色。

(二)建立虚拟化组织

1990年，《哈佛商业评论》第6期发表文章《公司核心能力》，作者建议公司将经营的焦点放在不易被抄袭的核心能力上，由此引发后来的"虚拟组织"热。虚拟组织与传统的实体组织不同，它是围绕核心能力，利用计算机信息技术、网络技术及通信技术与全球企业进行互补、互利的合作，合作目的达到后，合作关系随即解散，以此种形式能够快速获取处于全球各处的资源，为我所用，从而缩短"观念到现金流"的周期；不仅如此，灵活的"虚拟组织"还可避免环境的剧烈变动给组织带来的冲击。

此后，1994年出版了由史蒂文·L.戈德曼(S.L.Glodman)、罗杰·N.内格尔(R.N.Nagel)及肯尼斯·普瑞斯(K.Preiss)合著的《灵捷竞争者与虚拟组织》一书，是一部反映虚拟组织理论与实践的较有代表性的著作。

(三)建立柔性组织

从 20 世纪 90 年代中期开始,知识管理这一概念迅速升温,成为管理学研究的前沿,在知识管理的框架下进行知识设计成为企业谋求创新的焦点。由保罗·S.麦耶斯主编的《知识管理与组织设计》一书中收录了郝玛·巴拉密撰写的题为《柔性组织的出现:来自硅谷的透视》的论文,作者基于对美国加州硅谷 37 家高技术公司的研究指出,具有"新颖的组织结构和管理过程以求协调"的柔性、灵活的公司,或许是下个 10 年的先导性组织模式。

相对于传统的直线制的组织结构,柔性组织有众多突出的特征:它是一个多极组织,拥有与全权核心机构地位平行的多个分支机构,各分支机构既分权独立又进行战略联盟;它是一个二元系统,在基础组织单元稳定的前提下,从各部门抽调人员组成临时的多功能项目组;它有着全员面向一线的制度,管理人员需具有双重身份,既能幕后决策,又能一线操作;它有着开放的经营思想,同是致力于全球化产品和地区性项目的开发,力图将企业文化辐射全球;它有着众多能力型、多面手的员工,这些员工能适应多种岗位的工作,且知道自己何时何地该干什么;它有着半渗透的边界,能够打破与合作伙伴之间的壁垒,根据对方的要求制定自己的商业计划和营销策略。

第三节　饭店管理的核心职能

管理活动是管理主体通过"某种力量"作用于管理客体的过程,这种力量就是我们所说的管理职能。法国管理学家法约尔提出的计划、组织、指挥、协调、控制五大职能论一直被奉为管理学的经典,之后不断有管理学者在其基础上对管理的职能进行不同的取舍或补充。现代企业的管理实践表明,管理的核心职能逐渐演化为计划、组织、控制、领导和创新。饭店管理者必须对管理职能有深刻的认识,并在实际的管理工作中自觉地执行管理职能。

一、计划职能

(一)计划职能的含义

"凡事预则立,不预则废",这一管理思想精髓深刻地体现出计划的重要性。《现代汉语词典》中对"计划"一词的解释是"工作或行动以前预先拟定的具体内容和步骤"。

计划面向未来，立足现实；通俗地讲，它需要解决做什么、怎么做、何时做、谁来做等一系列问题。计划的前提是决策，决策的结果形成计划。饭店的计划职能是指饭店通过充分的调查研究和分析预测，在决策的基础上进一步明确未来特定时期内的发展目标，并规定实现目标的具体途径与方法的管理活动。因此，在饭店管理中，首先要科学、合理地拟定计划。

(二)计划管理的任务

饭店计划管理的任务，简单地说就是编制计划、指导业务；执行计划、达到目标。具体而言，有以下几个方面的内容。

1. 科学确立目标体系

计划管理的首要任务就是要提出饭店经营管理的目标体系。由于饭店的经营管理是一个长期的过程，涉及到多个层面和多个部门，故其目标体系需包含各阶段饭店管理的整体目标和各部门的分目标，且各目标应具有广泛的一致性，共同为饭店内各环节及各位员工的工作或行动指明方向、明确责任，促进相互之间的沟通与协调。同时，目标体系的确定还要注重其可达性，充分考虑现实中存在的困难和不可抗拒的不利因素。

2. 合理调配各种资源

饭店作为企业，追求的是以最小的劳动要素投入换取最大的经济收益，通过计划管理可使饭店对所拥有的人力、物力、财力、信息等资源进行优化组合与科学调配，达到人尽其才、物尽其用的效果，有效地减少各种资源的浪费，从而形成尽可能大的接待能力，实现饭店的效益最大化。

3. 明确规范业务活动

计划制定后的主要任务就是遵照计划中的业务活动规范来开展工作。计划除了提出目标之外，还应对实现目标的途径、方法和一些具体步骤作出说明和规定，提出建设性的措施。根据计划，饭店管理者要组织各部门、各层次、各岗位的员工积极开展业务活动，分阶段地将计划目标一一落实。

(三)计划的制定

制定计划是管理的基础。计划是否恰当，直接影响到饭店管理的成效。因此，计划的制定应该是一个集思广益的过程，必须在对饭店内外的各种信息进行广泛收集、整理和深入分析的基础上，由管理者拟订出计划草案以供相关人员讨论，并根据讨论意见对草案反复进行修改，使之更加可行，更加具体化。当饭店上下相关人员对计划草案达成共识后，即可将其确定下来，由有关部门正式行文，作为日后工作的依据。

(四)计划的实施

从系统的角度看,计划的实施是紧随计划的制定工作,并在其后与之相互交叉进行的,两者之间实际上形成了一个"制定→实施→反馈→再制定→再实施→再反馈"的动态系统。计划的实施分为计划的执行与计划的修订两个方面。

1. 计划的执行

饭店计划确定后,就应按照目标体系将具体的工作任务分部门、分层次、分阶段地逐一落实到部门、班组、员工,分解至饭店业务活动的淡季、平季、旺季或月、周等。为了切实地完成这些任务,饭店可采取岗位责任制和经济责任制,要求各岗位的员工和管理者按规定的标准完成工作任务,并承担一定的经济责任。同时,饭店也须授予部门、班组及员工相应的权力,并承诺达到计划目标后的相应利益,做到责、权、利三者的统一。在执行计划的过程中,饭店管理者还必须通过严格的考核制度和有效的激励机制调动员工的积极性,监督计划的执行情况,评估计划的执行结果。

2. 计划的修订

计划是对未来发展状态的一种谋划,在计划的实施过程中,由于某些不可预知因素的影响,很可能出现实际结果与预期目标错位的情况。这时,就需要对出现这种情况的原因进行分析和诊断,正确判断是工作失误使然还是目标偏离实际造成的,如果是后者,必须及时调整目标,对计划进行修订。但无论是局部修订还是整体修订都要慎重,须经饭店办公会议反复讨论、论证决策。

二、组织职能

(一)组织职能的涵义

如果将饭店比做一个人,组织就是这个人的骨架。饭店的组织职能贯穿于饭店管理的全过程,是饭店管理的重要支撑,它是指为了有效地达到饭店的计划目标,管理者通过设定组织结构、划分部门、分配权力等手段对人力、物力、财力、信息等资源进行调配以协调饭店各种业务的管理活动。组织职能是计划职能的自然延伸,既是实现计划的重要保证,又是其他管理职能的基础和前提。

(二)组织职能的内容

饭店管理的组织职能就是管理者对饭店组织的管理,它包含两重含义:其一是形成饭店的组织机构和管理体制;其二是为达到饭店管理目标,合理地调配饭店的人、财、物、信息等资源，对接待业务进行有效的组织。

1. 饭店组织机构

饭店的组织机构是我们通常所说的企业社会结构层面上的组织概念，它在本质上反映出饭店系统内部人与人之间的关系。组织机构形式的设计必须符合饭店运行的客观规律、必须有利于生产关系的改善和管理效率的提升，同时还必须有完善的管理体制与之相适应，即需要有一系列的规章制度、行为规范和监督机制为组织的良性运行保驾护航。随着时代的发展，饭店组织的重构与管理体制的改革创新正逐渐推动着饭店管理水平向着新的高度跃进。

2. 饭店业务组织

饭店的业务组织又包括饭店接待能力的组织和饭店接待业务周期的组织。

饭店接待能力是指饭店能够接待顾客并满足其需要的各种条件，如设施设备、服务水平、环境气氛等的总和。饭店接待能力的组织则是管理者根据饭店顾客的需求、客源流向等变化，审时度势、合理安排饭店的人、财、物、信息、时间等资源，达到以最小的投入接待尽量多的客人的目的，使饭店接待能力符合饭店计划目标的要求。

饭店的接待业务周期是指饭店周而复始不断地为客人提供服务的过程。如客房经过员工清理、管理者检查后即具备接待能力，到顾客入住，接待业务开始；顾客离店，该客房失去接待能力；客房经重新整埋合格后就又恢复了接待能力。当饭店形成接待能力后，还需进行接待业务周期的组织才能真正接待顾客并满足其需要。所以，在管理过程中，饭店管理者应根据业务的进行情况对饭店所拥有的各种资源进行及时的组合和调配，并进行好现场控制，使饭店的接待业务按计划、有序地进行。

三、控 制 职 能

(一)控制职能的涵义

《现代汉语词典》对于"控制"词条的解释是"掌握住，不使任意活动或越出范围"。在饭店管理过程中，管理者应始终以计划目标为基准，使各项业务工作按照既定的计划有序地开展，并随时调整和改变策略以适应饭店经营的需要。饭店的控制职能是指饭店根据计划目标和预定标准，对饭店的运转过程进行监督、检查、分析、调节，以确保目标任务完成的管理活动。当饭店运作的实际情况与目标之间的偏差超出允许范围时，管理者应及时分析和诊断、迅速采取相应的处理措施以避免更大的损失。控制职能的实质是对饭店业务的实际运行活动的反馈信息做出反应。

(二)控制的类型

根据控制职能在饭店管理过程中发挥作用的时机，可以将控制分为预先控制、实时控制和反馈控制三种类型。

1. 预先控制

预先控制又称事前控制，是一种"防患于未然"的控制行为，它是指管理者通过对饭店业务情况的观察、预测和分析，估计可能出现的问题，在问题未发生前加以防止的管理活动。一般来说，饭店应专门对一些常见的可能出现的异常情况制定预案，一旦问题出现，就可以依照预案有条不紊地进行处理。因此，应急预案的制定工作是一种预先控制行为。

2. 实时控制

实时控制又称现场控制，是指管理者在饭店业务进行过程中的控制行为，它通过管理者的现场巡视、督导下属员工按服务规程操作；根据业务活动的需要，对预先安排的人力、物力、财力等资源进行合理的重新组合、调配；及时处理顾客投诉以消除不良影响，保证饭店的服务质量。

3. 反馈控制

反馈控制又称事后控制，是指管理者在饭店经营业务活动结束以后实施的控制行为，通常是将实际工作结果与预定目标相比较，找出偏差并分析产生差异的原因，提出整改措施，以便在下一轮的经营工作中改进和提高。

(三)执行控制职能的程序

在执行饭店的控制职能时，要分四步走。

1. 制定标准

标准是控制的必要条件。所谓控制标准是指在正常条件下员工完成工作的方式方法应达到的要求。控制标准的制定需要以饭店计划为依据，标准应尽量详细、具体，便于执行和衡量。在饭店中，控制标准有数量标准与质量标准之分，前者如营业额、成本费用等，可以用精确的数字加以量化；后者如服务规程、卫生标准等，主要用描述性的语言来表达。

2. 评估效果

制定控制标准以后，就可以通过检查将实际工作与这些标准进行比较，评估其效果。

作为经营性企业，饭店工作效果评估主要侧重于营业额与预期的成果，成本、费用支出的合理性，服务质量水平等直接影响到饭店综合效益的内容。需要指出的是，对于不同的考核对象，宜采取不同的评估要求，如对中高层管理者主要以饭店经营管理目标为衡量标准，而对操作层员工主要以工作量、工作时间以及服务质量等作为衡量标准。

3. 分析差异

当评估结果出现偏差时，管理者必须分析差异产生的原因及其对未来经营业务活动的影响。只有找出问题的症结所在和出现偏差的主要原因，才能进行有效的控制。常见的产生差异的原因有计划目标或标准不合理、实际工作中的误差、外部环境变化的影响以及各种因素的综合作用。

4. 纠正偏差

找到问题的症结后就要对症下药，予以纠正。管理者应针对产生差异的不同原因采取不同的纠正偏差的措施。在采取纠正措施时，一定要落实纠偏时间和责任，并采取有效的控制方法，以达到管理的目的。

四、领导职能

(一)领导职能的含义

领导是与计划、组织、控制并列的职能，同时又与这三种职能互有交叉。领导者既是饭店计划的决策者，又是饭店业务的组织者，还是饭店运行的控制者。饭店领导者的权力与权威能否有效行使，将直接影响整个饭店的经营成果。饭店的领导职能就是饭店管理者通过塑造自我形象，影响下属的价值观和态度，改变下属的认知，给予下属利益和授予下属权力，率领下属组成较高凝聚力的团队，从而实现饭店的既定目标。

(二)领导者的能力要求

领导者是饭店管理的核心主体，因而对其能力有着较高的要求。《日本经济新闻》曾就总经理所需要的管理技能做过专门的调查,调查采取问卷的形式对 41 家大型公司的总经理进行了访问。结果表明，对最高层经理人员，即领导者而言，概念形成的技能和做人的工作的技能要比技术方面的技能更为重要。概念形成方面的技能，如宽阔的视野、长远的眼光、攻势型的创业和决策精神等，是指能看清企业与环境之间关系的技能，是指能将企业看成一个完整系统的能力。而做人的工作的能力，包括清楚地表达实现目标的方针、乐于听取他人意见、具有通过合理分配及奖罚分明来充分发挥雇员能力的技能等，是一种激励人的技能，是能使一般人去完成特殊工作的能力。领导者要给下属传达基本政策，使他们了解企业的任何一种新的动向、重要的信息和想法。

(三)领导职能的内容

饭店领导职能是饭店管理不可或缺的重要职能之一，其内容十分广泛，主要包含以下几个方面。

1. 科学决策

进行科学的决策是领导职能的首要内容。饭店的各级领导者，无论层次高低，都有责任对面临的现实问题作出决策，其决策应该当机立断，这也反映出领导者的一种魄力。当然，由于领导者所在层次的差异，其决策的内容和重要程度也有所不同。

2. 合理用人

任人惟贤、人适其岗是领导者用人最基本的原则，也是领导职能的另一基本内容。饭店的各级领导者要善于吸引人才、发现人才、团结人才和使用人才。在此，饭店领导者的人格魅力尤为重要，只有那些独具人格魅力的领导者才会得到专业人才的认可与追随。

3. 综合协调

饭店业务涉及多部门、多岗位和多成员，一旦部门、岗位或成员之间在工作中就某些具体问题未能达成共识时，就需要饭店领导者出面进行综合协调，使各人和事、各部门和岗位的业务活动能互相配合、互相衔接、互相制约、互相间形成一个和谐的整体，协调的目的是保证饭店经营活动的顺利进行，并有效地实现饭店的计划目标。

4. 统一指挥

饭店业务的有序开展还有赖于领导者的指挥调度。指挥是上级对下级的一种管理行为，表现为领导者通过语言、文字等信息形式将指令传达给指挥对象，使之服从自己的意志，并付诸行动。在饭店这样的层级制组织中，指挥链是逐级向下的，为了避免下级对上级的多头指令无所适从，一般不能越级指挥。

五、创新职能

(一)创新职能的含义

1912 年，美籍奥地利经济学家约瑟夫·熊彼特在其力作《经济发展理论》中首次提出了著名的"创新理论"。时至今日，创新性活动已成为企业提升其核心竞争力的必要手段，进而从管理活动中延伸出来，成为创新职能。饭店的创新职能是指管理者基于保

持饭店在既定良性轨道向着计划目标运行的前提，根据内外环境的动态变化，不断调整组织活动内容以适应环境变化，或者在一定程度上改造环境，从而使饭店以新观念、新面貌、新形式、新产品、新渠道等进一步发展的管理活动。

(二)创新的基本原则

饭店创新要结合时代和现实需要，通过变通、改造或重塑的形式使饭店的各项工作具有现代性，从而更趋合理化。饭店创新应遵循以下基本原则。

1. 市场导向原则

市场是饭店生存与发展的生命线。作为典型的服务型企业，饭店应该树立"顾客至上"的经营理念，将最大限度地满足顾客需求作为努力的方向，市场导向的创新原则要求饭店在作出创新开发决策之前，必须进行详细周密的市场调研预测和可行性分析。

2. 特色导向原则

在充分调查和研究的基础上准确地确定创新的特色和鲜明的主题，是饭店创新获得成功的重要因素。饭店创新具有了鲜明的个性主题，就能获取差异化优势，区别于竞争对手，避免或减少重叠性的市场竞争，从而有利于饭店产品的定位和市场促销。

3. 文化导向原则

饭店是具有高文化附加值的企业，应非常注重企业文化的建设。因此，饭店创新还必须坚持文化导向原则，进行全方位的文化创新活动，不断开发出高文化含量的创新型产品和服务，满足饭店顾客和员工的需求，在满意的员工基础上产生满意的顾客。

(三)创新的途径

一般来说，饭店创新工程可以从观念创新、组织创新、产品创新、营销创新和科技创新等几个方面着手来加以实施。

1. 观念创新

社会心理学研究表明，内化于人们心里的各种观念是可以经过后天改造或重塑的。进行饭店创新时，首要任务就是培养全员的创新观念，使他们在思想上对创新的现实性和紧迫性有一个充分的认识，要在各项工作中不断强化这一观念，并使之与各种形式的奖励直接挂钩，以此来调动各级员工主动创新的积极性，从而形成一种良好的饭店创新文化。

2. 组织创新

组织结构也是饭店创新的重要领域之一。面临知识经济时代，传统的直线制、多层级组织架构无论是在管理效率还是在应变能力上都存在不少缺憾，为了突出"人性化管理"的要求，饭店可考虑在内部各管理层构筑起共同管理体系，使整个组织更趋于柔性；还可考虑减少管理的中间层次，缩短指挥链，使组织扁平化。

3. 产品创新

由于饭店产品的特殊性，我们不能用一般实物产品技术性改进或创造的方法对其进行创新，饭店产品的价值在很大程度上在于由饭店的服务、环境、文化氛围等给顾客带来的心理满足感，对它们的创新性开发，应从提升服务质量、改善消费环境和挖掘文化底蕴的角度入手，使之更具吸引力。

4. 营销创新

随着饭店市场日趋成熟，竞争日趋国际化、全球化，营销创新已成为饭店发展的必然选择。饭店营销创新的目的是通过新颖的营销理念或手段抓住顾客，使顾客关注自己的产品并产生购买意愿，最终实施购买行为，从而提高饭店的市场占有率。主题营销、机会营销、网络营销、分时营销、绿色营销、内部营销、关系营销、跨文化营销等都是近些年来兴起的新型营销方式。

5. 科技创新

科学技术是第一生产力。饭店创新自然也离不开科技创新，这里的"科技"，既包括物质形态的硬技术，又包括智力形态的软技术。一方面，饭店要善于应用各种科学领域的最新研究成果，如计算机网络技术、环境生态保护技术、自动温控技术等；另一方面，饭店也要尝试企业经营管理技术如人力资源管理技术的革新。无论是硬技术还是软技术，都要在饭店运行过程中反复实践，不断总结经验教训，并寻求新的突破。

第二章　饭店管理理念与方法

【学习目标】

1. 了解饭店管理的基本意识和核心理念
2. 熟悉并掌握饭店管理的科学方法
3. 确立以顾客为导向的饭店管理理念

【关键词】

服务意识 Service Consciousness
顾客关系 Customer Relationship
顾客满意 Customer Satisfaction
超值服务 Overflow Service

第一节 饭店管理的基本意识

现代饭店业不仅是为旅行者提供吃、喝、住的服务接待业,而且同样也吸引着大批的当地居民,越来越多的人们开始利用饭店优越和便利的条件来提高自己的生活质量。饭店管理属于社会科学的范畴,它随社会的发展、人们需求的变化而不断改变其管理、运营的手段。

饭店管理者应具怎样的意识?一是要有"领头羊"的意识,只有具备了解"领头羊"的意识,才能解决好一个班组、一个团队的人才定位问题;二是全面质量意识,全方位地抓好饭店产品,并使之趋于质量守恒,这是两个基本意识。还需要把握好一个中心,即:怎样通过人性化管理营造和谐环境,实施人才培养和人才发展,让饭店最活跃的因素充满活力和竞争力,作为一个饭店管理者在确立以上两个基本意识和一个中心的基本上,带领团队,应时刻保持强烈的竞争意识、服务意识和创新意识,这样才能使饭店在市场经济的环境下立于不败之地。

一、竞争意识

竞争是关系到饭店盛衰荣枯、生死存亡的大事。市场经济是竞争经济,饭店要生存,要发展,必须具有强烈的竞争意识,把竞争意识作为一种观念指导饭店的经营决策和经营活动,使经营决策具有竞争性,经营活动具有竞争性。在市场经济条件下,竞争是无情的,在变幻莫测的商海中,很难设想一个饭店一次成功就永远成功。在饭店业界,生与死、成与败,都是竞争的结果,也是一种不可抗拒的规律。世界500强饭店排名年年都发生变化,有些饭店从排名中消失了,另一些饭店挤了进来。在现实生活中,饭店要想在竞争中不成为失败者,必须正确地树立竞争意识,培养饭店的核心竞争力,合理地应用竞争战略。

(一)饭店的竞争意识

竞争是市场经济最重要的特征之一,是企业赖以生存和发展的基础,也是立足社会不可缺乏的一种精神。市场即竞争,竞争本身就是提高,竞争的目的只有一个——取胜。随着我国社会主义市场经济从低级向高级发展,竞争将会越来越激烈。饭店行业也是如此——从小规模的分散竞争,发展到大集团的集中竞争;从国内竞争发展到国际竞争;从单纯产品竞争,发展到综合实力的竞争。饭店管理者如果缺乏竞争意识,实际上就等于放弃了自己的生存权利,饭店管理者只有敢于竞争,善于竞争,才能取得成功。

(二)饭店的竞争方式

竞争无所不在，无时不有，竞争的表现形式也是多种多样。饭店的竞争，主要体现在产品竞争、价格竞争、分销竞争和促销竞争四个方面。

1. 产品竞争

产品竞争主要体现在增加品种、提高质量、增加功能、更新品牌、改进包装、完善服务等，以比竞争对手更优的产品和服务满足顾客需求。

2. 价格竞争

价格竞争主要体现在以比竞争者更低廉的价格服务于顾客。而要达到这一目的，必须想方设法降低生产成本和经营成本。

3. 分销竞争

分销竞争主要体现在选择合理的运输工具和运输线路、选择合理的仓储机构、使用有效的销售渠道并积极与中间商进行配合，将产品以最快的速度和最低廉的费用送到客户手中。

4. 促销竞争

促销竞争饭店要在市场竞争中取胜，必须还要以比竞争者更优的促销宣传方式将有关饭店和饭店产品的信息传递给顾客，这些方式包括广告、人员推销、营业推广和公共关系等。

(三)饭店的竞争道德

竞争是激烈的，但同时在竞争中又必须遵守竞争道德。优胜劣汰是市场竞争中的根本法则，但这种法则是建立在公平竞争的基础上的。同业者虽是竞争对手，但并非真是你死我活。饭店与竞争对手的关系应是：在竞争中求联合，在联合中有竞争，在竞争中共同发展。在市场中，虽然饭店要贯彻竞争导向，但同时也必须贯彻顾客导向。饭店更应以满足顾客需求为目的，而不应只以打败竞争对手为目的。

饭店具有竞争意识，并不意味着饭店可以不择手段地进行不公平竞争，竞争意识本身要求饭店要具有创新意识，通过创新取得竞争优势。

二、服务意识

(一)服务意识概述

在现代的市场竞争中，产品价格和质量已经不是竞争的主体。美国发表的研究报告指出：再次光顾企业的顾客，可以为企业创造 25%～85%的利润，而吸引他们再次光临的主要因素，首先是服务的质量好坏，其次是产品本身，最后才是价格(美国《哈佛商业杂志》，2001-12)。由此可见，服务才是现代市场竞争的焦点所在。

从消费者的角度来讲，随着社会经济的发展，人们收入水平的提高，从消费物质产品本身所获得的享受已经不再是消费者所追求的主要目标。而在消费产品过程中，消费者所需要的精神享受已跃居重要的位置，服务产品日益受到消费者的青睐。因此，企业只有为顾客着想，解决好顾客的难题，才能创造高质量的服务，也只有这种高质量的服务，才能使顾客以更多的热情购买产品来回报企业，企业才能在顾客中有良好的口碑和形象，企业和顾客的关系才能进入良性循环。

对于饭店企业来说，激烈的市场竞争已经使各个企业产品之间的差异性越来越小，也就是说，产品和产品之间更加容易复制和模仿，在目前的市场环境下，饭店产品的利润很低，使得饭店企业必须在提高技术水平，增强品牌意识的同时，注重服务的竞争。服务意识，是对饭店服务人员的职责、义务、规范、标准、要求的认识，要求服务员时刻保持客人在我心中的真诚感。饭店提供服务的对象直接是顾客，完善的服务行为能直接在客户中树立其良好的市场形象，它是饭店管理的重要内容。饭店之间的服务竞争已经取代了质量和价格的竞争，成为了竞争取胜的主要手段。

(二)饭店服务意识的表现形式

对于饭店来说，服务是最能创造价值的营销利器，服务意识应当植根于饭店管理者和每个员工的观念中，饭店应当为顾客提供各种售前、售中、售后服务。饭店服务意识必须以一种可以让顾客感知的方式表现出来，具体可从以下四个方面予以体现。

1. 服务仪表

所谓服务仪表，就是服务人员在服务中的精神面貌、容貌修饰和着装服饰等方面的要求和规范。着重反映在以下几点：①微笑服务，这是迎宾礼节礼貌的基本要求，服务员对待顾客，态度要和蔼、热情、真诚、不卑不亢、大方有礼；②经常修饰容貌，要做到勤理发、勤洗澡、勤修剪指甲、勤换衣服；③饭店在员工通道入口处或更衣室都应设衣镜，每一位员工在进入岗位前都应对照检查一下自己的容貌；④着装整洁，在工作岗位，服务员要按照季节、场合，穿统一规定的制服。服装要洗涤干净，熨烫平整，纽扣要扣好。

2. 服务言谈

服务言谈指服务人员在迎宾接待服务中语言谈吐方面的具体要求。主要有：①遇见顾客要面带微笑，站立服务，主动问好，如"您好"、"早上好"、"晚上好"等；②和顾客谈话时，与顾客保持一步半的距离为宜。说话的语调要亲切、诚恳，表情要自然、大方，表述要得体，简洁明了；③向顾客提问时，语言要适当，注意分寸；④在与顾客交谈时，要注意倾听，让对方把话说完，不要抢话和辩解；⑤顾客之间在交谈时，不要趋前旁听，不要在一旁窥视，更不要随便插话干扰，即使有急事非找顾客不可，也不要打断他们的谈话，而应在一旁稍候，待顾客有所察觉后，先说声："对不起，打扰一下"，在得到顾客允许后再发言；⑥对外来电话找客人时，一定要听清要找顾客的姓名、性别、单位和房间，然后视情况转告；⑦正确地称呼客人。称呼不当，容易引起客人反感和误会。对顾客的称呼，应根据年龄、身份、职务、性别、婚否来确定，不能直接点名道姓。对男性可称"先生"，已婚女性可称"太太"，未婚女性可称"小姐"。对宗教界人士一般称"先生"，有职务的称职务。

3. 服务举止

服务举止是对服务人员在工作中的行为、动作方面的具体要求。作为一个合格的服务员必须做到：①举止端庄，动作文明，坐要正直，不前俯后靠；②在顾客面前应禁止各种不文明的举动；③在上班工作前，不要吃带有强烈异味的葱、蒜、韭菜等；④在工作时，应保持安静，做到"三轻"，即说话轻、走路轻、操作轻；⑤顾客之间在地方狭小的通道、过道或楼梯间谈话时，服务员不能从中间穿行，应先道一声"对不起，请让一下"，待对方挪动后再从侧面或背面通过。如果无意中碰撞顾客，先主动表示道歉，说声"对不起"，方可离去；⑥对容貌体态奇特或穿着奇装异服的顾客，切忌交头接耳议论或指手画脚，不能模仿讥笑；⑦对身体有缺陷或病态的顾客，应热情关心，周到服务，不能有任何嫌弃的表情和动作。

4. 服务礼仪

服务礼仪是对服务人员在服务工作中，在礼遇规格和礼宾顺序方面应遵循的基本要求和规范。有几点值得注意：①在客房和餐厅的服务工作中，应严格遵照规格和礼宾顺序，做到先客人、后主人；先女宾，后男宾；先主要顾客，后其他顾客。②不要随意打听顾客的年龄、职务、家属、小孩、工资收入等其他隐私，特别是不要随意询问女顾客的情况。也不要轻易向顾客了解随身的服装、金银首饰及贵重日用品的价格、产地，对顾客的物品不要表露喜爱或羡慕，以免产生误会。③不轻易接受顾客赠送的礼品，如出现不收可能会失礼时，应表示深切谢意，礼品收下后须及时交领导处理。④顾客从服务员身边经过时，一定要点头示意，顾客离开饭店时，应主动欢送，并说："再见，欢迎您再来。"楼层服务生应主动为客人按电梯开关，与客人道别。

饭店在营销产品过程中，必须根据客户的需要和产品的特点决定所提供的相应服务。不同的产品需要有不同的服务，就一种产品而言，客户往往需要多种服务，且对这些服务具有不同的重视程度。例如，西方饭店界认为，服务就是 SERVICE(本意亦是服务)，其每个字母都有着丰富的含义。

- S——Smile(微笑)：其含义是服务员应该对每一位顾客提供微笑服务。
- E——Excellent(出色)：其含义是服务员应将每一个服务程序，每一个微小服务工作都做得很出色。
- R——Ready(准备好)：其含义是服务员应该随时准备好为顾客服务。
- V——Viewing(看待)：其含义是服务员应该将每一位顾客看作是需要提供优质服务的贵宾。
- I——Inviting(邀请)：其含义是服务员在每一次接待服务结束时，都应该显示出诚意和敬意，主动邀请顾客再次光临。
- C——Creating(创造)：其含义是每一位服务员应该想方设法精心创造出使顾客能享受其热情服务的氛围。
- E——Eye(眼光)：其含义是每一位服务员始终应该以热情友好的眼光关注顾客，适应顾客心理，预测顾客要求，及时提供有效的服务，使顾客时刻感受到服务员在关心自己。

(三)饭店服务质量

饭店在提供服务的过程中，必须注意提高服务质量，这是展示饭店形象的良好机会。决定服务质量的因素主要有五个，可按其重要性排序如下。

(1) 可靠性。完全、准确地按承诺的服务履行的能力。

(2) 迅速反应性。有帮助顾客的愿望以及能提供迅速的服务。

(3) 可信性。职员的知识和礼仪以及他们传递信任和自信的能力。

(4) 感情移人。服务部门及个人应对顾客表示关注和关心。

(5) 有形性。物质设施、设备、人员和材料的外在表现。

服务质量是饭店生存发展的基础，饭店在提高服务质量上应把握以下要点。

① 树立"服务第一"的战略观念。令顾客满意是饭店的长远战略，应该成为顾客导向型饭店。充分了解目标顾客以及他们的需求，制定出有特色的战略去满足这些需求，并能赢得顾客的忠诚。

② 为服务规定高标准。饭店应从高层管理开始，对服务质量进行全面承诺和管理，对不合乎质量要求的产品、服务或人员，能做出及时的处理。如瑞士航空公司的目标是：

要求 96% 以上的旅客评价其服务为优良，否则便采取行动。

③　服务绩效监督制度。一些顶尖的饭店对本企业的服务绩效和竞争对手的服务绩效都定期进行核对、评价。

④　尽量使抱怨的顾客得到满意。对各种抱怨能做出及时、宽宏大量的反应。

⑤　使职员和顾客感到满意。管理工作杰出的饭店认为员工关系会反映顾客关系，管理部门应尽量保证员工对工作的满意度，创造一个对优良服务绩效给予奖励的环境。

有关饭店服务质量管理的具体内容本书将会在第十章中作具体的介绍。

三、创新意识

(一)创新意识的概念和特征

创新意识是指人们根据社会和个体生活发展的需要，引起创造前所未有的事物或观念的动机，并在创造活动中表现出的意向、愿望和设想。它是人类意识活动中的一种积极的、富有成果性的表现形式，是人们进行创造活动的出发点和内在动力。是创造性思维和创造力的前提。创新意识的特征主要体现在以下方面。

1. 新颖性

创新意识或是为了满足新的社会需求，或是用新的方式更好地满足社会需求，创新意识是求新意识。

2. 社会性

创新意识是以提高物质生活和精神生活水平需要为出发点的，人们的创新意识激起的创造活动和产生的创造成果，应为人类进步和社会发展服务，创新意识必须考虑社会效果。

3. 能动性

创新意识与创造性思维不同，创新意识是引起创造性思维的前提和条件，创造性思维是创新意识的必然结果，二者之间具有密不可分的联系。创新意识包括创造动机、创造兴趣、创造情感和创造意志。创造动机是创造活动的动力因素，它能推动和激励人们发动和维持创造性活动；创造兴趣能促进创造活动的开展，是促使人们积极追求新奇事物的一种心理倾向；创造情感是引起、推进乃至完成创造的心理因素，只有具有正确的创造情感才能使创造成功；创造意志是在创造中克服困难，冲破阻碍的心理因素，创造意志具有目的性、顽强性和自制性。

(二)饭店经营要有创新思维

中国的饭店业是随着对外开放的步伐逐步发展壮大起来的，是最早接受国际先进管理经验和技术的行业。然而，考察饭店业的整体情况，发现不少中小型饭店的经营管理仍然停留在照搬和模仿国外经验的初级阶段，缺乏经营的灵活性和创新意识，经营成效并未达到最佳状态。可以说，当今的饭店业正处在一个最需要研究和探讨，将经营进一步向前推进的阶段。

没有创新，在这个变革的时代，企业就无法适应，更谈不上发展。比如，海尔集团总裁张瑞敏认为，企业大打价格战，不一定能得到市场；光靠降价，更不可能把所有的竞争对手都打垮，在市场上，海尔要做的就是尽量适应消费者的要求，不断地创新，不断地适应，即"只有淡季的思想，没有淡季的产品"，海尔充分发挥员工的创新潜力，不断开发新产品，使企业得到了真正意义上的发展。

从饭店行业来看，随着社会和经济的发展，饭店市场分工越来越细，许多饭店产品雷同、千篇一律、百店一格的现象比较突出，致使饭店间的竞争愈演愈烈，导致成本上升，效益下降。消费者需求的多样化，要求饭店产品也必须多元化。饭店硬件不能一味攀比豪华、气派、大而全，而应该立足于在有限的投资中尽量设计出各自不同的风格、品位、气氛和文化特色。饭店软件也要在具备"老三化"(规范化、标准化、程序化)的基础之上做到"新三化"(个性化、特色化、形象化)。饭店如果不去进行这种创新改造工作，就会被市场无情地淘汰。

(三)饭店管理要有创新手段

饭店创新要遵照顾客的要求去进行，充分征求顾客的意见，听取多方面的反映。对于老顾客应主动征求改进意见，及时改进工作，使老顾客不断感受到新的服务和新的变化，提升他们对饭店产品的忠诚度。对于新顾客要加强宣传饭店的功能特色，突出与其他饭店不一样的地方。要留住顾客，产品就必须有变化、有创新、有突破。饭店若要表现出与众不同的差异性，最容易的突破点就是文化。文化的地域特点特别明显，入住的客人绝大多数是异地客人，并且饭店星级越高、客人与饭店所在地的距离越远，文化差异性也就越大。饭店可以在建筑造型、室内装修、服务人员服饰、服务形式、饮食文化、背景音乐、娱乐活动等方面突出表现本地文化特点，吸引顾客选择自己的饭店进行消费。饭店提供的是生活服务，客人的一般心理总是求新、求异、求变的，对于异地的各种文化往往表现得乐意接受。如果在服务中一味去迎合客人原来的生活方式，不一定能取得理想效果。因为客人来自四面八方，程序化的模式不可能适应所有的客人，有时候客人也许会觉得这种迎合是一种蹩脚的服务。当然，创新服务不能强加于人，要给客人提供多种选择的余地，并尊重客人的选择，做好个性化服务。

同时，饭店管理要善于利用现代先进的科学技术，以此提高饭店管理层级和水平。例如，随着信息技术在酒店业的广泛应用，网络营销以惊人的发展速度成为酒店最有效、最便捷、最经济、最有前景的营销手段。据美国旅游业协会统计，1997 年利用 Internet 安排旅游行程的人数为 1 170 万，通过 Internet 订位的人数为 540 万，旅游销售额为 8.2 亿美元，1998 年这三项数字分别达到 3380 万、670 万和 11 亿美元，并预测到 2006 年底，利用 Internet 安排旅游的预计额将有数十倍增长。酒店网络销售系统是具有革命性的酒店营销创新，它的优势主要在于能够有效地展示酒店形象和服务，建立与客户良好的互动关系，建立高效率管理销售过程，还能显著降低销售成本、提高经济效益和管理水平。

第二节　饭店管理的核心理念

理念是饭店行为的指南，是饭店的灵魂，只有新的管理理念才能产生新的行动，随着消费者消费意识的觉醒和消费知识的丰富，商品市场不断完善与成熟，饭店想要赢得长久的竞争优势，就需要更新原有的营销观念，向更高层次迈进。

一、顾客关系理念

顾客关系是指企业与顾客之间客观存在的无形联系。在现实中，不同的企业可能处在不同的顾客关系层次。一般来说，良好的顾客关系可以带来企业价值的最终实现。饭店企业只有认识到自身与顾客关系所处的层次，才能有针对性地实施顾客关系管理。

(一)了解顾客需求

顾客需求是饭店企业和行业发展的驱动力量，只有把握住顾客的真实需求，才能细分市场，实施有效的饭店顾客关系管理。众所周知，饭店客人的需求具有多样性和多变性，饭店的服务要打动客人的心，其前提是必须满足客人的共同需求。按照服务营销理论，客人在消费服务时，通常需要付出一定的货币、时间、体力和精力，他总是希望以尽量低的代价换取自己所需的服务，低成本、有品位、高品质则是饭店客人的共同追求。

(1) 低成本，即饭店提供的服务必须充分考虑客人的支出，使客人感到值得。

(2) 有品位，客人总会根据自己所处的层次和特定的消费目的选择饭店，这要求饭店提供的服务不能有失客人的身份，而应凸显和提升客人的身份和地位。

(3) 高品质，即饭店提供的服务应使客人有舒适和舒心之感。

(二)关注顾客利益

为了赢得客户满意，占有很高的客户份额，饭店业必须认识到客户利益的重要性，形成解决客户利益的一整套措施与方法，以保证客户利益的不断增加。通常可将饭店客户利益具体分为以下两个层次。

(1) 有形利益。主要包括客房价格、设施等，其中价格在饭店产品组合中是最敏感、最可见的因素，一直为买卖双方所关注。

(2) 无形利益。无形利益为不可见的因素，是建立顾客信任的基础，如能提供打动客人心的优质服务，就可以直接影响顾客消费的感受和再次购买的动机。

(三)提升顾客价值

顾客是理性的，他能根据市场情况、自身处境与自身利益之所在作出判断，从而获得效用的最大化，因此，饭店必须通过系统的工作，证明自己产品的使用价值，这样才能被顾客最终认可。价格、质量、服务、速度、创新、品牌都是影响顾客价值提升的重要因素，不同类型的饭店可根据不同情况选择使用上述要素，以降低顾客认知价格，为顾客创造价值利益，增进顾客对企业的忠诚度。同时，饭店企业内部必须有相应的制度保证，逐步形成以顾客为导向的企业文化，依据顾客的要求来确定自己的业绩目标，把员工为顾客创造价值的结果与员工的奖励进行挂钩，使饭店企业真正把顾客导向、顾客价值创造与培养忠诚顾客结合起来。

关于顾客关系管理的具体内容将会在第七章中作出详细介绍。

二、 顾客满意理念

菲利普·科特勒认为，顾客满意是指通过对一个产品或服务的可感知的效果(或结果)与他的期望值相比较后，所形成的愉悦或失望的感觉状态。顾客满意这一概念可以通过一个定量化的指标来得以反应和比较，这就是顾客满意度或顾客满意指数(CSI)。在美国商务部于 1987 年设立的马尔科姆·鲍德里奇国家质量奖评估项目中占比重最大的就是顾客满意度。对顾客满意度的评价有如下几项细目。

- 对顾客要求和期望的认知程度。
- 顾客关系管理(CRM)。
- 顾客服务标准。
- 对顾客的承诺。
- 对质量改进要求的解决。

- 顾客满意度的确认。
- 顾客满意效果。
- 顾客满意度比较。

(1) 衡量顾客满意度主要是通过调查的方式来进行的。

满意水平是可感知效果和期望值之间的差异函数，如果效果低于期望，顾客就不会满意。如果可感知效果与期望值相当，顾客就满意。如果可感知效果超过期望，顾客就会高度满意。可用两种数学形式来表示顾客满意水平。

① 顾客满意水平(CSL)=可感知的效果(EOF)-顾客期望(EOC)

如果 CSL 值大于 0，则高度满意；如果 CSL 值等于 0，则刚好满意；如果 CSL 值小于 0，则不满意。

② 顾客满意水平(CSL)= EOF/ EOC

如果 CSL 值大于 1，则高度满意；如果 CSL 值等于 1，则刚好满意；如果 CSL 值小于 1，则不满意。

一些研究认为顾客对服务的期望存在着满意和渴望这两个水平，所以对潜在的服务质量的评价也应该有两个方面：感觉到的服务与满意的服务之间的差距，以及感觉到的服务与渴望的服务之间的差距。由此可以将前者称为服务合格度，后者称为服务优秀度。

用公式表述如下：

服务合格度(MSA)=感觉到的服务-满意的服务

服务优秀度(MSS)=感觉到的服务-渴望的服务

一个饭店的 MSA 和 MSS 的分数将会从服务质量角度确定它在竞争中的位置。根据顾客的感觉和期望的相对水平，饭店可能在经营服务上处于竞争劣势，或成为顾客的首选目标。

(2) 饭店贯彻顾客满意理念，可带来如下优势。

① 减少饭店的浪费。了解顾客满意度的过程往往就是了解顾客需求信息的过程，这样可以使饭店及时知晓顾客对服务内容和服务质量的评价，指导饭店服务项目的创新和调整服务流程，减少不必要的弯路，从而降低饭店经营成本。

② 获得价格优势。满意的顾客往往会因为满意而情愿额外付出一定的货币成本，这就使得服务质量好的饭店可以获得较高回报，形成良性循环。从另一方向来看，由于口碑的作用以及服务的重复购买特征，饭店的市场份额扩大，同样可以得到与制造新的饭店产品类似的规模优势，这种优势可以表现在经营成本的降低，也就是说，提供满意服务的饭店仍然可以通过提供较低的价格保持一定的利润水平。

③ 降低沟通成本。由于口碑的作用，提供良好服务的饭店会获得源源不断的顾客，这些满意的顾客又会从积极的方面影响至少 25 个人，其中会有 7 位成为该饭店的顾客。这样宣传的效果比任何一种促销方式都好。"最好的广告不花钱"！这会从很大程度上

减少饭店的促销费用，从而可以以此来改进服务设施和服务流程。

④ 导致顾客依赖，乃至顾客忠诚。饭店经营的关键是要保持顾客，因为保持一个顾客的成本是吸引一个新的顾客成本的 1/5。只有使顾客满意，才会使顾客在遇到同样的服务需求时想到曾经获得满意感受的饭店，这就是顾客依赖的表现。如果顾客始终能够获得满意，或饭店通过某种关系营销的方式将顾客牢牢地吸引住(如顾客俱乐部)，那么顾客对饭店的忠诚度就会随之提高。否则，顾客会在消费一次后选择放弃，转而接受其竞争对手的服务。

三、超值服务理念

超值服务就是用爱心、诚心和耐心向消费者提供超越其心理期待(期望值)的、超越常规的全方位服务。超值服务不仅仅是指饭店制造出适销产品价值和提供服务本身的附加值，更重要的是要创造符合顾客价值评判、超出顾客期望值的服务，与顾客建立起友好的亲情关系，增强顾客对饭店的信赖感，达到实际上不为其他竞争对手所动摇的程度(王云，超值服务——让顾客更满意，中国经理人在线，2005-7-4)。如我国青岛"海尔"冰箱享誉海内外，不仅在于其质量上乘，更得益于"真诚到永远"的承诺；上海华联超市提出"实现现代商业多功能超值服务"的发展目标，对舒适性服务、创新性服务、文化性服务予以重视和发展，向顾客提供了一种超出"常规"的服务工程，使顾客在购物的同时又得到了意想不到的收获。这种崭新的超值服务模式完全可以作为饭店服务的借鉴，它不仅可以丰富饭店的服务内涵，使饭店在激烈的市场竞争中重新设计出新的立足点，又能让饭店的信誉度和良好形象得到社会各界的公认，在顾客心目中树立独特的情感形象。

(1) 超值服务要"以顾客为导向"。超值服务是贯穿于科研、生产、销售全过程的，也就是说要"以顾客为导向"，向客户提供最满意的产品、最满意的服务。这种理念要求在对客户的服务中，表现为要实现 7 个超越，即：

① 超越用户的心理期待。

② 超越常规的服务。

③ 超越产品的价值，使顾客能够享受长期的、多种形式的高质量服务。

④ 超越时间界限，使服务无时不在，无处不在。

⑤ 超越内外界限，像对待内部员工一样对待顾客。

⑥ 超越部门界限，要求饭店上下左右各个部门、各个成员都动员起来投入到超值服务链上。

⑦ 超越经济界限，超越经济的社会价值和审美价值，把物质的东西融化到精神范畴中去。

(2) 超值服务需贯穿服务全过程。从过程上看，超值服务由售前超值服务、售中超值服务和售后超值服务 3 个子系统构成。

① 售前超值服务，即按严格的要求和规范做好售前培训、售前调研、售前准备和售前接触四大环节的工作。

② 售中超值服务，就是服务人员与客户或用户进行交际、沟通和洽谈的过程，主要包括操作规范、语言规范和姿势规范。

③ 售后超值服务，主要实行一系列服务规范制度来保证，如用户沟通制度、员工服务规范、事前培训制度和奖惩制度等。

超值服务作为一种崭新的市场道德观念，把每一个顾客当作是有特殊个性和特殊需要的人，饭店要通过努力，把对每一个顾客的超值服务融入到优秀的饭店文化中，建立起一种信念，即把超值服务的承诺纳入员工的培训教育中，使之成为每一位员工的自觉行动，使之制度化、规范化，形成一种使目标顾客满意的超值服务文化，这样，饭店才会有超强的生命力。

第三节 饭店管理的科学方法

饭店管理方法是饭店管理者执行管理职能的重要手段，也是协调各种经营活动的具体措施和方法。现代饭店管理的方法是饭店管理者在管理过程中为达到既定管理目标，而对管理对象(包括人、财、物、信息及经营活动)综合采用的活动方式的总和。

科学管理方法按其普遍性程度不同，一般可分为两种：第一种是专门管理方法，是对某个资源要素、某一局部或某一时期实施特有的专门管理方法，如激励方法是以人力资源为管理对象的具体方法；第二种是通用管理方法，是以不同领域的管理活动都存在某些共同的属性为依据而总结出的管理方法，是人们对不同领域、不同部门、不同条件下管理实践的理论概括和总结。从科学管理饭店的角度，主要有以下几个方面。

一、效益管理方法

效益的基本含义是以最小的资源(包括自然资源和人的资源)消耗取得同样多的效果，或用同样的资源消耗取得较大的效果。实施管理的根本目的就是为了获取效益。从微观方面看，管理就是要合理地组织人、财、物等生产要素，使其得到最充分合理的使用，发挥最大的效用；从宏观方面看，任何一个系统的管理就是要使该系统内的所有资源得到最优的配置，切实做到物尽其用，以生产出尽可能多的满足社会需要的系统产品。

影响饭店管理效率和管理水平的因素是多方面的，如饭店管理者的决策效率、决策质量、管理方法的运用情况、饭店管理技术的运用情况、饭店管理者素质的高低等。我们无法对每一个影响因素逐一进行评价，来衡量饭店管理者管理的整体水平，但它们对饭店管理产生的影响，最终会综合反映到饭店管理效益(尤其是经济效益)中。因此，管理效益的大小是评价、考核饭店管理效率与管理水平的重要标志。

(一)饭店管理的效益体系

1. 经济效益和社会效益

饭店管理活动首先通过对饭店服务行为的科学化管理，使饭店业为国家经济发展和人民生活水平提高做出更多的贡献。饭店管理带来的社会效益，表现为促进各相关部门、组织、人员的和谐相处和协调发展，改善人们的生活质量。

2. 直接效益和间接效益

饭店管理投入的劳动与取得的劳动成果相比较，是饭店管理的直接效益。饭店业是具有很强带动性的产业，饭店管理活动对相关行业、部门以及整个国民经济产生的效益，是饭店管理活动的间接效益。在理解饭店的管理效益时，既要考虑直接效益，也要考虑间接效益。

3. 正效益与负效益

饭店管理效益既然是投入与产出的比较，那么当产出大于投入时就为正效益，产出小于投入时就为负效益。对于社会效益和环境效益来说，有利于社会、环境的就是正效益，不利于社会及环境的就是负效益。

4. 长远效益和近期效益

任何管理活动都要以效益为价值诉求，饭店管理活动也不例外。不仅要追求近期效益，更要有战略眼光，注重长远效益，长远效益与近期效益的统一是饭店管理效益的内涵所要求的。

5. 宏观管理效益与微观管理效益

饭店微观管理效益即饭店企业管理效益。在社会主义市场经济条件下，各饭店企业作为相对独立的经济实体，有自身独特的管理追求与价值体现，它构成了饭店企业微观管理效益的主要内容。饭店宏观管理效益是指包括饭店业在内的整个社会的管理效益。饭店业是个综合性产业，它与国民经济其他许多部门和行业有着密切的联系，饭店业的管理效益必然会从整个社会中表现出来，从而体现为饭店宏观管理效益。二者之间是相互制约，相互影响的，体现着局部与全局的辩证关系。

(二)确立饭店管理的效益价值观

饭店管理首先要确立以效益为核心的价值观。追求效益的不断提高，应该成为饭店管理活动的中心和一切管理工作的出发点。在正确的效益观指导下，饭店管理者将克服传统体制下"以生产为中心"的管理思想，从而引导饭店业发展由粗放型增长向集约型增长转变，在追求量的同时更注重对质的追求，使饭店综合效益得到大幅提升。

(三)优化饭店管理的系统资源配置

饭店管理对效益最大化的追求要通过合理的系统资源配置来完成，必须根据效益目标的追求不断优化系统资源配置。饭店管理的系统资源配置主要体现在人、财和物三个方面，人力资源配置优化是其中最关键的环节，主要涉及到饭店管理各子系统中人员的构成是否合理、人员的素质是否达到管理岗位的要求、人员的关系是否协调等。只有最优的人力资源配置才能确保财和物资源的最佳配置和使用，从而取得管理效益的最大化。

(四)完善饭店管理的效益评价体系

饭店需要不断完善管理效益的评价体系，为饭店管理活动制定科学的效益目标。饭店管理效益的评价体系通常包括以下几方面的分析比较。

1. 饭店管理活动的有效成果同顾客需要的比较

饭店管理活动必须使一切饭店服务向着顾客满意的方向发展，这样才能体现饭店管理活动的有效成果。

2. 饭店管理活动的有效成果同劳动消耗和占用的比较

作为饭店管理部门和单位，为了完成饭店管理任务，必然要耗费社会劳动、占用资金，从而形成饭店管理活动的成本和费用。如果饭店管理活动只讲满足社会需求，而不计成本高低，则违背经济规律。因此，必须把饭店管理活动的有效成果(主要是经济效益)同劳动占用和消耗进行比较，以评价饭店管理活动的合理性和饭店管理效益的好坏。

3. 饭店管理活动的有效成果同资源的利用和环境变化的比较

资源的充分利用和环境的有效保护是衡量饭店管理效益的重要标准。通过把饭店管理活动的有效成果同饭店资源的利用和环境变化相比较，可以揭示饭店管理的程度和水平，同时寻找充分利用饭店资源、保护饭店环境的管理途径和方法，使饭店资源持续带来饭店收入和经济效益。

4. 饭店管理活动的宏观效益与微观效益的统一

宏观效益指饭店产业的整体效益，微观效益主要指饭店的经济效益，表现为饭店的经营收入与成本之间的比较，饭店管理必须把微观效益同宏观效益统一起来，以保证饭店经济效益持续提高。

二、任务管理方法

20世纪初，人们开始对管理方法作专门研究，最早提出科学管理方法的是美国管理学家泰勒，任务管理法是人们最早研究的一种科学管理方法。泰勒所说的任务管理，也可以称为任务作业。任务管理法的基本内容，可以概括为通过时间动作研究确定标准作业任务，并将任务落实到工人，即员工的作业在于完成管理人员规定的任务，而这种任务又是管理人员经过仔细推敲后设计出来的，员工按职责要求完成了任务，则企业付给一定的报酬。

任务管理法的最明显的作用在于提高工人的工作效率，而提高效率的关键又在于科学地进行时间动作的研究。泰勒所说的时间动作研究，大体包括以下几个步骤。

(1) 物色比如说10到15个不同的人员，他们应特别适合于做需要进行时间动作分析研究的工作。

(2) 仔细研究工人在完成被调查的工作中所进行的基本操作或动作，包括每个人员所使用的工具。

(3) 用秒表记录完成每一个基本动作所需的时间，然后选择其中动作最快的工作方法。

(4) 淘汰所有不正确、缓慢和无效的动作。

(5) 把最快最好的动作以及最好的工具集中在一个序列中归类。

经过以上几个步骤，可得出完成标准作业所需的标准时间。按照这种方法来规定一个岗位上一个人在一定时间内的工作量，就有科学根据了。同样地，对每一个行业中使用的各种工具也进行研究。

任务管理法的实质就是通过专门的人员对时间和动作进行研究，从而科学地设计工作任务，使工人满负荷工作，以达到提高企业生产效率的目的，但它只是从生产技术过程的角度研究作业管理的具体方法，而很少从企业经理人员的角度去研究企业经营的全局问题，如果孤立地使用任务管理法，企业规模越大，其不适应性越突出。同时，它也

否定了人在工作中的自主性、独立性，忽略了人际关系对人的行为的影响。

三、系统管理方法

第二次世界大战之后，企业组织规模日益扩大，企业内部的组织结构也更加复杂，从而提出了一个重要的管理课题，即如何从企业整体的要求出发，处理好企业组织内部各个单位或部门之间的相互关系，保证组织整体的有效运转。以往的管理理论都只侧重于管理的某一个方面，它们或者侧重于生产技术过程的管理，或者侧重于人际关系，或者侧重于一般的组织结构问题，为了解决组织整体的效率问题，于是产生了系统理论学派。

在企业管理中，系统理论学派亦称系统学派，是指将企业作为一个有机整体，把各项管理业务看成相互联系的网络的一种管理学派。该学派重视对组织结构和模式的分析，应用系统理论的范畴、原理，全面分析和研究企业和其他组织的管理活动和管理过程，并建立起系统模型以便于分析。这一理论是弗理蒙特·卡斯特、罗森茨威克和约翰逊等美国管理学家在一般系统论的基础上建立起来的。

(1) 系统理论学派的主要观点：

① 一个组织由许多子系统组成，组织作为一个开放的社会技术系统，是由五个不同的分系统构成的整体，这五个分系统包括：目标与价值分系统；技术分系统；社会心理分系统；组织结构分系统；管理分系统。这五个分系统之间既相互独立，又相互作用，不可分割，从而构成一个整体。这些系统还可以继续分为更小的子系统。

② 企业是由人、物资、机器和其他资源在一定的目标下组成的一体化系统，它的成长和发展同时受到这些组成要素的影响，在这些要素的相互关系中，人是主体，其他要素则是被动的。管理人员需力求保持各部分之间的动态平衡、相对稳定、一定的连续性，以便适应情况的变化，达到预期目标。

③ 如果运用系统观点来考察管理的基本职能，可以把企业看成是一个投入—产出系统，投入的是物资、劳动力和各种信息，产出的是各种产品(或服务)。运用系统观点使管理人员不至于只重视某些与自己有关的特殊职能而忽视了大目标，也不至于忽视自己在组织中的地位与作用，可以提高组织的整体效率。

饭店运用系统管理方法时，一般应该遵循整体性、最优化的原则。所谓整体性原则，就是把饭店管理对象看作由各个构成要素形成的有机整体，从整体与局部相互依赖、相互制约的关系中揭示对象的特征和运动规律；最优化原则，是指从许多可供选择的方案中选择出一种最优的方案，以便使饭店管理系统运行于最优状态，达到最优的效果。

(2) 饭店运用系统管理的一般步骤：

① 确定问题，收集资料。即首先确定所要解决的问题的性质和范围，研究问题包

含着哪些主要因素，分析系统的要素之间的相互关系，以及与外界环境之间的相互关系。

② 系统分析。将复杂系统分解成若干较简单的子系统，再将分解的结果进行综合分析，这是饭店管理者进行决策的依据。

③ 方案决策。即在一种或几种值得采用或进一步考虑的方案中选择方案，尽可能在待选方案中选出满足系统要求的最佳方案。

④ 实施计划。根据最后选定的方案，按计划进行具体实施。

系统方法是一种满足整体、统筹全局、把整体与局部辨证地统一起来的科学方法，它将分析和综合有机地结合起来，并运用数学语言定量地、精确地描述研究对象的运动状态和规律。它为运用数理逻辑和电子计算机来解决复杂系统的问题开辟了道路，为认识、研究和探讨结构复杂的整体确立了必要的方法论原则，为人们处理和解决各种复杂组织的管理问题提供了一种十分有用的思路和方法。

四、人本管理方法

人是组织中最重要的资源，是一个自变量。怎样创造良好的环境、氛围、岗位、工作任务来激发员工的潜在能力，为饭店的生存和发展服务？如何给员工以创造和发展的空间，形成饭店和员工共同的价值观和共同愿望，使大家能在各自岗位上充分发挥自己的聪明才智，又互相配合和协调，形成企业的团队精神？最根本的是要求饭店经营者重视以人为本的管理。

(一)树立人力资本观念

"人力资本"概念来自舒尔茨和贝克尔在20世纪60年代创立的"人力资本理论"，它在理论上突破了传统理论中的资本只是物质资本的束缚，将资本划分为人力资本和物质资本，这样就可以从全新的视角来研究经济理论和实践。该理论认为物质资本指现有物质产品上的资本，包括厂房、机器、设备、原材料、土地、货币和其他有价证券等，而人力资本则是体现在人身上的资本，即对生产者进行普通教育、职业培训等支出和其接受教育的机会成本等价值在生产者身上的凝结，它表现在蕴含于人的各种生产知识、劳动与管理技能和健康素质的存量总和。人力资本同物质资本一样，也不是生来俱有的，而是通过投资得到的。不经投资的人只能是生理意义上的"自然人"，而不能称其为"人力资本"。因为他未受教育，不具备知识和相应的劳动技能，从经济的角度看，他只是个废物而毫无价值。只有经过一系列的教育、培训，人才会具有一定的生产知识、劳动技能，才可以称为"人力资本"。人在接受这一系列教育、培训和用于提高健康水平的支出与进行物质资本的投资支出一样，是以减少现期消费来增加未来的知识与技能，从

而渴望在未来获得更大的经济利益，所以对人力资本的投资与对物质资本的投资是一回事，只是投资的方向不同而已(人本管理在科学管理中的应用)。

(二)尊重人的本性

人本来就具有趋利避害的本性。比如使用"赏罚"来达成管理中的令行禁止，就是对人的趋利避害的本性顺其自然，并加以引导利用，从而达到提高管理效果的目的。再如方案的选择，若注重试验验证，而冷落众人的捧场或议论，就会使只顾拉人情造声势而不注重方案的现实可行性、科学性的风气逐渐消退。又如饭店服务中心的热线电话服务员的服务语言，经过研究提炼，形成符合礼貌和客户心理的最简洁的规范语言，在服务中使用时，不仅服务员满意，客户也满意。

习惯理论认为，人能够适应环境，在塑造机制下形成行为习惯。习惯左右着人的许多行为，应用于管理就是进行行为塑造，利用习惯进行管理。比如员工的工作技能，就是职业习惯使然；高手削面，快捷准确，令人叫绝；好的职业习惯使优秀员工的工作干脆利落，稳当可靠；而较差的员工，由于职业习惯不太好，工作拖泥带水，失误很多。再如良好、合理的工作会议习惯，使会议高效、有议有决能执行；而不良的工作会议习惯则使会议成为空谈、争斗甚至内耗的场所，于工作有害无益。

习惯的形成要依靠塑造机制。观察工作者的行为，对有利的行为进行强化(鼓励奖赏)，不理睬不利的行为，从而使工作者形成新的良好职业习惯。塑造作用可以诱发出新的行为习惯，良好职业习惯形成之后，还应该用反复的强化来巩固它。比如，通过工作研究，找到最适合人体工程学、最精简的动作序列，将之确定为标准操作，并通过工作教导来对操作者进行训练，使其成为习惯，成为习惯的操作标准就会自然而然地贯彻于操作过程之中，而无须采取过度的强制性措施来保证它的实施。因此，利用习惯进行管理，可以做到事半功倍。

(三)注重人际关系

在人际关系理论的推动下，对于组织的管理和研究便从原来的以"事"为中心发展到以"人"为中心，由原来的对"纪律"的研究发展到对行为的分析，由原来的"监督"管理发展到"自主"管理，由原来的"独裁式"管理发展到"民主参与式"管理。管理者在管理中采取以工作人员为中心的领导方式，即实行民主领导，让职工参加决策会议，领导者经常考虑下属的处境、想法、要求和希望，与下属采取合作态度，管理中的问题通过集体讨论，由集体来做出决定，监督也采取职工互相监督的方式等。这样，职工在情感上容易和组织融为一体，对上司不是恐惧疏远而是亲切信任，他们的工作情绪也就可以保持较高的状态，从而使组织活动取得更大的成果。这种以人为中心的管理理论和方法也包含着一系列更为具体的管理方法，常用的主要有参与管理、民主管理、工作扩大化、提案制度和走动管理等。

对饭店管理者而言，如何科学合理地用人，是人力资源管理中最具挑战性，也最具艺术性的工作。只有用好人，才能发挥员工的积极性和创造性。用人的实质是安置好人，找到"人"与"事"的最佳结合点。

首先是用好一批人，所谓用好一批人，是指将饭店内年轻的业务骨干、有发展潜力的管理者和掌握专门技术的特殊人才分层次运用各种方式加以培养，大胆启用，建立人才档案，提供各种锻炼机会，按市场原则确定报酬待遇，充分调动起他们的工作积极性，使他们的内在潜质得以充分发挥，便于饭店挑选，并成为饭店各项业务管理活动的中坚力量。

其次是管好一批人，管好一批人是指对在饭店工作了几十年，为饭店的发展曾经作出贡献，目前由于年龄、知识结构等原因，已跟不上饭店发展新要求的那些人。他们是饭店的奠基人，"前人栽树，后人乘凉"，不能忘记他们，要尊重他们的经验和过去，让他们享受一定的待遇。但同时也要克服饭店论资排辈的陋习，要利用他们的经验优势来带好饭店的年轻人，带出饭店的接班人，而不是让他们成为阻止年轻人发展的绊脚石。

再次是流动一批人，流动一批人是指对不是骨干岗位，操作技能不复杂的员工，采取不签长期合同的办法，不断地调整人员。通过"流动"给他们施加压力，让他们树立不进则退的观念；用"流动"来给他们创造机会，发现自己的长处，找到更适合自己的工作岗位。另一方面，饭店亦可以从人员流动的过程中，及时发现每个人的长处，拓展用人视野。

饭店的管理者应通过上述"用好、管好、流动"的人员管理手段，在饭店内部建立起真正的"能上能下、人尽其才"的机制，最终使"不断追求更好"成为员工的自觉行为，由此提高客人的总体满意度。即便不是一线员工，也会通过他们对一线员工的后勤服务间接地影响顾客的满意度(如何实现"以人为本"管理方法，中国建装网，2005-11-24)。

五、目标管理方法

目标管理是美国著名管理学家德鲁克的首创。1954 年，他在《管理实践》一书中首先提出"目标管理与自我控制"的主张，随后在《管理——任务、责任、实践》一书中对此作了进一步阐述。德鲁克认为，并不是有了工作才有目标，而是相反，有了目标才能确定每个人的工作。所以"企业的使命和任务，必须转化为目标"，如果一个领域没有目标，这个领域的工作必然会被忽视。因此管理者应该通过目标对下级进行管理，当组织高层管理者确定了组织目标后，必须对其进行有效分解，转变成各部门以及各个人的分目标，管理者根据分目标的完成情况对下级进行考核、评价和奖惩。德鲁克认为，如果一个领域没有特定的目标，这个领域必然会被忽视。如果没有方向一致的分目标指示每个人的工作，则企业的规模越大，人员越多，专业分工越细，发生冲突和浪费的可能性就越大。企业每个管理人员和工人的分目标就是企业总目标对他的要求，同时也是员工对企业总目标的贡献。只有完成每一个分目标，企业总目标才有完成的希望，而分目标又是各级领导人员对下属人员进行考核的主要依据。德鲁克还认为，目标管理的最大优点在于它能使人们用自我控制的管理来代替受他人支配的管理，激发人们发挥最大的能力把事情做好。

目标管理是使管理活动围绕和服务于目标中心，以分解和执行目标为手段，以圆满实现目标为宗旨的一种管理方法。目标管理的主要内容包括如下 5 点。

1. 要有目标

关键是设定战略性的整体总目标。一个组织总目标的确定是目标管理的起点。此后，由总目标再分解成各部门各单位和每个人的具体目标。下级的分项目标和个人目标是构成和实现上级总目标的充分而必要的条件。总目标、分项目标、个人目标，左右相连，上下一贯，彼此制约，融会成目标结构体系，形成一个目标连锁。目标管理的核心就在于将各项目标予以整合，以目标来统合各部门、各单位，和个人的不同工作活动及其贡献，从而实现组织的总目标。

2. 目标管理必须制定出完成目标的周详严密的计划

周详严密的计划既包括目标的订立，也包括实施目标的方针、政策以及方法、程序的选择，使各项工作有所依据，循序渐进。计划是目标管理的基础，可以使各方面的行动集中于目标。它规定每个目标完成的期限，否则，目标管理就难以实现。

3. 目标管理与组织建设相互为用

目标是组织行动的纲领，是由组织制定、核准并监督执行的。目标从制定到实施都是组织行为的重要表现。它既反映了组织的职能，同时又反映了组织和职位的责任与权力。目标管理实质上就是组织管理的一种形式、一个方面。目标管理使权力下放，使责权利统一成为可能。目标管理与组织建设必须相互为用，才能互相促进。

4. 培养员工参与管理的意识

普遍地培养员工参与管理的意识，认识到自己是既定目标下的成员，诱导员工为实现目标积极行动，努力实现自己制定的个人目标，从而实现部门单位目标，进而实现组织的整体目标。

5. 必须与有效的考核办法相配合

考核、评估、验收目标执行情况，是目标管理的关键环节。缺乏考评，目标管理就缺乏反馈过程，目标管理的目的(实现目标的愿望)就难以达到。

目标管理是以相信人的积极性和能力为基础的，企业各级领导者对下属人员的领导，不是简单地依靠行政命令强迫他们去干，而是运用激励理论，引导职工自己制定工作目标，自主进行自我控制，自觉采取措施完成目标，自动进行自我评价。目标管理通过诱导和启发职工自觉地去干，其最大特征是通过激发员工的生产潜能，提高员工的效率来促进企业总体目标的实现。它与传统管理方法相比具有许多优点，概括起来主要有如下几个方面。

(1) 权力责任明确。目标管理通过由上而下或自下而上地层层制定目标，在企业内部建立起纵横联结的完整的目标体系，把企业中各部门、各类人员都严密地组织在目标体系之中，明确职责、划清关系，使每个员工的工作直接或间接地同企业总目标联系起来，从而使员工看清个人工作目标和企业目标的关系，了解自己的工作价值，激发大家关心企业目标的热情。这样，就可以更有效地把全体员工的力量和才能集中起来，提高企业的工作成果。

(2) 强调职工参与。目标管理非常重视上下级之间的协商、共同讨论和意见交流。通过协商，加深对目标的了解，消除上下级之间的意见分歧，取得上下目标的统一。由于目标管理吸收了企业全体人员参与目标管理实施的全过程，尊重职工的个人意志和愿望，充分发挥职工的自主性，实行自我控制，改变了由上而下摊派工作任务的传统做法，调动了职工的主动性、积极性和创造性。

(3) 注重结果。目标管理所追求的目标，就是企业和每个职工在一定时期应该实现的工作成果。目标管理不以行动表现为满足，而以实际成果为目的。工作成果对目标管理来说，既是评定目标完成程度的根据，又是奖评和人事考核的主要依据。因此，目标管理又叫成果管理。离开工作成果，就不称其为目标管理。

由于任务管理法既规定了工作任务，又规定了完成任务的方法，而且任务和方法都有标准，职工按标准化的要求进行培训，并按标准化的要求进行操作，他们的工作积极性和创造性受到严重的限制；而人本管理法又过于强调领导对职工的信任，放手让职工自主去工作，这又难于确保任务的完成。目标管理法将两者综合起来，即组织规定总目标，各部门依据总目标规定部门目标，把部门目标分解落实到人，至于如何达到目标则放手让工作人员自己做主。这样，既能保证完成组织的任务，又能充分发挥职工的主动性、积极性，因而目标管理法与任务管理法和行为管理法相比，是更为优越的管理方法。

目标管理方法提出以后，便在美国迅速流传。在第二次世界大战后各国经济由恢复

转向迅速发展的时期，企业急需采用新的方法调动员工积极性以提高竞争能力，目标管理的出现可谓应运而生，于是被广泛应用，并很快为日本、西欧和其他国家的企业所仿效，在世界范围内大行其道。

目标管理可能看起来简单，但要把它付诸实施，管理者必须对它有很好地领会和理解。首先，管理者必须知道什么是目标管理，为什么要实行目标管理。如果管理者本身不能很好地理解和掌握目标管理的原理，那么，由其来组织实施目标管理也是一件不可能的事。其次，管理者必须知道公司的目标是什么，以及他们自己的活动怎样适应这些目标。如果公司的一些目标含糊不清、不现实或不协调一致，那么主管人员想同这些目标协调一致，实际上就是不可能的。第三，目标管理所设置的目标必须是正确的、合理的。所谓正确的，是指目标的设定应符合企业的长远利益，与企业的目标相一致，而不能是短期的。所有合理的，是指设置目标的数量和标准应当是科学的，因为过于强调工作成果会给人的行为带来压力，导致不择手段的行为产生。为了减少用不道德手段去达到这些效果的可能性，管理者必须确定合理的目标，明确表示行为的期望，使得员工始终具有正常的"紧张"和"费力"程度。第四，所设目标无论在数量或质量方面都具备可考核性，这是目标管理成功与否的关键。任何目标都应该在数量上或质量上具有可考核性。有些目标，如"时刻注意顾客的需求并很好地为他们服务"，或"使信用损失达到最小"，或"改进和提高人事部门的效率"等，没有多大意义，因为在将来某一特定时间没有人能够准确地回答他们是否实现了这些目标。如果目标管理不可考核，就无益于对管理工作或工作效果的评价。

第三章 饭店组织管理

【学习目标】

1. 熟悉饭店组织的特性和饭店组织管理的主要内容
2. 掌握饭店组织的原则
3. 熟悉饭店组织结构的类型和组织部门的构成
4. 掌握饭店组织管理制度的类型和功能
5. 掌握饭店组织的基本管理制度
6. 掌握饭店非正式组织的特性及其管理

【关键词】

组织设计 Organization Design
组织结构 Organization Structure
管理制度 Management Regulations

第一节 饭店组织管理概述

组织是对完成特定使命的人们的系统性安排。生活中到处可以看到组织：大学、医院、政府机构、企业、公司等都是组织。组织是一个系统的机构，是一群人为了达到一个共同的目标，通过人为的分工、协作和职能的分化，运用不同层次的权力和职责，充分利用这一群人的人力资源和智力资源的团体。

组织管理就是通过制定合理的组织结构，并设立组织的规章制度、行为规范、监督机制等将企业的人力、物力和财力以及各种资源进行有效的整合利用，从而形成一个完整的系统机构，促进组织目标的实现。如果说组织是实现组织目标的工具，那么组织管理活动则是如何运用组织这个"工具"来实现组织的目标，可见组织管理的重要性。

一、饭店组织的特性

饭店组织对饭店的高效经营和运作有着重要的意义，它使饭店现有的各项资源包括人、财、物等，围绕饭店经营目标得以有效整合并有条不紊地运行起来，促使饭店不断实现自身的经营目标。饭店组织包括饭店的组织形式和组织结构，合理而高效的组织结构和组织形式是确保饭店组织管理活动正常运行的前提条件，组织质量如何、效率如何、效益如何，都与饭店组织管理工作的开展密切相关。饭店组织具有整体性、目标性、应变性、实现性、创新性等特性。

(一)整体性

饭店组织是整个饭店团体实现饭店经营目标的重要工具，组织中不同层次的员工构成的是领导与被领导的关系，这种从属关系在一定程度上影响到员工的心理反应，进而影响到员工为顾客提供的产品和服务的质量，从这个意义上说，有效率的组织必须确保员工心理上的统一和力量上的凝结。同时，饭店组织目标的实现不是依靠任何一个人的能力所能完成的，它是饭店全体员工整体智慧的结晶，尤其是饭店组织内部不同层次管理者以及基层员工之间的团结和努力所发挥出的巨大效力。

(二)目标性

组织是为目标而存在的，饭店组织必须要有自己的经营管理目标，要明确具体的工作任务，在此基础之上充分利用组织的各类资源，并进行组织设计、组织协调和沟通等，有计划有步骤地实施组织管理，逐步促进组织目标的实现。

(三)应变性

饭店组织必须做到使内部信息快速顺畅流通，组织系统内部之间要相互联系和相互作用，各部门之间有效协调配合，在此基础上，饭店组织才能够对饭店内部和外部不断变化的环境做出快速反应，形成高效组织，以提高企业经营效益，确保企业经营活力。

(四)实现性

饭店组织并不是一个抽象的名词，而是体现饭店所有成员结合的体系和活动的模式。有效的饭店组织必须做到为员工创造一个最佳的内部环境，协调员工关系以达到统一和一致，充分地运用人力与物力实现企业目标。

(五)创新性

饭店组织需要与时俱进，不断创新。饭店行业是在不断发展的，饭店组织也需要不断创新管理方法，要能够不断发现组织管理中存在的问题，并迎合市场需求的变化创新饭店的组织结构和组织形式，促进组织管理的不断完善。

二、饭店组织管理内容

饭店组织包括饭店的组织形式和组织结构。饭店组织管理就是通过制定合理的组织结构和组织形式，并设立组织的规章制度、行为规范、监督机制等将饭店的人力、物力和财力以及其他各种资源进行有效地整合利用，从而形成一个完整的系统，促进组织目标的实现。

(一)饭店组织结构的形成

组织结构都有自己的组织结构框架，饭店的组织结构通常用组织结构图表示。饭店的各个部门、各部门的层次以及它们之间的相互关系共同构成了饭店的组织结构。

1. 部门的设置

饭店根据自己经营管理的需要将饭店分成不同的部门。通常划分为业务部门和职能部门两大类别。业务部门包括前厅部、客房部和餐饮部三大主要部门。职能部门在不同的饭店有不同的划分，通常主要的职能部门有人事部、工程部、财务部、康乐部、安全部、市场销售部及其他职能部门。各个部门有自己的职责权限和业务归属，并且在具体的饭店经营管理中相互协作配合，共同维护饭店的正常运转。

2. 结构层次的划分

饭店组织部门都有一定的跨度，有横向的跨度，也有纵向的跨度。由于业务范围的不同，在横向的跨度上就形成了部门，纵向的跨度则从上至下形成不同的层次划分，层次的划分主要通过岗位的设置来确立。以饭店客房部为例，从上至下依次是部门经理、经理助理、主管、再到下面的领班、服务员、以及基层的清扫员，他们在管理范围上都有自己的权限和职责，从而形成了组织机构上的层次等级，各个层次通过等级链连接起来，从而形成了饭店的组织结构框架。

3. 建立岗位责任制

形成饭店组织结构框架后，还需要把饭店的具体业务工作落实到各个部门和岗位。需要建立岗位责任制，以明确各个岗位的工作内容、工作任务、作业规范、岗位职责、权利和义务。使饭店的各项工作都有具体的岗位负责，防止多头管理以及管理漏洞的发生。此外，饭店组织内的各个岗位和部门之间以及从上至下各个层次之间都要进行有效的衔接，以形成畅通的运作流程，并通过制定相关的规章制度进行约束和督导，从而保证饭店的业务正常运转。

(二)管理人员配备

饭店设立了岗位并给各个岗位分配了具体的任务，接下来的任务就是为每个岗位配备人员，因为饭店大大小小的事务都需要通过人的操作来实现，因此，确定了饭店的组织结构之后，管理人员的配备就是至关重要的事情。管理人员的配备通常是根据饭店的需要，或由饭店的上级主管直接从现有人员中任命，或通过对外招聘纳贤。无论通过何种方式进行人员的配备，都需要关注以下两点。

1. 用人标准和人数

管理人员的配备要根据岗位的需要和业务量的大小确定合理的用人标准和具体的人数配备。一般说来，管理人员除了要具备过硬的专业技能，能够胜任本职工作以外，还必须具备一定的道德素质、品德素养、气质等。饭店用人有自己制定的标准，通常通过设定具体的用人标准进行考核，或考核专业知识、业务能力，或考核个人的思想品德、言谈气质和行为等。饭店的用人关系到饭店的生存和发展，人员的选拔录用非常重要，必须由专门的考核人员进行选拔考核，只有通过了考核，达到部门和岗位的要求，才能录用和上任。管理人员人数的配备则要依据部门和岗位工作量或业务量的大小来确定，不同的饭店有不同的编制定员的方法和标准，或通过定量的分析来确定人员数量，或通过岗位排班与日工作量来确定，或以班组为单位进行确定等，总之，应以切实适合饭店的需要为宜，配备人员过多或过少都会影响饭店的正常经营。

2. 使用和授权

合理地使用人才是饭店顺利经营运转的关键，而要使用人才，就必须先对他们进行授权。授权要以饭店明文规定的规章制度为依据，同时，对每个岗位人员所赋予的权利要与其职责相一致。除了合理授权以外，饭店也必须合理地使用人才。其一，要创造良好的工作环境，营造良好的工作氛围，要让每一位管理者、员工满足于自己的工作岗位，满足于工作环境和薪酬待遇，愉快地参与工作；其二，除了将饭店的每一位工作者安排在适合的工作岗位上，做到人尽其才之外，还必须经常对员工进行考核，有针对性地培训，不断提高其专业技能和专业素质；其三，对每一位在岗的管理者和员工，在赋予他们应有权利的同时，也应给予他们一定的能力发展空间，使他们能够充分发挥自己的才智，要有创新饭店的激励机制，为饭店管理者和员工提供实现个人价值的空间。

(三)劳动组织形式

劳动组织形式是饭店正常运作的关键。饭店有了合理的组织结构，同时也有了饭店经营管理的各级人才，接下来就是将各个岗位和各级管理人才进行有效的整合，形成一个业务运转的整体，使饭店的经营管理得以顺利进行。饭店的劳动组织形式，就是一种整合，它使饭店的各个岗位连贯起来，将饭店各个部门和岗位的劳动连接成一个流程，是饭店活动得以顺利开展的重要组织保障。饭店劳动组织形式包含两层含义：从微观上看，它将饭店各个微小的岗位有效地连接，形成饭店的班组。以饭店客房部楼层服务为例，一般来说，饭店客房部各楼层都有自己的楼层服务员，每天24小时为顾客提供完善周到的服务，它由早、中、晚三班楼层服务员在时段上有效衔接，从而形成这个岗位的班组；宏观上看，它将饭店各个重要的业务部门和职能部门有效地整合，形成整个饭店的经营运作体系，为所有顾客提供全面周到的服务。劳动组织形式不仅在纵向上使得饭店每个岗位的劳动有了连贯性和递进性，同时也使饭店各个岗位横向上的业务关系更加清晰和明确，每个岗位的工作任务和工作内容分得更加细致，从而使得各项业务工作执行得更有效。

饭店的劳动组织形式需要将饭店各个工作岗位有效整合，组建饭店的业务流程并协调各个岗位和部门之间的协作，这中间需要制定各岗位的作业内容、岗位服务规程、岗位的排班、业务的作业程序、信息的传递等，由于饭店的业务内容很多，各业务工作又复杂多变，因此，饭店组织形式也是一项非常复杂的工作，需要饭店各级管理者慎重对待，共同设计和维护。

三、饭店组织的原则

饭店组织的原则指的是饭店组织构建的准则和要求。它是评价饭店组织结构设计是否合理的必要条件。一般情况下，饭店组织应遵循以下几个基本原则。

(一)目标导向原则

在组织职能运作过程中，每一项工作均应为总目标服务，也就是说，饭店组织部门的划分应以企业经营目标为导向，饭店的组织形式必须要以能产生最佳效益为原则，组织层次和岗位的设置必须以切实符合饭店需要、提高经营运作效率为依据，对于任何妨碍目标实现的部门或岗位都应予以撤消、合并或改造。在总的目标导向下，组织会有许多大大小小的任务要完成，所以我们在组织结构设计中要求"以任务建机构，以任务设职务，以任务配人员"。同时，考虑到饭店提供的服务和产品的复杂性和灵活性，在具体的饭店服务工作实践中有时候会无法真正找到与职位要求完全相符的人员，因此饭店组织在遵循"因事设人"原则的前提下，应根据员工的具体情况，适当地调整职务的位置，以利于发挥每一位员工的主观能动性。

(二)等级链原则

法约尔(Henry Fayol)在《工业管理与一般管理》一书中阐述了一般管理的 14 条原则，并提出了著名的"等级链和跳板"原则，它形象地表述了企业的组织原则，即从最上级到最下级各层权力联成的等级结构。它是一条权力线，用以贯彻执行统一的命令和保证信息传递的秩序。饭店组织结构的层次性、等级性使得等级链原则成为饭店组织必须遵循的重要准则。对饭店来说，等级链原则包含三个重要的内容。其一，等级链是组织系统从上到下形成的各管理层次的链条结构，因此，饭店高层在向各个部门发布命令时，对饭店各部门和各管理层而言必须是统一的，各项指令之间不能有任何的冲突和矛盾，否则就会影响饭店组织的正常运行；同时，任何下一级对上级发布的命令必须严格执行，因为等级链是一环接一环，中间任何层次的断裂都会影响到整个组织工作的进行。其二，等级链表明了各级管理层的权力和职责。等级链本身就是一条权力线，是从饭店组织的最高权威逐层下放到下面的各管理层的一条"指挥链"，饭店组织中每个管理层以及每一个工作岗位的成员都必须清楚自己该对谁负责，该承担什么义务和职责，责、权、利非常清楚明了。第三，等级链反映了上级的决策、指令和工作任务由上至下逐层传递的过程，也反映了基层人员工作的执行情况，以及将信息反馈给上一级领导的信息传递路线，等级链越明确，饭店组织的决策、信息传递以及工作效率和效果就会越好。

(三)控制跨度原则

由于个人能力和精力有限，每个管理人员直接管辖的下属人数应该有一定的范围，不可能无限多，也不能太少。控制跨度原则就涉及到对特定管理人员直接管辖和控制下属人数范围的确定问题，也即是管理跨度的大小问题。跨度太大，管理人员管辖下属的人数过多，会影响信息的传递，容易造成人浮于事，效率低下；而跨度太小则容易造成组织任务不明确，工作任务执行起来不力，同样也会影响组织的运作效率。因此，正确控制管理跨度，是提高饭店工作效率、促进组织活动顺利开展的重要保障。现代管理学家对管理跨度问题也进行过广泛的研究，管理跨度与管理者的岗位和管理者本人的素质有关，它受到个人能力、业务的复杂程度、任务量、机构空间分布等多方因素的影响，还要考虑上下级之间接触的频繁程度，上级的交际与领导能力等多方面的因素。一般来说，针对饭店服务和产品的特点，高层管理人员的管理跨度小于中层管理人员的管理跨度，中层管理人员的管理跨度又小于基层管理人员的管理跨度，例如，一个部门经理管理 5～6 位部门主管就不是一件容易的事情，而一个客房部主管管理 10 位客房服务员则是轻而易举的事情。因此，管理跨度的确定必须综合考虑各方面因素，且需要在实践中不断进行调整。

(四)分工协作原则

在社会化大生产中，适度的分工可以提高工作专业化程度，进而达到提高劳动生产率的目的。饭店提供的服务产品的复杂性和机动灵活性要求饭店组织对具体的工作任务进行合理分工，并进行有效的协调，分工与协作是促进组织任务顺利完成的保障，也是饭店组织要遵循的重要原则。组织分工有利于提高人员的工作技能、工作责任心，提高员工服务质量和效率。但是，分工过细往往导致协作困难，协作搞不好，分工再合理也难以取得良好的整体效益。因而在具体职责权限划分中，在依据需要设置岗位的基础上，应秉承提高工作效率的原则，灵活地进行工作分配和任务安排，给员工以足够的自我展示空间，同时也要安排中间协调机构，做好中间协调与整合工作，促进组织内部的良好合作。

(五)有效制约原则

饭店组织作为一个整体，它的各项业务的运转离不开各部门的分工与合作，在分工协作原则的基础上，还应有对由这种分工所引发出的部门与岗位彼此间的牵制与约束。适当的约束机制可以确保各部门按计划顺利完成目标任务，实现组织的总目标。有效的制约机制不仅是上级对下级的有效监督和制约，还包括下级对上级的监督和制约。上级对下级的制约可以促进员工更好地完成本职工作，提高工作效率与服务质量；下级对上级的监督和制约则是通过员工层或低一级的管理层对上级的监督，从而提高饭店管理层的决策和执行能力，如对领导人的约束机制可以避免其独断专行，对财务工作进行监督可以避免财务漏洞等，下级对上级的有效制约必须是在下级对上级的命令坚决执行的前提下进行的，应同时遵循统一指挥，确保饭店的组织运作井然有序。

(六)动态适应原则

动态适应原则要求饭店组织在发展过程中，以动态的眼光看待环境变化和组织调整问题，当变化的外部环境要求组织进行适度调整甚至产生变革时，组织要有能力做出相应的反应，组织结构该调整的要调整，人员岗位该变动的要变动。而且反应速度要快，改变要及时，从而得以应付竞争日益加剧的外部环境。当前饭店的集团化和全球化扩张的趋势对我国饭店组织结构也提出了更新的要求，我国各大旅游饭店必须迅速适应这种市场竞争态势，尤其是组织结构的动态适应，应不断优化饭店的组织结构，提高饭店的日常经营管理能力，提供更优质的饭店产品和服务，从而不断提升饭店的核心竞争能力。

第二节　饭店组织结构

一、饭店组织结构类型

组织结构类型是指组织中相对稳定和规范的工作关系模式，如岗位设定、职位安排、工作任务分工、配合等。饭店组织结构类型受诸多外界与内部因素的影响，内部因素如饭店的类型、规模、经营特色等；外部因素则指饭店所处的竞争环境、客源市场需求、国家宏观政策等方面。一般来说，饭店主要的组织结构类型有以下几种。

(一)直线型组织结构

直线型是最简单的组织结构模式，它的特点是垂直领导，层层负责，通常主要由管理层、执行层和操作层组成，部门经理向总经理负责，部门主管人员向部门经理负责，基层管理人员向主管负责。各层次负责人往往身兼数职，负责本部门的一切事务。直线型组织结构的优点是便于管理，各层管理人员管理权限明确，由于层次简单明了，信息传递非常方便快捷，各层次间沟通与协作也较容易；缺点是各个层次的管理人员由于身兼数职，因此管理的事务比较多，任务重，工作起来较为辛苦，有一定的难度。直线型组织结构常见于规模小的中小型饭店(如图 3-1 所示)。

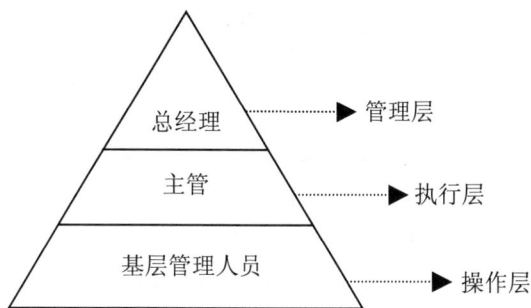

图 3-1　直线型组织结构示意图

(二)职能型组织结构

这种组织结构模式授予各职能部门一定的指挥和指导权,允许他们在自己的业务范围内对下面各部门实施此项权力。一般地,饭店的业务扩大,服务和管理趋向复杂化和高标准化时,简单的直线型组织结构将不能适应饭店发展的需要,饭店必须划分出相应的职能部门进行规范化管理,饭店的组织结构也因此要进行进一步的细化和分工,即采用职能型的组织结构。职能型组织结构的优点是加强了各部门的业务监督和专业性指导,使各职能部门注意力集中,便于高效率完成本部门职责;缺点则在于常常出现多头指挥,而使执行部门无所适从(如图 3-2 所示)。

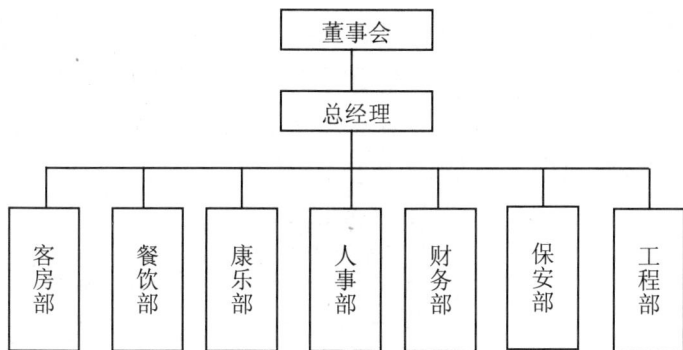

图 3-2　职能型组织结构示意图

(三)直线-职能型组织结构

直线-职能型组织结构是直线型组织结构和职能型组织结构结合的产物。它以直线型的垂直领导和严密控制为基础,同时又吸收职能型中划分职能部门以有利于各部门集中注意力进行专业化服务、监督和管理的特点,从而使该组织结构模式能兼具两者的优点,更利于饭店正常的经营和管理。但是,该组织结构模式也有不足之处,直线部门与职能部门之间往往在各自的目标不一致时会产生摩擦,影响工作的顺利开展,不利于整个组织系统的运作(如图 3-3 所示)。

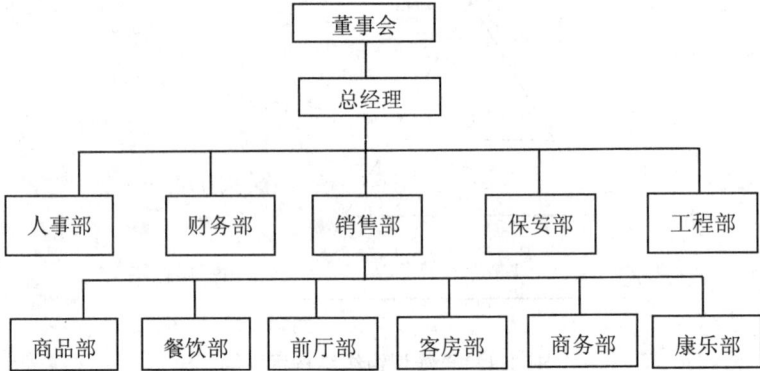

图 3-3　直线-职能型组织结构示意图

(四) 事业部制组织结构

　　事业部制组织结构所体现的是"集中政策，分散经营"的指导思想。我国饭店业公司化、集团化趋势越来越明显，许多大型的饭店集团已经开始采用多元化事业部制组织结构。总公司总体指导各个事业部，主要控制人事、财务、战略、投资等，总裁下面设置若干副总裁，每人分管若干个事业部。各个事业部的经营有相当的自主权，可以在总公司的总体指导方针范围内独立经营，独立核算。事业部制组织结构的优点是不仅可以减轻饭店高层管理人员的负担，使之集中精力于饭店的发展战略和重大经营决策，而且也有利于各事业部针对本地区的实际作出快速反应，利于公司的专业化分工，提高生产率。但同时它也具有一定的局限性，这种组织结构模式需要雇用更多的专业人才，雇用更多的员工，经营成本会有所增加，各事业部也可能会过分强调本部门的利益而影响整个企业经营的统一指挥，见图 3-4 所示。

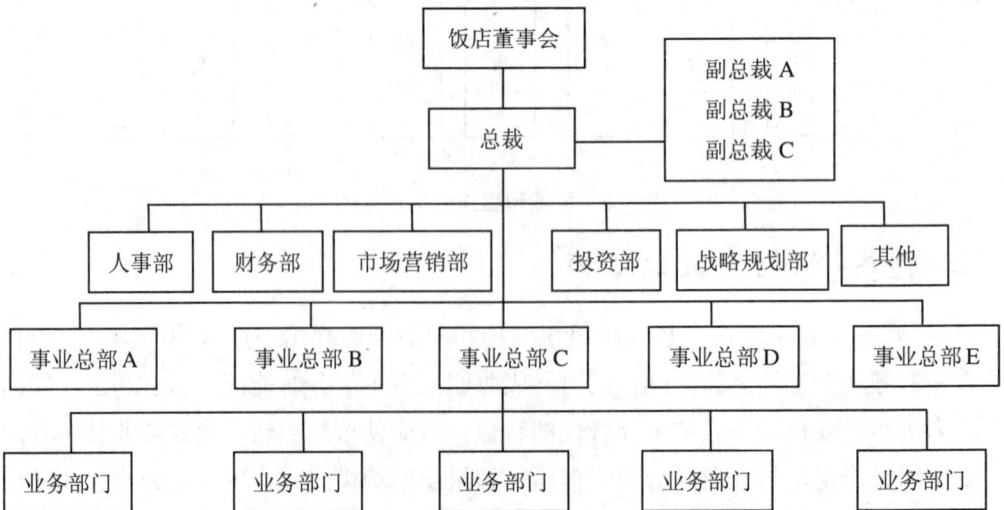

图 3-4　事业部制组织结构示意图

(五)区域型组织结构

区域型组织结构多见于国外的大型旅游饭店集团，饭店集团因为发展的需要而不断向国际市场延伸，实施全球扩张战略，饭店提供产品或服务的生产所需要的全部活动都基于地理位置而集中，因此产生了饭店的区域型组织结构模式。这种结构的设置一般针对饭店主要目标市场的销售区域来建立。区域型组织结构有较强的灵活性，它将权利和责任授予基层管理层次，能较好地适应各个不同地区的竞争情况，增进区域内营销、组织、财务等活动的协调。但该结构模式也可能增加了饭店集团在保持发展战略一致性上的困难，有些机构的重复设置也可能导致成本的增加。

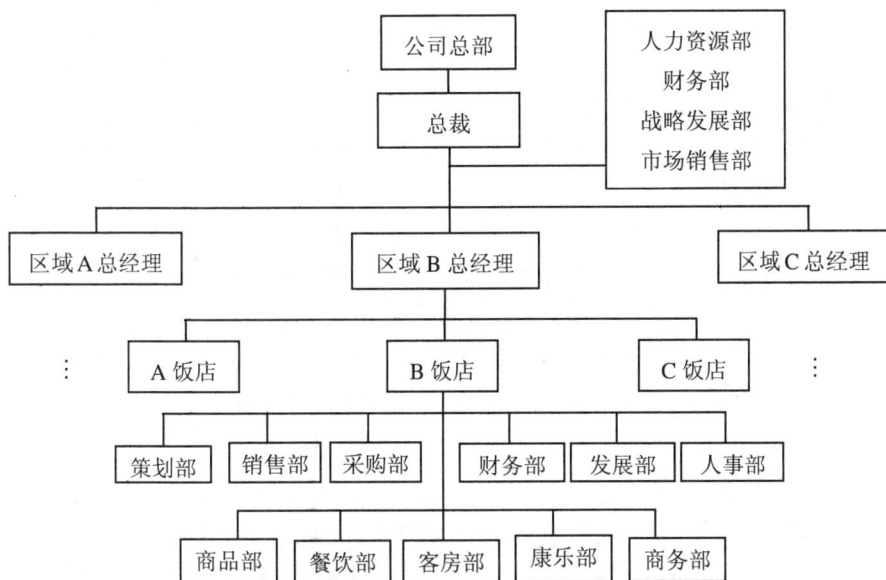

图 3-5　区域型组织结构示意图

二、饭店组织部门构成

饭店企业的组织部门通常分为两大类：业务部门和职能部门。不同的饭店根据自身经营的需要对组织部门的设计会略有不同，但一般来说，饭店的业务部门主要包括前厅部、客房部、餐饮部、康乐部、商品部等；职能部门则主要包括人事部、财务部、营销部、采购部、工程部、安全部等。

(一)前厅部

前厅部一般位于饭店最前部的大厅，是顾客跨入饭店第一眼所看到的地方。前厅部又称为总台或总服务台。前厅部是饭店业务运转的中心，其工作贯穿饭店业务的全过程，从旅客预订和入住饭店到最后离开饭店的整个过程都离不开前厅部的工作。因此，饭店前厅部的工作具有全局性，被称为饭店的神经中枢。前厅部的机构设置和主要职责见表 3-1。

表 3-1　前厅部机构设置和主要职责

机构设置	主要职责
预订处	接受顾客通过各种途径(电话、网络、传真、书面、口头等)的预订和办理预订手续，制定预定报表，提供饭店业务信息，与客人建立良好的业务关系，全权掌握客人资料和饭店客房出租情况
问讯处	主要是向客人提供各类信息，包括饭店产品和服务的信息，城市游览、观光、购物等旅游信息，办理客人委托事件，接待来访客人等
接待处	接待入住客人，为客人提供入住客房的各项服务，办理入住手续，开房登记、分配房间等，并随时掌握客人入住状态
行李处	负责迎送客人，为客人开关车门，帮客人卸送行李，引领客人入住客房，向客人介绍饭店的服务项目，为客人等车和招徕出租车等
收银处	提供外币兑换，保持与饭店各营业点的收银联系，客人离店时迅速办理客人入住饭店期间所有消费的结账手续，并收回客房钥匙；及时审核饭店营业收入，做好账目工作，并制定报表等
电话总机	及时、快速地为客人提供所需要的各项咨询、联络服务，接传市内和国际长途电话，提供叫醒服务，接听并记录投诉电话，发布重大事件通知等
商务中心	为客人提供各种商务性服务，如打字、复印、打印、扫描、翻译、传真、网络、秘书服务等
大堂副理	24 小时为顾客解决他们所遇到的任何问题，协助客人解决任何困难，处理客人投诉和抱怨，为客人排忧解难。大堂副理的隶属关系一般有两种，一是隶属于前厅部，二是直属于饭店管理机构管辖，不同饭店根据各自的需要有不同的划分

(二)客房部

客房部是饭店的主要业务部门，主要为客人提供安静、舒适、干净、整洁和安全的住房服务，除此以外，客房部还负责饭店客房、楼层以及公共区域内的基础设施的保养和报修。根据饭店客房的产品和服务，饭店客房部机构设置包括客房服务部、公共区域卫生和洗衣房三大部门，具体见表 3-2。

(三)餐饮部

饭店餐饮部是为顾客提供饮食服务的部门，它不仅为住店旅客提供饮食服务，同时也为饭店外的消费者提供餐饮服务。餐饮部是饭店营业收入的另一大主要来源。餐饮服务也是饭店的主要产品之一，是饭店市场竞争力体现的另一大主体。不同规模的饭店对

饭店餐饮部机构的设置也略有不同，一般来说，饭店的餐饮部门包括厨房、餐厅、酒吧等消费场所、原材料采购部三大主体机构，见表3-3。

表 3-2　客房部机构设置和主要职责

机构设置	主要职责
客房服务部	房间服务：负责房间清扫、棉织品配换、房间内设施维护，茶水服务，保证客房清洁、卫生、舒适、安全，体现饭店完善细致周到的服务
客房服务部	楼层服务：负责一层楼的对客服务，24 小时尽量满足顾客提出的任何要求，保证服务快捷、周到
	会议服务：大小会议室开会前的准备工作，开会中的茶水服务以及开会后的清扫服务等，保证客人舒适的会议环境
洗衣房	负责住店客人衣服的洗涤、熨烫；客房、餐饮服务所需布件的洗涤和熨烫；员工制服的洗涤熨烫；外包业务的洗涤服务等
公共区域卫生	公共卫生：负责客房部所在区间公共区域的建筑物、公共卫生间、公共场所等的清扫工作
	绿化：公共区域的绿化、园艺等工作

表 3-3　餐厅部机构设置和主要职责

机构设置	主要职责
厨房	厨房是餐饮部的生产部门，为餐厅、酒吧等餐饮消费场所提供各种佳肴美食，主要由厨师长负责，主管餐厅布置、炊具洗涤、清洁卫生等
餐饮消费场所服务部	负责包括中西餐厅、酒吧、宴会厅、咖啡厅、多功能餐厅等的服务
原材料采购部	负责食品原料的采购和供应，包括采购、验收、储藏和发放等工作，采购部材料的质量直接关系到餐饮部产品的成本、食品质量以及营业收入等

(四)康乐部

康乐部是客人休闲娱乐的场所，它通过向客人提供正常的康乐活动而获得相应的营业收入。康乐部的机构设置因饭店规模的大小和档次的高低而不同，高星级的饭店为客人提供的休闲娱乐设施也相应高档而丰富。一般包括游泳池、网球场、保龄球馆、健身房、歌舞表演等，为向饭店旅客提供更多更丰富多彩的娱乐活动，康乐部会调配专人进行娱乐活动策划，开展一些别开生面的娱乐活动，以满足客人的娱乐需求。随着饭店行业的不断发展，康乐部在饭店组织中的重要作用也越来越明显，康乐部也逐渐成为饭店营业收入的重要组成部分。

(五)商品部

商品部已逐渐成为饭店组织结构中不可少的一部分，当前几乎所有的饭店都设置有商品部。商品部主要向客人提供各种日常生活所需的商品，但一般会以旅游商品为主。由于商品部的设施和装修都很豪华，环境优雅，服务周到，因此，所出售商品的附加价值也较大，导致商品的价格往往高于市场上零售商场同样商品的价格。随着饭店的不断发展，商品部的产品以及经营的业务将会不断地发展扩大，其营业收入也将会在饭店总收入中占据越来越大的比重。

(六)人事部

人事部又称人力资源部，是饭店的一个非常重要的部门。它的主要职责是为满足饭店日常经营管理的需要，确保饭店在任何时候、任何地点、任何情况下都能为各个部门和岗位工作找到合适的人选，主要负责饭店管理人员以及员工的招聘、选拔、培训、考核、激励等工作。人事部一般直接接受总经理的领导和指挥，饭店组织工作效率的高低与人事部的工作有着直接的关系，因为组织的运作离不开人才的操作和管理，只有将合适的人才安排在合适的岗位上，方能保证饭店组织工作的高绩效，不断实现组织的目标。

(七)财务部

财务部的主要职责是协助饭店经营者搞好饭店的财务管理和会计核算工作，同时控制饭店的经营管理费用，在保证饭店服务质量的情况下，使饭店获得最佳的经济效益。财务部一般也是直属于饭店总经理指挥和监管，财务部人员的数量通常也由饭店规模的大小来决定，饭店规模越大，对财务人员的需求会越大，专业性也会更强，财务部门内部通常设置经理、经理助理、主管会计、会计员和出纳员等职位。

(八)营销部

营销部的主要职责是推广饭店的主要产品和服务，保证饭店在任何季节都能有充足的客源，维护饭店的声誉，策划饭店的形象，扩大饭店的市场知名度，打造饭店的品牌。营销部的规模大小也与饭店的规模大小相关，大型饭店的营销部由经理、主管、市场营销的专兼职人员组成，为保证饭店客源，饭店营销部还会不定期地组织专门人员进行市场调研，了解市场行情和游客的需求，从而指导饭店组织提供尽可能满足顾客需求的产品。

(九)采购部

采购部也是饭店经营运作必不可少的重要部门，它的工作主要是努力满足饭店各业务部门的物资需求，保障饭店正常运行中的物资供应不间断。除此以外，饭店采购部门的另一重要职能就是尽可能地降低饭店物资采购的成本，节约饭店资本消耗，在保证饭店服务和产品质量的同时，尽可能多地增加饭店的经济效益。

(十)工程部

工程部负责组织饭店的各项基建工作；饭店所属各建筑物、构筑物、道路及各类管线的维修和养护；负责饭店机电设备的日常管理工作；保证饭店经营管理活动过程中所有服务设施，如客房内的装修和陈设、水电、音响系统、空调系统、电话等的正常运行和使用。

(十一)安全部

安全部的主要职责是保证饭顾顾客生命财产的安全，保护饭店各项基础设施和公共财物的完好，维护饭店公共场所良好的秩序，确保饭店环境的安全，为顾客提供安全、舒适、宁静的环境，通常饭店保安部会安排专职人员 24 小时巡逻，切实保障饭店全体人员和财物的安全。它也是饭店正常经营管理活动中不可或缺的部门之一。

以上部门是依据一般饭店正常运作的需要来设立的，在实际组织结构设计中各饭店应充分考虑自身的情况进行调整，名称可有所不同，部门多少也可灵活处理。

第三节　饭店组织制度管理

饭店组织是一个有机的整体，组织结构和组织形式变化多样，组织工作也纷繁复杂，要保证饭店的正常运行，并实现饭店的预期目标，就必须有一套非常周密严谨的组织管理制度，实施饭店组织的制度化管理。饭店的组织管理制度使得饭店的各部门、各岗位以及成员的工作和行为都有章可循，它是饭店提供产品和服务标准化和规范化的重要保障。通过饭店组织制度管理，可以统一组织的行动、统一组织的意识，从而实现组织的目标。

一、饭店组织管理制度的类型

随着消费者对饭店提供产品和服务的要求不断提高，饭店组织工作和任务也日趋复杂和精细，这些都决定了饭店组织管理制度类型的复杂性。根据饭店组织层次和饭店产品生产所涉及的内容，可将饭店组织管理制度分为如下四大类别。

(一)饭店基本制度

饭店基本制度包括总经理负责制、饭店经济责任制、岗位责任制、员工手册等，它规定了饭店企业的所有制形式，确定饭店财产归谁所有以及饭店收入和财产的分配方式。

它制定饭店章程，明确饭店所有者、饭店经营管理人员以及饭店组织成员各自的权利、义务和责任，决定着饭店组织的根本性质。

(二)饭店管理制度

饭店管理制度因饭店组织部门的不同而分为两大类：一类是部门管理制度，一类是业务技术规范制度。职能部门管理制度包括人事管理制度、财务管理制度、安全保卫管理制度、行政管理制度、设备设施管理制度等；业务技术规范制度则是针对饭店前厅、客房、餐饮、康乐等业务部门制定的服务规程、工作流程、操作程序、服务质量标准等制度。

(三)饭店工作制度

饭店工作制度则是针对饭店在日常经营运作过程中的许多日常事务工作所制定的制度，如会议制度、饭店总结制度、决策计划制定制度等。这些日常事务在饭店业务活动过程中会经常出现，因此，需要用制度的形式进行管理，使其程序化，从而提高饭店常规事务的处理能力，增强饭店的运作效率。

(四)个人行为规范

个人行为规范是专门为饭店的全体员工制定的制度，用以规范饭店全体工作人员的行为、言谈举止、着装打扮以及精神风貌等。个人行为规范包括员工礼貌用语、员工服务守则、员工行为规范等，它是饭店最具基础性的制度规范，也是必不可少的制度规范，饭店服务性工作的性质决定了员工对客户服务的重要性，只有用个人行为规范来约束员工，增强服务工作的标准化和规范化程度，饭店产品和服务的质量才能得到保障。

饭店组织管理制度的涉及面非常广泛，包含的内容也非常多，上面所提到的只是饭店主要的管理制度。只有将饭店所有的管理制度综合运用于饭店的日常经营运作活动过程中，并按照规章制度严格执行，方能真正提高饭店组织管理质量，提高饭店运作效率，实现饭店的组织目标。

二、饭店组织制度管理的功能

(一)规范员工的工作行为和意识

饭店组织管理制度能对员工的工作行为产生有效的控制和约束作用。常言道："没有规矩，不成方圆"，饭店工作的复杂性和员工提供服务产品的无形性决定了饭店组织管理的困难性，饭店唯有通过严格的规范化管理，方能最大限度地保证饭店服务和产品的质量。饭店管理制度为饭店员工制定了有章可循的标准和规范，从员工的外部形象到员工工作的具体内容都进行了制度化的管理，使员工在工作过程中有了具体的行动指南，能够积极向规范化和标准化的方向努力，从而使所表现出的工作行为和提供的服务产品越来越好。另外，在这种长期的规范化的工作环境中，饭店组织制度将逐渐内化成个人行为的自我约束机制，饭店员工的工作意识会不断加强，工作积极性也会不断提高。

(二)保障饭店组织的正常运行

饭店组织的有效运转离不开饭店全体人员的共同努力，员工是饭店组织存在并充满活力的关键。饭店组织管理制度通过明文规定的组织规章制度形式，对组织各环节和岗位及成员进行权利、职责和义务的划分，对饭店各部门的工作任务、工作的操作程序、服务标准等作出具体的要求，并用文字的方式确定下来，从而使饭店组织内的所有人员都明白自己的工作任务，知道自己的权利责任和义务，形成约束，防止饭店组织运转过程中出现与组织目标偏离的现象。饭店组织管理制度的这种统一性、方向性以及在具体组织工作中所表现出的规范性和强制性，是饭店组织日常经营管理活动正常运转的重要保障。

(三)保证饭店服务和产品的质量

饭店产品和服务具有无形性的特点，饭店员工在具体的对客服务过程中往往会有不自觉的随意性表现，这种随意性对饭店产品的质量会造成一定的影响，顾客不满意、饭店投诉等事件的发生往往是由于员工工作中的疏忽造成的。饭店组织管理制度则通过规范化的管理和服务标准化的设置约束员工的随意行为，并为员工工作的每一个细节都制定严格的标准和规范，从而能够保证饭店为顾客提供的服务和产品的质量，减少不稳定性，真正增强饭店的竞争实力。

(四)推动饭店的不断发展

饭店组织制度的内容是饭店全体人员的行动指南和行为准则，它具有较强的适应性，反映饭店的运行规律，在一定程度上也能反映一个饭店的综合实力和发展水平。随着饭店业竞争的不断加剧，饭店全球化进程的加快，饭店组织制度也必须进行改革、调整和建设，对不适应饭店发展的规章制度要重新制定，使其能始终与饭店自身经营环境相适应，从而不断推动饭店的发展。

三、饭店主要的组织管理制度

(一)饭店基本制度

1. 总经理负责制

总经理负责制是适应饭店现代化管理的一种集权领导制度，总经理是饭店的法人代表，拥有饭店行政的最高决策权力，负责饭店的计划制定并组织具体实施。总经理承担饭店全部业务的经营管理职责，对饭店的发展负有全面责任。

总经理对饭店的主要职责包括：

(1) 在国家政策法律法规所允许的范围内主持饭店的经营活动，制定饭店的经营发展战略，主持召开大型的饭店发展方向性问题的重要会议，认真执行董事会对饭店发展战略的指令，并充分调动饭店所有资源，为实现饭店战略目标而不懈努力。正确处理并协调好国家政策、饭店发展与员工之间的利益关系。

(2) 对饭店负有经营决策权，制定饭店的发展计划并组织具体实施。建设饭店组织结构，制定饭店组织管理制度，全面指挥饭店各职能部门和业务部门的经营运作，能任意调派使用饭店的资金、设备、设施、物资等资源以实现组织目标，同时对饭店全部资产负有责任。

(3) 负责饭店管理人员的使用、任命、调配以及人力资源的开发。负责饭店的各项接待任务，严格履行经济合同。对饭店提供的产品和服务质量负全权责任，保证饭店服务质量达到应有的水平。

(4) 掌握饭店所有的财务大权，对饭店的资金分配、投资、成本费用等有决策权和管理权；对工资、福利等均有决策权。

(5) 负责饭店企业文化建设，保障饭店职代会和工会的权利，支持饭店各组织的活动，不断改善饭店员工的劳动作业条件，维护饭店良好的工作环境及和谐的工作氛围。

总经理的主要职责与其所拥有的权力是相匹配的，各项职责之所以能够履行，需要以总经理的权力作为保证。与职责相对应，饭店总经理所拥有的权力主要包括饭店的制定决策权、经营管理权、财务监督权、人事分配权、奖惩权等。总经理负有的职责只有当与其拥有的权力良好配合时，饭店总经理负责制才能发挥出最好的作用，为饭店创造一流的效益。

2. 饭店经济责任制

饭店的经济责任制是饭店组织的另一项基本经济制度，其核心内容是将饭店组织的经营管理目标进行逐层分解，落实到饭店的各部门、各岗位和具体的个人，按照责、权、利相一致的原则，将个人创造的效益与饭店整体效益相联系，并以此为基础进行劳动分配，个人创造了多少劳动价值就能分配应有的劳动所得。实行经济责任制，就是将饭店的经济责任以合同的形式固定下来的一种经营管理制度。

饭店经济责任制包括的主要内容有：

(1) 制定饭店决策。明确饭店组织的总体经营目标。

(2) 落实经济责任。将饭店组织的经营目标层层下放到饭店的各部门、各岗位和个人。通常实行定量化的管理，将饭店的经营目标进行分解，以指标的形式下放，利于考核和成果的评定。

(3) 考核。考核是保证饭店目标实现的重要手段，通过考核才能了解饭店各部门、各岗位和个人的工作完成情况，检查经济责任是否完全履行。考核结果必须真实详尽并且清楚公平，它是饭店员工劳动分配的标准和依据。

(4) 效益为本，按劳分配。根据各部门和个人所创造的效益实行按劳分配。饭店的经济责任制的分配方式有计分计奖制、浮动工资制、提成工资制等多种。

经济责任制的实施要本着公开、公平和公正的原则，严格按照效益和利益相一致的原则实施按劳分配，这样方能充分调动饭店全体员工工作的积极性和创造性，使每一位员工都能真正为饭店的利益而努力工作，从而实现饭店组织的经营目标，推动饭店的不断发展。

3. 饭店岗位责任制

岗位责任制是饭店的另一项基本经济制度。它是一个完整的体系。岗位责任制的实质是以饭店的岗位为单位，具体规定每个岗位以及该岗位每个人员的职责、工作范围、作业标准、工作权限、工作量等，并以制度的形式确定下来，饭店全体人员必须严格遵守。岗位责任制通常以岗位责任说明书或职务说明书的形式进行下达，它具体规定了饭店每个岗位员工的岗位身份、工作的内容、完成的标准等，明确该岗位员工所要做的事情以及如何去做。制定岗位责任说明书或职务说明书是饭店岗位责任制的重要表现形式，岗位说明书必须全面、清楚，明确各岗位人员的权利、责任和义务，防止岗位之间产生摩擦，影响组织工作的顺利进行。

4. 员工手册

饭店员工手册是饭店全体员工应共同遵守的行为规范的条文文件。饭店员工手册的内容包括序言、总则、组织管理、劳动条例、计划方法、组织结构、职工福利和劳动纪律、奖励和纪律处分、安全守则等。员工手册对每个饭店都是必不可少的，它规定了饭店全体员工共同拥有的权利和义务，规定了全体员工必须遵守的行为规范，只要是饭店员工，在饭店的工作(包括外表形象、言行举止等)中都要受员工手册上的条款约束。员工手册对饭店的意义非常重大，是保证饭店有序运作的饭店组织的基本制度。员工手册的内容必须通俗易懂，便于员工操作，从而真正发挥作用。

(二)饭店管理制度

饭店管理制度是对饭店管理各基本方面规定的活动框架，是用以引导、约束、激励集体行为的规范体系。它在整个饭店通用，要求全体员工遵照执行。按照饭店组织部门和业务划分，饭店管理制度又分为部门管理制度和业务技术规范制度。

1. 部门管理制度

部门管理制度是由饭店下属的各专业部门制定，并要求全体员工遵照执行的相关专业管理制度。饭店部门管理制度主要有人事管理制度、财务管理制度、安全保卫制度、行政性管理制度、设备设施管理制度、物品管理制度，等等。人事管理制度包括人事部对饭店全体员工的人事档案管理制度、劳动工资制度、人员招聘、培训制度、奖惩制度、福利制度和医疗保险制度等；财务管理制度则是根据饭店财务部门的实际情况制定的现金管理制度、信用消费政策、支付制度、营业收入管理制度、资金审批制度和部门外汇管理制度等分门别类的财务管理规章制度；安全保卫制度则是按照国家安全保卫部门的要求而制定的保卫整个饭店人身和财产安全的保卫制度，包括饭店内保制度、消防安全制度、工作安全制度等，其重要性不言而喻；行政管理制度是针对饭店的行政性事务而制定的制度，如行文制度、报告制度、发文制度、行政档案制度、图文资料著作权制度等；设备设施管理制度主要指的是针对饭店各种设备的特点而制定的设备使用、保养、管理等制度；物品管理制度则主要包括物品分级管理制度、物品领用使用制度、物品保管责任制度、物品盘存盘库制度等。

2. 业务技术规范制度

业务技术规范制度是饭店下属业务部门根据自身的业务及其运作特点为规范部门行为而制定的相关管理制度。包括业务运作制度、服务质量标准、劳动考核制度等。业务运作制度主要有业务流程，服务质量检查，考评制度，排班、替班、交接班制度，卫生制度等；服务质量标准是饭店在根据自己的等级、规模以及整体管理水平定位的基础上而制定的提供产品和服务的质量标准；劳动考核制度是对饭店员工的考勤、任务分配、奖惩、违规违纪处理等日常业务工作进行规范。

四、饭店非正式组织的管理

饭店非正式组织是有别于饭店正式组织的另一类饭店组织，它是饭店员工为满足自

己工作和生活的需要而自发产生的团体。非正式组织的产生以饭店成员间的共性为纽带，如年龄、性格、志趣爱好、工作地位、工作性质、个人能力等方面的共性。

(一)饭店非正式组织的特性

不同的饭店内存在着各种各样的非正式组织，非正式组织的类别并不固定，只要饭店内的某一部门群体产生了生理上或心理上的某种需要，这群人聚在一起，就组成了饭店的一个非正式组织。虽然饭店非正式组织的类型难于归纳，但是它们之间却存在着自发性、社会性、信息共享性等共性特点。

所谓自发性，是指饭店的非正式组织都是自发产生的，与饭店的管理层之间没有直接的关系，在饭店正式组织制度所允许的范围内，它们可以自由地发展；社会性是指饭店非正式组织具有社会性的控制作用，它有全体成员所共同认可的文化规范，并形成一种天然的约束作用，组织成员均自觉遵守；信息共享性是指饭店非正式组织内的信息非常灵通，一旦有人获得任何信息便会在整个组织内部迅速传播，人人都能很快知晓。另外，饭店的非正式组织领导的产生与饭店正式组织的管理者没有任何关系，或者是非正式组织内部自然形成的领导核心，或者是由组织全体成员选举产生，其对非正式团体的影响远远大于正式组织的高层领导者的权威。

(二)饭店非正式组织对饭店的影响

饭店非正式组织作为一种小团体，组织内的各成员之间有着相同或相似的兴趣爱好、志趣、人生价值观等，因此他们之间具有一种天然的默契，组织内部非常团结，有很强的凝聚力。饭店非正式组织对组织内成员的影响力量远大于饭店正式组织的影响。因此，非正式组织内的成员一旦形成思想或认识上的共识，便会反过来对饭店组织的正常运作产生影响，这种影响将会是很深远的，它可能对饭店正式组织的高效运作起推动作用，也可能起到阻碍和破坏的作用。对饭店管理者来说，如何利用饭店非正式组织的影响力量来促进饭店组织的高效运作，对饭店组织的发展起到积极作用，将是他们必须认真思考的问题。

(三)饭店非正式组织的管理

对饭店非正式组织的管理，简单地说，就是要通过各种方式和手段来尽可能地消除饭店非正式组织对饭店经营管理的消极影响，而增强其对饭店发展的积极影响。饭店管理者在具体的管理过程中应注意做好以下工作。

1. 制定相关的规章制度支持饭店非正式组织的活动

饭店领导者必须通过制定相关的优惠政策或饭店的规章制度来支持饭店非正式组

织的活动。饭店可以给予饭店非正式组织更多的活动时间和空间，甚至在饭店组织制度中制定配合饭店非正式组织开展活动的规章制度，在饭店日常运作活动中对饭店员工的工作时间如排班、倒班等尽可能予以配合；关注饭店非正式组织活动的开展，并给予相应的奖励政策。通过这些人性化的关怀，使饭店管理者能够加强与饭店非正式组织之间的联系，获得非正式组织内全体成员的一致好感，从而调动非正式组织团体中的每一位成员在工作中充分发挥工作能力的积极性，完成工作任务。

2. 努力保持与饭店非正式组织领导者之间的良好关系

饭店非正式组织团体的领导者对该组织的全体成员有着很大的影响力，这些领导者并非经由饭店高层任命，他们大多数是以自己的人格魅力征服非正式组织团体的全体人员，得到整个团体人员的一致认可。饭店管理者可以经常与饭店非正式组织领导者之间保持沟通和交流，给予必要的支持，并尽可能满足非正式组织为开展活动而提出的合理要求，通过与非正式组织领导保持良好的关系，利用其在非正式组织中的权威来传达组织的工作计划和任务，获得非正式组织团体对饭店组织工作的理解，减少饭店组织与非正式组织之间的分歧，保持饭店整体的凝聚力，推动饭店组织的经营运作和管理活动的顺利进行。

3. 积极引导饭店非正式组织的发展方向

饭店组织管理者除了与非正式组织保持良好的关系外，还应在宏观上引导其发展方向，使非正式组织团体在价值取向上与饭店整体的价值观念保持一致。饭店不仅要对员工在工作时间内的行为进行管理，而且对饭店员工业余时间的活动也要进行引导和管理。例如宜昌桃花岭饭店组织饭店员工开展外语知识竞赛活动、组织员工到郊外进行郊游、在饭店内开展"岭上桃花风采秀"等活动，丰富员工的生活，增长其文化知识，引导员工的个人发展意识，激发他们在饭店工作中充分发挥主观能动性，在实现个人价值的同时，饭店组织目标也得到实现。

第四章 饭店业务管理

【学习目标】

1. 了解饭店业务决策和饭店部门业务的构成
2. 熟悉和掌握饭店前厅业务管理
3. 熟悉和掌握饭店客房业务管理
4. 熟悉和掌握饭店餐饮业务管理
5. 熟悉饭店现场管理的作用
6. 了解饭店现场管理的主要形式

【关键词】

现场管理 Scene Management
前厅业务管理 Front Office Management
客房业务管理 Housekeeping Management
餐饮业务管理 Food & Beverage Management

饭店业务是饭店工作的主要内容，是饭店存在和运行的基础。对饭店业务的管理，也就成了饭店管理的主要内容。一方面，饭店管理最大量的工作是在业务管理上。另一方面，饭店对其他各系统的管理也是围绕着业务活动而进行的。业务管理成了饭店管理体系的主线。饭店业务管理的前提是要形成业务，即在反映饭店主题和业务决策的前提下形成合理的业务内容和业务结构。根据饭店业务的特点，饭店管理又很强调现场管理。针对饭店业务的规律性和随机性，饭店管理中的业务控制程度较高，饭店管理要对业务运行作全过程控制，以保证业务的正常运行。

第一节 饭店管理的业务构成

饭店的业务构成是指饭店的全部业务内容，饭店各种业务内容所占的比重，各种业务的组合形式，以及由此而形成的系列饭店产品。饭店的业务构成因饭店自身所处的环境条件不同而不同，其业务构成也没有一个统一的模式。实质上，饭店业务构成要为饭店产品的市场竞争优势服务，要为达到饭店效益的目标服务。所以饭店业务构成由饭店的业务决策来确定。饭店业务的特点和市场规律决定了饭店业务构成会发展，也会变化。饭店业务管理先要对饭店业务构成进行决策，在形成饭店业务构成后，对饭店业务的实际运行进行管理。

一、饭店的业务决策

饭店经营管理主要的工作就是业务运营。饭店的业务要能适应市场的需要，能有市场竞争的优势，并为饭店带来效益，就要对饭店业务进行决策。饭店业务的综合性使得饭店业务是一个很复杂的组合，因此对饭店业务决策也是一个复杂的系统工程。决策是饭店管理的首要职能，同样，业务决策也是饭店业务管理的首要职能。

(一)饭店业务决策

饭店业务管理以决策为导向，决策确定了业务内容和过程。作为决策就要有目标，也就是通常所说的出发点。饭店业务决策的出发点为：

1. 具有饭店的一般功能要求

饭店业务必须要有一般功能的业务内容，这是基础。饭店业务在主体上要符合饭店的社会功能，也就是饭店的一般功能要求，即住、食、购、娱等功能。同时饭店也要在业务上有自身的特色和风格。即在保证饭店满足社会基本需求的基础上，给业务注入新

的内容，形成自己的风格和特色。这是业务决策的重要出发点，也是业务构成中要十分关注的问题。

2. 形成自身的核心竞争力

饭店业务决策，自然会十分重视自身的核心竞争力。核心竞争力是饭店长期领先于竞争对手的能力，也就是饭店经营和竞争的优势。核心竞争力要由饭店的业务来体现，由业务构成来承担。饭店业务体现核心竞争力主要表现在两个方面。一方面是饭店产品体现使用价值的准确性和完美性，这是从饭店产品的共性意义上讲的；另一方面是饭店的业务内容所体现的饭店产品具有自身鲜明的主题和特色，这是从饭店产品的个性意义上讲的，显示了饭店产品的市场差异化。因此，饭店在作出业务决策时，把重点放在核心竞争力的形成上，在饭店业务的风格和特色两方面作出饭店核心竞争力的决策。

3. 争取饭店利润最大化

争取利润最大化是饭店经营的目的，也是饭店业务决策的目标。饭店业务决策的其他各方面都是围绕着利润最大化而进行的。这里所指的利润是指饭店的盈利或净利。饭店利润最大化是通过业务运行来实现的，它依赖于两个方面：一个是收益的最大化，另一个是支出的合理最小化。

从收益最大化的角度说，业务决策要解决的问题是：第一，争取实现潜在客源市场的最大化；第二，饭店的接待能力和接待量趋于最大化；第三，使得顾客的满意消费最大化。通过这些方面的业务决策，饭店的利润就会趋向于最大化，并会不断地增长。

从支出合理最小化的角度说，业务决策要从业务运行和财务运行两个方面进行。从业务运行出发，要合理配置和充分利用各生产要素的组合接待能力。从财务运行出发，要根据利润产出情况，合理调整业务结构。在业务运行中确定科学的成本核算体系，合理支出成本费用。通过对这两方面的支出作出控制决策，力求做到支出的合理最小化。

(二)饭店业务关系

组织饭店业务是按从大到小、从整体到局部的程序来进行的。从整体考虑，业务管理就是要理顺和确立饭店的业务关系。根据确定的业务关系，调整饭店的业务构成。

1. 饭店业务关系的类型

饭店业务关系是指饭店业务中主营业务与配套业务、主业与副业之间的协调关系。业务决策也包括对业务关系的决策。饭店是由多种业务组合而成的综合性企业。饭店要实现可持续发展，就要协调好各种业务的关系。

饭店业务有主营业务与配套业务。饭店主营业务是饭店的社会功能所决定的业务，即接待旅客所需要的住宿饮食业务。现在主营业务的范围也扩展到在饭店业中起主导作用的或营业量最大的业务。主营业务是饭店的根基和主体，是饭店业务决策的重点，也是饭店业务的中心。饭店配套业务是为了方便和丰富顾客的旅居生活而和主营业务配套的业务项目。顾名思义，配套业务是配套使用的，并不是饭店每次接待业务所必备的项目。如饭店的娱乐、健身、商店等都属配套业务。

饭店业务还有主业和副业之分。饭店主业是指饭店本身的旅客接待业务，其空间范围主要在饭店的范围内。饭店的副业是指饭店非旅居接待的业务。饭店的副业可以在饭店的空间范围内，也可以在饭店外的其他空间，如饭店对公寓楼的管理、对外的物业管理、纯餐饮的餐厅经营、对外输出管理等。

2. 饭店业务关系的处理目标

饭店业务关系的处理目标是要使这些业务协调和谐、主次分明、轻重有度、结构合理、配合默契，形成有节奏感的有旋律的业务整体。业务关系处理要抓主要矛盾、抓纲举目、统筹安排。业务关系处理先要对主业和作出安排，主业的安排又要先决定主营业务。决定主营业务分为对饭店最主要业务的决策和对饭店几项主营业务的通盘决策。对饭店主营业务的决策，要符合饭店业务决策的出发点，使主营业务成为有核心竞争力的主干产品。主营业务确定后，要对配套业务作出安排。配套业务的决策，一方面要对配套业务本身的内容进行安排，即饭店需要哪些配套业务，这些业务的量是多少；同时要让配套业务的内容和量与主营业务配套。例如，设立饭店会议室是配套业务，根据饭店主营业务的方向，饭店要确定应拥有何种类型的会议室、会议室的档次和设施、会议室如何与客房餐饮配套、多功能厅怎样设置和使用等，这些都是配套业务决策。配套业务主要是为主营业务配套的。饭店设置配套业务，必须要注意其与市场的适应性。市场需求量大的项目，配套业务量也要相应扩大，可不受主营业务的限制。例如，有的饭店的娱乐场所除了与饭店主营业务配套外，还要面向社会市场，因此其容量远远超过饭店顾客的需求量。这种配套业务的设置就是以市场需求为主要依据的。

二、饭店部门的业务构成

部门内的业务是最具体的业务，也是饭店实质性的业务，它构成饭店业务的主体。部门内业务是饭店业务决策的最后落脚点，因此，部门内业务构成的工作很重要和具体。

(一)业务的种类及其组合

业务种类是指要确定组成部门业务的种类。部门业务的框架在部门业务构成时已基本确定，但具体组成部门业务的种类还须作进一步的细化。

1. 业务的集合

业务的集合是把饭店中同类业务归类集合。业务集合的原则是业务性质相同，有利于专业化管理。根据这一原则，对饭店业务进行集合。如客房部也称为管家部，顾名思义是专事清洁卫生工作的部门，因此就把客房卫生、公共卫生、洗涤卫生等工作均归为该部门负责。即使像非客房部的地毯、石面、玻璃窗等系统的卫生工作也都由客房部来完成。又如饭店可能有多个酒吧，像大堂吧、休闲吧、水吧、行政酒廊等，由于这些酒吧都供应食品饮料，所以都归入餐饮部管理。

部门业务集合大都是同类性质业务的集合。但饭店里有些业务的性质跟各部门的业务性质都不同，而这些业务又不能无所归属。于是就把这些业务根据某些条件而归入某一个部门。如把商店归入前厅部，电脑房归入财务部等。

2. 部门业务的细分

业务的集合实际上是对部门业务的归类和部门业务的分工。一个部门一般不会只有单一的业务，往往会有同质或不同质的多项业务。因此部门内还要对业务进行细分。部门业务的细分使部门业务内容具体化，能够实际运转操作，也就是使部门业务决策和业务设计成为实际的业务运行。业务细分有很多方法，但目的只有一个，就是尽可能使业务内容单一化、具体化，然后才有利于组织业务和运行业务。部门业务细分的基本方法有如下两种：

(1) 根据业务内容细分。

该方法是把性质相同，但内容不同的业务进行细分。这种方法是部门业务细分的主要方式。例如：前厅部业务细分为总服务台、总机系统业务、礼宾业务、商务中心业务等；客房部业务细分为楼面客房业务、房务中心业务、PA 业务、洗涤业务等；餐饮部业务细分为中餐业务、西餐业务、酒吧业务、厨房业务、采供业务等；娱乐部业务细分为歌舞厅、KTV、棋牌室、球类部、游泳池等。

(2) 根据业务分布空间细分。

这种细分是业务内容细分的继续，它是在业务内容细分的基础上，为了适应顾客的多种需要以及业务作业的合理性而进行的一种细分。如：客房部在业务内容细分的基础上，可再分为普通楼层(客房)、行政楼层(客房)、会议中心、别墅区等。餐饮部可再分为大餐厅及宴会厅区、包厢区、西餐厅及咖啡厅区、中厨房、西厨房、仓储区等。娱乐部可再分为歌舞厅中的演艺厅、迪厅、聊天吧等。球类部可分为室内球类和室外球类等。

3. 部门业务的组合

部门业务细分是使部门单项业务明确并具体化。由于每个部门都有多项业务，并且各项业务之间又存在着联系，因此部门要把这些单项业务组合成部门业务，进而由部门业务组合成饭店业务系统。部门业务组合主要是业务量的关系组合和业务间的联系组合。

部门业务量的关系组合简单地说是确定各单项业务的接待容量及它们间的组合关系。单项业务接待容量在业务决策和业务设计时已作了量的规定。根据决策，部门以接待容量为中心，按量化分析来投入形成接待容量的各生产要素，使接待容量能达到核定标准，形成接待能力。部门业务间的联系组合是组合部门内的联系。尽管部门内有很多单项业务是相对独立的，但总是存在着某种联系。这种联系主要有：

(1) 业务过程的联系。例如：总台和总机的联系、总台内部各岗位业务间的联系、餐厅和厨房的联系、厨房和采供的联系等。

(2) 信息联系。这在部门内的业务间是大量存在的。

(3) 比例组合的关系是指部门内的业务量的合理比例。如客房数和洗衣房的洗涤能力的比例关系，娱乐部演艺厅、迪吧、卡拉 OK、KTV 的比例关系等。

在分析部门业务组合的基础上，部门在具体组织业务时，要把各种业务联系制度化、规范化，使之有机组合起来，进而把一个部门的业务和饭店其他部门的业务联系组合起来，形成从部门到饭店的业务有机联系，组成纵横交错、运行有序的业务系统。

(二)业务形式的设计

部门业务构成后，业务要正常运行，还要设计业务形式。业务形式是业务在运行过程中被顾客以感官感受到的服务。业务形式是多种多样的，它会因理念的不同、饭店情况的不同、部门业务的不同、外部因素的不同而不同。业务的主要形式有：

1. 环境形式

业务的环境形式包括环境氛围、环境质量、环境的服务理念。环境氛围是环境的主要内容。环境氛围要和各功用部分的功能协调一致并能予以渲染；环境质量主要是环境给人的舒适度，如外环境的整洁度，内环境空气的质量、室温以及整洁度；环境形式体现了饭店的对客理念，如行走路线及人流设计、服务设施的设计和设置等。环境形式有其固定的基调和风格，但随着饭店的发展，人们需求的变化，季节的变化等，环境形式也会不断地发生变化。

2. 岗位形式

岗位设置形式体现了饭店的业务形式。饭店能为顾客提供什么样的服务，能提供什么项目的服务，能有什么特色服务都可以通过岗位形式来表现。例如楼面设值台岗，表现了饭店对顾客安全和即时服务的保证，表现了人情味和亲和感；但楼面不设值台岗，又表现了饭店尽量不打扰顾客生活和营造最宽松的私密空间环境的理念。客房部设私人

管家，可做到个性化服务；前厅设金钥匙岗，就能为顾客解决很多委托事项，解决顾客的很多困难；餐饮部设置展示区点菜员，能为顾客提供个性化和知识性的服务。因此，饭店岗位的设置形式不仅仅是组织职能的要求，岗位形式也体现了饭店的理念，体现了饭店的业务形式。

3. 服务形式

服务形式是指服务员对客服务所表现的形式及通过有关设备对客服务所表现的形式。服务员所表现的服务形式主要有语言形式、动作形式、操作形式、礼貌形式、礼仪形式、问题处理形式、应变形式等。服务形式是饭店表现得最多的、最能体现饭店风格和特色的业务形式。例如，服务员在短时间内多次碰到同一顾客，招呼时是用语音语言还是用肢体语言，总台是用坐式服务还是用站式服务等，这些都是服务形式的具体表现。设备对客服务形式是不经过服务员而是由相关设备所提供的服务形式。这种服务形式要体现出饭店向顾客提供热情、周到、方便的服务。例如，客房的电话设置自动留言提醒功能，客房设置保险箱而方便顾客存物，饭店提供网络服务方便顾客上网，设置呼唤装置来提供快捷服务。所有的设备对客服务都应尽量做到易懂、易操作，这样才能起到为顾客服务的作用。

4. 服务过程形式

服务过程形式是以某个服务过程为单位，把相关的岗位形式、服务形式联系起来，组成一个连贯的服务过程，该过程所表现的形式就是服务过程形式。服务过程形式是与服务过程相一致的，它是由岗位形式、服务形式及与该过程相关的各因素组合而成的，它要向顾客提供完整的、动态的服务。服务过程形式较综合地反映了部门的业务过程，对服务过程形式的设计和组织就要综合每个服务过程的各种要素。其中有：第一，服务过程形式要以岗位形式和服务形式为基本要素。第二，服务过程形式必须规范，这一规范由服务规程予以保证。第三，服务过程形式要体现饭店的风格和特色。第四，服务过程形式在规范的基础上要适应顾客的个性需要，要有充分的灵活性。第五，服务过程形式还必须有其连贯性，注意岗位、服务、信息等的连接和协调。

由部门的环境形式、岗位形式、服务形式、服务过程形式组成了部门业务形式。由于饭店业务的特点，业务形式在饭店有着重要的作用。对业务形式一定要精心设计，科学组织，以给顾客一个良好的感受。形式是外在表现，它是为内容服务的。部门业务的根本还是部门业务的内容。饭店应该在夯实业务内容的基础上，再营造能使顾客赏心悦目的业务形式。以部门业务内容为主，以业务形式为辅，形神合璧，创造出最佳的部门业务。饭店的业务内容会随着饭店的发展而不断变化，业务形式也应随着业务内容的变化而与之相适应。

第二节 饭店业务运行与管理

饭店的业务部门有很多，有很多内容其他章节专门谈到，这里介绍饭店三大核心部门即前厅部、客房部和餐饮部的业务运行与管理，其他内容将在后面的章节中逐一阐述。

一、饭店前厅业务管理

饭店的前厅部是饭店接待客人的重要部门，是饭店直接对客服务的起点，是客人在店消费的联络中心和客人离店的终点。它的主要任务是负责销售饭店的主要产品——客房，联络和协调饭店各部门的对客服务，为客人提供前厅部的综合性服务。前厅部工作质量的高低，不仅直接影响到客房的出租率和饭店的经济效益，而且能反映出饭店的工作效率、服务质量和管理水平的高低。

(一)饭店前厅的职能与组织结构

1. 饭店前厅的主要职能

前厅部的工作职能具体表现在以下几个方面。

(1) 立足客房销售。

客房产品的销售是前厅部的中心工作，其他一切工作都是围绕这个中心进行的。客房是饭店最主要的产品，是饭店经济收入的主要来源，客房产品具有所有权的相对稳定性、地理位置的固定性、价值补偿的易逝性等特点，受时间、空间和数量的限制。因此，能否积极发挥销售作用，做好客房产品的销售，将会影响到整个饭店的盈利水平。

(2) 掌握正确房态。

客房状况的正确显示，是饭店服务质量与管理水平的体现，也是客房产品顺利销售的基础。前厅部的客房状况显示系统包括客房预订显示系统、客房现状显示系统。只有做好客房状况的实时显示，掌握正确的房态，才能更好地开展对客服务。

(3) 协调对客服务。

前厅部将通过销售所掌握的客源市场预测、客房预订与到客情况以及客人的需求及时通报给其他相关业务部门，使各部门能够相互配合协调，有计划地完成本部门应该承担的工作任务。前厅部通过对客售后服务，及时地将客人的意见反馈给有关部门，以改善饭店的服务质量。

（4）提供各类服务。

前厅部直接为客人提供各种服务，为住店客人办理住宿手续、接送行李、委托代办业务、记账结账等。饭店前、后台之间以及各部门与客人之间的联络、协调关系等也需要前厅部来牵头。

（5）提供客账管理。

目前，国内大多数饭店为了方便客人、促进消费，已向客人提供统一结账服务。客人提供必要的信用证明或预付账款后，可在饭店各部门签单消费，客人的账单可在预订客房或办理入住登记手续时建立。前厅部的责任是区别每位客人的消费情况，建立正确的客账，以保证饭店的良好信誉及应有的经营收入。

（6）建立客史档案。

由于前厅部为客人提供入住及离店服务，因而自然就成为饭店对客服务的调度中心及资料档案中心。大部分饭店为住店一次以上的散客建立了客史档案，记录了饭店接待客人的主要资料，这是饭店给客人提供个性化服务的依据，也是饭店寻找客源、研究市场营销的信息来源。

2. 饭店前厅的组织结构

前厅部的组织机构，需要根据本饭店等级的不同、规模的大小、业务量的多少、饭店客源的特色而设置。前厅部的组织机构应具备预订、接待、问讯、收银、行李、商务等服务功能，如图 4-1 所示。

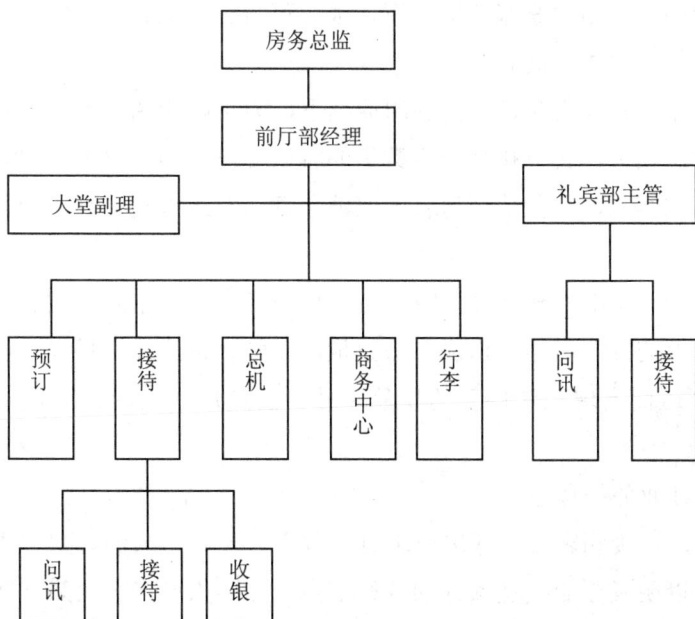

图 4-1　大型饭店前厅部组织机构图

(二)饭店前厅业务管理

1. 预定业务管理

(1) 客房预订。

客房预订是推销客房产品的重要手段之一。目前，随着旅游业的发展和饭店业的激烈竞争，订房已不仅是客人为了使住宿有保证而进行的单方面联系客房的活动，还成为饭店为了争取客源、保证经济效益的实现而进行的主动式推销，这是双向的预约客房的行为。随着客源市场竞争的加剧，主动式推销客房越来越引起饭店管理人员的重视，订房已成为饭店重要的推销工作。客房预订的种类，一般有以下几种形式。

① 保证类预订。保证类预订使饭店与未来的住客之间有了更为牢靠的关系。通过信用卡、预付订金、订立合同三种方法来保证饭店和客人双方的利益，但使用时要注意其效果。一是信用卡，客人使用信用卡，收银人员要注意信用查询，防止出现恶意透支的现象；二是预付订金，这是饭店最欢迎的，特别是在旺季，一般由饭店和客人双方商定，订金可以是一天的，也可以是整个住宿期间的；三是订立合同，指饭店与有关单位签订的供房合同，但应注意合同履行的方法、主要签单人及对方的信用，注意防止呆账的发生，明确规定最高挂账限额和双方的违约责任。

② 确认类预订。客人向饭店提出订房要求时，饭店根据具体情况，以口头或书面的形式表示接受客人的预订要求。一般不要求客人预付订金，但客人必须在规定的时间内到达饭店。否则，在用房紧张的情况下，饭店可将客房出租给未经预订而直接抵店的客人，饭店可不保证提供房间。

③ 等待类订房。饭店在订房已满的情况下，为了防止由于客人未到或提前离店而给饭店带来的经济损失，仍然接受一定数量的客人订房。但对这类订房客人，饭店不确认订房，只是通知客人，在其他订房客人取消预订或有客人提前离店的情况下可优先予以安排。

④ 超额预订。在用房旺季时，饭店为防止因订房客人未到或住店客人提前离店而造成客房闲置现象的发生，适当增加订房数量，以弥补饭店经济损失。但超额预订会因为客人的全部到达而出现无法供房的现象，并可能造成饭店的经济损失和损坏饭店的形象。

(2) 客房预订业务的程序。

① 受理预订。接到客人的订房要求时，预订人员将客人的订房要求填写在统一规格的订房单内，以明确饭店接受预订的各种信息，如客人姓名、联系方式、抵店时间、需要房间的类别与数量等。

② 接受或婉拒预订。饭店根据客人的需求与本饭店的具体情况，确定能否满足客

人的预订需求。能满足客人的预订需求时，则接受预订；否则，可婉言拒绝。

③ 确认预订。饭店接受了客人的预订后应及时给客人发出预订确认书。确认书中应复述客人的订房要求；申明饭店对客人订房变更及取消预订的有关规定；向确认类预订的客人申明抵店的时间；对保证类客人申明收取订金及取消预订的有关规定。

④ 记录、储存订房资料。预订人员将客人的订房资料分类整理，按客人的抵店时间顺序排列存放。

⑤ 预订的变更、取消及客人抵店前的准备。如果已确认的预订客人要求变更或取消预订，预订人员应及时办理手续，填写订房变更与预订取消单，以防出现差错影响客房出租。客人抵店前，预订人员应及时将有关资料转交总台接待人员。

客房预订工作中应注意的问题是：客人的预订一经饭店确认，就产生法律效力，所以应该注意，订房信息记录应准确无误；客人抵店前，订房信息要及时转达到相关部门，使他们及时做好接待客人的准备工作；饭店房源方面有任何变化，都应及时通知客人；饭店任何人员为他人办理预订业务，都应按所规定的程序进行，防止造成混乱与损失；把取消预订与违约的有关处理规定告诉客人。

2. 接待业务管理

客房预订并没有完成客房产品的最终销售，它只是增加了提高客房出租率的可能性，接待服务和分房管理才是最终完成客房产品销售的程序。分房管理是直接出售客房产品，是一种艺术，分房工作管理得好，就能将高价客房或闲置客房售出，从而减少闲置，增加销售量。

(1) 按有关规定做好入住登记工作。入住登记的过程是客人与饭店第一次面对面接触的过程。对于饭店总台来说，入住登记手续是对客服务的第一个关键阶段，这一阶段的工作效果将直接影响到前厅部客房产品的销售。提供信息、协调对客服务、与客人建立正式合法的租住关系，是办理入住登记手续的目的。需要注意的是，在办理入住登记手续时应该做到：遵守国家法律法规中有关户籍管理的有关规定，如没有身份证等有效证件，不办理入住登记手续；获取住店客人必需的个人资料；满足客人对房价的合理要求；建立正确的客人账户。

饭店为了维护自身和入住客人的合法权益，保障饭店和入住客人的生命财产不受伤害，可以行使"拒绝入住权"。

(2) 客房状况的实时控制。在前厅部的业务运转中，客房状况的实时控制是一项重要内容。客房状况的实时控制是确保客房状况准确的有效手段，它往往是前厅部业务运转的一个核心。掌握饭店的客房状况及其变化，应当引起管理者的高度重视。在客房状况的实时控制过程中，客房状况信息的及时传递、有效信息的及时沟通是十分重要的。客房状况的变化取决于客人住宿活动。客人住宿登记后，其对应的客房状况就由原来的空房或待租状况变为住客房；客人结账后客房状况变为走客房，然后变为空房，客房状况就是这样不停地随着客人住宿的变化而变化。客房状况的变化情况主要通过三个部门在沟通，即客房部、开房处和收银处，这三个部门在沟通和控制客房状况方面应负主要责任。客房部要及时、准确地向开房处报告房态，接待员以此作为接待客人、分派客房的依据。客人离店结账退房时，收银员负责通知客房部，客房部在清理完客房后，再次将最新客房状况通知开房处。准确的客房状况信息取决于这三个部门的信息及时传递。

3. 日常服务管理

(1) 迎送服务管理。

迎送工作是饭店显示档次与服务质量的关键。客人抵达或离店时，迎宾员应主动相迎，热情服务，将车辆引领到合适的地方，并主动帮助行李员清点客人的行李，以免出现差错。迎宾员还负责维持大厅门前的秩序，指挥、引导、疏散车辆，保证饭店门前的交通畅通无阻。

(2) 问讯、邮件服务管理。

客人有了疑难问题，会向饭店有关人员询问，饭店有责任与义务帮助客人排忧解难。饭店应对问讯处的工作人员进行相关知识的培训。而问讯员除必须有较广的知识面以外，还需要掌握大量最新的信息和书面材料，以保证在工作中能给客人以准确而满意的答复。问讯处还设有钥匙信件架，按房号顺序排列，存放客人的钥匙及信件。

(3) 行李服务管理。

行李服务是由行李员负责进行的。行李服务中需要注意的问题是，运送的行李，需要得到客人的确认，以防止行李出现差错而给客人的行程带来不必要的麻烦。团队行李的交接过程，应注意行李的检查验收，并办理必要的手续，防止行李的损坏和财物的丢失。多个团队出现时，应采取必要的方法加以区分，防止出现混乱错失现象。

(4) 电话总机服务管理。

电话总机是饭店内外信息沟通、联络的通讯枢纽。绝大多数客人对饭店的第一印象是在与话务员的第一次声音接触中产生的。话务员热情、礼貌、耐心、快捷和高效的对客服务，起到了客人与饭店之间的桥梁作用。电话总机服务包括接转电话、问询服务、叫醒服务和联络服务 4 个方面的内容。

(5) 客人投诉管理。

投诉是客人对饭店服务工作不满而提出的意见。一般饭店前厅部设有大堂副理来接受和处理客人的投诉。通过客人的投诉，饭店可以及时了解工作中存在的问题，有利于饭店不断改进和提高服务质量和管理水平。正确处理客人投诉，可以加深饭店与客人之间的相互了解，处理好饭店与客人之间的关系，改变客人对饭店工作的不良印象。圆满处理客人投诉，可以树立饭店良好的声誉，让客人对饭店的不满降低到最低限度。饭店

大堂副理应掌握接待处理客人投诉的方法、原则和技巧。

(6) 商务中心服务管理。

为满足客人日益增长的商务需要，饭店通过商务中心向客人提供打字、复印、传真、秘书、翻译、代办邮件、会议室出租、文件整理和装订服务。饭店商务中心除应拥有计算机、复印机、传真机、装订机、有关商务刊物和报纸、办公用品和其他必要的设备外，还要配备有一定专业和经验的工作人员，以提供高水平、高效率的对客服务。

(7) 其他服务管理。

为方便客人，满足客人多方面的需要，饭店前厅还向客人提供旅游代办、机(车、船)票预订、出租汽车预约、收发邮件等服务。这些服务可以由旅行社、出租汽车公司、邮电局等专业部门在饭店设置专业机构办理，也可以由饭店代理进行。

4. 客账业务管理

前厅客账管理工作的好坏，直接关系到能否保证饭店的经济效益和准确反映饭店经营业务活动的状况，也反映了饭店的服务水平和经营管理效率。前厅客账管理的时间性与业务性都很强。位于前厅的收银处，每天负责核算和整理各业务部门收银员送来的顾客消费账单，为离店顾客办理结账收款事宜，编制各种会计报表，以便及时反映饭店的营业活动情况。从业务性质来说，前厅收银处一般直接归属于饭店财务部，但由于它处在接待顾客的第一线岗位，又需接受前厅部的指挥。

(1) 客账记录。

客账记录是前厅收银处的一项日常业务工作。为了避免工作中的差错和发生逃账漏账的情况，前厅收银处的客账记录必须由一套完备的制度来保证，并依靠各业务部门的配合及财务部的审核监督。客账记录的方法和要求主要是：

① 账户清楚。接待处给每位登记入宿的顾客设立一个账户，供收银处登录该顾客在饭店居住期内的房租及其他各项花费(已用现金结算的费用除外)。它是编制各类营业报表的情况来源之一，也是顾客离店时结算的依据。通常，饭店为零散顾客建立个人账户，团体顾客建立团体账户。

② 转账迅速。顾客在饭店停留时间短，费用项目多，每一位顾客一系列的消费都在几天、甚至几小时内发生，这就要求转账迅速。各业务部门必须按规定时间将顾客账单送到前厅收银处，防止跑账、漏账、错账发生，保证准时结账，准确无误。如采用计算机收银系统，只要收银员将账单输入收银机，前厅计算机就同时记下了顾客当时的应付款项，能避免漏账，大大提高工作效率。

③ 记账准确。前厅为顾客建立客账后，即开始记录顾客住店期间的一切费用。顾客的房租，采取依日累计的方法，每天结算一次，顾客离店时加上当日应付租金，即为顾客应付的全部房租，一目了然。其他各项费用，如饮食、洗衣、长途电话、电报电传、

理发、书报、租车等项目，除顾客愿在发生时以现金结算外，均可由顾客签字认可后，由各有关部门将其转入前厅收银处，记入顾客的账卡。这就要求记账准确，顾客姓名、房号、费用项目和金额、消费时间等必须清楚，和户头账户保持一致。

(2) 顾客结账。

现代饭店一般采用"一次结账"的收款方式，指顾客在饭店花费的全部费用在离店时一次结清。这样，既能给顾客带来方便，又能够留下服务态度好、工作效率高的良好印象。

顾客的结账方式一般有三种：一是现金支付，这对饭店来说是最理想的，因为饭店收取现金以后可以马上使用；二是用信用卡支付，这种支付方式比较方便，同时饭店的应收款项回收也可得到保证；第三种方式是使用企业之间的记账单来支付饭店费用。

(3) 夜间审核及营业报表编制。

在许多饭店中，收银处夜间工作人员除了上述业务，还要承担夜间审核和营业报表编制的工作。夜间审核工作是将从上个夜班核查以后所收到的账单及房租登记在顾客账户上，并做好汇总和核查工作。营业日报表是全面反映本饭店当日营业情况的业务报表，一般由前厅收银处夜审人员负责编制。其中一份于次日清晨送往饭店总经理办公室，以便饭店经理及时掌握营业总情况；另一份送交财务部门作为核对营业收入的依据。

二、饭店客房业务管理

客房，是饭店的主体部分，是饭店向客人提供住宿和休息的场所，是饭店经济收入的重要来源，客房经营管理的好坏，直接关系到饭店的声誉，影响饭店产品的质量。客房部担负着客人住店期间的大部分服务工作，其业务范围涉及整个饭店和公共区域的清洁卫生、物资用品消耗的控制、设备的维修保养等。客房管理是连接客房产品生产和消费的纽带与桥梁。客房管理的好坏，能否根据客人类型、客人心理尽量满足客人需求，则成为直接影响客源的重要条件。同时，因客房使用低值易耗品多，物料比例大，如何最大限度地降低成本，提高利润，也是客房管理的重要任务。

(一)饭店客房部的职能与组织结构

1. 饭店客房部的主要职能

(1) 提供基本的饭店产品。

客房是顾客旅游投宿的物质承担者，是住店顾客购买的最大、最主要的产品。所以，饭店的客房是饭店存在的基础，没有了客房，实际意义上的饭店就不复存在了。

(2) 饭店的主要收入来源。

客房是饭店最主要的商品之一，客房部是饭店的主要创利部门，销售收入十分可观，一般要占饭店全部营业收入的 40%～60%。

(3) 负责饭店公共卫生及布件洗涤发放。

客房部也是饭店管家部门，不仅负责整个饭店公共部分的清洁保养及绿化工作，也担负着整个饭店布件的洗涤、熨烫、保管、发放的重任，对饭店其他部门的正常运转给予不可缺少的支持。

2. 饭店客房部的组织结构

随着隐蔽式服务的提出，我国多数饭店的客房服务由楼层服务台的服务模式向客房服务中心模式转换，也有一些饭店没有改变。故目前饭店客房服务的方式有两种：楼层服务台和客房服务中心。无论采用那种服务方式，都应根据饭店自身的实际情况和客人的需要出发而设立。一般客房部的主要组成部分包括：经理办公室、客房楼层服务组、公共区域服务组、客房服务中心、布草房、洗衣房等(如图 4-2 所示)。

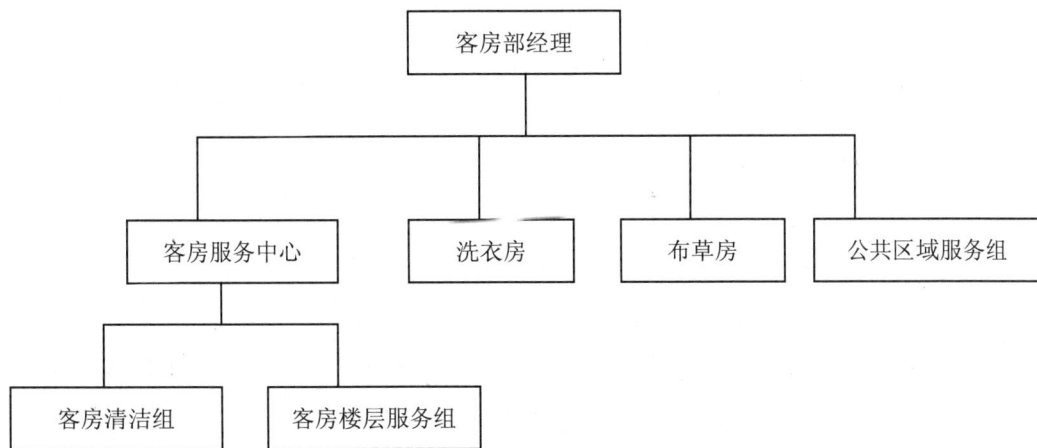

图 4-2 客房部组织结构图(设立客房服务中心)

(二)饭店客房业务管理

饭店客房业务管理的主要目的，是保证地客人住宿期间能满足客人使用设施与享用物资的需求，为客人提供清洁卫生、设备用品齐全、舒适美观的客房，满足客人享受各种服务的要求，为客人提供物质和精神上的享受。

1. 客房清洁卫生管理

客房的清洁卫生工作是客房部的重要工作之一，客房卫生质量是客人最关心和最敏感的问题，也是饭店服务质量管理的重要内容，饭店必须制定严格的质量标准与操作程序进行管理。

(1) 客房日常卫生管理。

客房日常卫生是客房部的重要工作内容，也是衡量饭店服务质量的重要标准。卫生工作保持得好，就能满足客人的需要。对客房的日常清扫，我国主要采用的是两进房制。主要内容包括 3 个方面，即清洁整理客房、更换补充物品、检查保养设备。根据饭店的具体情况，应制定相关的工作程序与质量标准。管理人员要加强监督与指导。由于客房状态的不同，清洁卫生工作会有所不同，但基本内容与基本要求是一样的，其基本程序如下所述。

① 整理、清扫、除尘。按照饭店的规格与清洁卫生工作的要求，整理和铺放客人使用过的床铺，整理客人使用后放乱的各种用品、用具，整理客人放乱的个人衣物、用品，清扫垃圾，抹尘，吸尘。在房间整理、清扫、除尘过程中，应严格按照饭店规定的程序和质量标准进行。

② 整理、擦洗卫生间。整理各种卫生用品及客人用具，清扫垃圾，擦洗卫生洁具及瓷砖墙面与地面。在卫生间整理、擦洗过程中，应严格按照规定的卫生标准与工作程序，杜绝一条抹布一抹到底的不道德行为。

③ 更换、补充用品。在房间整理清洁过程中，按照标准要求更换布件，补充用品。

(2) 客房计划卫生管理。

客房部除了日常卫生清洁工作外，还有诸如窗帘、地毯、房顶吸尘，顶灯除尘等卫生项目需要定期循环清洁。因此，应根据饭店的具体情况，制定切实可行的工作计划和卫生清洁标准，科学地安排时间、人员，保证饭店的服务水准。

(3) 公共区域卫生管理。

客房部除了承担客房区域的清洁卫生工作外，还承担了饭店公共区域公共卫生的清洁整理工作。由于公共区域面积大，人员分散，不利于控制与监督，因此，公共区域的清洁卫生作要根据所管辖的区域和范围以及规定的卫生项目与标准，划片定岗，实行岗位责任制，使员工明确自己的责任与质量标准，管理人员应加强巡视检查，进行监督。

2. 客房接待服务管理

客房部接待服务工作围绕客人的到店、居住、离店三个环节进行，接待服务工作的管理也是以此为基础制定相应的管理程序与管理办法。

(1) 迎客服务管理。

客人到达楼层后，希望在人格上得到服务人员的尊重，在生活上得到服务人员的关心。根据"顾客至上"的原则，饭店应制定相应的程序与要求，规范与约束员工的日常行为。员工迎客彬彬有礼，会给客人留下美好印象，使之有一个好心情，也会对饭店产生一个好印象。

(2) 客人居住期间服务管理。

客人住店期间，希望生活方便，他们的风俗习惯得到尊重。客人的需求变化莫测，饭店仅有规范化的服务仍然不能满足客人需求，饭店应针对不同客人的生活习惯与需求，在规范化服务的基础上，对不同客人应提供合理的个性化服务项目以满足其需求。

(3) 客人离店服务管理。

客人离店，是饭店接待客人活动的结束。但服务人员的良好服务，会给客人留下美好的印象。客房部员工应按饭店服务程序的规定，做好客人离开楼层前的准备工作、客人离开楼层时的送别工作和客人离开楼层后的检查工作。

3. 客房安全业务管理

客房部管理面积大，接待客人多，工作比较复杂，容易出问题。从整个饭店讲，安全保卫工作由保卫部门负责，但客房部应该积极配合，保证客人人身与财产的安全。客房安全是指顾客在客房范围内的人身、财产及其正当权益不受侵害，也不存在可能导致客人受侵害的因素。

(1) 客房安全。

客房是顾客的暂居地及财物的存放处，故客房安全至关重要。客房门必须有包括能双锁的门锁、广角窥镜及安全链，其他凡能进入客房的入口处，均应能上锁或闩。客房内各种电器设备应确保安全，卫生间的地面及浴缸应有防滑措施，所有茶具、杯具等应及时消毒，对于家具应经常检查其牢固程度；引领客人进房的服务人员应向客人介绍安全装置的作用及使用方法，并提请客人注意阅读客房内所展示的有关安全的告示及说明；客房服务人员清扫客房时，应将房门开着，不能随意将客房钥匙放在清洁车上，并检查客房内各安全装置；前厅问讯处等各部门也应严格为住客保密。

为保证客房安全，还要严格控制钥匙。一般要求客人外出时将钥匙交还前厅问讯处保管，回店时经验证其住客身份及房号后领取钥匙；当客人离店时，应提醒客人归还钥匙；要求客房服务人员工作时随身佩带钥匙，客房部每天应记录钥匙发放及使用的情况，由领用人签字等。

(2) 走道安全。

客房走道的照明应正常，地毯应平整；饭店保安人员应对客房走道进行巡视，注意有无外来陌生人违规进入客房区，提醒客人将门关好；楼层服务员如发现异常现象应及时向安保部汇报；配有闭路电视监视系统的饭店，可以更好地协助客房走道的安全监视及控制。

(3) 伤病、醉酒客人的处理。

饭店一旦有客人出现伤病，应有紧急处理措施及能胜任抢救的专业医护人员或员工救护，并配备各种急救的设备器材与药品。任何员工尤其是客房部员工，在任何场所若发现伤病客人，应立即向保安或经理报告，总机亦应注意伤病客人的求助电话；对一直到下午仍挂有"请勿打扰"牌的住客，应电话或进房询问；如有伤病客人，应实施急救，或送医院治疗。事后由安保部写出伤病报告，呈报总经理，并存档备查，对不同类型及特征的醉酒客人，应区别对待。对于轻者，要适时劝其回房休息；对重者，应协助保安使其安静，以免打扰或伤害其他客人。客房服务员应特别注意醉酒客人房内的动静，以免发生意外。

(4) 火灾的防范。

饭店应有密的防火安全计划，包括成立防火安全委员会，制定防范措施和检查方法，规定各岗位工作人员的职责和任务；制定火警时的紧急疏散计划，如客人及员工如何疏散及资金财产等如何保护；配备、维修、保养防火灭火设备及用具，培训员工掌握必要的防火知识和灭火技能，并定期举办消防演习；对住客加强防火知识宣传，如在客房门后张贴安全门通道示意图及在客房内放置防火宣传材料等；一旦发生火警，总机应向消防部门报警并用紧急广播系统通知客人及员工，要求他们经紧急出口和安全楼梯离开饭店建筑，电梯应放至底层并禁止使用；前厅部应在底层安全梯出口处引领疏散客人，保安人员应严密保护现场。

4. 客房设备用品管理

客房的设备用品种类繁多，在饭店固定资产中占有很大的比重。客房设备和用品是开展客房服务工作的物质基础。管理好客房的设备和物资，是客房业务管理的重要内容之一，也是降低客房营业成本的重要途径、客房部要具体制定设备、物资的管理制度，明确规定各级管理人员在这一方面的职责，合理使用设备物资，努力降低成本，力求得到最大的经济效益。客房内的各种设备应始终处于齐全、完好状态，客房服务员及管理人员在日常服务工作和管理工作中，随时注意检查设备使用情况，配合工程部对设备进行保养、维修，管理人员要定时向客房部汇报设备使用情况。房内各种供客人使用的物品和清洁用品，应足、备齐，以满足服务工作的需要，保证服务质量。要控制好床单、毛巾等棉织品的周转，控制好消耗物资的领用，建立发放记录和消耗记录，在满足客人使用、保证服务质量的前提下，提倡节约，减少浪费，堵塞漏洞，实行节约奖励、浪费受罚的方针。

(1) 客房设备用品采购管理。

根据客房等级、种类、标准及数量，核定设备用品的品种、规格、等级及需求数量，按照各部门提出的设备用品采购计划，进行综合平衡后确定采购计划并采购。

(2) 客房设备用品使用管理。

做好设备的分类、编号及登记工作。制定分级归类管理制度。建立岗位责任制。实行客房用品消耗定额管理。

(3) 客房设备用品更新管理。

客房部应与工程设备部门一起制定固定资产定额、设备的添置、折旧、大修和更新改造计划，以及低值易耗品的摊销计划，减少盲目性。设备无论是由于有形磨损还是无形磨损，客房部都应该按计划进行更新改造。在更新改造设备时，客房部要协助设备部门进行拆装，并尽快熟悉各项设备的性能及使用、保养方法，投入使用。

三、饭店餐饮业务管理

现代饭店的餐饮业务管理已成为饭店企业管理的重要组成部分，现代化饭店的规模越大，管理工作专业化的程度就越高。现代化饭店的餐厅已经不仅是供应餐饮产品的场所，而是具有休闲、宴会、交际等多重功能的场所。餐饮产品是由满足客人某种需要或得到某种享受的物质形态的实体和非物质形态的服务。构成餐饮产品的物质实体称为有形产品，如餐厅的外观、餐饮产品的生产与服务设施、菜肴与酒水的外观及颜色式样等；餐饮产品的非物质形态称为无形产品，是客人对产品内涵的感受，如餐厅的声誉、特色、气氛、位置、等级等。餐饮产品的有形部分与无形部分具有同样的地位，不可相互替代，组成完整的餐饮产品，其核心是可食性。

(一)饭店餐饮的管理职能与组织结构

1. 饭店餐饮的管理职能

餐饮产品与餐饮管理的特点，决定了餐饮管理的基本任务是：加强市场调查，提高服务水平与菜肴质量，满足客人需求，有效地利用人力、物力、财力，合理组织餐饮产品生产的各项经营业务活动，争取良好的经济效益。餐饮管理的职能主要有以下几方面。

(1) 餐饮产品的市场定位。

餐饮管理的首要任务是做好市场调查工作，选定目标市场，进行餐饮产品的市场定位，根据本饭店的具体情况策划餐饮服务项目、餐饮服务内容，并根据市场环境与饭店条件的变化，适时调整饭店的经营方针与经营策略，增强饭店餐饮产品的竞争能力。

(2) 餐饮产品的生产管理。

餐饮产品的生产过程是一个复杂的过程，由于参与人员多、使用原材料品种多、生产种类多，使得生产过程的控制显得特别重要。因此，必须加强餐饮管理，努力降低成本，对餐饮产品的生产过程实行全程管理。

(3) 前台对客的服务管理。

在客人对餐饮产品的消费过程中，前台员工的服务质量对餐饮产品的销售起着相当重要的作用。应制定餐饮服务标准、服务程序、服务规范，为顾客提供主动、热情、耐心、周到的服务，争取更多的客源市场份额。

(4) 餐饮产品的销售管理。

要实现餐饮部的经营目标，保证完成经营收入计划，餐饮管理人员就应加强对市场形势的分析与研究，适时调整经营策略，采取灵活多样的营销方式开发市场。

2. 饭店餐饮的组织结构

饭店餐饮的组织结构是确定该部门各成员之间、所属部门之间相互关系的结构。目的是增强实现部门经营目标的能力，更有效地协调员工与控制整体之间的活动。饭店餐饮组织结构因饭店的类型、等级规模和服务内容的不同而设置不同。现代饭店的管理机构普遍采用七级制(含总经理一级)甚至更少的职级，大中型饭店餐饮组织结构如图 4-3 所示。从横向组织结构来看，餐饮部一般由五个部门组成：餐厅部、宴会部、厨房部、管事部、采购部。

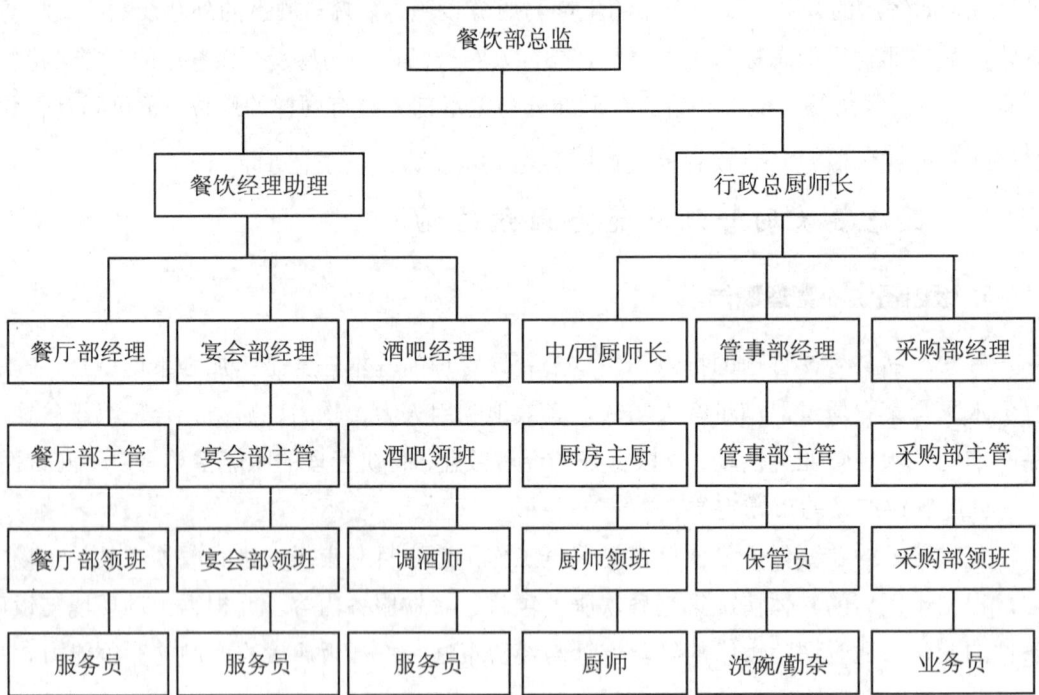

图 4-3　大中型饭店餐饮组织结构图

(二)饭店餐饮业务管理

1. 餐饮清洁卫生管理

饭店餐饮卫生管理的主要目的是为客人提供合乎卫生、对人体安全有益的餐食。餐饮卫生是保证就餐者健康的首要条件，也是影响餐饮产品质量的重要因素。为了保证食

品卫生，杜绝食品污染和有害因素对人体的危害，保障就餐者的身体健康，饭店应切实抓好餐饮卫生管理工作。餐饮卫生管理工作的主要内容有食品卫生管理、员工卫生管理、环境卫生管理及设备、餐具卫生管理。

(1) 食品卫生管理。

饭店提供的食品必须是没有受过污染、干净、卫生和富有营养的食品。食品如果受到污染将会给顾客带来疾病危害，造成食物中毒。导致食品受到污染的来源主要是病菌、寄生虫或有害化学物质以及有毒的动植物。因此，必须做好食品污染的预防工作，保证食品卫生。

(2) 员工卫生管理。

员工卫生管理包括员工个人卫生和操作卫生管理。员工良好的个人卫生可以保证良好的健康状态和高效率的工作，而且可以防止疾病的传播，避免食物污染，并防止食物中毒事件的发生。员工在雇用后每年必须主动进行健康检查，并取得健康证明。员工个人卫生管理除了依靠严格的上岗规章制度外，还应从根本处着手，即培养员工良好的卫生习惯。

员工操作卫生管理的目的是防止工作人员因操作时的疏忽而导致食品、用具遭受污染。员工在操作时，禁止饮食、吸烟，并尽量不交谈；员工在拿取餐具时不能用手直接接触餐具上客人入口的部位；不能用手直接抓取食品，应戴好清洁的工作手套，并且在操作结束后处理好使用过的手套；工作时不使用破裂器皿；器皿、器具如掉落在地上，应洗净后再使用；若熟食掉落在地上，则应弃置，不可再使用；注意成品的保鲜、保洁，避免污染。

(3) 环境卫生管理。

餐饮产品的卫生情况与环境卫生管理大为相关，这里所指的环境包括餐厅、厨房、所有食品加工、储藏、销售场所、洗涤间、卫生间及垃圾房等。按照餐饮产品储存、加工、生产、消费等流程，各环节的卫生管理都必须严格到位，不容忽视。

(4) 设备、餐具卫生管理。

由于设备、餐具卫生管理不善而污染食品导致食品中毒的事件常有发生，因设备、餐具不符合卫生要求而被罚款或勒令停业整顿的餐饮企业也屡见不鲜。制定出设备卫生计划及各种设备洗涤操作规程并教育训练员工，是搞好设备、餐具卫生的关键。因此，餐饮部应格外重视加工设备及厨具、烹调设备及厨具、冷藏设备、清洁消毒设备、储藏和输送设备等各类设备与餐具卫生管理。设备及餐具的卫生管理，应能保证供应食品不受污染，符合卫生要求。

2. 餐饮生产管理

餐饮产品的生产管理是餐饮管理的重要组成部分，餐饮产品的生产水平和产品质量直接关系到餐饮的特色和形象。高水准的餐饮产品的生产，既反映了餐饮的等级档次，又体现出饭店餐饮的特色。餐饮产品的生产还影响到饭店经济效益的实现，因为餐饮产品的成本和利润在很大程度上受生产过程的支配，控制生产过程的成本费用可以获得良好的经济效益。

餐饮产品生产管理的关键是菜肴生产管理。菜肴生产管理，主要是指厨房的生产预测与计划、食品原料的折损率控制、菜肴的份额数量控制以及编写标准食谱与执行标准食谱等。菜肴成本加大的原因之一是产品过量生产，预防菜肴的过量生产，可以控制无效的食品成本发生。菜肴成本加大的原因之二是食品原料的净料率控制不当，由于菜肴生产的需要，食品原料需要经过一系列的加工，才能符合制作要求，食品原料加工方法适宜，会增加它的净料率，提高菜肴的出品率，减少浪费，从而有效地降低菜肴成本。值得注意的是，提高食品原料的净料率应当在保证产品制作质量的前提下进行。另外，菜肴原料份额也会影响到菜肴的成本，应该给予高度的重视。

3. 餐饮推销管理

餐饮业务的经营管理者必须清醒地认识到，餐饮产品的生产销售是以市场为中心，以满足客人需求为目标。餐饮产品的市场推销是从对餐饮市场经营环境的调查与预测开始的。通过餐饮产品的推销活动，促进生产者与消费者之间的信息交流，消除障碍，刺激客人消费。推销过程实质上是一个信息传递过程，通过推销使消费者对本饭店经营的餐饮产品知晓、理解，成为潜在的消费者。推销是推动餐饮产品从生产领域向消费领域转移的过程，也是促使餐饮产品价值实现的过程。但餐饮产品要真正达到销售目的，除了推销者要选用适当的推销方式外，还要认真做好推销的思想准备，了解客源市场状况，将重心放在客人身上。

餐饮产品的推销可利用报刊、电视、广播等新闻媒介形式进行，也可采用户外广告的形式，如道路指示牌、屋顶标牌、灯箱广告牌、餐厅布告栏等。餐饮产品的推销还可通过推销人员与潜在客人面对面地交谈，向客人提供本饭店的信息，说服潜在的消费者购买本饭店的餐饮产品。饭店还可采用特殊的推销方式，如利用赠券、品尝样品、套餐折扣、赠送礼品等方式进行。

在餐饮产品推销过程中，首先应注意餐厅主题设计，力求办出自己的特色，拥有自己鲜明独特的形象，使客人在消费后留下深刻的印象。餐饮产品推销中，餐饮部门的形象设计可以突出自己的个性，环境情调的不同可以给人一种新鲜的感觉。餐饮部门提供的额外服务，会吸引众多的客人，如时装表演、音乐晚会、优惠供餐等。服务人员的建

议式推销也会收到意想不到的效果。有的餐厅采用现场烹饪的方法，可引起客人的极大兴趣。有的餐厅，在推出一种新的菜肴时，采用特价或奉送品尝的方式，会产生良好的推销效果。利用节假日进行餐饮产品的推销活动，是餐饮部门经常采用的一种方式。各种节假日是难得的推销时机，餐饮部门这时都会制定节日推销计划，可以根据自己企业的特点，使推销活动生动活泼、有创意，争取获得良好的经济效益。

4. 餐饮成本管理

餐饮产品的成本管理是餐饮管理的关键。餐饮成本控制贯穿于餐饮产品生产的全过程，凡在餐饮产品制作与经营过程中产生的影响成本的因素，都是餐饮成本管理的对象。餐饮产品成本管理，关键的问题是做好餐饮产品的控制程序。制定并确定餐饮产品的各项标准成本；实施成本控制，对餐饮产品的实际成本进行抽查和定期评估；确定成本差异，分析造成成本差异的原因与责任；消除成本差异，找出解决成本差异的具体方法。

餐饮产品的制作是一个系统工程，餐饮产品的成本控制需要从以下几方面努力。

(1) 食品原料的成本控制。

食品原料是菜肴制作的主要成本，它包括主料成本、辅料成本、调料成本。主料成本是菜肴的主要原料成本，一般来说，主料在菜肴中占的份额最多、价格最高，是控制的重点。辅料成本又称为配料成本，在菜肴制作过程中，辅料起着衬托主料的作用，也是不可忽视的成本。调料成本是指菜肴生产过程中调味品成本，在菜肴生产过程中关系到菜肴的质量，是餐饮产品成本中一项重要的开支，有时甚至超过主料成本。食品原料的成本控制从两方面入手：一是做好食品原料的采购保管控制，同质论价、同价论质，减少采购中间环节，入库后合理储备，努力降低成本；二是食品原料的使用控制，管理人员应做好食品原料使用的监督工作，一旦发现问题，应及时分析原因，并采取有效措施，进行纠正。

(2) 人工成本控制。

菜肴的制作是手工劳动，人的因素起着相当重要的作用。人工成本控制，一是用工数量的控制，尽量减少缺勤工时，控制非生产和服务工时，提高生产效率，严格执行劳动定额。二是做好工资总额的控制，人员配备比例适当：高技术岗位的人员过多，会增加人力资源成本，造成人力资源成本过高；低技术岗位的人员过多，又会影响菜肴生产质量。

(3) 燃料能源成本控制。

燃料能源成本是菜肴生产与经营中不可忽视的成本，尽管在菜肴成本中可能占有的成本比例很小，但在餐饮产品的生产中，仍有一定数量。教育员工重视节约能源、做好节省燃料的工作是非常必要的。在餐饮产品的生产过程中，管理人员应坚持对能源工作和节能效果的经常性检查，以保证燃料能源控制工作的有效性；燃料能源成本的控制方法很多，管理者可以结合本单位的具体情况加以总结，使餐饮产品的生产程序化、标准化，把燃料能源的成本控制到最低限度。

5. 菜单筹划管理

在餐饮产品的生产销售过程中，菜单起着重要作用。餐厅的主要产品是菜肴与食品，它们不宜过久存放，许多菜肴在客人点菜之前不能制作。饭店通过菜单把本餐厅的产品介绍给客人，通过菜单与客人沟通，客人只有通过菜单来了解菜肴的特点，因此菜单成为餐厅销售餐饮产品的重要工具。菜单还成为饭店控制成本的重要工具。菜肴原材料的采购、菜肴的生产、服务人员进行菜肴产品的推销、饭店餐饮产品的效益，基本上都以菜单为依据。

(1) 菜单的基本类别。

根据菜单的不同划分标准，菜单有以下不同的分类。

① 根据菜单价格形式分类。

套餐菜单。根据客人的需要，将不同的营养成分、不同的食品原料、不同的制作方法、不同类型与价格的菜肴产品合理地搭配在一起形成套餐。套餐菜单上的菜肴产品的品种、数量、价格是固定的。套餐菜单的优点是节省了客人点菜的时间，而且在价格上也较为优惠。特别是现在许多饭店在套餐菜单上增加了不同档次和标准，更方便客人进行选择。

零点菜单。是饭店最基本的菜单。客人可根据菜单上列举的菜肴品种选择购买。一般饭店餐厅零点菜单的排列顺序按人们的进餐习惯排列，西餐是：开胃菜类、汤类、沙拉类、主菜类、三明治类、甜品类等。中餐则以菜肴食品原料的内容分类，如冷盘、热菜、汤类、主食、酒水等。

② 根据菜单特点(周期)分类。

固定菜单。是指每天都提供相同菜品的菜单。它适用于就餐客人较多，且客人流动性大的商业餐厅。许多风味餐厅、大众餐厅、吧房、咖啡厅和快餐厅都有自己的固定菜单：这种固定菜单一般是该餐厅经过精心研制并在多年销售过程中深受客人欢迎并具有特色的菜品品种。

周期循环菜单。周期循环菜单是指按一定天数周期循环使用的菜单，这些菜单上供应的品种可以是部分不同或全部不同，厨房按照当天菜单上规定的品种进行生产。它适用于企事业单位长住型饭店的餐厅。周期循环式菜单的优点是满足了客人对特色菜肴的需求，天天可以品尝新的菜肴产品。但餐厅应该注意剩余食品原料的妥善处理。

宴会菜单。宴会菜单是饭店与餐厅推销餐饮产品的一种技术性菜单。宴会菜单要体现饭店与餐厅的经营特色，根据不同季节和不同客源安排时令菜肴。宴会菜单要根据宴请对象、宴请特点、宴请标准、宴请者的意见随时制定。宴会菜单还可细分为传统式宴

会菜单、鸡尾酒会菜单、自助式宴会菜单。

(2) 菜单的设计管理。

菜单作为饭店与客人沟通的媒介、餐饮产品推销的重要工具，应该根据本饭店的经营特色进行精心设计，力求外观设计科学、内容清楚真实。在菜单设计中，一定要选择适合不同需求的字体，其中包括字体的大小、字体的形状。如中文的仿宋体容易阅读，适合作为菜肴的名称和菜肴的介绍，而行书体或草写体有自己的风格，使用时应当谨慎。英语字体包括印刷体和手写体。

菜单质量的优劣与菜单选用的纸张质量有很大的关系。由于菜单代表了餐厅的形象，它的光洁度和手感与菜单的推销功能有直接的联系，因此，纸张的选择应该引起管理者的高度重视。一次性使用的菜单应选用价格较便宜的纸张；对于使用周期较长的菜单，应选用耐用性能较好或经过塑料压膜处理过的纸张。

菜单的颜色具有增加菜肴推销的作用，使菜单更具有吸引力。鲜艳的色彩能够反映餐厅的经营特色，而柔和清淡的色彩使菜单显得典雅大方。除非菜单上带有图片，否则菜单上使用的颜色最好不要超过四种。色彩种类太多会给客人留下华而不实的感觉，不利于菜肴的营销。同时，为增加菜单的营销功能，可适当配备必要的照片与图形，这将会产生更好的效果。

菜肴的命名应注意贴切、易懂，特别是中文菜单要能够反映原材料的配制、菜肴的形状、菜肴产生的历史渊源、菜肴名称的寓意。如果能将一些特色菜的配料、营养成分、烹制方法加以简单的介绍，将会产生更好的效果。

设计菜单时应该注意，有的餐厅经常只换内页而不注意更换封面，时间久了，菜单封面就会肮脏破旧，影响客人的情绪和食欲；因为许多客人会从菜单的整洁美观上来判断餐厅菜肴的质量。同时，菜单上菜肴的排列切忌按价格的高低来排列，否则客人会根据菜肴价格来点菜。按照一些餐厅的经验，把餐厅重点推销的菜肴放在菜单的首尾，或许这是一种比较好的办法，因为许多客人点的菜肴里总是有个排列在菜单的首尾部分。菜单策划设计的关键还要货真价实，不能只做表面文章。菜单设计得非常好，但与菜肴的实际内容不相符合，菜肴质量达不到菜单所介绍的要求，只会引起客人的不满而失去客人。

第三节　饭店业务督导与控制

饭店业务的督导与控制的重要方法是现场管理也称为移动式管理，是业务管理的一种重要形式。顾客的使用随意性，业务运行中出现的随机性，员工作业的独立性和手工操作，服务量的高要求等，都决定了饭店业务的特殊性，也导致了业务运行现场管理的必要性。现场管理，就是管理人员在作业现场、在业务运行过程中行使管理职能。管理人员在现场通过决策、指挥、协调等职能以及通过指导示范等功能，促使业务规范、优质、高效地进行；同时通过控制职能，使业务过程和决策、标准、理念相一致。现场管理是管理人员的管理职责，也是管理人员的基本功之一，必须很好地掌握和运用。

一、现场管理的作用

现场管理是对进行中的各种业务进行实时管理，这些业务过程都有服务员参与其中。利用业务的现场管理，指导员工提高业务水平，以示范的形式作现场培训，将会取得良好的效果。

(一)现场管理的业务指导作用

在业务运行中，饭店员工处在业务的一线，往往会忙于完成任务而容易忽略一些环节和作业技巧。管理人员在现场管理，由于不直接参与作业活动，会产生"旁观者清"的效应。在现场观察中，管理人员会及时发现员工的一些缺陷和问题，并针对这些问题进行现场指导，既能弥补服务上的不足，又能提高员工的业务水平，而且现场指导，针对性强，给员工留下的印象也特别深刻。现场指导要在自然的情况下进行，不能妨碍员工的正常作业。

(二)现场管理的示范作用

现场管理也是对员工进行示范教育的一种培训。在现场管理中示范教育有多种形式：一是替代式示范，即在现场管理中，当管理人员发现员工作业不够规范、技巧掌握欠佳时，就让员工稍息或做辅助工作，自己上手操作，给员工做示范，让员工观摩和模仿，酒吧服务、宴会服务、客房整房等都可采用这种方式。直观的现场示范，同样能给顾客以满意，给员工以长进和提高。二是参与式的作业示范。管理人员在现场管理时，参与到作业过程中去，也跟员工一样作业操作。在作业操作过程中，一边作业并指点员工纠正错误，一边现场指挥业务过程。在实践中，通过这样一个过程就能让员工对作业要领看在眼里，记在心里，起到立竿见影的效果。

(三)现场管理的素质提升作用

管理人员现场指导有两个层面：一个是对下属的管理层面，另一个是员工的作业操作层面。管理人员在这两方面都要达到合格的水准，才具备进行现场管理的条件。这些条件主要有：第一，系统的、科学的管理知识。第二，敏锐的判断能力和洞察力。第三，符合相应管理等级的业务作业技能。只有自己业务过硬，才能进行现场操作，给员工起示范作用。当然管理人员不一定要比员工操作娴熟，但要比员工懂得多、操作得更规范。第四，广博的专业知识。管理人员要有效地进行现场管理，就要有饭店业务的专长，有广博的专业知识。管理人员既要懂得该怎么做，怎样做更好，也要懂得为什么要这样做，即知其然，知其所以然。饭店对管理人员的要求是既要能在课堂讲课，对员工进行理论培训，也要能在现场操作，对员工进行操作培训和指导示范。

二、现场管理的主要形式

(一)巡视管理

巡视管理是管理者对管辖范围内的各空间进行巡视、观察、指导、检查、管理。巡视的目的是根据现场管理旨要，保证本部门业务的正常运行。巡视前，管理人员先要掌握信息，了解当天的业务情况，并已对下属作了任务布置。巡视的方式，可以是全面巡视，也可以是重点巡视；可以是带着对象目标巡视(即对某些部位进行有目的的巡视)，也可以是无目标的常规性巡视。巡视中的管理工作主要包括：

1. 全面掌握情况

掌握业务量和业务运行情况、服务质量情况、饭店市场情况、员工情况、设备设施状况、物品的消耗状况、物品的供应状况等。全面掌握情况，就能充分发挥管理的作用，发现并解决问题。在现场，管理人员会发现和提出许多问题。对这些问题或在现场，或是带回去通过一定的方式予以解决。

2. 处理例外事故

在巡视过程中，会发现一些例外事故，对这些例外事故要及时地处理，听取汇报，做出指示。监督检查各部分各岗位人员的工作情况，有效控制业务运行。

3. 指导员工作业

在巡视时，要指导员工及各部分的作业业务过程，使作业过程达到和超越规范。

4. 做好巡视记录

有业务运行就会有运行记录，饭店利用信息系统对业务运行进行系统的、连贯的记录。这种记录是全面的，也是机械的。作为补充，就是管理人员的现场记录。通常管理人员在巡视时，对一些会引起注意的事例或现象做记录，以便通过分析，更全面地掌握业务情况。管理人员在巡视时，还有其他很多工作可做，这要根据各部门、各区域业务不同而因地制宜。巡视的时间可根据部门业务情况而定。巡视次数由管理人员自我决定。

(二)重点管理

重点管理是饭店管理人员在当天或在一段时间内对重点工作区域作现场管理。重点管理是由饭店的业务特点所决定的。饭店分类业务的内容不同、形式不同，重点管理的类型也不同。重点管理的类型主要有：常规性的重点管理、业务集中型的重点管理、重要接待任务的重点管理、出现问题较多部位的重点管理、试验点的重点管理等。

常规性的重点管理是由业务的主体所决定的，总是把管理的侧重点放在体现业务主体的区域；业务集中型的重点管理是指在一定时间内，业务比较集中于某一部位，则需要重点管理；重要接待任务的重点管理是指饭店有重要接待任务时，在重要任务活动的部位，就是重点管理的部位。出现问题较多部位的重点管理是指在有了偏差，需要纠正偏差时，管理人员应该在问题部位作重点管理，这一类的重点管理取得成效后，往往会有举一反三的效果；试验点的重点管理是指在这某一区域正在进行某一项创新式的试验，在试验区域往往需要重点管理，以取得第一手的资料和经验。

(三)协调管理

饭店是多业务、多功能、细分工的企业，这决定了饭店在业务处理过程中会产生一些矛盾和失衡，要使业务能和谐平衡，饭店管理要充分使用协调职能。现场管理业务协调有多种形式，其类型主要有：组织调配协调、常规业务协调与特别业务协调三种类型。

组织调配协调是指在现场管理中对组织结构、人员安排、人员调配、业务时间段的临时调整，如客房部集中力量抢房，餐饮部集中力量翻台，客房部人员支援餐饮部跑菜等。常规业务协调主要发生在常规业务进行时的相关岗位和部门，这种协调一般按业务设计由岗位责任人进行，现场管理只是作常规检查而不需要进行干预。特别业务协调是指一些有别于常规业务的接待业务，如重要的团队会议、有特殊要求的顾客、有重大影响的接待任务、突发事件等。

(四)环境管理

业务运行的现场管理要对环境进行管理。从饭店业务的时空特性我们知道，空间是饭店产品的载体，空间加上生产的其他要素才组成饭店产品。可见空间是被顾客使用的，它要被顾客使用和感受，因而空间环境成了管理的重要对象。现场管理不管何种类型的管理都是在空间进行的，在现场管理中也包括对空间的环境管理。所谓环境管理，就是对空间环境诸要素及其组合成使用价值的管理以及环境所形成的氛围的管理。

环境管理的主要形式还是现场管理，环境的现场管理主要内容有：

第一，人员形象的现场管理。人员形象的现场管理主要内容有：人员岗位位置到位和服务到位；人员形象外表形象能符合饭店对人员形象的要求；人员行为能符合岗位行为规范要求；人员服务过程能符合服务规程要求；人员的热情、精神状态、工作绩效都达到饭店的要求。人员综合各方面因素而形成的形象是环境和氛围中最具灵气和变数最大的元素。

第二，清洁卫生的现场管理。清洁卫生是环境氛围的基础。饭店对卫生的要求极高，环境氛围对卫生的要求也不例外。对卫生的现场管理有：检查、监督各部门卫生是否达标；检查清洁卫生作业人员到位情况及清卫工作组织情况；解决清洁卫生中发现的问题；对现场管理时清洁卫生状况要做好必要的记录。

第三，设备物品的现场管理。饭店空间要成为营业场地，就要有设备和物品充实其内，设备和物品是环境的要素之一。通过检查、监督、指导等工作，保证设备设施状态的完好性，应及时弥补缺项；同时对设备设施做规范上和美感上的改进，使环境氛围更趋完美。现场管理对物品的管理主要有：物品配备数量和类型的标准，物品外观的水准，物品使用的消耗量及成本控制，需增减的物品类型，物品摆放的位置和形式，物品的更新换代等。

第四，布置与装饰的现场管理。饭店前台部分的每个空间几乎都有布置与装饰，它是环境艺术的重要组成部分。现场管理要检查布置与装饰是否完好，维持布置装饰的完整性。同时要维持布置装饰的美观、清洁、大方。对已过时的布置与装饰要能及时感觉到，并予以更换或重新装饰。对正在进行的布置与装饰，包括重新进行的布置与装饰，节庆日、重大接待任务的布置与装饰，临时性的布置与装饰。对这些布置与装饰，管理人员要进行现场管理，使其达到预期效果。

第五，其他因素的现场管理。影响环境的因素较多，除了上面提到的因素外，现场管理还要对环境的其他因素进行管理，如灯光、音响、空调、空气的质量、人流规则与秩序的控制等。

第五章　饭店市场营销管理

【学习目标】

1. 了解饭店市场营销管理的概念和特征
2. 掌握饭店市场营销管理的主要内容和基本要求
3. 掌握饭店市场营销管理的系统构成
4. 熟悉饭店市场营销观念的发展历程和主要的营销管理理念
5. 熟悉饭店主要的市场营销战略管理

【关键词】

营销管理理念 Marketing Management Idea
营销战略管理 Marketing Strategy Management
饭店市场营销管理 Hotel Marketing Management

市场营销活动很早就在人类社会出现了，但市场营销活动作为企业管理的一个重要组成部分，仅有数十年的历史。市场营销在激发顾客的购买行为，实现企业目标方面具有重大作用。在饭店业全球化竞争逐渐加剧的市场环境下，市场营销管理是任何一家饭店企业经营管理活动的重要组成部分。成功的市场营销活动能帮助饭店树立鲜明的形象，建立良好的顾客关系，能有效增强饭店组织的营销实力，扩大其销售业绩，增强饭店的竞争力，促进饭店更快地发展。与此同时，饭店行业的若干特性导致了其营销策略制定上的特殊性，从而使得饭店市场营销活动具有复杂性。

第一节　饭店市场营销管理概述

一、饭店市场营销管理的概念

饭店市场营销管理是对饭店市场营销活动进行管理的过程，即通过研究饭店市场供求变化，以满足饭店顾客的需求为导向，开发适销对路的饭店产品，获得最大的社会和经济效益的饭店市场经营管理活动。饭店市场营销管理具有如下三层涵义。

(1) 以交换为中心，以顾客为导向，以此来协调饭店的各项经济活动，力求提供有形产品和无形劳务，通过使顾客满意来实现经济和社会目标。

(2) 饭店市场营销管理是一个动态过程，包括分析、计划、执行、反馈和控制，这个过程更多地体现饭店经济个体的管理功能，是对营销资源(诸如饭店市场营销中的人、物、财、时间、空间、信息等资源)的管理。

(3) 饭店市场营销管理的范围较广，一方面体现在饭店市场营销管理的主体广，包括所有饭店经济个体；另一方面饭店市场营销管理的客体也多，不仅包括对有形实物和无形劳务的营销，还包括由饭店经济个体所发生的一系列经济行为。

二、饭店市场营销管理的特征

饭店市场营销管理作为饭店在市场中生存发展的有效途径，对饭店的影响是十分巨大的。总体而言，饭店市场营销管理具有如下特征。

(一)顾客导向

饭店的一切经营活动都必须以顾客需求作为出发点和归宿。由于饭店的服务对象和接受服务的对象都是人，因而如何针对不同人的需求来设计、开发和提供饭店产品，就

成为饭店企业生存和发展的根本。饭店以顾客为导向，通过满足顾客的需求而获取利润，使其有别于生产导向和推销导向，这种顾客导向正是 20 世纪 50 年代后兴起的具有革命性意义的全新经营观念。

(二)管理导向

饭店市场营销环境由人口、政治、文化、经济、社会基础、上层建筑等诸多因素构成，这些因素又是随着时空的变换而不断变化的。所以，饭店市场营销归根到底是对动态环境的一种创造性适应过程，即凭借一切可利用的资源，通过产品、渠道、价格和促销等实现对环境的适应。由此，对饭店市场营销适应过程的综合管理正日益受到饭店企业的重视。

(三)信息导向

饭店市场营销活动是围绕顾客需求而展开的，这就必须借助于信息的传导。现代饭店的消费特征越来越个性化，因而在营销活动之前需对复杂多样的顾客需求做深入细致的调查，以求及时洞悉饭店顾客群体最新的需求偏好信息。同时，"知己知彼、百战不殆"，在饭店行业竞争日益激烈的今天，谁掌握了竞争对手更多、更新、更全面的产品及服务信息，谁就能在市场竞争中立于不败之地。

(四)战略导向

在企业经营领域，战略是指有关企业全局性或决定性的谋划，是企业为生存和发展而制定的企业目标与达成此目标所采取的各项政策的有机综合体。饭店市场营销是饭店企业在当今激烈竞争环境中持续发展的保障，而营销的成功则依赖于正确有力的战略指挥。现实中许多具有战略眼光的饭店企业纷纷推出的"绿色饭店"、"生态饭店"、"环保饭店"，正是饭店市场营销战略导向的结果。

三、饭店市场营销管理的主要内容

饭店市场营销管理的主要内容包括饭店市场营销环境分析、饭店市场调查与预测、饭店市场细分与目标市场选择、饭店目标市场营销策略等。

(一)饭店市场营销环境分析

饭店的营销环境是决定饭店市场营销能否成功的关键性因素之一，同时它也是动态变化的，各种变化既有可能给饭店企业提供有利的市场机会，也有可能给饭店企业带来不利的威胁。因此，分析市场营销环境可以帮助我们了解市场营销的机会和风险，进而适应市场环境，发掘市场机会，开拓新的市场。在饭店营销战略及营销计划的制定中，营销环境分析是必不可少的一步。

饭店环境分析包括宏观环境分析和微观环境分析，其中宏观环境又包括文化环境、人口环境、经济状况、自然环境等；微观环境则包括饭店组织内部的环境（饭店发展目标、经营管理水平、人力资源状况、服务模式、饭店规章制度等）、饭店的供应商、饭店的中间商、竞争对手的产品和服务状况、公众的公共关系等方面。饭店环境分析是饭店市场营销活动展开的基础，是制定饭店市场营销战略的重要依据，对饭店市场营销有很重要的指导意义。

(二)饭店市场调查与预测

饭店市场的存在和发展是众多饭店经济活动顺利进行的基本前提，也是决定饭店业发展速度和规模的主要因素；饭店市场信息则是饭店进行营销决策的基础，是实施和控制营销活动的依据。

饭店市场预测是以饭店市场调查为基础的，饭店的市场调查包括整个饭店业市场的趋势走向、区域饭店业的竞争状况、当地的消费习俗、文化价值观念、目标顾客群体的消费偏好、饭店的顾客满意度、饭店的品牌形象和认知度等方面。面对日益激烈的市场竞争，只有凭借各种先进的调查、预测方法和信息处理技术，及时、准确地掌握饭店消费动向、竞争优势、市场反馈等饭店市场信息及其发展变化趋势，才能真正塑造饭店的核心竞争力。

(三)饭店市场细分与目标市场选择

在现代饭店市场上，竞争深度和广度的不断延展，竞争的内容涉及到方方面面，任何一个饭店均不可能以自身有限的资源和力量，设计出各种不同的饭店产品及其营销组合来全面满足各类顾客的所有需求。因此，愈来愈多的饭店都力图在整体性的市场上，找准能够充分发挥自身优势的某一或某些客源市场，以最能适应这部分市场需求特征的饭店产品及其营销组合为之服务。所以说，饭店市场细分与目标市场选择也是饭店市场营销的主要内容之一。

1. 饭店市场细分

饭店市场细分是以地理与人口的统计为特征，以心理与行为等可变因素为依据，主要包括地理环境、经济因素、顾客的个人偏好、顾客的购买行为以及顾客的消费目的等几个方面。在具体进行饭店市场细分的过程中，首先要注意细分的依据应与饭店要达到的目标相一致；其二，饭店市场细分必须有高度的细分，因为顾客个性化需求日益突出，只有进行高度的市场细分，才能满足广大消费者的多样化需求；其三，饭店应根据各不同的细分市场的特征，制定出不同的市场营销组合策略。

2. 饭店目标市场选择

饭店进行目标市场的选择就是为了从众多细分的子市场中选择出既能最大限度满足顾客需要，又能发挥饭店优势和特色的最佳目标市场。进行目标市场选择，首先要评估细分市场，主要从顾客特征分析、竞争对手分析、市场机会和营销机会分析等几个方面对各子市场进行评估。在进行细分市场评估之后，饭店必须从中选出最佳的目标市场，要从众多的可选方案中选出最佳的目标市场，必须从市场的可进入性、可衡量性、充足性、可行动性以及稳定性几个方面进行详细审核，即所选目标市场必须能够进入，并且有量的指标来衡量可进入的条件，同时目标市场必须有充足的客源，饭店具备吸引这个市场的能力，并能在一定时间内保持占有率的稳定。

(四)饭店目标市场营销策略

饭店目标市场营销策略是饭店为占领所选定的细分市场而推出的营销组合策略。饭店可根据自身资源状况、产品生命周期、顾客需求变化、竞争对手状况、市场供求趋势等因素灵活选择不同的目标市场营销策略。通常有如下三种目标市场营销策略。

1. 整体性目标市场营销策略

整体性目标市场营销策略是饭店根据目标市场上绝大多数客人的需求而设计出的营销策略。该策略由于是求同存异，因此只具有单一的产品、单一的价格、单一的销售渠道以及单一的促销方式。它往往是在供小于求的卖方市场或者是饭店推出具有较强生命力的新产品时所采用的市场营销策略。该策略的优点是营销费用低廉，可以为饭店节约营销成本。但是它的缺点在于不能满足广大顾客差异化和个性化的需求，在竞争激烈的市场环境下往往没有竞争优势。

2. 差异化目标市场营销策略

差异化目标市场营销策略是指饭店针对不同的细分市场制定出不同的营销组合策略，并全方位地开展有针对性的营销活动，从而能够同时占领所选定的多个目标市场。饭店要施行该营销策略的关键在于要能准确掌握各细分市场的差异性，并且能够使这些细分市场之间形成一种有效的客源互补结构。该策略的优点在于能够使饭店的市场营销策略"有的放矢"，满足不同层面的顾客群体的个性化需求，并且有利于饭店规避风险。其不足之处是营销成本和费用过大，饭店必须要有强大的营销实力作支持。

3. 集中目标市场营销策略

集中目标市场营销策略是指饭店选择一个或几个需求相近，并且最具有潜力、最适应饭店资源组合的子市场作为目标市场，针对所选定的目标市场制定出一套有别于竞争对手的营销组合方案，其目的是使所选定的目标市场能够在整个饭店市场中占有绝对的优势，实现"小市场，大份额"的目的。该营销策略有助于饭店开发市场和挖掘市场深度，以扩大影响力和提高知名度，但它具有较高的风险性，饭店将所有或绝大部分力量集中于有限的目标市场，一旦失败将面临巨大的风险。因此，要降低风险，饭店必须在采用该策略前进行认真的分析，对所选的目标市场保持高度的敏感性。

四、饭店市场营销管理的基本要求

作为一种新兴的市场营销管理内容，在广泛开展饭店市场营销管理活动时要注意做到以下几点。

(一)应追求三大效益的最佳结合

饭店是一个涉及面很广、综合性强的行业，其持续、稳定的发展需要各行各业、政府部门和社会大众的通力合作，反过来饭店业的进步又会明显促进各相关行业的发展。因此，在饭店供给方面，饭店的市场营销应以社会资源为导向；在社会发展方面饭店的市场营销应以提升人们的生活品质、改善生态环境为导向；在经济发展方面饭店的市场营销应以满足市场需求，实现经营目标为导向。

(二)应体现以人为本的经营哲学

饭店产品具有无形性，其质量标准就是顾客的满意程度，同样的服务规范和操作程序并不一定能给顾客同样的感受。因而，饭店企业首先必须做好"内部营销"工作，即通过培训，激励、沟通等管理手段去激发员工的工作热情，提高他们对工作的自觉性和热爱程度，同时致力于饭店企业文化的弘扬和企业美誉度的提高。同时，饭店应根据市场需求来设计、生产和销售适销对路的产品，并通过整体营销战略的实施全面完成目标。

(三)应采取大市场营销的现代观念

传统的市场营销容易导致产品过早被淘汰、资源大量浪费、环境严重污染等问题，饭店在开展经营活动时偏重分析顾客的现实需求，而忽视了顾客和社会的长期利益。在这种背景下，一种新的营销观念——大市场营销观念出现了。饭店大市场营销观念，就是要求饭店在制定营销策略时不仅要考虑到顾客的利益，同时也要兼顾饭店自身和社会的利益，着重优化饭店环境，提高饭店综合接待能力和有效控制要求的能力。

五、饭店市场营销管理的系统构成

饭店市场营销管理系统与有形产品(物质产品)营销管理系统相比，主要步骤是相似的。但由于饭店产品具有无形性和生产、消费的同步性等原因，饭店市场营销管理在执行过程中有其独特的侧重点。如在 SWOT 分析中，饭店企业必须充分估计饭店自身的综合接待能力，这与一般的物质产品供给分析相比，显得更加复杂。与其他服务性产品的营销类似，饭店市场营销系统开始于对饭店外部环境的分析，在最后也要对全部营销活动进行客观评价，并将产品的销售量、顾客的满意程度及意见等信息，融入下一轮的市场营销活动中，只有这样，饭店的营销战略才能得到不断充实和完善，也正因为如此，饭店市场营销管理的运行过程应该是一个周而复始的环形结构。综合考虑各构成要素之间的内在联系，可将饭店市场营销管理系统分为 5 个部分，如图 5-1 所示。

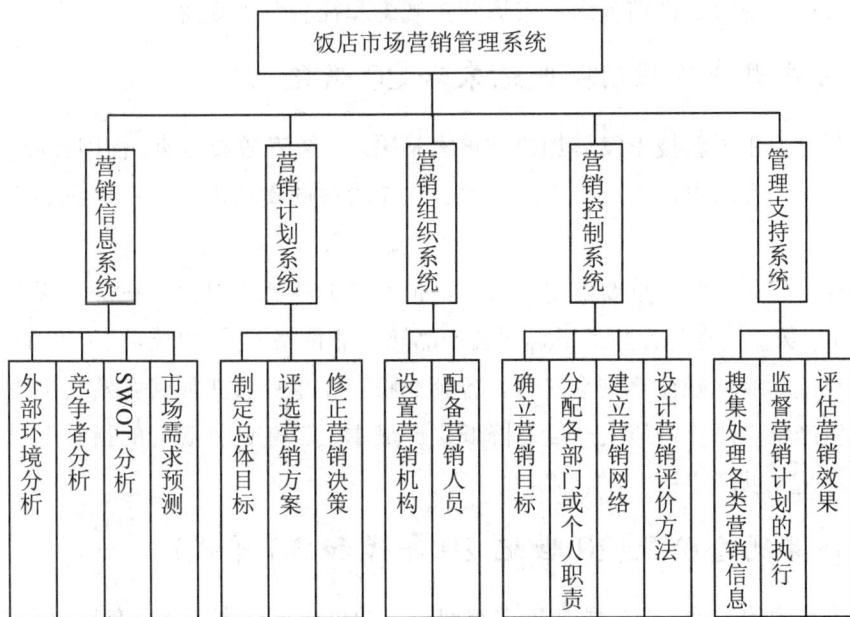

图 5-1　饭店市场营销管理的系统构成

第二节　饭店市场营销管理理念

随着饭店市场的日益成熟，竞争日益国际化和全球化，一些新型的饭店营销理念不断涌现。饭店市场营销理念是对市场营销观念的提炼和升华，这些理念丰富了饭店市场营销管理的内容，提高了饭店营销的效果。饭店市场营销从观念上升到理念阶段，也同时体现了饭店市场营销理论的不断发展。

一、市场营销观念的发展

市场营销观念作为一种现代经营哲学，自从 20 世纪 50 年代初期产生以来，备受人们的青睐。越来越多的企业在市场竞争中将市场营销观念作为指导整个企业活动的经营哲学。

市场营销观念是企业领导人在组织和谋划企业的营销管理实践活动时所依据的指导思想和行为准则，是其对于市场的根本态度和看法，是一切经营活动的出发点。简而言之，市场营销观念是一种观点、态度和思想方法。一定的市场营销观念是一定社会经济发展的产物。根据西方较为典型的划分方法，营销观念的发展可以划分为五个阶段：生产观念、产品观念、推销观念、市场营销观念和社会营销观念。

(一)生产观念阶段(19 世纪末和 20 世纪初)

生产观念产生于新技术发展加快并被大量采用，经济增长迅速，但国民收入还很低，产品不够丰富，市场出现供不应求的现象。这个阶段的实质内容是："我们生产什么，就卖什么"。

这种观念立足于两个重要前提：第一，消费者的注意力只集中在是否买得起和价格便宜与否上；第二，消费者并不了解同类产品还有非价格差异(如质量、花色品种、造型、外观等差异)。因此，在生产观念阶段，各企业将工作重点放在如何有效利用生产资源及提高劳动生产率，以获得最大产量及降低生产成本上。在这种观念的指导下，生产和销的关系必然是"以产定销"。

(二)产品观念阶段(20 世纪 20 年代和 30 年代)

随着生产力的发展，能为顾客提供类似产品的供应商逐渐增多，产品观念随之出现。产品观念认为顾客在多种相似的产品面前会挑选质量更好、性能更强、更具特色的产品。因此，企业应致力于对产品的改进。这一时期的主要特点是提供产品的厂商逐渐增多，各个企业不再将重心放在企业生产上，而是更注重于产品本身，致力于产品质量、特色和性能的改进。

(三)推销观念阶段(20 世纪 30 年代和 40 年代)

推销观念阶段由于科技的进步和科学管理的实施，企业从生产不足进入到生产过剩，竞争越来越重要。这个阶段的实质内容是："我们卖什么，就让人们买什么"，就

是不问消费者是否真正需要，不择手段地采取各种推销活动，把商品推销给消费者。

这种观念认为，客人不会因自身的需求和愿望来主动购买企业产品，需要运用有效的推销方法去刺激他们。因此这一阶段企业管理工作全部为销货工作所淹没，企业十分重视销售环节，注重广告，利用价格等各种销售手段去刺激客人购买企业的产品。

(四)市场营销观念阶段(二战后至20世纪70年代)

二战以后，由于科技革命进一步兴起，军工转民用，生产效率大大提高，生产规模不断扩大，社会产品供应量剧增；高工资、高福利、高消费政策导致消费者购买力大幅度提高，需求和欲望不断发生变化，企业间的竞争进一步加剧。这一时期，许多企业开始认识到必须改变传统的销售观念，重视顾客的需求与欲望，并研究其购买行为。这一阶段营销观念的实质内容是："市场需要什么，就生产和推销什么"，"能卖什么，就生产什么"。

市场营销观念认为组织目标的实现有赖于对目标市场的需要和欲望做出正确判断，并能以比竞争对手更有效的方式去满足顾客的需求。因此，在市场营销观念的指导下，企业的一切行为都以市场的需要作为出发点，而又以满足市场的需要为归宿。

(五)社会营销观念阶段(20世纪70年代以后)

社会营销观念产生在环境不断遭到破坏，资源日趋短缺，人口爆炸性增长，通货膨胀席卷全球，新的社会问题不断涌现的20世纪70年代后期，随着环境的改变，营销观念也发生着相应的变化。这一时期的实质内容是：现代企业的合理行为应该满足社会发展、消费者需求、企业发展和职工利益等四方面利益。社会营销观念不仅要求企业满足顾客的需求，同时要考虑顾客与社会的长期利益，要以一种能够维持或改善顾客和整个社会福利的方式为顾客提供更高层面的价值。社会营销观念使得市场营销理念达到了一个比较完善的阶段。

我国饭店业的发展历程只有短短的几十年的时间，从20世纪80年代供不应求的局面到现在国际竞争激烈的新局面，我国饭店市场营销理念也基本走过了上述五个阶段。总体来说，饭店市场营销理念就是一切以顾客需求为中心的观念，其具体表现是：顾客需要什么，饭店就生产什么。饭店在开发新产品，设计新产品之前，就要考虑到顾客的需求，而且经营活动也延伸到饭店产品销售之后，追求对顾客需要的全面满足。饭店市场营销理念还有许多广为传播的口号如"顾客至上"、"顾客就是上帝"、"热爱顾客而非产品"等。这种理念的产生对饭店业的振兴和发展产生了很大的影响。进入21世纪，随着饭店业的进一步发展，饭店市场营销发挥着更加重大的作用，饭店市场营销理念也不断得到升华和提炼，以适应饭店业发展的需要。

二、饭店市场营销管理的主要营销理念

(一)合作共赢理念

饭店业的竞争日益激烈，对于任何一家饭店来说资源和能力都是有限的，如果饭店将过多的精力放在战胜竞争对手上，必然忽视与顾客、股东、供应商等利益相关者之间的合作，不利于饭店的发展。因此，饭店要想获得持续的竞争优势，就必须与饭店的利益相关者建立良好的合作关系，通过合作共赢，整合饭店资源，改善顾客价值创造的运营流程，不断增强饭店的盈利能力和发展潜力。

合作共赢理念从饭店的供求两方面出发，供方的合作指与饭店的供应商、代理商、同行业者以及利益相关者等之间的合作共赢；求方则指与顾客之间的合作。

1. 与供方的合作共赢理念

饭店必须与行业内或政府部门等进行合作，依赖供应商和代理商的合作行动，并与饭店的利益相关者和同行之间进行合作营销，联合多方面的力量，形成优势，为饭店创造更多的成功机会。饭店业涉及交通、餐饮、娱乐、会议展览、景区等诸多部门，饭店的合作共赢理念是指区域内众多饭店、旅游部门、饭店协会、交通部门等通过合作营销行动的展开，打响整个饭店业的品牌，并拓展整个客源市场，做大做好本区域饭店市场的"蛋糕"，让大家共同来享用，从而一改以往区域内同饭店行业之间争斗的局面，形成共赢。

2. 与顾客的合作共赢理念

顾客是饭店的生存之本，饭店与供应商、代理商、利益相关者以及饭店同行之间进行合作营销，其最终的目的都是为了饭店的客源，为了赢得更多的顾客。因此，饭店与顾客之间的高度信任与合作，是饭店开展市场营销的主要目的。顾客合作共赢理念必须注意如下两个方面。

首先，饭店应按照顾客的需求来生产和配置产品，所提供的产品要能满足顾客的需要，赢得顾客满意。由于顾客的需求是在不断变化着的，因此，饭店也必须不断改进自身的产品和服务，及时做出应有的变化，不断地满足顾客需求。饭店必须在与顾客的相互作用过程中，了解顾客的需求，并努力让顾客参与饭店的产品生产和配置。把顾客纳入饭店价值体系的创造中去，从而不断延续与顾客之间的合作关系，扩大饭店的顾客群体，使饭店获得持久的现实和潜在的竞争优势。

其二，饭店不仅要能够满足现有的顾客需求，还必须在现有顾客的基础上，通过引导顾客需求，扩大饭店消费市场，创造更大的价值。饭店首先要确认领先客户的需求信息，在此基础上识别出有利可图的产品和服务的机会，并与他们一起开发新概念产品，之后再将其投放市场，从而创造新型顾客价值。在引导消费和创造需求的过程中，关键是必须能够对创新型顾客的需求进行准确的理解和把握，在此基础上通过赢得饭店管理层的支持，从而达到目的。饭店与供求双方的合作如图5-2所示。

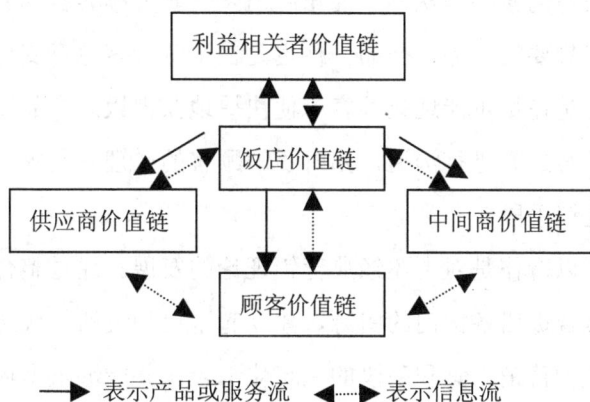

图 5-2 饭店与供求双方的合作

(二)整合营销理念

菲利普·科特勒(Philip Kotler)的经典营销理论是以产品供应商为主导核心的"4P"理论，即产品(Product)、价格(Price)、渠道(Place)、促销(Promotion)。传统的饭店业营销是以其为基础的(见表5-1)。

表 5-1 饭店传统的营销组合框架(4P)

组合要素	主要指标
产品(Product)	1.领域(range)；2.质量(quality)；3.品牌名称(brand name)；4.服务项目(service line)；5.保证(warranty)；6.售后服务(after sales service)
价格(Price)	1.水平(level)；2.折扣(discounts)，包括折让(allowances)和佣金(commissions)；3.付款条件(payment terms)；4.顾客认知价值(customer's perceived value)；5.定价(price)；6.差异化(difference)
促销(Promotion)	1.广告(advertising)；2.人员推销(People's Saling)；3.销售促进(sales promotions)；4.宣传(publicity)；5.公关(public relations)
渠道(Place)	1.所在地(location)；2.可达性(accessibility)；3.分销渠道(distribution channels)；4.分销领域(distribution coverage)

(资料来源：根据 Bernard H.Booms and Mary J. Bitner: Marketing Strategies and Organization Structures for Service Firms 改编)

整合营销理念首先是由美国学者舒尔兹(Don.E.Schultz)于 20 世纪 80 年代中期提出，是以顾客为主导核心的"4C"理论，即顾客(Customer)、成本(Cost)、便捷(Convenience)、沟通(Communication)。整合营销理念与 4P 理论相比，从关注产品到关注到顾客的需求和欲望，从关注产品的价格到关注产品的成本，从关注营销的渠道到关注顾客购买产品的便捷程度，从着重促销到关注与顾客之间的沟通，这表明了饭店从根本上为着顾客着想，饭店市场营销策略的核心是从顾客的角度出发，研究顾客群体的需求和欲望，使出售的产品是顾客真正想要的产品，产品价格也是在了解顾客愿意支付的成本价格的基础上制定，营销渠道也是在尽可能地让顾客方便快捷地获得饭店产品和服务的基础上进行选择，同时积极与顾客之间进行沟通，随时了解顾客的心理和需求，并在此基础上选择有效的广告和宣传促销手段。

整合营销理念可以看作是对上述经典营销理论的发展。通过整合，它打破了饭店各部门之间的隔墙，综合饭店各部门的资源，建立起了更加灵活、快速反应的组织结构；另一方面，它是对各种营销工具和手段的系统化综合，并能够根据环境的变化进行动态的调整，使饭店和顾客在良性互动中实现价值增值。

(三)借力营销理念

由于任何饭店的营销资源和营销能力都难以与顾客的需求和偏好完全吻合，饭店自身的能力也不可能完全做到永远保持与顾客的需求一致。因此，"借力营销"理念由此产生。所谓借力营销，即饭店通过各种方式和途径借助外部力量进行市场营销，以不断满足目标顾客的需求，在为顾客创造独特价值的同时，增强饭店自身的价值创造能力。

饭店借力营销必须基于这样一个前提，即饭店必须非常了解目标顾客的偏好、认知和具体的消费行为。在此基础上，饭店方能通过借力营销，长期留住老顾客，并吸引更多的新顾客，甚至创造能够超越竞争对手的顾客价值，这是饭店借力营销的根本目的所在。饭店借力营销必须要注意两个重要的方面：其一，饭店自身在现有的能力之下不能更好地满足所有顾客的需求，而通过借力则可以实现；其二，饭店能够利用外力建立起自身营销能力的领先优势，有能力充分利用外力，并在外力的帮助下，更好地满足顾客群体的需求，创造出新的核心能力。

借力营销理念是饭店营销管理中的重要组成部分，任何饭店的个体能力都是有限的，仅仅依靠自身的营销能力不能够打开广大的顾客市场。通过"借力营销"，充分利用旅行社、旅游批发商、旅游代理商、旅游公司等相关企业或利益相关者的力量，接触到更多的潜在和现实的顾客群体，吸引新顾客，维系老顾客，不断扩大市场份额，增加效益。

(四)文化营销理念

文化是企业的重要组成部分，饭店的企业文化在饭店的发展中扮演着非常重要的角色。饭店文化是由一套潜在的价值观、思想、行为理念等组成的，对饭店管理者和饭店员工的行为有很强的约束作用，同时饭店文化也能决定饭店的环境氛围和服务特色，对饭店的顾客也有着很强的影响力和感染力。因此，饭店要充分发挥"文化营销"理念的作用。

格里·约翰逊(Gerry Johnson)提出的文化网模型是对饭店文化进行思考的重要工具。该文化网模型由 6 个要素解释了企业文化的变化与形成过程。将代表企业思维方式的"范式"与组织的日常活动联系在一起，如图 5-3 所示。

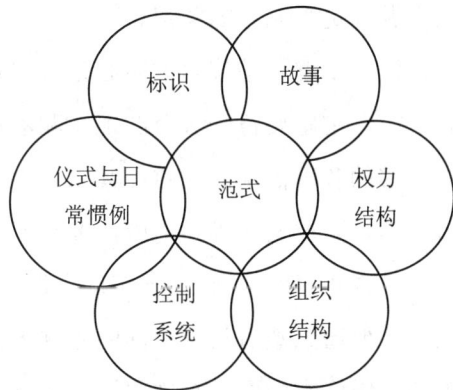

图 5-3 文化网模型

(资料来源：Gerry Johnson & Kevan Scholes，金占明等，《公司战略教程》，北京：华夏出版社，1998)

文化的核心是"范式"，对饭店而言，则是饭店服务的核心"顾客为本"，另外 6 个环都是为"范式"服务的，为其支撑体系。"标识"是饭店企业大力推崇的东西，如员工的服务方式、仪表仪容、个性化的语言等；"故事"针对饭店的特定事件而言，通常被饭店大力宣传，极力标榜，希望全体饭店成员学习，如饭店成功的服务案例或优秀的服务员事迹等；"仪式与日常惯例"则是饭店组织特有的做事方式，如定期对员工服务展开培训、强化营销部门的服务硬软件设施、定期举行饭店服务明星员工宣传会等；"权力结构"表示组织做出决策过程中有统治权的群体，对饭店的文化营销，组织管理层应赋予营销部门和顾客服务部门更多的权力；"组织结构"描述了饭店组织中的各种重要的关系，饭店文化营销应增加顾客职能机构，设立专门的营销组织体系，专门解决顾客住店过程中可能会出现的各种难题；"控制系统"是对组织中的人和事按其重要性进行评价和奖惩，饭店可根据实际情况对饭店的顾客满意度、新顾客增长率、老顾客保持率、顾客档案等详细情况予以考核和衡量。

文化营销理念充分体现了饭店的"以顾客为本"的原则，从饭店高层管理者的领导控制到基层员工的具体实施，一切以满足顾客的需求、追求顾客利益最大化为饭店工作展开的基准，饭店以"顾客为本"的文化营销理念是其不断赢得更多的新老顾客的重要手段。

(五)主题营销理念

主题营销是饭店在激烈的市场竞争中营销制胜的重要营销策略，它的关键之处在于选定一个或多个具有标志性的主题，通过主题的设置来吸引公众的注意力并令其产生购买行为。可见，主题营销的主题选定是制胜的关键。

较之于其他的营销而言，饭店主题营销理念的核心是选定营销的主题。概括地说，主题选定应遵循四个原则。其一，主题要符合公众的现实和潜在的消费需求，必须是从公众的立场出发，通过分析顾客的各种需求而制定；其二，主题要符合饭店特色，饭店主题营销要与本饭店的经营理念、企业文化等相适应，要在正确分析自身的优劣势的基础上制定与本饭店相适应的营销主题；其三，饭店营销的主题必须具有个性化和差异化，切忌重复或随大流，模仿他人，要通过塑造与众不同的主题形象，使自己的产品优于竞争对手，形成竞争优势；第四，饭店主题要具有文化性，文化是一切事物能够生存下去的法宝，饭店营销主题只有赋予一定的文化特性，才具有价值。因此，充分挖掘文化内涵，制作文化产品和服务是饭店营销管理者要做好的重要事情。

饭店在组织策划各种类型的主题营销活动时，可以根据消费时尚、竞争对手的表现、时令季节、客源市场需求、社会走势等多方面来选择合适的主题。在主题活动实施时，可以依靠自身的实力独自组织并推出主题营销活动，也可以联合其他单位或企业如竞争对手、旅游公司、旅行社等共同策划组织主题活动。除此以外，饭店还可以定期或不定期地与一些大型的企业之间进行合作推出各种会展或节事活动，以达到营销的目的。

(六)网络营销理念

网络营销理念随着计算机技术和网络通讯技术的迅速发展而产生，对饭店而言，网络营销有着广阔的应用前景。它通过互联网技术对市场进行营销传播以达到满足消费者和商家需求，并实现自身的营销目标。网络营销的价值主要体现在与顾客之间进行价值

交换更方便快捷，它不仅更能够满足广大饭店顾客的需求，也符合饭店产品的特性、顾客的消费方式和饭店经营的特点。

饭店网络营销主要有三种方式：第一，就是通过各种网络技术和手段，开展网上调研。由于网络具有受众面广、访问量大的特点，饭店可以通过在网上发放电子问卷调查表、电子邮件、有奖竞答、消费论坛等方式直接或间接地获得目标顾客群体的信息，以此作为市场调研收集信息的主要渠道，从而不断获得顾客的偏好、需求和欲望，了解市场的动向，指导饭店自身作出正确的营销策略和经营决策。第二，饭店可以通过建设网站进行营销。由于网络没有时间和空间的限制，因此，饭店建立本企业的网站将有利于在全球范围内进行营销和宣传推广，获得国际客源。饭店在进行网站建设的时候必须注意网上发布信息的真实性和准确性，信息要能反映饭店真实的经营实力和优质的服务水平，网站也必须具有美感，要图文并茂，同时网站技术性要高，登录和下载速度必须足够快，以方便顾客浏览访问。第三，饭店网络营销可以通过网络广告向公众推销自己。网络广告成本低廉，且覆盖面广，传播效率高，非常有利于饭店品牌的宣传推广，有利于吸引新老顾客。网络广告必须具有一定的吸引力，因此必须寻找访问量大的网站进行广告投放，同时广告必须放在网站显眼的位置，以吸引公众的眼球，增强网络营销的效果。

(七)分时营销理念

分时营销(time share marketing)是 20 世纪 60 年代产生的，目前已在全世界得到迅速发展和推广。分时营销以其销售价格低廉、使用方式灵活和服务质量优良等特点，得到全球广大消费者的青睐，其实质就是将饭店客房的使用权分时段卖给顾客，即不同的消费者购买不同时段的使用权，顾客也可以通过网络与其他消费者交换饭店客房的使用权。

分时营销带来了饭店理念的创新，它成功引入了分时入住和分时交换两大概念，消费者可以在每年的特定时段来享用饭店的客房，也可以将自己的使用权与同属于一个交换服务网络中的任何一家饭店具有某段时间使用权的消费者进行等价交换，同时也可以将享用时段的权益进行转让、赠送、继承等。按照国际惯例，一般将饭店客房每年的使用权分为 52 周，将这 52 周中的 51 周分时段销售给顾客，其中 1 周用于维修保养。顾客每年可以拥有一周的使用权，使用年限一般为 20～40 年，也可以是永久。

分时营销发展的历程一共经历了双边式、三边式和多边式的营销运营模式。双边式是最早的运营模式，就是购买方与饭店之间进行直接的交易关系，饭店先组建自己的客户网络，然后将客房按时段以一定的价格提供给消费者；三边式在双边式的基础上增加了一个销售代理商，饭店委托专门的销售公司来进行客房时权销售；多边式是在三边式的基础上又增加了一个交换公司，专门负责帮助消费者按照其意愿实现饭店时权之间的相互置换，这样就拓展了分时度假的市场范围，更好地满足分时度假饭店消费者的需要。

(八)绿色营销理念

绿色营销是在 20 世纪 80 年代后期，随着环境破坏、人口增长、能源消耗等世界性问题日益严重，为保护环境、促进人与自然的和谐发展而出现的一种全新的营销理念。绿色营销作为一种理念，首先要树立一种正确的绿色消费观念，并在此基础上进行绿色管理活动，绿色营销的主要内容可以概括为"6R"，即 Reducing(减量)、Reusing(再使用)、Replacing(替代)、Recycling(循环使用)、Research(研究)、Reserve(保护)。

饭店的绿色营销理念要求饭店在营销过程中不能追求短期的赢利，而是要具备一定的社会意识和环境意识，严格在"6R"绿色观念的指导下开展饭店日常经营管理活动，在促进饭店发展的基础上，实现经济、社会和环境三大效益的统一。饭店的绿色营销首先要从战略高度认识营销活动的主要目的是促进社会的环境保护，在饭店可持续发展的绿色经营管理方式的基础上，追求饭店的经济效益。其次，饭店绿色营销在绿色营销目标的指导下，依靠饭店全体员工的共同努力进行有效的绿色营销活动，树立饭店绿色形象，培养绿色员工，推出绿色产品，提供绿色服务。饭店绿色营销的对象不仅仅是饭店的目标顾客群体，而应该是整个社会，通过自身的绿色营销活动，引导整个社会的消费观念和消费行为朝着保护环境、节约能源的方向发展，在此基础上，促进人类的生活品质的全面提高。

(九)内部营销理念

内部营销理念产生于 20 世纪 80 年代，该理念有别于传统的仅把外部市场作为营销主要活动领域的营销思想，它将企业分为内部市场和外部市场，企业不仅要做好外部市场的营销，同时还必须做好企业的内部营销，即建立良好的企业内部工作环境，全面满足员工的工作需求，激发员工的工作积极性和创造性，建立全员服务营销意识，为企业拓展外部市场提供有力的动力支撑。

内部营销理念对饭店企业尤其适用，饭店服务的特殊性决定了饭店员工工作的重要性，饭店服务质量的高低归根到底取决于饭店员工素质的高低，顾客满意度的提高离不开员工的满意，只要员工对工作、对企业环境满意了，才会尽心尽力地去工作，提供令顾客满意的产品和服务。因此，饭店内部营销理念非常重要，它是指导饭店培养满意员

工的重要理念。饭店首先要树立"以人为本"的理念，对外以顾客为本，对内则以员工为本，这里，以"员工为本"就是饭店内部营销理念的体现，饭店必须找出对顾客满意度有影响的因素，充分尊重员工、发展员工、激励员工，为员工创造尽可能好的工作条件，切实提高员工的满意度。此外，饭店还要树立全员营销的理念，动员饭店全体人员开展营销活动，注意抓住任何服务机会，开展各种各样的营销活动，总之，全员上下一心，在任何时候，任何地方都能为饭店顾客提供优质的服务，用实际行动来为饭店进行营销。

第三节 饭店市场营销战略管理

在饭店经营领域，饭店战略是指饭店为生存和发展而制定的饭店目标以及为达到此目标而采取的各项政策的有机结合体。其中，营销战略是一个重要的组成部分，它主要立足于现状分析、预测和 SWOT 分析，为饭店编制营销计划提供坚实的信息基础和明确的战略方向。饭店市场营销战略管理不是市场营销战略分析在饭店行业的简单应用，由于饭店产品和顾客需求的特殊性，饭店市场营销战略管理具有更丰富的内涵。饭店制定营销战略的目的是为了动态适应市场环境的变化，并充分利用每次市场机会，通过有效的战略管理以保证营销活动的有效性。从不同的角度来分析，饭店可选择的营销战略模式有很多。

一、形象制胜战略

形象是企业的生命，也是形成竞争优势最有力的工具。对饭店企业而言，饭店形象是顾客、企业内部员工和社会公众对饭店综合实力与服务特质的总体评价。良好的市场形象有助于饭店突出自身特色，传播经营理念，建立顾客忠诚，最终实现营销目标。

(一)饭店形象设计

饭店形象是一个有机的整体，它涉及饭店的方方面面，具有明显的综合性。饭店形象由形象定位、形象塑造和形象标志三部分组成，这三部分恰好构成了人们常说的饭店形象构成，如图 5-4 所示。其中，饭店名称、饭店标志、标准色、标准字及经营口号是饭店形象的具体设计。

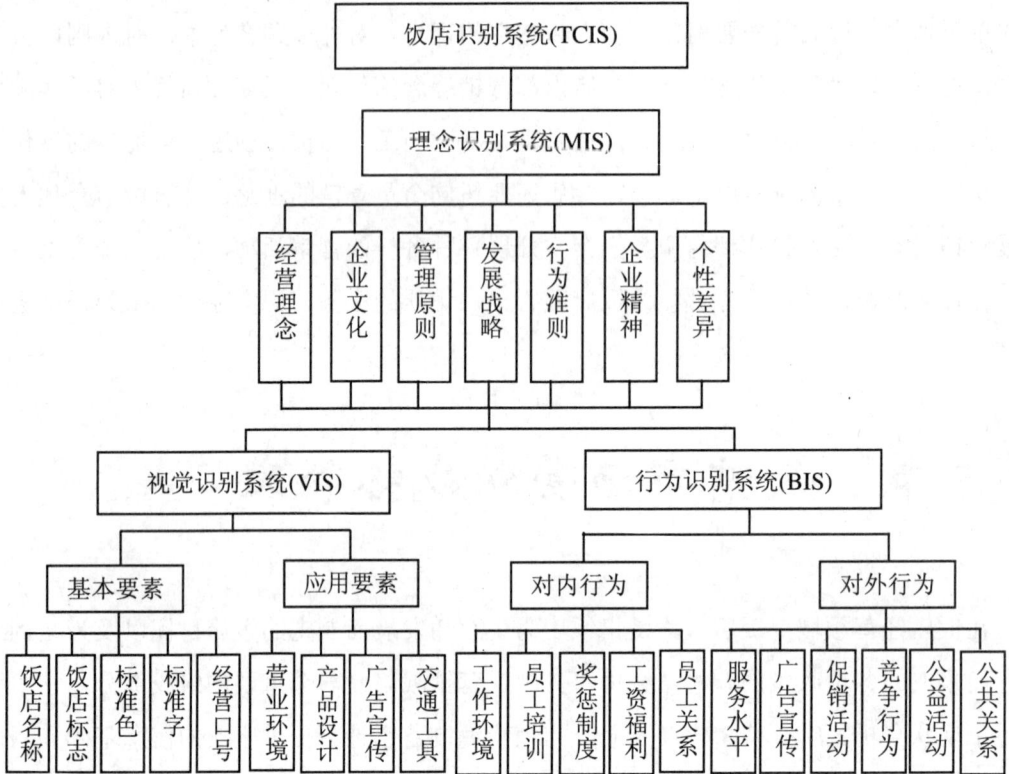

图 5-4　饭店形象构成

(二)饭店形象推广

饭店形象能否得到有效推广直接影响饭店营销活动的效果，因为饭店形象一旦树立就会在公众心目中形成一种思维定势，要改变这种定势相当困难，为了塑造鲜明的饭店形象，往往要投入大量的人力和资金。

在进行饭店市场形象推广时，饭店应把握三条原则：一是统一性，即在营销过程中，饭店要用统一的标志和主题口号开展宣传，以树立饭店的整体形象；二是针对性，饭店应面向不同的细分市场推出相应的分体形象，从而达到强调目标顾客群体特殊利益的目的；三是效益性，即饭店要选择合适的宣传工具，力争以最少的投入将饭店的经营理念、产品特色等传达给尽可能多的公众。对饭店形象的推广可以采用如下策略。

1. 整合营销沟通

进行整合营销沟通(Integrated Marketing Communication)，即综合运用多种营销手段和市场营销工具，全面加强消费者对饭店的注意度和信息接受程度，它将起到单一促销

工具无法起到的 $1+1>2$ 的系统效应。

2. 权变营销

权变营销策略的核心是在系统地考虑影响市场营销因素的基础上，有效地确定不同营销主体或同一营销主体在不同阶段的营销导向。它体现在以下三个方面。

(1) 目标市场的营销应充分考虑本地资源的优势，充分展示本地区独特的销售主张，使开发的饭店产品具有竞争力、吸引力和后续力的比较优势。

(2) 营销目标应多元化，以适应不同层次的顾客需要，如针对相对稳定或相对滞后的需求，饭店应善于制造潮流、引导市场、培育市场。

(3) 在饭店生命周期的不同阶段以及在不同的供求形势下，应该有不同的营销导向。

3. 顾客全程追踪营销策略

针对顾客的消费心理，市场营销机构追踪顾客住店整个过程的各阶段，进行连续的多阶段、全方位营销与促销，它是整合营销沟通策略的具体化。饭店主要针对潜在顾客、现实顾客和已入住顾客三类不同顾客群体，进行连续的三阶段营销(见表5-2)。

表5-2　三阶段营销推广策略

阶　段	营销载体	实施比较	达成目标
潜在顾客	媒体广告	印刷品(杂志、报纸、POP 广告)和电子传媒	提高饭店形象和知名度
	饭店尝试	邀请饭店中间商熟悉饭店	使其向顾客推荐
	突击促销	向关键饭店中间商集中推销饭店	达成饭店代理业务
潜在顾客	媒体炒作	邀请媒体记者免费入住	借助媒体炒作
	消费者展示	针对目标消费者展示饭店产品的声像和模型	现场感染消费者
	直递邮寄	向饭店中间商和大型会议管理机构投递宣传邮件	影响大型会议选点决策
现实顾客	强化饭店形象	针对预订顾客入住饭店前，向其以邮件、信函等方式传播本饭店的历史文化、经营理念、服务等的信息	为鼓励顾客延长停留时间和后期消费"预热"
	户外广告	在沿途重要地段设立醒目的户外广告，多侧面宣传饭店的特色与服务产品	强化地区饭店形象，对消费者实施潜在影响
住店顾客	饭店信息中心	为顾客提供当地全方位的信息咨询服务和其他专项信息服务	为顾客的消费决策提供信息辅助
	媒体组合方案	以多种媒体组合向顾客宣传饭店服务设施项目	制造良好的饭店服务形象，刺激顾客消费

二、竞争优势战略

竞争优势是所有营销战略的核心，因为任何一个企业的实力都是有限的，它不可能占领全部市场。从某种意义上来说，饭店市场营销活动就是饭店企业充分利用自身的一切资源优势，形成竞争优势，从而实现营销目标的过程。营销竞争优势战略的选择应建立在对饭店竞争地位判断的基础上，处于不同竞争地位的饭店会选择不同的竞争策略，但无论做出哪种竞争战略决策，都是为了突出自身的竞争优势。一般来说，饭店企业可采取以下四种营销竞争优势战略：

(一)差异化战略

所谓差异化，即为饭店向消费者提供与众不同的产品或服务，且这种"不同"被顾客认为是有价值的，他们愿意以相同或更高的价格去获得差异化产品或服务。创造差异化优势的因素可以是饭店产品和服务的功能或其他特性，也可以是该产品或服务营销体系中的某个环节，如支付方式、促销方式等，其基本前提是这种差异化要得到顾客认同。

(二)低成本战略

低成本营销战略的竞争优势十分明显，在饭店的产品或服务质量得到顾客认可的前提下，若能以低价进入市场，必将获得较高的市场占有率；若以同质等价的产品与竞争对手抗衡，饭店将获取更大的边际利润。要实现低成本营销优势，饭店需要做好三方面的工作：一是努力达到饭店最佳规模，争取规模经济效应；二是积极推进技术革新，降低生产、经营成本；三是严格控制各项费用，提高资金的利用效率。

(三)集中营销战略

集中营销战略是指饭店集中人力、财力、物力，重点销售一种或几种产品，或对某种细分市场展开的营销活动。它分为低成本集中和差异化集中两类，前者强调从特定细分市场取得由成本差异换来的更大经济回报，后者立足于有效地满足特定细分市场的顾客利益。集中战略能使饭店凭借有限的资源参与竞争，并使营销活动更具针对性，因而在中小型饭店进入市场初期或一般饭店产品销售处于成熟期时大都采用这种战略。

(四)市场领先战略

市场领先战略，又称抢先营销战略，即饭店总是把注意力集中于行业的前沿，在营销组合各要素上都比竞争对手抢先一步，从而达到"先入为主"的目的。抢先营销战略主要有 6 条实现的途径，即供应系统、新产品开发、产品价格、技术改进、目标市场和分销渠道。在实施市场领先营销战略时，饭店必须小心谨慎，以免重蹈他人覆辙，或误入歧途，或为竞争对手铺路。

三、品牌支撑战略

随着全球经济一体化进程的加快和信息技术的发展，同类饭店产品在质量、功能、价格等方面的差异越来越小，品牌作为一项无形资产成了饭店竞争力的一个重要法码。品牌有助于饭店宣传自己的产品，树立市场形象，建立顾客忠诚，进行市场细分，从而形成独特的竞争优势。

(一)饭店品牌塑造

对于现代饭店企业而言，品牌不再是简单的产品识别标志，它已成为企业营销战略管理的一项重要内容。而且，在饭店行业中饭店品牌比产品品牌更为重要。饭店品牌塑造是一个系统工程，需要饭店的长期努力(这里指的是广义的品牌概念)。要树立鲜明的品牌形象，饭店应从以下四个方面入手。

1. 品牌决策

包括品牌化决策、品牌使用者决策、家族品牌决策、多品牌决策、品牌扩展决策和品牌再定位决策。它主要解决以下问题：是否给产品规定品牌名称；是采用本饭店品牌，还是采用中间商品牌或两者兼有；各类产品分别使用不同的品牌，还是统一使用一个或几个品牌名称；如何利用品牌开展营销以及如何更新品牌等。

2. 品牌设计

包括饭店或产品名称、品牌标志和商标。高水平的品牌名称和标志设计能给消费者留下深刻的印象。

3. 服务提升

即良好的品牌形象需要饭店的高品质服务来支撑。因为一个强有力的品牌只能给有竞争力的产品或服务带来市场优势，却不能补偿任何劣质服务，甚至可能因为一次质量事故而使品牌毁于一旦。

4. 有形展示

有形的服务展示能突出饭店的产品特色，使服务有形化、具体化，从而让顾客在购买前就能感知产品或服务的特征以及消费后所获得的利益。饭店实施有形展示策略的途径主要有四种，即设计饭店标志、规范服务行为、美化服务环境和开展促销活动。

(二)饭店品牌营销战略管理

在选择品牌营销战略之前，饭店首先必须对饭店或产品的品牌类型与品牌力进行科学的评价。饭店或饭店产品的品牌力主要由两个因素决定，一是品牌认知度，即顾客对品牌知名度和美誉度的总体评价；二是品牌活力，指饭店或产品品牌的差异化特征与顾客的关联度。

根据自身品牌所处的市场地位，饭店便可以制定出相应的品牌营销战略(如图 5-5 所示)。对于新的主导产品，饭店一般采取品牌培育战略，凭借成功的品牌定位突出新品牌对消费者的独特利益点；当新品牌转变为发展品牌时，饭店品牌已具有一定活力，但认知度偏低，这时饭店应通过广告、公关等手段提高品牌的知名度和美誉度，以吸引消费者购买；对于市场占有率和知名度都较高的强势品牌，饭店营销活动的中心任务是维护品牌地位，并通过新产品开发、产品改进等途径来挖掘品牌潜力；对于市场逐渐萎缩的品牌产品，饭店应针对顾客需求变化创造新的品牌特色，常用的两种方法是进行品牌重新定位或将品牌投入新的市场。

	品牌推广战略	品牌扩展战略
高		
品牌活力		
低	品牌培育战略	品牌更新战略
	低	高

品牌认知度

图 5-5　饭店品牌营销战略决策度

四、网络营销战略

网络营销又称在线营销，即饭店利用互联网络开展市场调研，宣传产品或服务，实现网上交易以及处理售后事宜。网络营销是现代通讯技术发展对人类经济活动的一项重大贡献，它为饭店提供了一种全新的营销理念和方式。由于具备营销费用低、营销环节少、信息含量大、营销范围广、营销全天候等特点，网络营销一经出现便受到了众多饭

店企业尤其是国际饭店集团公司的青睐。

饭店开展网络营销必须实现两大转变，一是在经营理念上，由原有的二维结构(产量和质量)向四维结构(产量、质量、个性、时间)转变，其中，个性指饭店产品特色和顾客的独特利益，时间指饭店应通过互联网及时向潜在顾客提供最新产品或服务信息；二是在销售方式上，由面对面的销售向网上交谈式的销售转变。饭店一般通过四种方式来实施网络营销战略，即开设电子商场，加入论坛、新闻组或公告栏，刊登在线广告和寄送电子邮件。饭店网络营销包括如下几个方面的内容。

1. 饭店网站的建设

饭店网站建设是饭店网络营销的基础内容之一，也是最基本的网络营销管理活动，主要包括：饭店网站专业性诊断、网站搜索引擎优化状况诊断、网站推广阶段计划的制定、各种网站推广手段管理、网站推广效果分析评价(如网络广告、E-mail 营销、搜索引擎营销等)、网站流量统计分析、网站访问量与效果转化分析等。饭店网站建设的好坏直接关系到饭店网络营销的质量，其建设效果表现在网站访问量的增加、品牌形象提升、用户数量增长等多个方面。

2. 饭店品牌推广

即饭店通过合理利用各种网络营销途径创建和提升饭店品牌，主要包括饭店品牌的宣传推广、维护提升等方面。

3. 饭店信息发布

饭店信息发布包括饭店通过网络发布饭店的服务信息、经营理念等内容，同时还包括饭店信息发布渠道的选择、信息发布的效果管理等。

4. 在线顾客关系维护

包括顾客消费行为研究、饭店常住客人的资料管理和有效利用、顾客关系营销策略实施及其效果评价等。

5. 在线顾客服务

在线顾客服务的基础是充分有效地运用各种在线服务手段，收集在线顾客的消费偏好和需求信息，并进行研究，制定适合顾客要求的顾客服务策略。

6. 网上促销管理

即针对饭店的产品和服务，制定不同阶段的促销目标和策略，并对在线促销的效果进行跟踪控制。

7. 网上销售

主要内容包括网上饭店促销，网上饭店产品的预订和销售，各种网上销售渠道的建设，在线销售业绩分析评价等工作的协调管理。

8. 网上市场调研

指在确定饭店市场调研的目标、计划和调研周期的基础上，选取合理的网络调研方法进行饭店市场调研，并对调查结果进行合理利用和发布。

五、营销组合战略

市场营销组合是饭店为达到在目标市场上的销售水平而对可控性营销变量进行优化组合和综合运用的管理活动。正是随着营销组合理论的产生，市场营销活动才富有浓厚的"管理"色彩。通过设计合理的营销组合，饭店可以充分利用一切资源，发挥整体优势，增强饭店的市场竞争力。

传统的饭店市场营销组合主要围绕"4P"来展开，即饭店产品组合、实施促销方案、分销渠道组合和产品定价策略四部分内容。随着饭店业的不断发展，饭店市场营销理念的创新，饭店市场营销组合战略也有了新的内容，即从传统的"4P"组合向"4C"组合转变。这种转变是营销理念的深刻变革，营销交易要素从卖方市场的"4P"转向买方市场的"4C"；从卖方的产品(Product)转向买方的需要和欲望(Customer needs and wants)；从卖方的定价(Pricing)转向买方愿意花费的成本(Cost to customer)；从卖方的渠道或网点(Placing)转向买方的便利(Convenience)；从卖方的促销(Promotion)转向买卖双方间的沟通(Communication)。

与传统的"4P"营销相比，"4C"营销的创新意义在于：它把交易的控制权"完全让给"了买方。"4P"营销是用产品、定价、渠道和促销手段控制买方，尽量将买方纳入营销者的控制范围，而"4C"营销是主动接受买方的"控制"，让买方根据交易的意愿、成本、便利程度和信息沟通情况来进行交易决策，以此激励买方完成交易。从"4P"到"4C"，这是一场新的营销革命。我们知道，对饭店这个特殊行业来说，顾客就是它

的生命，饭店营销的真谛就是买方(顾客)导向，因此"4C"营销可以说是真正意义上的饭店营销。近年来，"4C"营销组合越来越普遍地为国际饭店企业所接受。现在，在竞争激烈的世界饭店业市场上，谁能更好地捕捉和满足顾客的需要、降低顾客的成本、增加顾客的便利和加强与顾客的沟通，谁就能具有更大的营销优势。

第六章 饭店人力资源管理

【学习目标】

1. 掌握饭店人力资源管理的目标
2. 掌握饭店人力资源管理的内容体系
3. 掌握饭店职业经理人的能力培养

【关键词】

模式 Pattern

内容体系 Content System

能力培养 Capability Raising

人力资源管理 Human Resources Management

进入 21 世纪，人力资源与知识资本优势的独特性成为企业重要的核心技能，人力资源的价值成为衡量企业整体竞争力的标志。饭店是典型的服务性行业，提供的产品具有无形性，员工与顾客面对面提供服务的过程也就是饭店产品的生产过程。饭店业的这种特殊性决定了饭店人力资源管理将贯穿饭店服务的全过程。为了全面提升饭店的服务质量，提高饭店管理水平，必须将饭店人力资源管理纳入到饭店管理的理论体系中。因此，饭店人力资源管理是饭店管理概论体系中的一项重要内容。

第一节　饭店人力资源管理概述

一、饭店人力资源管理的内涵与特点

(一)人力资源管理

人力资源管理理论是随着企业管理理论的发展，从传统的人事管理经验发展升华而形成的。到今天人力资源管理已经与生产、营销、财务管理等具有同等的职能地位，成为企业组织的一项必不可少的基本管理职能。我们可以将资源分为两大类，即物质资源和人力资源，并认为人力资源是指能够推动整个经济和社会发展的劳动者的能力，它反映了一个国家或地区人口总体所拥有的劳动能力。

从企业的微观角度，我们将人力资源管理定义为：根据企业经营发展的需要，通过不断地获得人力资源，并把得到的人力整合到组织中而融为一体，保持和激励他们对本组织的忠诚与积极性，控制他们的工作绩效并作相应的调整，尽量开发他们的潜能，以期达到人力与企业共同发展，这样的一些活动、职能、责任和过程就是人力资源管理。

(二)饭店人力资源管理

饭店人力资源管理，是以推动饭店业可持续发展为目的，结合饭店业自身的行业特点，将现代科学的人力资源管理理论应用于饭店企业管理当中，为饭店从业人员提供包括人力资本升值在内的服务，满足员工的需求，从而实现顾客的满意，促进饭店的顺利发展。

概括起来，饭店人力资源管理具有以下特点。

1. 综合性

饭店人力资源管理主要是对组织内的人的全面管理，而人是复杂的，因此，饭店人力资源管理需要综合考虑多方面的因素，如环境因素、经济因素、文化因素、心理因素、生理因素等，涉及社会学、经济学、管理学、心理学、组织行为学等学科。在实际操作中，针对饭店员工的素质的考察也是全面、综合、系统的，除了具有丰富的综合知识、专业的操作技能、较强的信息沟通能力、良好的服务态度和服务意识外，还必须具备良好的政治思想素质、品德修养和职业道德等。这些都突出体现了饭店人力资源管理的综合性。

2. 动态性

饭店业有一个很显著的特点，就是从业人员的流动性特别大。据调查，1996 年北京市几家著名饭店的员工流动率平均为 26.4%～34.5%，其中大中专以上学历的员工流动率高达 66.7%，熟练的一线员工流动率更高。饭店业的高员工流动率，是一个世界性的问题。据统计，美国 1997 年饭店业一线员工的流动率是 91.7%，经理为 13.5%，督导为 11.9%，造成巨额的费用流失。1998 年全美餐饮企业每位员工的流失平均带来的损失也高达 5000 美元。针对饭店人员的高流动性，饭店人力资源管理需要充分了解影响员工高流动的因素，分析引起员工高流动的根本原因，然后根据不同的原因，采取不同的管理措施，实施饭店人力资源的动态管理。

3. 服务性

服务性是饭店行业的重要特征，也是饭店人力资源管理的重要特征和理念。美国罗森帕斯旅游管理公司总裁罗森帕斯曾向"顾客就是上帝"的传统观念挑战，认为"员工第一、顾客第二"(Employees come first, customers second)是企业成功之道。他认为只有把员工放在第一位，员工才有顾客至上的意识。由此可见，饭店人力资源管理是饭店实施服务竞争战略、高质量完成服务过程、实现饭店组织目标的必要保证。饭店企业人力资源管理始终体现着"以人为本"的管理理念，人力资源管理的管理并非行政式的"管"人，而是一种柔性的人性化管理，它通过在营造饭店良好的组织文化和竞争氛围的同时，从员工的实际需求出发，进行谋求员工利益和企业利益共同发展的一系列的服务活动，所以饭店人力资源管理体现的是一种为员工服务的特点。

二、饭店人力资源管理定位

饭店行业具有较强的敏感性，受市场变化的影响很大。因此，饭店人力资源管理的定位不仅要研究消费者的需求和行业的发展趋势等饭店市场环境，还要结合自身的优、劣势和经营理念进行分析，最终确定本饭店的人力资源管理的总体定位。

(一)饭店人力资源管理的环境分析

饭店人力资源管理的环境分析包括饭店外部环境分析和饭店内部环境分析。外部环境主要包括国家的政治经济环境、政府的政策、法律、产业结构、外在劳动力市场和工会等。较其他行业而言，饭店业的发展更依赖于国家的政治经济环境的繁荣和稳定，人力资源的供给和需求对饭店业的发展也有很大的影响。例如，2003 年的非典事件对我国饭店人力资源管理就是一个很大的考验。当整个行业陷入危机，饭店如何实现人力资源的配置和企业的效益相协调，是一个相当重要的问题。在非典期间，有的饭店无力支付大量的人力成本，只能大量辞退员工，这引起了整个行业的失业恐慌；有的饭店则利用这个机会对员工进行培训，加强内部人力资源的整合，还打出共同努力，共度难关的口号，从而加强了组织的凝聚力。

饭店人力资源管理的定位在很大程度上受到饭店内部环境的影响，主要包括饭店组织机构、企业文化、财务状况、经营理念等。饭店的组织机构设置通常是比较扁平的，这既是业务特点的要求也是饭店内部良好沟通和信息传递通畅的保证。目标、人员、职位、责任、协作关系、沟通等组成了组织机构运行的基本要素，组织机构的变化会影响人力资源管理的定位和作业，同时需要有人力资源管理的支持；企业文化是饭店企业的灵魂，是直接影响饭店员工工作绩效和经营效益的关键因素；饭店人力资源管理的定位也要基于饭店的实际财务状况而定，人力资源管理的实施需要创汇部门经济收入的支持，员工的招聘制度、员工培训、薪酬政策、劳动关系等都受到饭店财务状况的限制。另外，饭店的经营理念是指导饭店在市场竞争中取得优势的企业价值观和经营思想，不同的经营理念对员工的工作信念和行为的要求是不一样的，每个经营理念的实施都依赖于人力资源的有效配置和组合。因此，饭店人力资源的定位还受企业经营理念的影响。

(二)饭店人力资源管理的战略定位

知识经济时代和信息时代的新时代特征表明了饭店的人力资源管理的定位应该是人性化和科学化标准的组合。美国康奈尔大学的研究显示，人力资源管理战略可以分为三大类：吸引战略(Inducement Strategy)、投资战略(Investment Strategy)和参与战略(Involvement Strategy)。

使用吸引战略的饭店，推行多项薪酬政策，以丰厚的待遇来吸引员工，从而达到员工的稳定性和可靠性；采用投资战略的饭店比较注重创新，对员工的培训、潜能的开发和组织关系的协调比较关注，将员工视为主要投资对象，旨在建立长期的工作关系，员工工作保障高；推行参与战略的饭店，决策权力下放至底层，使大多数员工在参与饭店发展的决策中，有归属感和成就感，从而提高饭店员工的参与性、主动性和创新性。

总的来说，饭店人力资源管理的战略定位在人力资源管理中起主导性作用，为饭店

人力资源管理的政策制定、作业实施和管理系统的建立等奠定基调。饭店人力资源管理的战略定位是依据饭店的外部和内部环境，在相应的企业文化和经营理念下，确定饭店对待人力资源的价值观，从而选择适合饭店自身特点的总的人力资源发展思路。

三、饭店人力资源管理的目标

饭店人力资源管理就是通过对饭店人力资源进行有效的利用、管理、挖掘和激励，并制定相关的人力保障体系，使人力得到最优化的组合和积极性的最大发挥，以保证饭店的高效运转和优质服务，从而提高饭店的经济效益和社会效益。可以看出，饭店人力资源管理的目标就是通过其管理职能的实现，达到饭店企业效益的实现。具体来说，即提高员工的工作绩效和效益，在实现饭店目标的基础上，努力实现员工的个人目标，使饭店与员工实现共同发展。饭店人力资源管理的目标体系可以分成三个层次，员工绩效、组织绩效以及员工和饭店的协调发展。

(一)员工绩效

饭店所提供的产品主要是面对面的服务，因此，造就一支高素质的员工队伍是饭店经营的基础。饭店人力资源管理的基本目标就是要做好人力资源开发工作，充分调动员工的积极性、主动性和创造性，做到人适其职、职得其人、人尽其才、才尽其用。员工绩效主要体现在工作满意度和工作稳定性。工作满意度既是员工工作成果的表现，也是激发其继续不懈努力的动力之一；工作稳定性，则能体现企业和员工之间的信任关系。

(二)组织绩效

有了优秀的员工并不代表饭店就会有好的效益，只有在良好的组织文化和工作氛围下，帮助员工进行职业规划，并提供很好的发展机会，将素质良好的员工个体整合成高效率的组织体系，从而形成组织绩效大于个人工作绩效之和的饭店绩效状态。组织绩效主要体现在生产率的提高和饭店形象的塑造。

(三)协调发展

员工的忠诚度是员工主观上有强烈的忠诚于饭店的愿望，这种愿望往往是由于组织与员工目标的高度协调一致：组织帮助员工发展自我和实现自我，员工共同努力帮助饭店实现组织目标。这就是员工与组织协调发展的直接表现，这也是饭店人力资源管理所追求的最终目标。

第二节 饭店人力资源管理内容体系

饭店人力资源管理的内容体系包括：人力资源规划、工作分析、人员招聘、培训与发展、绩效考评、薪酬管理、沟通与激励、劳动关系等。

一、人力资源规划

人力资源规划是一种战略性和长期性的活动，与饭店的总体经营战略目标有很大的关系。是饭店发展战略及年度计划的重要组成部分，是人力资源管理各项工作的依据。

人力资源规划必须保持与内、外部环境的一致，从组织的目标和任务出发，实施动态的规划，在使饭店内部员工的招募、甄选、配置、培训以及绩效考评等人力资源规划的设计相互匹配和协调的同时，还应与外部的业务动态和人力资源市场相一致，从而保障饭店未来发展所需的人力资源配置，实现饭店与员工个人的同步发展。饭店人力资源规划具体包括人员招聘计划、员工培训和使用计划、薪酬计划、离退休计划等有关人力资源的行动计划和预算，其实质在于选择所追求的饭店发展目标和实现目标的最佳方案。

(一)人力资源规划的内容

饭店人力资源规划的内容一般包括广义的人力资源规划和狭义的人力资源规划两部分。广义的饭店人力资源规划包括：

1. 饭店人力资源的发展

饭店人力资源的发展是指饭店人力资源的增补和素质的提高。人力资源规划的任务之一就是根据对现有人员状况的分析，预测诸如自然减员、竞争等造成的职位空缺，拟定人员的增减、调整与培训计划。随着业务的变更和组织的变动，需要通过增补来改变人员素质结构，或通过培训等手段来提高员工的素质，进而提高组织整体的人员素质。

2. 饭店人力资源的转移

适当的人员流动，是饭店维持自身活力和组织先进性的保证。人力资源规划也包括职业转移的规划，是饭店编制员工招聘、培训计划的基础之一。职业的转移一般包括转移原因、职业转移的工种和人数、安置的去向和措施等内容。进而了解人员流动的根本原因，进一步为饭店员工的利益着想，保证人力资源管理更好地持续进行。

3. 饭店人力资源的保护

规划好人力资源的保护能有效地提高员工工作能力，给予他们充分的民主权利，免去工作的后顾之忧，使之在工作中保持旺盛的精力和热情。包括安全规划，卫生规划，保健规划，福利规划等。

狭义的饭店人力资源规划有两个层次。

第一，饭店人力资源总体规划。即在计划期内人力资源开发与管理的总体目标、总政策、实施方案和总预算的安排。

第二，饭店人力资源业务计划。包括人员的招聘计划、补充计划、分配计划、提升计划、培训计划、工资计划、保险福利计划、离退休计划、劳动关系计划等。

(二)人力资源规划的程序

饭店人力资源规划的程序模型如图6-1所示，饭店人力资源规划可分为4个阶段、7个步骤(详见图6-1)。

(1) 准备阶段——确定目标、收集信息、预测人力资源需求、预测人力资源供给。

(2) 编制阶段——综合平衡并制定人力资源规划。

(3) 审批执行阶段——经审批后，实施人力资源规划。

(4) 反馈阶段——收集反馈信息。

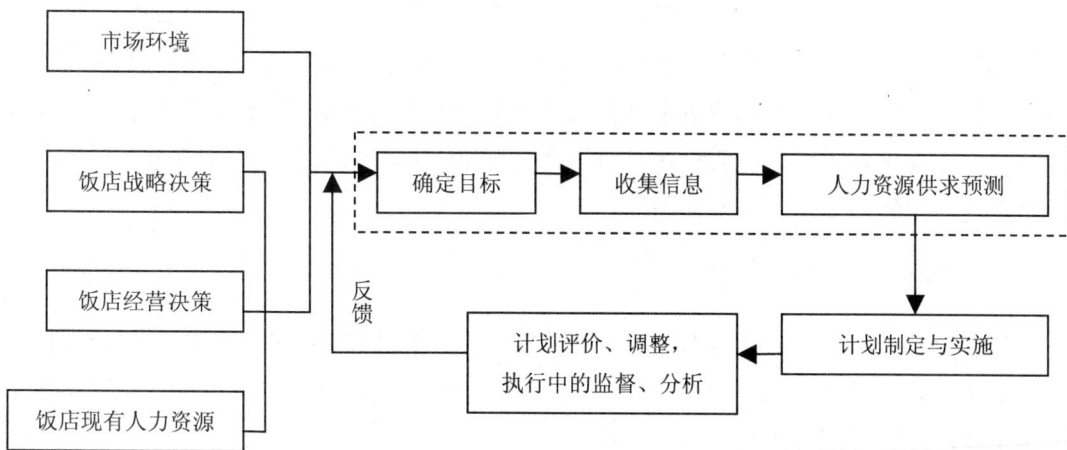

图 6-1　人力资源规划的程序模型图

(三)人力资源规划的方法

1. 资料收集法

资料收集，即对现有饭店的人力资源状况进行调查与核实。收集资料是编制人力资源规划的前提条件之一，饭店可以从以下三方面收集资料：①人员使用的资料；②年龄结构的资料；③人员素质的资料。

2. 预测法

人力资源的预测是建立在对未来人力需要的准确预测上，并进行系统的人力资源安排。人力资源的预测是一项技术性很强的、难度很大的工作，其准确度直接关系到人力资源规划的效果，是规划中的关键性工作。在充分考虑影响因素的情况下，预测应采用以定量为主，结合定性分析的各种科学预测方法。例如对人力资源需求的预测，就有总体需求结构分析预测法、人力资源成本分析预测法、人力资源学习曲线分析预测法、比例法、分合性预测法、团体预测法等多种科学预测方法。

3. 平衡法

所谓平衡法是指从客观经济规律出发，对人力资源规划的各项指标进行统筹安排，使其与饭店总体经营计划，饭店项目开发计划等协调一致，规划期的人力资源需求量与饭店内部人力资源供给量，需从数量、工种、岗位等各方面进行平衡，以便调剂余缺、合理安排、适当招聘。人力资源规划编制的平衡法一般通过编制计划平衡表来完成。

二、工作分析

饭店人力资源管理的一切职能，都要以工作分析为基础。只有做好了工作分析，才能据此完成饭店人力资源规划、绩效评估、职业生涯设计、薪酬设计管理、招聘、甄选、录用工作人员等工作。工作分析可以为制定有效的人力资源规划提供科学依据，为选拔合格的人才提供客观标准，为设计人员培训与开发方案提供依据，为绩效考评提供科学标准以及为薪酬制度提供公平性保障。

(一)工作分析的内容

工作分析一般包括两个方面的内容：确定工作的具体特征；找出工作对任职人员的各种要求。其中涉及到多方面的要素，饭店可以利用工作分析公式(The Job Analysis Formula)中确定的 7 项要素，即：

(1) 工作主体(Who)——特定工作岗位对与其相匹配员工的个体特征描述。

(2) 工作内容(What)——所要完成工作的任务、职责、流程等具体行为过程。

(3) 工作时间(Time)——完成工作的具体时间要求。

(4) 工作环境(Where)——包括工作作业的硬件物理环境和饭店组织文化氛围等软件社会环境。

(5) 工作方式(How)——高质量完成工作所需的设备条件和物质材料，以及工作的方法和程序。

(6) 工作原因(Why)——说明工作的性质和重要性。

(7) 工作关系(for Whom)——工作的隶属关系和饭店内、外与工作内容相关的各个对象之间的关系。

通过全面、系统的分析，结果主要表现为工作描述和任职说明。规范的工作描述书包括工作名称、工作活动、工作程序、物理环境、社会环境、聘用条件等6个方面，它主要是要解决工作内容与特征、工作责任与权力、工作目的与结果、工作标准与要求、工作时间与地点、工作岗位与条件、工作流程与规范等问题。而任职说明书，旨在说明担任某项职务的人员必须具备的生理要求和心理要求，主要包括一般要求：年龄、性别、学历、工作经验；生理要求：健康状况、力量与体力、运动的灵活性、感觉器官的灵敏度；心理要求：观察能力、学习能力、解决问题的能力、语言表达能力、人际交往能力、性格、气质、兴趣爱好等。

随着现代科技、知识的不断发展，在饭店管理中，对每个人在饭店中的位置问题，已经开始尝试按照现代数学方法进行模糊定位。传统的工作说明书当遇到跨部门、跨职能的团队合作问题时就无法发挥很好的作用，而且无法清楚地确定一个人在饭店中的定位问题。取而代之的是角色说明书，即对人力资源进行分层分类的管理，在不同层次不同类别上来确定员工的任职资格、行为标准和工作规范。

(二)工作分析的程序

工作分析是对工作进行全面评价的过程，这个过程可以分为6个阶段，各个阶段的主要工作如下。

1. 准备阶段

明确目的；成立工作小组；确定样本(选择具有代表性的工作)；分解工作为工作元素和环节，确定工作的基本难度、制定工作分析规范。

2. 设计阶段

选择信息来源；选择工作分析人员；选择收集信息的方法和系统。

3. 调查阶段

编制各种调查问卷和提纲；广泛收集各种资源(7W)。

4. 分析阶段

审核已收集的各种信息；创造性地分析，发现有关工作或工作人员的关键成分；归纳、总结出工作分析的必需材料和要素。具体可从四个方面进行：①职务名称分析：职务名称标准化，以求通过名称就能了解职务的性质和内容。②工作规范分析：工作任务分析；工作关系分析；工作责任分析；劳动强度分析。③工作环境分析：工作的物理环境分析；工作的安全环境分析；社会环境分析。④工作执行人员必备条件分析：必备知识分析；必备经验分析；必备操作能力分析；必备心理素质分析。

5. 运用阶段

促进工作分析结果的使用。

6. 反馈调整阶段

组织的经营活动不断变化，会直接或间接地引起组织结构和分工协作体系的相应调整，可能产生新的职务和部分原有职务的消逝。

(三)工作分析的方法

工作分析的方法多种多样，但饭店在进行具体的工作分析时要根据工作分析的目的、不同工作分析方法的利弊，针对不同人员的工作分析选择不同的方法。一般来说工作分析主要有资料分析法、问卷调查法、面谈法、工作日记法、现场观察法、工作参与法、关键事件法等。

(1) 资料分析法，主要是对饭店已有的各种涉及到工作分析的历史资料，以及行业内相似职位的数据统计进行分析的一种方法。这种方法实行的成本较低，但缺乏准确性。

(2) 问卷调查法，是由工作分析人员编制设计问卷，要求相关人员以书面形式回答，从而快速、有效地获得工作相关信息的一种调查方法。问卷法费用低、速度快；节省时间、不影响工作；调查范围广，可用于多种目的的职务分析；缺点是需要说明和统一，否则会因理解不同而产生信息传递误差。

(3) 面谈法，是与担任有关工作职务的人员一起讨论工作的特点和要求，以获取相关工作信息的一种调查方法。面谈法易于控制，可获得更多的职务信息，但工作信息的判断易受分析者观点的影响；面谈者易从自身利益考虑而导致工作信息失真；职务分析者所问问题的质量会影响信息的收集；不能单独使用，要与其他方法结合使用。

(4) 工作日记法，是让员工用工作日记的方式记录每天的工作活动和工作中出现的问题，作为分析资料的方法。这种方法要求员工在一段时期内对自己的工作情况系统地记录下来，记录的细节可能对工作分析有很重要的作用，但也可能因个人因素而使某些信息失真。

(5) 现场观察法，是在工作现场运用感觉器官或其他工具，通过观察员工的实际工作活动和行为，并以文字、图表和影像等多种方式来记录工作信息的收集方法。要求观察者有足够的实际操作经验，可广泛、客观地了解信息，但它不适于观察工作循环周期

很长的、脑力劳动的工作，对偶然、突发性的工作也不易观察，不能获得有关任职者要求的信息。

(6) 工作参与法，是工作分析者直接亲自体验工作的整个过程，从中获取工作信息的方法。此方法获得真实信息；只适应于短期内可掌握的工作，不适于需进行大量训练或有危险性工作的分析。

(7) 关键事件法，通过饭店管理人员和工作人员的回忆，获取比较关键的工作特征和事件的资料。所研究的工作可观察、衡量，分析资料适应于大部分工作，但归纳事例需消耗大量时间；易遗漏一些不显著的工作行为，难以把握整个工作实体。

三、员工招聘

(一) 员工招聘的原则

饭店员工招聘，是根据饭店的经营目标、人力资源规划及业务部门对所需员工的工作要求，由饭店人力资源管理部门主持进行的招聘、考核与挑选优秀、合适员工的业务活动过程。员工招聘是确保员工队伍良好素质的基础，关系到饭店的生存和发展。因此，员工的招聘工作是十分复杂的，需要遵循一定的原则。

1. 遵守法规原则

员工的招聘要符合国家的相关法律、政策，坚持劳动法所规定的相关用人条款，实现平等就业、照顾特殊群体、男女平等、有效订立劳动合同等。

2. 双向选择原则

在饭店和劳动者之间建立起来的平等选择机制，是劳动力资源配置的基本原则。它一方面促使饭店为招揽人才而不断提高自己的效益，提高应聘率；另一方面又能使劳动者努力提高科学文化知识和专业技能，增强竞争力。

3. 公开竞争原则

以广告或其他方式发布招聘公告，造成社会舆论，形成竞争局面，达到广招人才的目的。公开招聘提高了招聘的透明度，体现了机会均等，人人平等的公平竞争原则。同时公开招聘为求职人员提供了信息，便于他们选择中意的饭店和工种。

4. 考核择优原则

考核是对应聘者业务水平、工作能力和工作态度的考查，考核择优是在对应聘者进行全面考核的基础上选优任用，做到任人唯贤。这是保证所招人员质量的前提，也是应聘者平等竞争的重要条件。

5. 效率优先原则

力争用尽可能少的成本招聘到适应饭店需求的高素质人才。招聘成本包括招聘费用；因招聘不慎而重新招聘时所花费用，即重置成本；因人员离职给饭店带来的损失，即机会成本。高的招聘效率体现在用最低的招聘成本，招聘到相关岗位的最适合者。

(二)员工招聘的程序

员工招聘的程序是否科学、合理，直接关系到最后录用人员的质量，同时也影响着整个招聘工作的效率。人员招聘包括两个环节，即招募和甄选。招募是饭店为吸引更多更好的人员前来应聘而进行的一系列前期活动；甄选则是通过各种方法和手段，选取最符合工作需求的应聘者。人员招聘可分为 4 个阶段。

1. 筹划阶段

这一阶段是员工招聘的起点。主要包括：

(1) 根据饭店经营情况和内、外劳动力资源状况，制定招聘计划。

(2) 根据招聘量的大小和招聘对象的重要程度成立招聘小组，并挑选和培训招聘工作人员。

(3) 确定招募途径，是内部选拔还是外部聘用，是员工推荐还是广告招聘，是聘用应届毕业生还是有工作经验者等，并拟定招聘简章。

2. 宣传阶段

这一阶段承上启下，直接影响着招聘的效果。主要包括：

(1) 大力宣传、吸引和鼓励求职者踊跃应聘。

(2) 应聘者填写求职申请书，通过求职申请书，饭店可以大致了解应聘者的基本条件。

3. 测试阶段

这一阶段是招聘工作的关键所在。主要包括：

(1) 核查应聘者个人资料。

(2) 初次面谈，通过与应聘者面对面的接触可以确定应聘者仪表、表达能力等是否符合饭店的要求，面谈包括无计划的、结构化的、复式及团体面谈、压力式面谈等。

(3) 测试，目的是了解应聘者的知识和专业技能的水平，测试的内容与方式以职务所要求的范围和标准为基础。

4. 录用阶段

将多种考核和测验结果进行综合评定，确定出录取的人员名单。主要包括：

(1) 任用面谈，在基本确定录用后，在正式任用之前还要对应聘者的个性、经验、兴趣、技能、抱负作进一步的了解，确保人适其职。

(2) 体格检查，体检是饭店招聘中非常重要的一环。

(3) 审查批准，确定录用名单。

(4) 以书面形式通知应聘者，签订劳动合同。

(5) 对未被录用者表示感谢和歉意。

(6) 进行岗前培训、试用与安置。

四、员工培训

饭店是劳动密集型的服务型企业，仅有豪华的硬件设施和先进的技术装备是不够的，更需要员工的个体素质和组织的群体素质作保证。从饭店角度看，员工培训可以使饭店市场竞争水平不断提升，竞争的重心转移到人才的竞争；可以提高管理人员的管理决策水平；可以降低损耗和劳动成本；可以促进员工掌握新技术和先进正确的工作方法，大大提高服务质量等。从员工的角度看，员工培训可以提高员工素质，通过"培训——工作——再培训——再工作"持续的循环不断加强员工素质；可以为员工的自身发展提供条件，通过为员工提供的人力资本增值服务，使其不仅能出色地完成本职工作，还能跨出本职位的限制，更好地完成更复杂和困难的工作，为其职业人生进一步发展提供条件和保障。

(一) 员工培训的类型

1. 按培训性质划分

(1) 岗前培训。岗前培训即对新招聘的员工在正式上岗之前的企业文化和业务培训。目的是让员工能尽快适应岗位职责的要求，能顺利完成本职工作。通过岗前培训为饭店提供一个专业的、高素质的员工队伍，以保证饭店服务的质量。

(2) 在职培训。在职培训是对在职职工进行的以提高本岗位工作能力为主的不脱产训练形式。在职培训有利于改善现有人员素质不适应工作需要的局面，从多方面提高员工的业务水平，同时又不影响正常工作的进行和饭店的运转。

(3) 转岗培训。转岗培训是指员工由于工作需要或是个人能力的突出体现，需要从一个岗位转向另一个岗位，使转岗人员在短时间内能适应新工作岗位的培训。

(4) 技术等级培训。技术等级培训是按国家或行业颁布的技术等级标准，为受训人员达到相应级别的技术水平而进行的有关级别的训练活动。集中培训与所评技术等级相关的内容和技能。

2. 按培训对象划分

(1) 职业培训。职业培训主要针对基层员工，培训的重点放在基层员工的具体操作能力和服务技巧上。

(2) 发展培训。发展培训主要针对管理层员工，培训的重点为培养和发展管理人员的观念意识与决策督导技能。要求管理者全面了解和掌握饭店内外的经营环境和饭店自身的竞争实力，扩大管理者的经营视角，从而更好地实施各项管理服务职能。

3. 按培训内容划分

(1) 道德培训。注重员工的思想素质培养，从社会公德和职业道德方面对员工进行培训。职业道德认识、情感、意志和信念是员工对职业道德现象的感知、理解与接受的程度。只有员工有了高的思想道德素质，饭店的对客服务才能真正做到体贴入微，饭店的形象才能得到社会各界人士的认可和好评。

(2) 知识培训。知识培训是按岗位要求对培训者进行专业知识和相关知识的教育活动。内容具有很强的专业性和客观操作性，从而提高员工的岗位作业能力。根据不同知识层次的员工，要进行不同的知识培训，力求每个员工经过了知识培训之后，都能有不同程度的提高。

(3) 能力培训。知识是基础，能力是关键和重心。饭店从业人员的能力表现在多个方面，观察能力、记忆能力、思维能力、想像能力、操作能力、应变能力、交际能力、艺术欣赏能力等。能力的培训就是训练员工在具体工作中，能综合运用多项能力，保证服务产品的质量。

4. 按培训地点划分

(1) 饭店内培训。饭店内培训是利用本饭店的培训资源对员工进行的脱产、半脱产或在职的培训活动。由于饭店对员工比较了解，在本饭店培训能针对实际作业中出现的问题进行专门的培训，且费用较低，对组织的正常运作影响不大。

(2) 饭店外培训。饭店外培训包括输送员工到培训院校进修、参加培训和到国外有关单位考察学习等，还包括组织到各种训练营的集训活动。有助于员工系统学习专业知识、开阔视野、交流经验、团结合作，并有良好的激励作用。

(二)员工培训的方法

1. 操作示范法

操作示范法是对专业操作技能要求较高的岗位培训所设置的,为了使受训者熟练掌握正确的操作方法,安排部门专业操作技能很好的员工在工作现场或模拟的工作环境中利用实际使用的器材,进行讲解和示范的培训方法。包括讲授示范操作与模仿两道基本程序。

2. 职务轮换法

职务轮换法是对有潜力的员工实施在不同部门相应职位或不同职位上轮岗工作,以提高员工整体素质和能力,发现其优势所在,从而充分发挥其工作的积极性,提高工作效率。

3. 见习带职培训法

见习带职培训法是饭店对新聘用员工的一种试用机制,在见习期内实施岗位的培训工作,见习期满后进行考察,合格者进一步留在企业就职。

4. 角色扮演法

角色扮演法是让员工模拟实际情景,扮演工作中的不同角色进行训练的一种方法。培训者可以选取工作中主要的、常见的、特殊的场景,要求员工扮演工作所涉及到的不同角色,实现角色互换,让受训者体会到工作的不同侧面,从而提高服务的质量和水平。

5. 参观考察法

参观考察法是组织受训员工参观本饭店或其他饭店,甚至是出国考察学习的一种方法。让员工在参观考察中进行横向和纵向的比较,发现自身的不足和先进者的优势所在,学习借鉴别人的先进工作经验和工作方法。

6. 案例研讨法

案例研讨法是针对一些工作中的重要问题进行集体讨论的培训形式。在对特定的案例分析和辩证中,受训员工集思广益,畅所欲言,各抒己见,不断汲取新的思想,让员工开阔视野,学习经验和方法。案例研讨法的案例需要具有典型性、普遍性和实用性,从中提高员工解决实质性问题的能力和技巧。

7. 视听教学法

视听教学法是运用现代高科技电子的技术和成果,将影像、网络等运用于培训教学中，提高培训的质量和效率，还可以降低成本。

五、绩效考评

饭店绩效考评，是饭店人力资源管理部门依照一定的工作标准，采取科学的办法，考核评定员工对其职务的理解程度和职责履行程度，以确定其工作成绩的管理办法。员工绩效考评的主要目的在于通过对员工全面素质的综合评价，判断他们的职务贡献，并以此作为饭店人力资源管理的基本依据，切实保证员工培训、报酬、调职、晋升、奖励、惩戒或辞退等工作的科学性。以公开、公正为原则的绩效考评在饭店的经营和人力资源管理中均起到很大的作用。

(一)绩效考评的内容

绩效考评包括员工素质评价和员工业绩评价两个方面。具体内容包括德、能、勤、绩四个方面。德，是员工的精神境界、道德品质和思想追求的综合体现。德的衡量标准也随着时代和行业的发展在不断的变化，它决定了一个人的行为方向、行为的强弱和行为方式，具体化、标准化的德的考评具有重要的意义。能，即员工在工作中所体现的能力素质，包括体能、学识、智能和技能等方面。体能主要指与员工身体状况有关的年龄、性别和健康状况等；学识主要包括文化水平和相应的思维能力等；智能包括记忆、分析、综合、判断、创新等方面的能力；技能主要包括操作能力和组织能力等。勤，指员工的工作态度和敬业精神，如工作热情、积极性和主动性、出勤率等，强调员工的强烈责任感和事业心。绩，指员工的工作业绩，包括工作的数量、质量、经济效益和社会效益，这是员工绩效考评的核心内容。在了解整个饭店业务管理流程的基础上，根据不同的考评目的，将德、能、勤、绩分解成若干个子项目予以考评。

(二)绩效考评的方法

1. 业绩评定法

业绩评定法是一种被广泛采用的绩效评定法，要求评价者根据员工的表现来对各个细化了的评价指标进行判断、打分。这种方法的优点在于简便、快捷，易于量化。其缺点在于容易受主观因素和社会关系的影响。

2. 工作标准法

工作标准法，又称劳动定额法。劳动定额是指在一定的物质、技术条件下，在充分调动员工积极性和饭店经营活动顺利开展的基础上,每个员工应保证完成的工作量指标。工作标准法就是将员工的工作成效与企业制定的劳动定额相比较，以确定员工绩效的考

评方法。此方法有明确的量化参考标准，易于作出评价结果。其缺点是对于难以量化的工作，无法准确作出评定。

3. 排序法

排序法是一种把限定范围内的员工按绩效表现从高到低进行排列的一种绩效评价法。这种绩效表现既可以是整体绩效，也可以是某项特定工作的绩效。这种方法的优点在于简单易行、速度快，可以避免主观误差，缺点是标准单一，绩效结果偏差较大，容易使员工的自尊心受到打击，而且不同部门间无法进行比较。

4. 硬性分配法

硬性分配法是将限定范围内的员工按照一定的分布将其划分为几个等级，每一个等级规定一定的人数。例如规定 10%为优秀，15%为良好，60%为合格，15%稍差，把员工划分到不同类型中。这种方法在实际实行中缺乏公平性和客观性，但可以减少趋中误差。

5. 关键事件法

按照这种方法，管理者把员工在考察期内所有的对部门效益产生最大积极或消极影响的关键事件都记录下来，经过汇总后就能反映员工的全面表现。该方法的针对性强，结果不易受主观因素的影响，但是容易产生以偏概全的误差，如果考察期较长，还会给管理者增加很大的工作量。

6. 目标管理法

目标管理法(Management By Objectives，MBO)是考评者与员工经过共同讨论，制定员工在一定时期内所需达到的绩效目标，同时还确定出实现这些目标的方法和步骤。这种考评方法的基本程序是：

(1) 管理者和员工联合制定评价期内要实现的工作目标，并为实现特定的目标制定员工所需要达到的绩效水平。这些目标常用营业额、利润、竞争地位或饭店内人际关系来表示。

(2) 在说明饭店员工状况的同时，监督者和员工还根据业务和环境变化修改或调整目标，并经常关注每个员工目标实现的情况，帮助员工制定具体措施以保证目标的实现。

(3) 管理者和员工共同检测目标的实现程度，对照目标衡量成果，并讨论失败的原因。

(4) 当目标管理的循环即将结束时，管理者和员工共同制定下一评价期的工作目标和绩效目标，开始新一轮的循环。

实行目标管理法，绩效评价者起到了提供顾问和咨询的作用，具有充分的民主性和培养性特点，执行过程由下级自主执行。这使员工增强了工作自主性和独立性，能促进员工的工作满意度，进而以更积极的态度投入工作。

随着对人力资源绩效管理研究的深入，90%的国外企业都采用平衡计分卡的绩效考核制度。这种考核将指标一层层地进行合理的分解。它包括很多考核内容，比如财务面、客户面、过程面、成长面、短期和长期的影响等。比起目标管理法，此方法可以弥补目标分解不够细化和过程无法了解等缺点。饭店可以针对自身的特点，结合环境的变化，采取科学合理的绩效管理办法，提高员工的工作绩效。

六、薪酬管理

(一)饭店确定薪酬的依据和原则

1. 确定薪酬的依据

薪酬是饭店对员工给饭店所作贡献的一种肯定，是饭店给予员工的各种财务报酬，包括薪金、福利及各种奖励。确定薪酬的依据有：

(1) 绩效考评的结果。

绩效考评是评价员工工作成绩、奖励优秀的基本依据。薪酬的确定也要依据绩效考评的结果，使薪酬的发放公平、客观。

(2) 职位的相对价值。

饭店应当系统地评定各个职位的相对价值，依照每一职位的工作对饭店的贡献率、相对重要性、工作性质、工作经验、特殊技能、履行职责的风险等来评定各个职位的排列顺序，并以此作为获取薪酬的依据。

(3) 劳动力市场供求状况。

薪酬相当于劳动力的市场价格，劳动力市场的供求变化直接影响着价格的变化，相应的薪酬水平也会随着变化。因此，要注意劳动力市场的价格变化趋势，进而确定薪酬的多少。

(4) 居民生活水平。

社会进步、经济发展的突出体现就是居民生活水平的提高，饭店的薪酬水平与当地居民的生活水平也具有客观的可比性。

(5) 饭店财务状况。

饭店薪酬发放资金的来源是财务部，只有饭店有可观的经营效益，才会有更多的资金进一步投入到薪酬上。饭店的财务状况，直接影响到饭店的薪酬水平，尤其是可以浮动的那一部分，如奖金和福利等。

2. 薪酬管理的原则

薪酬的管理要达到预期的效果，还必须遵守一定的原则。

(1) 公平性原则。

公平理论(Equity Theory)是由斯达西·亚当斯(J. Stacey Adams)提出的，认为员工会首先思考自己所得与付出的比率，然后将自己的所得与付出与他人的所得与付出进行比较。公平性原则是饭店人力资源管理的一条总原则，薪酬制度的设计对内公平会取得员工的满意和激励的作用，对外公平将取得竞争优势。

(2) 激励性原则。

薪酬虽不是激励的唯一因素，但却是关键性的因素。按劳分配、多劳多得能够促进员工的工作效率，提高员工满意度。

(3) 个性化原则。

薪酬制度的制定不一定具有压倒性的竞争优势，可以根据饭店自身的特点和资源来确定饭店的薪酬水平。高薪酬固然能留住大量优秀的人才，但诸如工作保障、升职机会、工作环境等因素也同样可以影响员工的满意度。因此，薪酬制度的设计可以有个性化的特征。

(4) 合法性原则。

饭店人员流动性大，结构复杂，薪酬制度也形式多样，但一定要符合国家法律、法规，如《劳动法》、《公司法》等的规定。

(二)饭店薪酬的结构设计

薪酬有直接和间接两种表现形式，直接薪酬由工资和奖金组成，间接薪酬又称福利，由集体福利、补助、带薪休假和保险组成。

1. 工资

(1) 结构式工资制。结构式工资制是由若干具有不同功能工资组合而成的分配制度。主要由基础工资、职务工资、工龄工资、效益工资、津贴等部分构成。基础工资又称固定工资，是按国家政策和满足员工基本需求而设计的。职务工资又称岗位工资，是根据工作分析中员工所担任的职务或岗位级别来确定的，一般职务越高、责任和风险越大、贡献越多，岗位工资就越高。工龄工资是根据工龄的长短而确定的工资部分。效益工资又称奖励工资，它根据饭店的效益好坏和员工的表现而浮动。结构式工资制在一定程度上体现了按劳分配的原则，具有操作简单、直观简明的特点，适合中、小型饭店。

(2) 岗位等级工资制。岗位等级工资制是按照各个不同岗位和每一个岗位中不同等级而确定工资标准的工资制度。根据岗位规模、职责范围、工作复杂程度、人力资源市场价格等方面综合评定各个岗位和岗位内部不同等级的工资水平。其中，岗位规模是指该岗位对饭店的影响程度和影响范围；职责范围是指完成工作独立性难度，沟通频率和方式；工作复杂程度指任职资格，作业的难度，工作环境等；人力资源市场价格是人力资源供求状况和所需人才市场价值的体现。综合评定这些因素，利用点数法分析和测定饭店各个岗位的点数，根据不同的点数，将岗位划分为不同的等级以及同级岗位内部的不同等级，从而确定各个等级的工资水平。

（3）计件工资制。计件工资制，最初是从工业产品制造中开始的，饭店行业的计件工资制是根据员工所完成工作如按客房出租率、餐厅营业额、商品销售量等衡量要素的数量、质量和所规定的计价单价核算而支付劳动报酬的一种形式。工资的数额由工作标准和工作成效所决定，是典型的按劳分配。这种工资制，最好与其他的工资制结合使用，才能达到较好的效果。

2. 奖金

奖金是饭店对员工付出的超额劳动或优秀表现而支付的一种劳动报酬。它是员工工资的一种必要的补充形式，能够及时、准确地反映出员工的劳动成效，起到很好的激励作用。按照奖励内容可分为单项奖和综合奖；按奖励的对象可分为个人奖和集体奖；按时间可分为月度奖、季度奖和年终奖。单项奖是以员工完成某一项主要指标的情况作为得奖的条件，该奖项目标单一，考核项目少，简单易行，且通常是一次性奖励；综合奖则是按照已确定好的考核指标，考虑员工多项指标要素的得分而取得的奖励。

3. 福利

福利泛指饭店内所有的间接报酬，多以事物或服务的形式支付，是报酬的一种有效补充形式。常见的福利形式有，集体福利：子女入托、免费工作餐、职员公寓、医务室、阅览室、活动室等；福利补助：工伤抚恤金、通勤补助、住房补贴、度假旅游补贴等；休假：带薪休假、婚丧假、年休假、产假等；保险：劳动保险、医疗保险、养老保险等。福利的主要作用是满足员工的安全需要，同一饭店员工所享受的福利差别不明显，如果适当增加员工根据自己需要选择福利项目的权利，会提高员工满意度。

七、沟通与激励

（一）沟通

1. 沟通的含义和作用

沟通是人际之间或群体之间传达思想、交换信息和建立理解的社会过程。从某种意义上说，饭店的整个运作和管理过程都与沟通有关。沟通可以协调饭店的各个单体和要素，使之团结在一起，增强饭店的凝聚力；沟通是饭店领导者激励下属，实现领导和管理职能的基本途径；沟通是饭店内部与外部相互联系的桥梁。沟通在管理中，尤其是人力资源管理中，起到了非常重要的作用。

2. 沟通的分类

按照沟通的方法可分为口头沟通、书面沟通、非言语沟通、体态语沟通、电子媒介沟通等。

按照组织系统，沟通可分为正式沟通和非正式沟通。一般来说，正式沟通是以饭店正式组织系统为渠道的信息传递；非正式沟通是以非正式组织系统或个人为渠道的信息传递。相比而言，非正式沟通主要传播的是所关心的和与其相关的信息。非正式沟通具有信息交流快、准确、效率高等特点，但也可能带有一定的片面性。因此，饭店如何利用好非正式沟通的作用，增强员工舆论向导，对调动员工工作积极性非常重要。

按照沟通的流向，沟通可分为下行沟通、上行沟通、平行沟通。下行沟通是自上而下的沟通，即上级将政策、制度、目标、方法等告知下级；上行沟通则是自下而上的沟通，即下级向上级反映情况、提出要求和建议，请求支援等；平行沟通是平等级别组织间的沟通。

饭店内部沟通可以根据不同沟通方式的优缺点，针对具体情况进行选择和运用，进而建立起饭店的沟通网络体系。一个高效的沟通网络体系能够最大限度地调整员工的精神状态，减少人际误会、矛盾乃至冲突，使全体员工相互信任、团结一致，实现员工与饭店组织目标的统一。

(二)激励

激励，简而言之就是激发和鼓励。激励的目的是使人的潜能得到最大限度的发挥，通常潜能不会主动地发挥，而需要外界的刺激和引导，形成一种推动力或吸引力，通过自身的消化和吸收，产生一种自动力。这也就是激励的作用过程。因此，激励的实质就是激发人的内在潜力，开发人的能力，充分调动人的积极性，使每个人都感到才有所用，力有所展，劳有所得，功有所赏，从而自觉地努力工作。

1. 激励的类型

按激励的内容，可分为物质激励和非物质激励。物质激励作用于员工的物质生活需求，从马斯洛需求层次可以看到物质的需求是基本需求，只有满足了基本需求，才能很好地进行精神追求，挖掘潜力，完成好工作，物质激励的方式如奖金、分红、持有公司股份等。非物质激励则是针对人的精神需求，提供精神满足的激励，如上级的夸奖等。

按激励的性质，可分为正激励和负激励。正激励就是对员工目前的行为表示满意，并通过表彰和奖赏来保持、巩固和发展这种行为，以达到激励的目的。负激励则是员工的行为和表现不符合组织的要求，而通过教育批评或惩罚的方式来进行激励的过程。这两种激励的方法都要注意把握"度"的问题，否则会引起员工的反感，导致激励的失败。

按照激励的形式，可分为内激励和外激励。内激励是从员工的心理特点出发，通过启发和诱导，激发其主动性和积极性，在工作上投入极大的热情。外激励则是运用外部环境条件来制约员工的行为动机，加强团体合作，从而达到组织和个人的目标一致性。

2. 激励的机制

(1) 薪酬激励机制。薪酬是员工从事劳动，而得到的以货币形式和非货币形式所表现的补偿，是饭店支付给员工的劳动报酬，是保障和改善员工生活的基本条件。通过设立科学合理的薪酬制度，充分体现公平性和效益性，对核心人才给予薪酬倾斜，其中奖金部分所起到的激励作用最为显著。

(2) 竞争激励机制。安定的工作环境不利于发挥员工的聪明才智，只有竞争的环境才能有效地调动员工的工作激情，激起奋发向上的工作干劲。员工也希望在工作中得到成长和发展，并获得满意。为了实现这种愿望和要求，饭店有必要帮助他们制定好职业发展计划，使其有明确的奋斗目标，在竞争环境中，不断得到发展。

(3) 领导激励机制。一个企业经营的好坏在很大程度上取决于管理者的战略眼光和管理艺术，一个好的人力资源管理者应该具备合格的人力资源管理专业技术以及良好的 IQ 和 EQ。在饭店人力资源管理过程中，应充分理解员工，关怀员工，信任员工，增强员工的自尊、自主意识，进行合理的授权，在精神上激励员工，这就是领导者激励机制。

(4) 文化激励机制。企业文化，是指饭店在处理外部环境和内部环境整合的过程中所形成的共同思想和价值观念、作风和行为准则。优秀的企业文化能够培育员工的认同感和归属感，建立起成员和组织之间的相互依存的关系，使之凝聚在一起，自我激励、自我改造、自我调控、自我完善。

(5) 综合激励机制。综合激励机制，是运用多种手段，多方面、多角度的综合激励机制。例如综合运用榜样激励、培训激励、任务激励、环境激励、荣誉激励等，针对每个不同员工的不同特点，使用对员工个体最有效的激励方式，达到最好的激励效果。

八、劳动关系

劳动关系主要是指饭店所有者、经营者、管理者、普通员工及其工会组织之间在饭店经营活动中形成的各种权、责、利关系。主要涉及到两方面的内容：劳动者同用人单位之间有关工作方面所形成的劳动关系；代表单个劳动者利益的工会同用人单位之间所

形成的劳动关系。劳动关系的管理涉及到各方的利益，具有一定的复杂性，主要包括：

(一)劳动合同及其管理

劳动合同是劳动者与饭店确定劳动关系、明确双方权利和义务的协议。劳动合同的签订是劳动者与饭店劳动关系确立的标志。《劳动法》规定，劳动合同一经依法订立，即具有法律约束力，当事人必须履行劳动合同规定的义务。这对于稳定饭店员工劳动关系，减小流动率，建立长期的合作和提高员工的忠诚度提供了可能。

劳动合同的管理包括劳动合同内容的确定，劳动合同的期限，劳动合同的订立与变更，无效合同的判定，劳动合同的终止和解除，违反劳动合同的责任等。

(二)劳动安全与劳动保险

劳动的安全管理在饭店显得格外重要，在饭店从业人员的日常工作中，安全因素需要随时注意。常常因为员工的人为失误，机器故障及危险物质、能源的储存不当等，造成无法弥补的安全事故。因此，要在实际操作中，提高安全意识，实施严格的安全责任制，制定安全操作规范，紧抓安全事故的防范和预防。从而保证全体员工在一个安全的环境中，全身心地投入工作。

劳动保险是一种社会保险，是保证员工在遇到各种特殊困难时，能够得到一定的物质帮助，以尽快恢复正常生活的一种安全保障形式。包括：员工因工负伤、致残、死亡保险；员工非因工负伤、致残、死亡保险；员工疾病的公费医疗保险；员工生育保险；员工退职、退休保险；员工直系亲属的保险等。

(三)工会组织与民主管理

工会组织是以协调雇主与员工之间的关系为宗旨而组成的团体，包括员工工会、雇主商会以及由员工与雇主组成的其他合法组织。这里所谈到的工会主要是指员工工会，是以员工利益为基础，与雇主进行有效沟通的一种组织形式。员工可以通过工会获得教育、援助、福利和优惠服务，参加饭店的民主管理，参与政治活动等。

第三节　饭店职业经理人的能力培养

职业经理人起源于 20 世纪 50 年代，到现在已经发展成为一个全球流行的概念。职业经理人走上中国经济的舞台不过几年的历史，但却因其在企业发展中发挥的重要作用而已经在我国各行各业遍地开花，专家预言，职业经理人在新的世纪将有重要的舞台空间。

所谓饭店职业经理人，简单地说，就是指为饭店制定发展战略、落实饭店政策、从事饭店经营管理活动的饭店中高层管理人才，饭店职业经理人是饭店人力资本的主要组成部分。目前，随着国外各大饭店集团纷纷进驻我国饭店业市场，我国饭店业职业经理人呈现出增多的趋势，饭店业竞争的加剧对饭店职业经理人的个人素质和职业能力也提出了更高的要求。

一、饭店职业经理人能力培养的重要意义

(一)提升饭店核心竞争能力

饭店职业经理人直接或间接地参与饭店的投资、饭店发展战略、饭店经营管理决策等关系饭店发展的重大问题，直接操纵整个饭店的日常经营管理事务。因此，饭店职业经理人的领导能力和管理能力至关重要，在竞争日益激烈的饭店市场，我国饭店企业能否在国外强势的饭店品牌面前立足并与之抗衡，饭店职业经理人的素质能力起着决定性作用。从某种意义上说，饭店职业经理人是饭店核心竞争力的体现。因此，提升我国饭店职业经理人的能力，不断培养并塑造高素质的饭店职业经理人才，是我国饭店是否具有核心竞争能力的关键。

(二)创造和实现饭店价值

饭店是一个服务性行业，为顾客提供的产品和服务主要通过饭店员工的对客服务来体现。员工的服务技能和服务水平直接关系到饭店产品和服务的质量。饭店职业经理人操纵饭店的日常经营管理事务，有效地组织饭店员工从事饭店服务的生产和销售，对员工的工作进行标准化和规范化的管理，不断考核评估员工的工作，培训员工的服务技能，通过全面的质量管理真正保证饭店的产品和服务质量，从而创造饭店的价值。因此，不断对饭店职业经理人进行能力提升和素质培养，对保证饭店产品和服务质量、实现饭店价值有着重要的意义。

(三)推动饭店持续发展

随着中国加入 WTO，我国饭店业逐渐实现与国际接轨。当前，洲际、万豪、希尔顿、喜来登等众多国际著名的饭店品牌纷纷落户中国，中国饭店业市场竞争将更加激烈，同时饭店消费者对饭店服务的要求也不断提高。在这样的市场环境下，饭店职业经理人必须不断提升自己的职业能力和自身价值，才能跟上饭店业快速发展的步伐。因此，对饭店职业经理人进行素质和能力培养是保证饭店持续发展的动力。

二、饭店职业经理人价值诉求

饭店职业经理人是实现饭店目标的主导要素，是饭店核心竞争力的重要体现。饭店职业经理人独特的领导方式和管理方式以及对市场机遇的及时把握和对饭店资源整合的能力是饭店获得持续竞争能力的重要条件。那么，什么样的饭店职业经理人才能真正担负起饭店经营管理的重任呢？

(一)道德价值是前提

饭店职业经理人的道德价值指职业经理人必须具备高尚的职业道德、理智的从业态度和强烈的社会公德，有健康乐观的身心条件，有宽容大度、正直善良的思想品德，有谦虚谨慎、热情无私的人格魅力，同时还要有良好的身体素质和心理素质，能面对外部不确定性环境的心理承受能力。

(二)资源价值是基础

饭店职业经理人的资源价值指职业经理人必须具备与其工作职能相匹配的知识结构，必须有一定的专业知识技能和较为丰富的工作经验，如经营管理、组织决策、人事配备、执行控制等，以能够很好地胜任所担当的职务。

(三)能力价值是核心

饭店职业经理人的能力价值是职业经理人应具备的核心价值，是指饭店职业经理人能够在不断变化、竞争激烈的市场环境中创造饭店价值、实现饭店目标的能力，包括领导创新能力、整体运筹决策能力、人际关系沟通能力、帮助他人成长能力、适应环境与竞争生存能力和自我学习能力等方面，饭店职业经理人的价值诉求见表6-1。

表 6-1　饭店职业经理人价值诉求

道德价值(前提)	资源价值(基础)	能力价值(核心)
职业道德	经营管理知识	领导创新
从业态度	旅游专业知识	整体运筹决策
敬业精神	饭店业务知识	组织执行控制
社会公德	丰富的工作经验	人际沟通与合作
思想品德		培养激励他人成长
身体素质		适应环境
心理素质		竞争生存
		自我学习

三、饭店职业经理人能力模型的构建

饭店职业经理人的自身价值即道德价值、资源价值和能力价值是实现饭店组织目标的条件。而这三大价值又是以饭店职业经理人所具备的能力为根基的。因此，归根到底，饭店职业经理人所具备的综合能力是饭店组织目标能否实现的关键。

(一)能力模型的构建要素

饭店职业经理人所具备的能力是一个系统工程，涉及到的内容和要素众多，其主要核心要素由如下两大部分组成。

1. 个人能力

个人能力包括素质能力、心理能力、演讲能力、沟通能力、倾听能力和学习能力。其中素质能力指饭店职业经理人所具备的个人素养、思想品质、职业道德、敬业精神等方面的能力，即对饭店团队组织要始终忠诚、对饭店消费者要信用礼尚、对饭店同仁要谦虚谨慎、对饭店员工要宽容仁义、对自我要刻苦敬业；心理能力指饭店职业经理人要具备承受来自饭店内部员工、饭店外部市场竞争以及饭店突发事件的能力，时时保持积极的心态，善于自我调节，能变压力为动力，具备良好的心智模式；演讲的能力即饭店职业经理人要善于表达自己，同时具有感召力和影响力，能够带动饭店员工的积极性和工作热情，激发他们的创造性，形成凝聚力；沟通能力指饭店职业经理人有较好的人际交往能力，善于与顾客沟通和交流，能够在饭店内建立畅通的信息流通渠道，得到顾客和员工的信任，获得上级领导的认可；倾听能力即饭店职业经理人能认真倾听下属员工的意见、建议甚至抱怨，对上级的指示和指令、对饭店消费者的投诉和建议等能虚心倾听，不断地开门纳谏，提高自身的能力；学习能力指饭店职业经理人不仅仅要向书本学习，还包括向世界级饭店企业学习，向国内外先进同行学习，向竞争对手学习，向实践学习，学习的目的是为了厚积薄发，是为了不断"创新"，为饭店创造价值。

2. 职业能力

职业能力由决策能力、经营能力、激励能力、协调能力、控制能力和应急能力6部分组成。决策能力说明饭店职业经理人首先是一位饭店的领导者，他必须有协同制定饭店发展的战略性决策和指导饭店具体经营管理的战术性决策的能力、处理个人决策与集体决策以及应对重大决策与日常决策等的能力；经营能力要求饭店职业经理人作为一位管理者应具备处理饭店日常运行中的各项大大小小的事务能力：包括对饭店的理财能力、资产运作的能力、发现市场开拓市场的能力、树立饭店品牌培植饭店核心竞争力的能力

以及管理饭店员工的能力等；激励能力即指饭店职业经理人要善于不断激发饭店员工工作的积极性和创造性，把握好激励的时机，综合运用有形激励和无形激励等方法，使全体员工发挥最大潜力为饭店创造价值；协调能力要求饭店职业经理人要有稳定员工队伍，协调不同管理层以及饭店全体员工与之同心同德，齐心协力共同为饭店创造价值；控制能力说明饭店职业经理人不仅要能经营管理饭店，同时还要能控制饭店的发展方向、控制饭店人员的工作，使饭店的全体资源都在可控范围之内，以监督和督促饭店在正常的轨道上运行发展；应急能力是饭店职业经理人必需具备的能力，饭店业的高风险性和不确定性决定了饭店职业经理人必须具备在面对危机时能冷静、正确地分析问题，做出正确的战略和战术决策，以应对风险、化解危机，从而维持饭店正常运作，提高饭店竞争力，不断实现饭店组织目标。

3. 能力模型的构建

通过对饭店组织目标实现过程的分析，可以构建起饭店职业经理人的能力模型。该模型充分展示了饭店职业经理人在饭店组织目标实现过程中所发挥的作用，体现了其作用的机理以及各要素之间的关系，如图 6-2 所示。

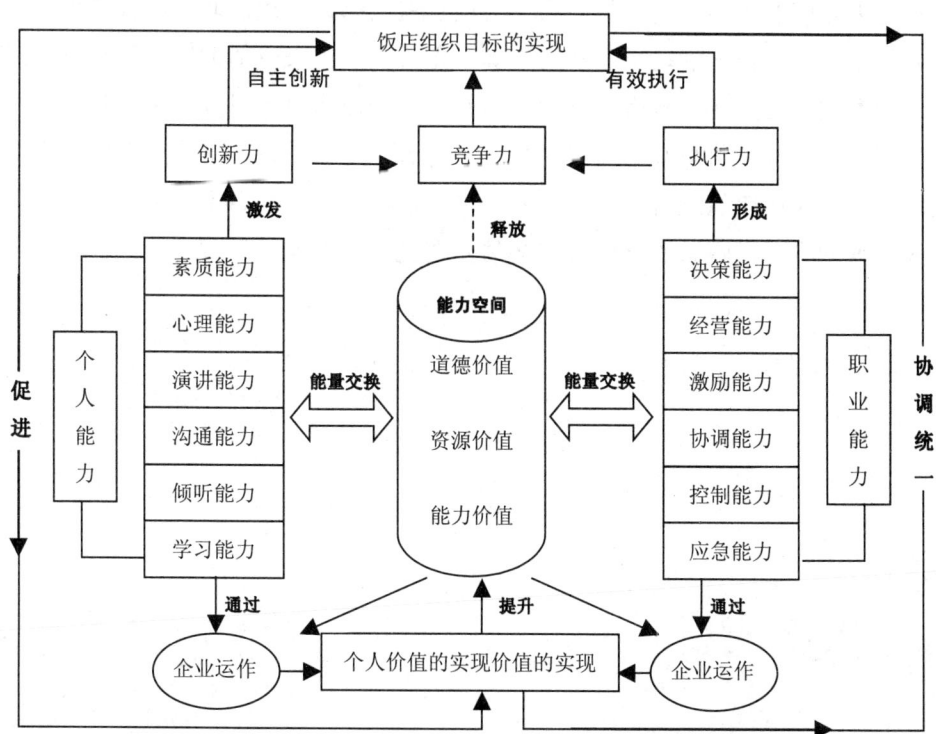

图 6-2　饭店职业经理人能力模型

该模型的核心是饭店职业经理人的自身价值即其能力空间的形成，能力空间能量的积聚需要从饭店职业经理人的个人能力和职业能力中提炼和获取，同时三者之间也在不停地进行着能量交换，彼此间相互促进和提高。个人能力和职业能力是一位合格的饭店职业经理人必须具备并能不断提升的能力，正是它们激发了饭店职业经理人的创新力，使饭店各项工作都能有效执行，从而获得持续竞争力，实现饭店组织目标。

(二)要素间的相互关系

个人能力和职业能力是饭店职业经理人能力模型的两大主要构成要素，这两大要素各自又由6个子项构成，这是饭店职业经理人能力模型的12个基本构成因子。饭店职业经理人的价值诉求即道德价值、资源价值与能力价值组成了一个整体的能力空间，它是实现饭店价值的源动力，这个能力空间来源于个人能力和职业能力，并与其12个基本因子之间有着紧密的联系，它们通过饭店职业经理人对饭店日常的生产经营活动而不断地发生能量交换，从而使能力和价值都得到提升。其中，个人能力激发饭店职业经理人能动的创新力，而职业能力则形成饭店职业经理人强大的执行力。饭店经理人能动自主的创新力和积极有效的执行力一起，与饭店职业经理人能力空间的能力释放结合起来综合作用，最终形成饭店的核心竞争力，从而实现饭店的组织目标。另一方面，饭店职业经理人个人能力、职业能力与自身的能力空间结合在一起，在饭店职业经理人对饭店的操纵和正常的生产经营管理活动中逐渐实现其个人价值，个人价值的实现又反过来提升饭店职业经理人的能力空间，从而又开始制造新一轮的饭店组织目标实现过程。因此，饭店职业经理人的个人价值与饭店组织目标之间有着一定的关系，饭店职业经理人个人价值的实现是建立在饭店组织目标的实现基础之上的，饭店组织目标可以促进饭店职业经理人个人价值的实现，两者的价值取向必须协调统一，不能发生背离。

第七章 饭店顾客关系管理

【学习目标】

1. 熟悉饭店顾客关系管理的概念和实施的意义
2. 掌握饭店顾客关系管理系统的内容
3. 熟悉和掌握饭店顾客关系管理的实施流程
4. 熟悉和掌握饭店顾客关系管理的基本策略
5. 熟悉和掌握饭店顾客关系管理的实施保障体系

【关键词】

策略 Tactics
饭店顾客关系管理 Hotel Customer Relationship Management
饭店顾客关系管理系统 System of Hotel Customer
Relationship Management

随着中国加入 WTO，全球各大饭店集团纷纷进驻中国饭店业市场，它们在给中国饭店业带来高速发展的机遇的同时，也带来了激烈的竞争和挑战。中国饭店业在不断提高自身产品和服务质量的同时，也逐渐意识到饭店顾客关系管理的重要性，顾客乃饭店的生存之本，进行有效的客户关系管理是提升饭店竞争力的重要手段。但由于我国大多数饭店仍缺乏对顾客关系管理(CRM)的认知，在改善与顾客的沟通技巧和采用科学的顾客关系策略方面较为欠缺，忽视了数字时代顾客对互动性与个性化的需求，饭店顾客资源流失成为我国饭店业发展面临的重要问题。因此，在国际大型饭店集团纷纷进入中国之际，增加对顾客关系管理的深入了解和实施顾客关系管理战略，成为新时期我国饭店业持续健康发展的必然途径。

第一节　饭店顾客关系管理概述

一、饭店顾客关系管理的概念

(一) CRM 的定义

顾客关系管理(Customer Relationship Management，CRM)，是伴随着互联网和电子商务的大潮进入中国的。对于 CRM(顾客关系管理)的定义，国外众多著名的研究机构和跨国公司都进行了不同的诠释。其中最具代表性的是第一个提出 CRM 的 IT 咨询顾问公司(Gartnet Group)对其所下的定义，它认为：所谓的顾客关系管理就是为企业提供全方位的管理视角，赋予企业更完善的客户交流能力，最大化顾客的收益率。

我国的众多学者在国外研究的基础上也对 CRM 的定义提出了自己的见解，其中比较有代表性的是三层次定义法，它认为在现实当中 CRM 的定义从三个层面来表述会比较恰当。

1. CRM 是一种现代的经营管理理念

它起源于西方的市场营销理论，又逐步融合了近年来信息技术为市场营销理念带来的新发展，形成了以顾客为中心、视顾客为资源、通过顾客关怀实现顾客满意度的现代经营理念。

2. CRM 包含的是一整套解决方案

CRM 集合了当今最新的信息技术，包括：Internet 和电子商务、多媒体技术、数据仓库和数据挖掘、专家系统和人工智能、呼叫中心以及相应的硬件环境，同时还包括与

CRM 相关的专业咨询等。

3. CRM 意味着一套应用软件系统

CRM 凝聚了市场营销等管理科学的核心理念，又以市场营销、销售管理、顾客关怀、服务支持等构成了 CRM 软件的模块基石，从而将管理理念通过信息技术的手段集成在软件上面，得以在全球大规模地普及和应用。

(二)饭店 CRM 的定义和内涵

饭店顾客关系管理就是贯穿于整个顾客生命周期、通过 IT 技术和互联网技术与饭店各项资源的有效整合，为饭店组织者提供全方位的顾客视角，赋予饭店更完善的顾客交流能力和最大化的顾客收益率。

1. 饭店顾客关系管理贯穿整个顾客的生命周期

饭店顾客生命周期是从顾客的体验和观念角度来看顾客与饭店接触的全过程。饭店顾客的生命周期包含四个主要的阶段。

(1) 考虑期。指顾客产生饭店需求并开始调查所有可选方案。

(2) 购买期。指顾客通过综合分析评价各备选方案，从中选择最好的可选方案，实施饭店预订，产生购买行为。

(3) 使用期。顾客在购买饭店产品之后使用饭店服务和产品的阶段。

(4) 延伸期。延伸期是对顾客生命周期价值的延续，即饭店通过产品升级、产品维护、售后服务等获得顾客重复入住、向友人推荐等的价值。

饭店顾客关系管理贯穿顾客生命周期的全过程，通过有效的顾客关系管理，培育顾客忠诚，创造顾客价值，使饭店获得更大的效益。

2. 饭店顾客关系管理是以饭店顾客为资产的管理理念

资产在传统的管理理念以及现行的财务制度中，仅指厂房、设备、现金、股票、债券等。随着科技的发展，虽然饭店开始把技术、人才等也视为资产，然而这种划分资产的理念依旧是闭环式，而不是开放式的。因为无论是传统的固定资产和流动资产，还是新出现的人才和技术资产，都只是产品价值得以实现的部分条件，而不是完全条件，其缺少的部分就是产品价值实现的最后阶段也是最重要的阶段，这个阶段的主导者就是顾客。饭店作为非物质产品生产为主的服务性企业，更需要视顾客为饭店的资产。

CRM 提倡并且树立顾客是饭店资产的理念，成功实现从"以产品为中心"的商业模式向"以顾客为中心"的商业模式的转化，完善了管理过程。以顾客为饭店资产的 CRM 帮助各饭店最大限度地利用其以顾客为中心的资源(包括信息、技术、人员和资产)，并将这些资源集中应用于顾客和潜在顾客身上，通过缩减销售周期和销售成本，寻求扩展业务所需的新市场和新渠道，改进顾客价值、满意度、盈利能力以及顾客的忠实度等手段，来提高饭店管理的有效性。

3. 饭店 CRM 是利用 IT 技术和互联网技术对顾客进行整合营销的过程

与其他物质性生产企业相比，饭店面对的顾客已不再是用实物产品就能够满足的客户，而是那些想通过饭店提供的服务获得更多身心的享受，获得心灵的愉悦，与物质性需求相比较，饭店产品满足顾客期望的难度更大，因而饭店顾客关系管理是对更广泛对象的整合，包括有形性的物质产品和无形性的服务产品，并以无形性的服务产品为主。此外，从营销的角度看，饭店顾客关系管理打破了西方传统的以 4P(产品 Product、价格 Price、渠道 Place、促销 Promotion)为核心的营销方式，将营销重点从顾客需求进一步转移到顾客保持上，保证饭店把有限的时间、资金和管理资源直接集中在这个关键任务上，实现了对顾客的整合营销。

CRM 在近年来的广泛应用则归功于 IT 技术，尤其是互联网技术的进步。如果没有以互联网为核心的技术进步的推动，饭店 CRM 的实施会遇到很大的阻力。从某种意义上说，互联网是饭店 CRM 的加速器，具体的应用包括：数据挖掘、数据仓库、呼叫中心、基于浏览器的个性化服务系统等，这些技术随着饭店 CRM 的应用而飞速发展。

二、饭店 CRM 的导入背景

(一)饭店经营理念更新的需要

现代化的饭店企业经营的基本理念应该随着市场环境的变化而不断演变。正如饭店市场营销的发展一样，饭店的经营理念最初以生产为导向，这是适合于饭店业发展初期卖方市场的理念；随后饭店又确立了以销售为导向的理念，这种理念是在饭店市场竞争日趋激烈时形成的；市场经济大潮洗礼饭店业后，饭店企业普遍确立了以市场为导向的经营理念，强调对市场信号的关注；而在市场竞争更加白热化的现代社会，饭店与市场的关系，最重要、最根本地表现为饭店与顾客的关系相处得如何，因此饭店应该形成以顾客价值为导向的理念，这是一种全新的理念。顾客关系管理就是适应以顾客价值为导向的理念而产生的。

(二)饭店管理模式创新的需要

随着市场的变化，饭店在目前的制度体系和业务流程下，在顾客管理方面出现了种种难以解决的问题。主要表现在：饭店业务人员无法跟踪众多复杂和销售周期长的饭店顾客；大量的工作是重复的，常出现人为的错误；在与顾客的沟通中口径不统一；由于饭店业务人员的离职而丢失重要的顾客和销售的信息等。这一系列的问题表明，饭店当前的管理模式需要改革和创新，需要进一步提升顾客管理在饭店管理中的地位，进一步完善顾客管理体系、提高顾客管理水平，进一步优化顾客管理组织，实现专业化管理。这些问题通过实施顾客关系管理则都可得到圆满的解决。

(三)饭店核心竞争力提升的需要

随着现代技术的迅猛发展，饭店同行业之间产品和技术的差异化程度越来越小，市场竞争越来越激烈，饭店竞争的焦点也由产品竞争转向品牌竞争、服务竞争和顾客竞争。尤其是随着饭店顾客消费观念的成熟，对产品和服务的个性化、定制化要求也越来越高。如何在更加复杂的顾客群体中准确识别顾客的不同需求、实现与顾客的沟通和互动、建立和保持长期的友好合作关系、培育顾客忠诚，成为决定饭店核心竞争力的关键要素。因此顾客关系管理的导入成为必然趋势，顾客关系管理的水平也成为评价饭店核心竞争力的重要指标。

(四)社会信息技术飞速发展的推动

近年来，随着信息技术的飞速发展，使收集、整理、加工、利用顾客信息的质量大大提高。Internet 等信息技术成为日渐成熟的商业手段和工具，越来越广泛地应用于饭店领域信息系统的构建。在先进技术的支持下，饭店 CRM 的实现也成为可能。

饭店顾客关系管理在上述需求和条件背景下被导入饭店行业的管理体系中。一些领先地位的饭店已初步感受到了顾客关系管理的理念及相关的解决方案为饭店带来的变化，它们正进一步完善技术、服务等支撑体系，以创建面向顾客的更先进的新商业模式。

三、饭店 CRM 的实施意义

随着市场竞争的愈演愈烈，传统的饭店管理系统越来越难以胜任对饭店动态顾客渠道和关系的管理，饭店 CRM 的实施将给饭店带来经营管理方式上的重大变革，对提升饭店的市场竞争力有重要意义。

(一)提高饭店的运营效率

饭店 CRM 系统通过整合饭店内的全部业务环节和资源体系，带来饭店运营效率的全面提高。一套完整的饭店 CRM 系统在饭店资源配置体系中是承前启后的：向前，它可以朝饭店的各个渠道的各个方向伸展，既可以综合传统的呼叫中心、顾客机构，又可以结合饭店门户网站、网络销售、网上顾客服务等电子商务内容，构架"动态"的饭店前端；向后，它能逐步渗透至生产、设计、物流配送和人力资源等部门，整合 ERP、SIM 等系统。因此资源体系的整合，实现了饭店范围内的信息共享，使得业务处理流程的自动化程度和饭店员工的工作能力大大提高，从而使饭店的运营更为顺畅、资源配置更为有效。

(二)降低饭店的经营风险

在高速运转的社会环境下，饭店业表现出很强的行业脆弱性，饭店经营容易受到外界环境的影响，具有较高的经营风险。在这种背景下，改变饭店传统的"以产品为中心，为产品找顾客"的经营理念，积极发展与顾客长期的互利关系，以顾客为中心来经营饭店，成为缓冲市场扰动对饭店造成冲击、最大限度地降低经营风险的有效途径之一。因此导入饭店 CRM 将降低饭店的经营风险。

(三)提升饭店的盈利能力

实施饭店顾客关系管理对饭店盈利能力有巨大影响，表现为顾客关系管理对顾客份额的关注能为饭店带来更高的投入回报。顾客关系管理强调饭店客户在该行业的高价值顾客总体中所占的份额，这个份额越高，饭店的盈利能力就越强。同时顾客关系管理对长期价值的重视，增强了饭店长期的可持续发展能力。有研究表明，长期的顾客关系与饭店的长期盈利能力具有高度正相关关系。顾客关系管理强调对顾客的忠诚培养，而且顾客关系管理带来的忠诚顾客，将对饭店有巨大的贡献。

(四)优化饭店的市场增值链

饭店 CRM 的应用使饭店原本"各自为战"的销售人员、市场推广人员、一线服务人员、售后服务人员等开始真正围绕市场需求协调合作，为满足"顾客需求"这一中心要旨组成强大的团队；而对于饭店后台的财务、生产、采购和储运等部门而言，饭店 CRM 亦成为反映顾客需求、市场分布及产品销售状况等信息的重要来源。如此一来便优化了饭店的服务链，极大地增强了饭店的市场增值能力。

(五)转变饭店的商务模式

饭店 CRM 的实施为饭店顺利实现由传统企业模式到 EC(Electronic Commerce,电子商务)模式的转变奠定了基础。EC 的蓬勃发展客观上需要全新的管理理念，即"以顾客为中心"。创造以顾客为中心的企业必须要从策略、结构、绩效三方面来进行。在传统的饭店企业中，收集顾客信息首先就是个问题，即使收集到了，但能存储下来并用于饭店进行销售决策的却很少。在 EC 环境中，饭店在处理信息、从信息中创造价值、使信息成为公司资产三个层次上超越了传统。因此，饭店应用 CRM，有了一个基于 EC 的面向顾客的前端工具，为 EC 网站提供了可以满足顾客个性需求的工具，能帮助饭店顺利实现由传统企业模式到 EC 模式的转化。

(六)增强饭店在新时期的竞争力

有研究表明，在新经济环境下，相对于有形资产，无形资产对企业竞争力的贡献更大，而且其贡献份额呈上升趋势。饭店企业更是如此。顾客资产作为饭店的一项重要的无形资产，其重要性已经受到了广泛的关注，成为饭店市值的要素之一。顾客关系管理的实施对于饭店在新经济时代，有效地管理饭店顾客资产，增强竞争力具有重大的作用。

第二节 饭店顾客关系管理系统的构建

以顾客为中心、建立顾客忠诚最大化以提高饭店的经济效益是实施饭店顾客关系管理的理念和宗旨，饭店关系管理系统的构建将围绕饭店顾客信息管理、全方位满足顾客的需求而展开。饭店顾客关系管理系统包括饭店顾客关系管理的理论模块和技术模块。

一、饭店 CRM 系统理论模块的构建

所谓饭店 CRM 的理论模块是软件开发前对系统开发目标在理论上的明确和设计，一般应用型软件的开发都要经过系统需求分析、系统设计、系统实施工程和系统维护更新几个阶段，理论模块的构建是整个系统开发的基础和指导。结合国内饭店企业的运作模式和特征，总结得出饭店 CRM 在理论上的完善信息流程如图 7-1 所示，将有助于我们研究国内饭店顾客关系管理系统在理论和技术上的构建，并逐步引导其升级。饭店顾客关系管理系统理论模块的构建主要基于以下几个方面。

(一)理念模块

饭店 CRM 系统需有明确的商业价值定位和管理理念的定位，他们为每一项决策和功能的执行提供指导方向。饭店 CRM 系统的开发理念是基于"以顾客为中心"的待客态度、顾客的价值观及整体饭店品牌的价值，来改善或加强饭店与顾客的关系，提高顾客的忠诚度，最终实现饭店利润的增长。所以，要充分地考虑如何让顾客感觉到饭店品牌的优越，饭店如何识别顾客的期望，怎样使饭店的员工更成功地分享外部顾客的信息，怎样激发员工的斗志和处理部门之间的协作等。

(二)战略模块

战略是企业发展和成长的保护神。饭店 CRM 战略应该在目标收益及方向上与饭店发展战略保持高度的一致，它是饭店发展战略的重要组成和体现，应该为饭店创造更多

的盈利机会。实施饭店 CRM 战略就是从如何创造"饭店品牌"、"饭店产品品牌"价值的角度出发，发现、赢得、发展并保持有价值的顾客，并要将饭店的内外部环境、饭店战略实施和饭店的经济效益结合起来，饭店作为一种服务型企业，顾客的数量和顾客的忠诚度对饭店的发展起着至关重要的作用，忠诚的顾客非常愿意接受饭店提供的服务并愿意为此花更多的时间和资本，而且忠诚顾客及其亲身经历会影响潜在顾客的决策，从而为饭店赢得额外的利润。

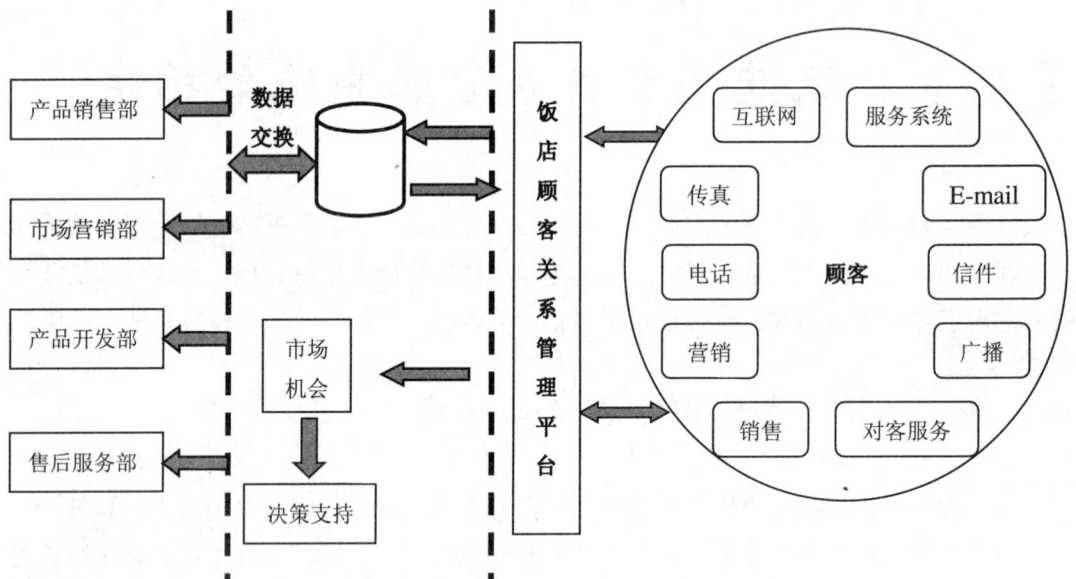

图 7-1 饭店信息流程结构图

(三)经验模块

随着技术的完善和实践的不断深入，人们对饭店运行的机制、管理的模式以及处理顾客之间的关系等方面都有了深刻的理解，在实际的工作中也积累了丰富的经验。好的经验可以提高顾客对饭店的满意度、信任度、归属感和较长久的忠诚度，差的经验则相反，不但会严重影响饭店与潜在顾客之间的关系，而且可能会最终失去原有的顾客。顾客与饭店多年交往的经验深刻地影响着他们对饭店的印象。所以，这就要求饭店 CRM 系统对"顾客经验"在顾客关系管理中的价值和重要性有功能上的预设。

(四)协调模块

协调机制是每个饭店所必有的模块。一是协调各部门之间的工作，使之加强沟通得以高效地运转；一是协调个人和饭店之间的关系，使之目标统一行动一致。饭店 CRM 系统功能的协调功能应能"以变应变"，无论变化来自何方：如组织结构的变化、管理体制的变更、人员的流动等。实践证明，饭店从技术上导入 CRM 已经没有太大的困难，

但这并不能使饭店真正进入"以顾客为中心"的时代，唯有饭店自身从理念到行为上实现根本的转变，才能达到既定的目标。

二、饭店 CRM 系统技术模块的构建

很多国内饭店有的甚至从未有过基本的管理信息系统(MIS)，这与国外知名饭店集团在信息化和自动化程度上有很大的差距和不同，也就决定了中国市场所需要的饭店 CRM 产品不是西方饭店 CRM 模型的汉化，我国饭店企业目前所需的 CRM 还处于操作层次和分析层次，具体主要包括以下几个重要的功能模块。其模型如图 7-2 所示。

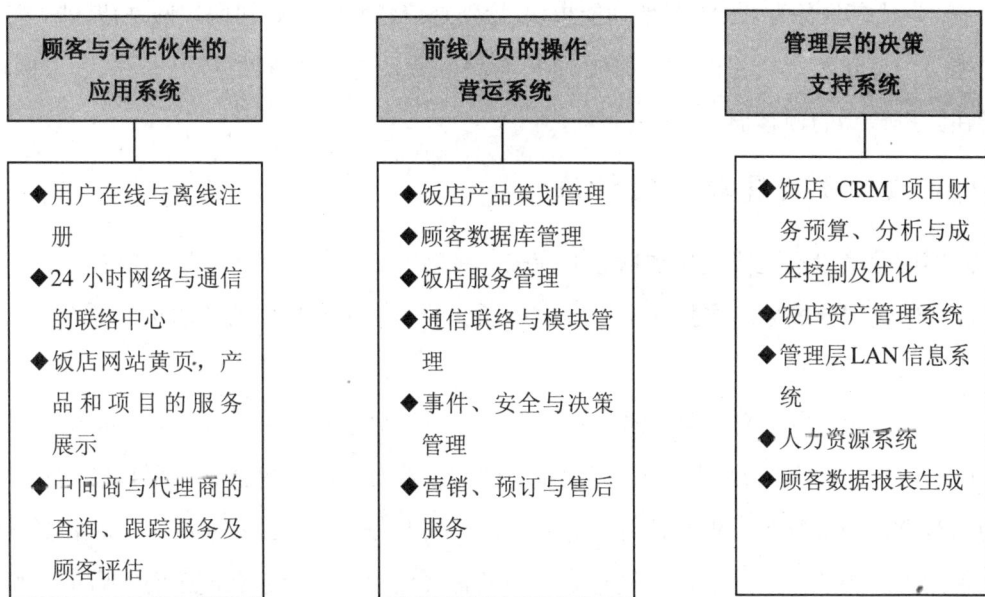

顾客与合作伙伴的应用系统	前线人员的操作营运系统	管理层的决策支持系统
◆用户在线与离线注册 ◆24 小时网络与通信的联络中心 ◆饭店网站黄页,产品和项目的服务展示 ◆中间商与代理商的查询、跟踪服务及顾客评估	◆饭店产品策划管理 ◆顾客数据库管理 ◆饭店服务管理 ◆通信联络与模块管理 ◆事件、安全与决策管理 ◆营销、预订与售后服务	◆饭店 CRM 项目财务预算、分析与成本控制及优化 ◆饭店资产管理系统 ◆管理层LAN信息系统 ◆人力资源系统 ◆顾客数据报表生成

图 7-2　饭店 CRM 系统模型

(一)数据集成与数据挖掘功能模块

收集顾客的信息可以说是顾客关系管理的第一步。零乱或不完整的顾客信息是没有用的，数据需要转化为信息，只有健全、准确、持续的顾客信息才有使用价值。首先必须建立起完善和高效率的顾客采集系统，提供能够与顾客畅通无阻沟通的 CRM 平台，在与饭店顾客多种方式的接触过程中，大量关于顾客、企业团体、代理商、中间商的记录和商业机会的信息资料分散于各部门或岗位员工的私人邮件、文本文档、传真件、工作簿中，这就要求建立起完善的顾客信息入库登记制度。然后通过科学手段对顾客信息进行去伪存真，精心提炼，使其具备利用价值。利用数据库的数据对饭店业务和行业进行分析预测，对原有和潜在顾客的消费行为进行分析，提供报告和预测未来发展的模型。

(二)顾客价值评估功能模块

顾客价值的评估是筛选顾客的基础。顾客价值评估用于进行顾客利润贡献度和顾客生命周期价值评估,顾客价值的判别标准是顾客在全价值生涯中给饭店带来的利益(即全生涯周期利润 CLP),而不是顾客在饭店当前或已有的消费额,基于对 CLP 的预测,选择顾客的当前价值、顾客的增值潜力两个维度指标对顾客进行组合排列得到:铁质顾客、铅质顾客、白金顾客、黄金顾客四种类型,同时还可建立潜在顾客价值评价模型及其应用策略、潜在顾客各种转化形态的实现条件、机理以及转化策略。CRM 系统非常关注顾客价值,并且应具备为 CRM 其他功能模块(特别是信息联络中心和门户网站)提供实时支持的能力,应该将饭店资源(如:饭店推广营销经费及与顾客有效互动的方式和时间)引向潜在回报最高的顾客群。

(三)顾客分类管理功能模块

顾客的分类管理是实现优质服务的前提。顾客分类管理主要包括以下内容。

(1) 确定细分饭店顾客群的标准,包括顾客的个性化资料、消费的量与频率、入住方式等。

(2) 对饭店同顾客群信息的进一步分析,以便识别具有不同价值的顾客或顾客群。

(3) 对不同顾客群的管理,饭店确定不同顾客群对饭店的价值、重要程度,并针对不同顾客群的消费行为、期望值等制定不同的销售服务策略,虽然淘汰不良顾客资料可能在短期内对饭店产生影响,但没有健康的顾客渠道就不可能建立健康的饭店形象和饭店品牌。对顾客信息的分类管理将有助于提升管理和信息的功能。

(四)顾客与市场信息互动处理功能模块

顾客与市场信息的互动处理是维持良好顾客关系的根本保障和措施。随着 Internet、网络、移动通信的发展,越来越多的饭店顾客习惯于通过 Web、E-mail、WAP、SMS 等方式与饭店交流沟通,电子商务和信息服务中心的建立及不断完善大大地提高了饭店顾客信息的处理效率,尤其是将 CTI(Computer Telephone Integration)、IVR(Interactive Voice Response)等技术应用于信息服务中心后,系统能够自动为顾客提供顾客信息查询、历史入住明细查询等,还可为顾客提供多样化、个性化的服务,以亲切优质的服务赢得顾客的赞许和忠诚,及时反馈顾客的需求信息,实时调整服务的内容和策略,最终真正地、最大限度地发挥信息对营销和竞争的作用。

第三节 饭店顾客关系管理的实施

流程与策略

CRM 是一个通过积极使用信息和不断地从信息中学习提高，从而将顾客信息转化为顾客关系的循环过程。这一流程从建立顾客知识开始，直到形成高影响的顾客互动。期间需要饭店采用各种策略，建立并保持与顾客的关系，进而形成顾客忠诚。

一、饭店 CRM 的实施流程

CRM 的实施是一个往复循环的过程，是一个螺旋式提升的过程。饭店 CRM 的循环流程如图 7-3 所示，包括收集顾客信息，制定顾客方案，实现互动反馈和评估活动绩效四个环节，继而上升到新一轮循环。

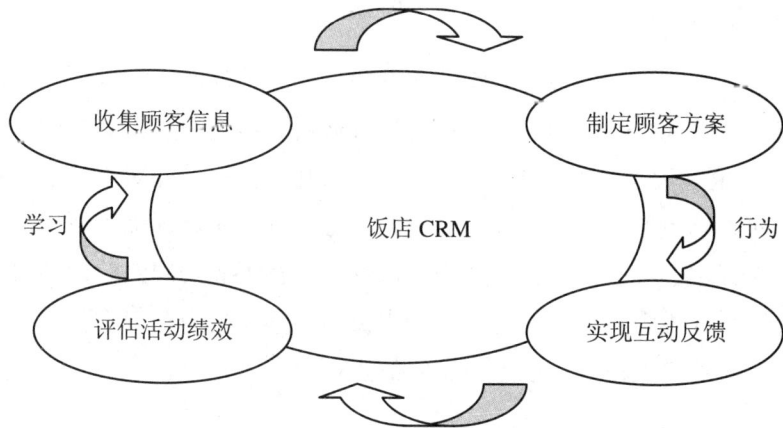

图 7-3 饭店 CRM 循环流程

(一)收集顾客信息，发现市场机遇

饭店顾客关系管理流程的第一步就是分析饭店市场顾客信息以识别市场机遇和制定投资策略。它通过顾客识别、顾客细分和顾客预测来完成。

1. 饭店顾客识别

饭店所面对的顾客市场是一个广泛复杂的群体，不同的顾客有着不同的需求。饭店顾客识别即在广泛的顾客群体中，通过从各种顾客互动途径，包括互联网、顾客跟踪系统、信息中心档案等，收集详尽的数据，包括顾客资料、消费偏好以及入住历史资料等，储存到顾客数据库中，然后将不同部门的顾客数据库整合成为单一的顾客数据库。同时把它们转化成为管理层和计划人员可以使用的知识和信息，以便从中识别出有需求的顾客。

2. 饭店顾客细分

通过集中有需求的顾客信息，饭店可以对所有不同需求信息之间的复杂关系进行分析，按照需求差异进行顾客市场的细分，并描述每一类顾客的行为模式。通过这样的工作，饭店可以根据不同需求的顾客群体有针对性地设计和推广不同内容、形式以及功能的饭店产品，在此基础上开展一对一营销。

3. 饭店顾客预测

饭店顾客预测是通过分析目标顾客的历史信息和顾客特征，预测顾客在本次饭店消费活动中，在各种市场变化与营销活动情况下，可能的服务期望和消费行为的细微变化，以此作为顾客管理决策的依据。

(二)制定顾客方案，实施定制服务

即针对顾客类别，设计出适合顾客的服务与市场营销活动。在现实当中，饭店对于各类顾客通常是一视同仁的，而且定期进行顾客活动。但是用 CRM 的观念来看，这样做显然不合算，CRM 要求"看人下菜"。它要求饭店在全面收集顾客信息的基础上，针对目标顾客，预先确定专门的服务项目，制定服务计划。这就加强了饭店营销人员以及饭店服务员工在顾客购买产品前的有效准备和顾客入住饭店期间的针对性服务，提高了饭店在顾客互动中的投资机会。在这一流程中饭店通常要使用营销宣传策略，向目标顾客输送产品和服务的各项信息，以吸引顾客的注意力。

(三)实现互动反馈，追踪需求变化

这是饭店借助及时的信息提供来执行和管理与顾客(及潜在顾客)沟通的关键性活动阶段，它使用各种各样的互动渠道和饭店信息系统，包括顾客跟踪系统，销售应用系统，顾客接触应用和互动应用系统。通过与顾客的互动，饭店可以随时追踪有关顾客的需求变化以及顾客消费后的有关评价，从而不断修改顾客方案。在以往，市场营销活动一经推出，通常无法及时监控活动带来的反应，最后以销售成绩来判定效果。CRM 却可以随时对市场营销活动的资料进行相关分析，并且通过顾客服务中心或信息中心及时地进行互动反馈，实时调整进一步的营销活动。

(四)评估活动绩效，改善顾客关系

这是饭店顾客关系管理的一个循环过程即将结束时，对所实施的方案计划进行绩效分析和考核的阶段。CRM 透过各种市场活动、销售与顾客资料的综合分析，将建立一套标准化的考核模式，考核施行成效；并通过捕捉和分析来自于互动反馈中的数据，理解顾客对饭店各项营销活动所产生的具体反应，为下一个 CRM 循环提出新的建议，以此不断改善饭店的顾客关系。

二、饭店 CRM 的基本策略

(一)顾客识别策略

即通过广泛收集和分析顾客数据，评估不同顾客或顾客群的价值，并进一步以顾客终生价值为标准，对饭店终生顾客进行细分，识别顾客类型，对不同类型的顾客采取不同的进攻策略。

顾客的价值包括三部分：历史价值，即到目前为止已经实现了的顾客价值；当前价值，即如果顾客当前行为模式不发生改变的话，将会给饭店带来的顾客价值；潜在价值，即如果饭店通过有效的营销活动调动顾客购买积极性或顾客向别人推荐饭店产品和服务等，从而可能增加的顾客价值。其中顾客的当前价值和潜在价值构成了顾客终生价值(Customer Lifetime Value，CLV)，即一个新顾客在未来所能给饭店带来的直接成本和利润的期望净现值。具体的识别策略有：

1. 顾客数据收集

对于饭店而言，要建立完整的顾客信息，必须收集以下数据：个人资料(包括年龄、性别、婚姻、收入、职业等)、住址(包括区号、房屋类型等)、生活方式(包括爱好、性格、兴趣等)、态度(包括对饭店产品和服务的态度)、客源地概况(包括经济条件、气候、风俗、历史等)、顾客行为方式(包括渠道选择、入住方式等)、需求(对饭店产品以及服务的期望)、关系(包括家庭、朋友等)。

2. 顾客价值评估

对于饭店顾客而言，影响其终生价值的因素包括：所有来自顾客初始购买的收益流、所有与顾客购买有关的直接可变成本、顾客购买饭店产品的频率、顾客购买的时间长度、顾客购买其他产品的喜好及收益流、顾客推荐给朋友同事及其他人的可能、适当的贴现率。根据饭店的行业特点和饭店产品特点，建立顾客终生价值的因素分析模型，客观评估不同顾客或顾客的终生价值。

3. 目标顾客细分

合理的顾客细分是顾客关系经济学的核心，对顾客关系管理的实施至关重要。根据饭店企业的特点制定一套顾客终生价值的评判标准，据此采用聚类分析的方法对目标顾客进行细分。一般可以根据顾客的当前价值(横坐标)和潜在价值(纵坐标)将饭店顾客分为四类，其价值矩阵如图 7-4 所示。

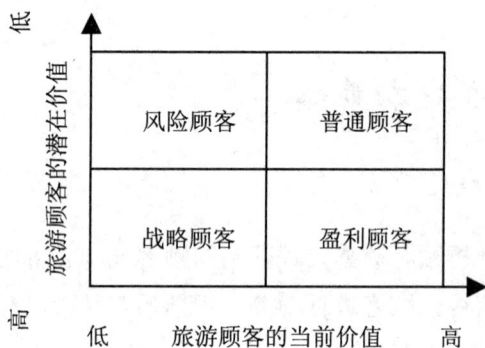

图 7-4　饭店顾客价值矩阵

4. 进攻策略确定

针对图 7-4 中位于不同象限的饭店顾客，根据顾客投资与利润分析(如图 7-5 所示)，将采用不同的进攻策略。

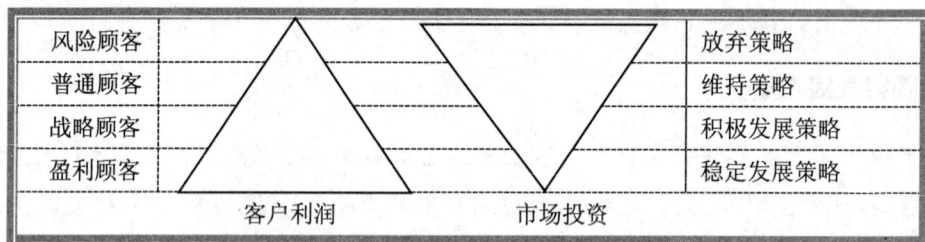

图 7-5　顾客投资与利润分析

对于盈利顾客，他们是饭店利润的主要来源，应采取稳定发展策略，与其建立长期、稳定的学习型关系；对于战略顾客，由于他们将对饭店的长期发展产生重大影响，应采取积极发展策略，与其建立长期、密切的顾客联盟型关系；对于普通顾客，由于其人数众多，价值较小，应采取维持策略，与其保持原有的交易关系；对于风险顾客，由于所需投资多，预期利润小，可采取放弃策略。

(二)顾客保留策略

即针对饭店的各级目标顾客，实施顾客关怀，拉近与顾客的关系，提高顾客满意度，

从而保留价值顾客。

1. 与顾客密切接触

饭店通过各种途径，保持与顾客的密切接触，建立一种亲善的关系。例如给顾客发送生日电子贺卡等，这些细微的动作看似与饭店经营行为无关，但是可以在顾客中间产生一种良好的"人情"感觉，降低了因单纯的饭店交易关系所导致的不信任，有利于给顾客提供一种良好的心理感觉。

2. 顾客提醒或建议

如顾客购买饭店产品后的初期，提醒顾客可能遇上什么问题，并提供解决方法；在顾客消费饭店产品和服务的过程中，提醒顾客还需要做哪些工作，了解顾客使用饭店特殊服务和产品的原因以及使用情况；在饭店消费结束后的适当时间，还可以根据产品关联分析，推荐顾客新的饭店产品。同时当饭店享有积点优惠等权利时，特别提醒他，以免丧失应有的权利。

3. 顾客变动趋势追踪

掌握顾客消费的地点、消费时间、消费方式，进行顾客询问或浏览，追踪顾客价值等变动，及早避免顾客流失。例如：顾客饭店消费结束后，采取问卷、电话、邮件等方式进行顾客满意度调查，及早发现顾客投诉，及时推断顾客偏好的改变，从而及早消除顾客的不满，或随之改变饭店服务和产品的策略，保留顾客。

4. 顾客需求定制化满足

对重要顾客可制定不同的优惠方案，满足其个性需求。同时销售人员应站在顾客的立场恰当地表达饭店对顾客的优惠政策，这样会取得更好的效果。比如，饭店如果想持续吸引一位顾客，有两种优惠方案的表达方式。一种是说："××先生，依照我们的记录，您是 VIP，所以您的住房我们提供六折优惠"。另一种是说"××先生，我们知道您常常需要往来上海——广州洽谈公务，我们更关心您出差旅行时能否继续保持良好的健身习惯，您可以免费使用这里的健身设施"。后者更能贴近顾客的心理。

(三)顾客忠诚策略

顾客忠诚是从顾客满意概念中引出的概念，是指顾客满意后而产生的对某种产品品牌或饭店的信赖、维护和希望重复购买的一种心理倾向。顾客忠诚实际上是一种顾客行为的持续性。因此它既可以界定为一种行为，也可以界定为一种心态，一系列的态度、信念、愿望等，是一个综合体。它的某些组成因素对饭店而言确实非常琐碎，但对顾客而言并非如此。饭店得益于顾客的忠诚行为，而这种行为源于他们的心态。与顾客建立长期的忠诚合作关系，将为饭店带来更多的效益。CRM 的实施为饭店提供了新的顾客忠诚策略。

1. 赋予"一线员工"足够的操作技能

对于饭店而言，最前线的员工就是饭店服务人员，以及信息服务中心的接线员，这些一线员工将代表饭店与顾客面对面地接触。因此他们在顾客中留下的印象将是非常深刻的。只有赋予饭店的一线员工以足够的操作技能，才能确保顾客对以他们为代表的饭店服务和产品的满意。

2. 与饭店合作伙伴进行协作

饭店业是旅游业的四大支柱之一，是一个与顾客的食、住、行、游、购、娱相结合的综合服务行业，任何一个饭店企业都无法脱离相关行业单独完成对客的全程服务。与饭店合作伙伴进行协作是饭店实施顾客关系管理的有效措施。通过与饭店合作伙伴进行协作，共同维护和提高饭店供应链水平，可以培育顾客对供应链企业的整体忠诚，从而提升顾客对本饭店的忠诚度，并且顾客难以被竞争对手夺去。

3. 创造以顾客为中心的饭店 CRM 文化

让顾客知道饭店以他们为重，在饭店提倡"以顾客为中心"的 CRM 文化。这不仅要求饭店的市场销售和服务部门建立"以顾客为中心"的业务流程，还需要饭店的其他部门积极响应顾客需求的变化，建立真正意义上的所有部门的运营都"以顾客为中心"。

4. 实现"一对一"服务

在正确的时间、以正确的价格、通过正确的渠道将正确的产品(或服务)提供给正确的顾客，通过"一对一"服务，满足饭店顾客的个性化需求，从而培育顾客忠诚。CRM 的实施，为"一对一"服务的实现提供的技术支持，饭店可以通过数据库中的顾客信息，开发定制化产品满足不同顾客的需求。

5. 想顾客未来之所想

要培育顾客忠诚，仅仅做到"想顾客所想"还不够，还应当做到"想顾客未来之所想"。CRM 的实施实现了这种可能。CRM 中所建立的预测模型可以帮助饭店通过对顾客和市场变化的追踪，制定未来市场开发的准确策略、开展更成功的市场攻势。真正实现"想顾客未来之所想"。

第四节 饭店顾客关系管理的 实施保障体系

饭店成功实施 CRM，需要技术、人员、资金等资源的注入，同时要有适合其实施的业务流程和组织结构。它们构成了饭店 CRM 实施的保障体系。

一、信息技术保障

CRM 工程的技术核心是利用现代科学技术有效地分析和建立客户数据集成和互动的信息沟通系统，利用相配套的软件为顾客提供在线或 24 小时的有效服务。一方面，利用高信息化的数据库将饭店内外部顾客资料数据集成到同一个系统里，让所有与顾客接触的营销、服务人员都能按照授权，实时地更新和共享这些信息。另一方面，利用高效的信息流，使每一个顾客的需求都触发一连串规范的内部作业链，使相关业务人员紧密协作，快速而妥善地处理顾客需求，从而提升饭店的业绩与顾客满意度。

(一)高信息化的数据库

存有顾客详尽数据的中央数据库，是饭店内统一的也是唯一的高信息化的决策支持系统，它需要利用信息技术实现数据与知识的转换。

1. 完备的数据信息功能

以顾客为中心的饭店数据库是一个饭店顾客信息的金矿，是全饭店进行决策的信息基础。为了确保顾客信息的交流，完善数据的信息功能，数据库自身需要具备以下特征。

(1) 可容纳大量数据。即数据库必须可以容纳大量的详细数据。包括与饭店顾客的每一笔交易，每一个顾客电话，每一次顾客称赞或投诉等都必须记录在案。

(2) 可持续加载数据。即数据库必须具备因业务和交易的不断进展而持续加载数据的能力。因为随着饭店业务和交易的不断进展，顾客情况会有新的变动，需要在数据当中添加新的顾客信息。

(3) 数据信息可共享。即数据库应该为饭店营销和管理部门以及其他部门的人员共同使用。因为饭店 CRM 不仅仅是关于饭店市场营销的，而是关于整个饭店处理对客关系的问题。因此数据信息应该可以共享。

(4) 可不断扩大容量。即数据库必须是可以扩展的。饭店规模的而不断扩大，顾客交易的不断成功，都要求饭店数据库随之不断升级，根据营销增长的需要而不断扩大容量，容纳更多信息。

(5) 可保护敏感数据。即数据库必须对一些敏感的顾客数据提供足够的保护，这是顾客正当的权益要求。

(6) 以历史数据为基础。即数据库的成功只能依赖于长期详尽的饭店历史数据，若按预期的情况去设计数据库必然会失败。

2. 完善的信息转换能力

数据库的建立完善了饭店的信息结构，但数据本身尚不能表达顾客意愿，在数据库的成功应用中还存在一个信息转换的流程，包括将顾客知识转化为数据以及数据转化为信息两个方面。因此饭店在具备高信息化顾客数据库的同时，还必须完善这两种能力。

(1) 将顾客知识转化为数据的能力。顾客信息的收集，除了一部分数据可以从内部或外部的数据文件和数据库中访问、获得、复制或摘录，更多的是直接来源于顾客的知识化信息，它不能直接被数据库系统所容纳，必须按照数据库中已有的分类进行转换。这一流程要结合饭店行业的性质和普遍信息接受的变换形式把数据转换成共同的特征，它通常需要一些巧妙的处理手段和一定的业务知识，再加上对数据来源和数据意义的清晰理解，这是数据库应用最艰难的过程。

(2) 将数据转化为信息的能力。详细的顾客知识，而不仅仅是关于交易的原始数据，才是成功的饭店用来获得并保持盈利顾客的关键所在。要想创造一种能够共享的饭店决策环境，就必须把原始数据转化为可以指导行动的信息。这就需要借助于信息访问和知识发现工具——信息技术。它可以帮助饭店从所有适当的数据信息来源中获取顾客知识，进而引导顾客需求，培育顾客忠诚。

(二)高效的信息流

在顾客关系管理过程中，信息流是饭店与顾客之间双向流动的全过程，它贯穿于饭店生产、交换和消费的各个环节。任何一个环节的信息流动出现问题，都会导致顾客的不满。因而顺畅高效的信息流程是 CRM 的基础和保障。就网络营销而言，信息流主要是一个技术问题，尽管业内人士称，中国的电子商务技术并不成问题，但在目前，由于中国计算机的普及率还有限，电子商务的主要形式是 B to B，而 B to C 业务还受到很大限制。在 B to B 业务中，由于传统企业缺乏技术和专业人员，使信息流系统较为落后。从网站信息平台来看，网站的创意、网站的结构、网站的 CI 形象也过于平淡，缺少个性。信息的平淡，很难激起购买欲，也很难维系住顾客。就一般情况而言，目前中国饭店业普遍存在的是饭店与顾客间信息严重不对称，缺乏全方位的有效沟通，这是阻碍 CRM

在饭店企业实施的一大桎梏。

二、人员团队保障

饭店在实施 CRM 中还必须重视人的因素，他们对 CRM 的成功实施是极为重要的。

(一)获得饭店管理层认可

实施 CRM 应当取得饭店高层领导的支持以及管理层的理解和共同认可。这是 CRM 实施获取其他保障的基础，否则将成为 CRM 实施的最大阻碍。作为饭店的高层领导，应当从总体上把握这个 CRM 的项目实施，并扫除实施道路上的障碍。他们将为实施计划设定明确的目标、向团队提供为达到目标所需时间、财力、人力和其他资源，并推动该目标从上到下的实施。同时作为饭店的管理层人员应当具备对实施 CRM 项目的充分理解和协作支持，才能使 CRM 项目顺利开展。

(二)成立 CRM 实施团队

在实施 CRM 时，饭店要组织一支多功能的实施团队。这支团队应当在四个方面具有较强的能力。首先是具有进行饭店业务流程重组的能力，团队成员需要对其流程的关键部分进行改造，使之符合 CRM 系统的要求；其次是具有了解系统的顾客需求状况的能力，团队成员应该根据饭店的工作流程对 CRM 工具进行修改；第二是具有掌握一定技术，以支持相关功能实现的能力；第四是具有改变管理方式的能力。团队成员可以帮助顾客适应和接受新的业务流程。饭店可以从组织内部各部门中或通过外部招聘的形式寻找适当人员充实团队的力量，以保证团队成功实施 CRM。

(三)进行全员管理培训

员工对顾客关系管理的正确认识以及对相关技术知识的掌握，也是成功实施 CRM 的重要保障。饭店首先应该通过全员培训，在饭店中形成从领导到员工对 CRM 重要性的正确认识，并积极配合实施，使 CRM 融入到饭店的每个运作环节之中。同时饭店应通过持续的员工培训，使他们能够成功地运用这一系统并以此建立饭店和顾客的关系，饭店将从对员工的培训和顾客的支持中获利。

三、管理组织保障

CRM 系统的实施是一个管理项目，而非仅仅是一个 IT 项目。要想成为一个"以顾客为中心"的饭店组织，必须要重新定义饭店的业务方法，这需要更多的员工授权，灵活的产品(服务)价格模型，以及扩充的产品特征(利益)等。因此 CRM 的实施不可避免地会引起饭店业务流程的重组和组织结构的调整。

(一)业务流程重组

业务流程重组是指利用信息技术,对饭店的业务流程进行彻底的再思考和重新设计,从而提高顾客满意度,取得经营业绩质的飞跃。在 CRM 中,它包括饭店的销售实现、市场营销、顾客服务三个业务流程的优化:饭店与顾客接触、交互、合作的业务流程(联络中心管理、业务信息系统、CRM 集成管理)优化和重组两个方面。

首先,专业技术人员需要预测顾客与竞争对手在未来 5 年内会如何变化,而 CRM 又是如何跟进并驱动这一变化的。然后,通过调查和业务分析,确定哪些领域最需要自动化,哪些领域需要业务流程的改善。最后进行战略规划、评估,实现向以顾客为中心的业务流程重组。重新设计的业务流程要使每一步都尽可能有效执行,并配合顾客的需求。要配合顾客的需求,饭店业务流程的设计必须考虑以下 4 个方面:第一,向顾客推销产品的方式、内容以及所耗费的人、财、物;第二,如何让顾客接收饭店信息和顾客如何方便地购买饭店的产品;第三,了解如何吸引新顾客,使之成为回头客;第四,如何使不满意的顾客回心转意。总之,将流程与顾客连接到一起,能更好地提高顾客满意度,使对顾客需求的反应更迅速。

(二)组织结构再造

CRM 价值链要求饭店的组织结构必须以顾客为导向,必须改变过去以产品或品牌为导向的组织形态,形成一个以了解顾客、服务顾客为目标的组织形态,以便使组织更接近顾客。为此饭店组织结构必须体现从以产品为中心的内部导向型组织转向以顾客为中心的市场驱动型组织。两者的比较见表 7-1。

表 7-1　内部导向型组织与市场驱动型组织的比较

项　目	内部导向型组织	市场驱动型组织
发展战略	被动反应型 短视,目标不体现顾客需求	主动出击型 长远,目标体现对顾客价值的创造
顾客和市场关注程度	不关注或弱关注,以产品为中心	强关注,以顾客为中心
对待竞争对手和合作伙伴	缺乏竞争和合作意识 不关注竞争对手 竞争中处于劣势	具有市场竞争和合作意识 对竞争环境有清醒的认识 竞争目标明确,竞争力强
顾客关系	与顾客关系松散,不了解顾客需求	与顾客关系紧密,熟知顾客需求

四、合理规划保障

合理的 CRM 规划是饭店成功实施顾客关系管理的必要保障。顾客关系管理的主要目标是建立良好的顾客关系，培养忠诚的顾客群；在与顾客的每一个"接触点"上都更加接近顾客、了解顾客、关怀顾客；最大限度地增加利润，提高市场占有率。要实现这一目标，在战略开发中必须要有明确的远景规划。同时一项完备的 CRM 系统需要 3～5 年的时间，需要将这一中长期规划分阶段、分步骤地加以实施，从最迫切、最可行的部分开始，逐步完成。因此还必须明确各阶段的规划目标。同时管理者还要分析研究如何将 CRM 的实施与饭店的中长期发展战略结合起来，确定较为详细的实施计划。通过合理的规划，科学安排实施进程，严格进行过程控制，以保证 CRM 项目的成功实施。

五、企业文化保障

企业文化是饭店的指导思想、经营理念和工作作风。实施顾客关系管理的初始阶段，一些员工往往会由于其既得利益和工作习惯受到冲击而拒绝接受和采用。因此，搞好企业文化建设，改变饭店上上下下的管理理念、行为准则、传统习惯也是实施顾客关系管理的重要保障环节。具体地说，要做好三方面的工作：一是培训，侧重于讲解新经营理念、CRM 的运作方式、顾客沟通技巧等；二是将顾客置于饭店组织的中心，使饭店各部门围绕顾客进行协调与合作，全体员工不断提高团队合作意识，树立整体效益观念，共同满足顾客的个性化需求；三是采取由上而下的阶梯传导方式实施顾客关系管理，由各级管理层带动本部门员工完成具体任务。

六、专业化管理保障

顾客关系管理涉及到饭店评价、整体规划、技术集成等多项工作。要实施这一复杂的系统工程，单靠饭店自身的力量恐怕难以奏效，需要求助于社会专业化顾客关系管理组织。一是采用公开招标的形式寻求 CRM 解决方案，邀请有关专家、技术设备厂商以及电子商务咨询公司等，研究饭店现状，提出前景好、技术一流并适合饭店自身特点的 CRM 产品；聘请专家对饭店的相关人员进行 CRM 原理培训和操作培训，协助饭店实施 CRM。二是采用 CRM "外包"形式，把顾客关系管理交给社会力量，由已有成功案例的专业服务公司对饭店顾客关系管理的实施进行专业化的运作。

第八章 饭店投资管理

【学习目标】

1. 了解饭店投资的概念和要素构成
2. 熟悉饭店投资定位的原则
3. 熟悉饭店投资的功能体系
4. 掌握饭店投资理念的构成要素和主要的投资理念
5. 掌握饭店投资的盈利模式和投资策略

【关键词】

饭店投资 Hotel Investment
投资理念 Investment Idea
盈利模式 Profitable Pattern
投资策略 Investment Tactic

饭店投资是近几年市场上的热门投资行业。尤其是进入 21 世纪以来，中国加入世贸后，随着中国旅游市场受宏观经济持续高速增长的影响，中国饭店行业得到迅速发展，加之 2008 年北京奥运会、2010 年上海世博会和广州亚运会等重大节庆活动的刺激，国际众多知名饭店管理集团大举进入中国，中国饭店业进入了一个崭新的发展高潮期，国内的饭店行业在受到极大冲击的同时，也带来了该行业投资的火热。当前中国饭店业投资的主要推动力量已经从市场需求为主转向以经济总量拉动为主。这一转变导致饭店投资的发展模式、盈利模式、目标体系等各个环节发生演变，投资者对酒店投资也有了新的理解和诠释，酒店投资已由过去单一盈利转变为一个多元化、层次性的体系。

第一节　饭店投资管理概述

一、饭店投资管理的概念体系

(一)饭店投资的概念和要素构成

饭店投资活动是一个复杂的系统工程，它由饭店投资环境与机会分析、饭店投资方案设计与选择、饭店投资方案评估、饭店投资方案实施等一系列投资行为组成，各种投资行为为了实现共同的投资目标而相互联系和作用构成一个同外界环境具有密切关系的整体。因此在探讨饭店投资的概念时，应以系统的观点来把握。结合饭店投资行为的特殊性，我们可以这样定义饭店投资：饭店投资是饭店投资者为实现饭店投资目标而行使的各种投资活动，是在特定环境的影响下，饭店投资者通过综合分析和考察整个饭店投资现状及其周围环境(社会环境、经济环境、生态环境)，为了获得饭店未来可能或不确定的各种形式的报酬而进行的一系列经济行为。饭店投资主要包含如下几大要素。

1. 饭店投资行为决策者

饭店投资行为决策者在整个饭店投资功能体系的运作过程中既是投资行为的实施者又是投资行为的监控者。饭店行业本身就是一个资本、管理和劳动力密集的行业，既有较高的投资风险又有较高的经营运作风险，因此饭店项目的投资是一个复杂的系统工程，受到多种因素的影响，如社会稳定情况、经济发展情况、政策支持情况、市场因素等等。作为一个饭店投资者，一方面必须全面考虑各种因素的影响，一旦实施投资行为，投资者应监控投资行为的整合过程，通过饭店投资活动的控制和管理促进整个投资项目运作朝向健康有序的方向发展；另一方面，投资决策者也是投资目标、投资定位和投资建设方案的制定者，投资决策者可以调整或强化某项功能，使投资项目的运作能够顺利

达到既定目标。

2. 饭店投资项目

饭店投资项目是归属事项，即饭店投资行为能够对投资项目本身和其发展的环境产生作用和影响，它们是饭店投资的载体。所谓投资项目是在一定的时间为了达到投资目标而调集到一起的资源组合，是为了取得特定的成果而开展的一系列与投资有关或相关的活动和行为的总和，投资项目的性质和目标决定了投资的功能属性。例如，某项饭店投资为商务型饭店，随着饭店建设的进行，一系列配套服务设施将相应建立，该项投资就可能同时具备了城市商贸、娱乐、社交、集散功能。随着该商务型饭店的逐步完工，这种城市商贸、娱乐、集散功能就可能会发展到最大化。

3. 饭店投资环境

饭店投资的运行离不开特定的环境，它总是在充分认知环境的前提下适应环境并获得生存和发展，以往投资者关注的是环境因素对投资活动的影响，在综合评价法律、政策、产业、市场机制、人文、金融、公共服务等多方面环境因素后，才慎重做出投资决策，但往往忽视了投资行为对于环境的影响，二者之间的作用力是相互的，即饭店投资环境是投资行为的承受单位。饭店行业发展具有集中分布、服务设施齐全、人际交往频繁、积极应用先进技术等特点，这些特点使饭店行业发展成为社会发展的有力影响因子，任何一项饭店投资项目的启动都会吸引当地社会各界的关注，它可能意味着更多的投资机会，更多的就业机会，也可能代表了一个城市区域的形象和经济发展水平。对于这个投资环境的理解我们还应该从上述的外界宏观环境深入到饭店投资项目本身内部的微观环境，它同样是饭店投资承受的对象，饭店投资者一旦作出了投资决策，就直接或间接地表明了其发展意图和方向，投资行为在某种程度上能够体现投资者的经济形象和经营目标。

4. 饭店投资目标体系

饭店投资的目标体系是投资行为产生的功能效果的参照坐标，也是投资者控制调整的依据。投资的成败以能否达到投资目标以及如何达到投资目标为评价依据。饭店投资的目标大致可以分为经营性目标(盈利保值、市场占有、技术领先)和贡献性目标(经济贡献、社会贡献、生态贡献)两大类，投资行为可能能够满足或帮助投资项目实现其中一类目标，但可能会影响另一类目标的实现，或损害某一相关群体的利益，这时就应该对投资行为进行调整和控制，帮助实现投资目标。

综上所述，饭店投资各要素之间相互联系，相互作用使饭店投资得以实现，形成一个复杂的有机系统，它们的相互关系如图8-1所示。

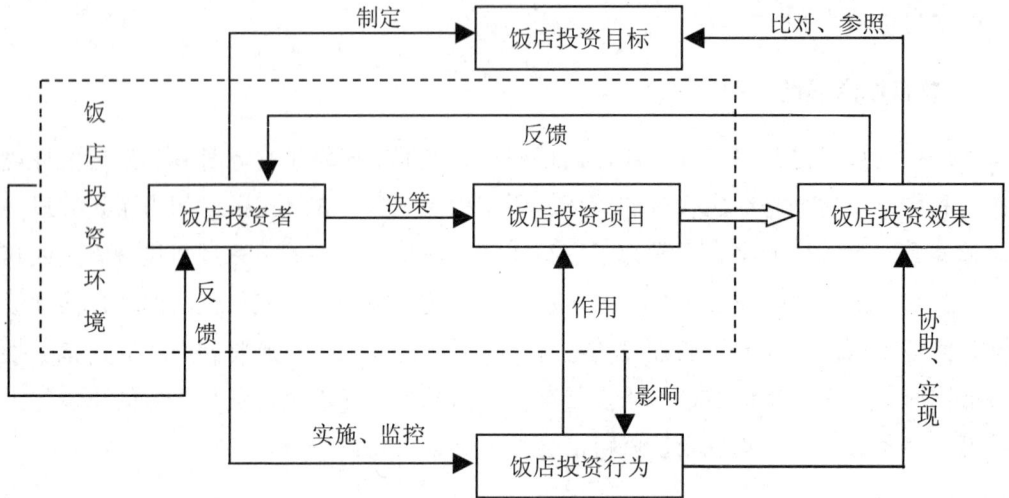

图 8-1　饭店投资要素关系图

(二)饭店投资的特征

结合饭店投资的概念和其构成要素以及各要素之间的相互关系，我们对饭店投资的类型、表现形式、作用效果等多方面进行归纳总结得出以下四个特征。

1. 时效性

饭店投资的时效性是指饭店投资需要投资者把握住投资的最佳时机，只有在合适的时候做出正确的决策，投资才能产生预期的效果并达到投资目标。投资的实效性首先是由饭店投资目标的阶段性决定的，不同阶段的投资目标决定了投资行为的先后步骤，从而产生不同的投资效果；其次市场信息的时效性也决定了投资时效性，只有紧跟市场节奏，及时捕捉市场信息，才能做出准确的投资决策，尽可能地降低投资风险，使投资产生最佳的效果。

2. 聚合性

饭店投资并不是单一的单元，而是一个由多个单位构成的聚合体。现代社会经济活动各要素的社会化乃至国际化发展趋势使得社会经济系统日益复杂化，一个正在进行中的饭店投资项目作为这个大系统中的一个子系统，必然与社会环境中其他相关群体存在密切而复杂的联系，饭店投资者为了适应环境，其投资行为必然会产生多元化形式以实现投资项目系统的维持和发展。

3. 动态性

饭店投资的动态性是指饭店投资行为从产生到发挥作用的过程是一个动态优化的

过程。饭店投资者必须清醒地认识到投资行为即投资活动是具有过程性和目标性的，一方面，投资行为的过程性决定了投资形态的动态性，即产生和发挥作用是一个循序渐进的过程；另一方面，投资活动的目标性决定了饭店投资的变化是一个不断优化的过程，即通过不断的投资行为反馈——调整——再反馈过程实现饭店投资的优化。

4. 可控性

所谓饭店投资的可控性，是指饭店投资行为所产生的效果具有可预见性和可控制性，饭店投资的效果是指饭店投资行为对于投资者实现投资目标以及周边环境的影响程度的大小和效用的正负。饭店投资者应以辩证的思维全面考察投资行为产生的效果，合理调整投资行为，权衡各方利益，尽量消除或减弱负面影响。饭店投资者应明确饭店投资是可控制的，根据投资效果产生的反馈信息，及时调整投资行为，控制投资产生的效果，或者强化某项功能，以实现正面效果最大化。

二、饭店投资定位原则

饭店在经营过程中需要进行产品、市场、发展目标等定位，饭店的投资同样需要定位。所谓定位，简而言之就是认清自己，饭店投资定位就是帮助投资者及受众群体明确饭店投资的真正价值地位，如何确立饭店投资真正的价值，所以饭店投资定位的原则首先应考虑饭店投资者、市场需求、相关社会群体三方的价值诉求。

(一)品牌制胜原则

良好的饭店品牌能够帮助投资者树立饭店的良好形象、扩大饭店投资者的影响、提升饭店产品的竞争力，还能为饭店带来可观的经济效益和社会效益，因此饭店投资者应充分利用这一制胜法宝。一方面饭店品牌能够代表饭店投资者的形象，饭店品牌能够包含饭店产品服务的功能、质量、特色、文化等信息，因此在进行饭店投资定位时，应考虑饭店投资行为与饭店品牌内涵和形象相一致；另一方面，饭店品牌的价值在饭店投资者开始进行投资决策的时候就已经体现出来了，饭店投资者应清醒地认识到品牌作为饭店的无形资产具有很大的增值空间，投资者在进行投资定位时应充分发掘这一增值空间，利用饭店品牌提前获取消费者的认同感，赢得社会环境的支持，从而创造一个良好的投资环境。

(二)绩效优先原则

所谓绩效优先是指通过饭店投资目标来考核饭店投资的效用，以此作为饭店投资定位的根本依据。投资者设计和制定饭店投资方案时，饭店投资目标就被确立下来，它能够清晰地体现饭店投资者对经营收益、持续发展、社会影响等方面的价值诉求，饭店投资最终都是为了实现饭店投资目标。饭店投资者以投资目标为依据，一方面帮助投资者进行取舍，任何投资项目的进行在客观上需要有所取舍，必须有所为，有所不为，饭店投资者可依据投资目标体系中各分目标实现的主次先后关系确定强化突出某项目标，这样才能集中饭店项目建设过程中的有限资源来实现最佳的投资效果；另一方面，饭店投资目标帮助投资者明确投资方向，目标的分阶段性决定了饭店投资行为的步骤，由此也指导饭店投资行为的具体实施。

(三)市场领先原则

随着中国改革开放的进一步发展，投资者的热情被激发起来，国内外投资者开始青睐中国饭店行业，在新一轮的饭店投资热潮中，市场的需求变化永远都是投资者最灵敏的罗盘，也是进行投资定位最可靠的向导。饭店投资定位客观上具有一定的方向性和确定性，但并不是固定不变的，饭店投资不能简单地看作是不动产投资，饭店投资项目从开始实施到后来的饭店经营都有着密切的联系，一些饭店投资者只看到投资项目在建设过程中所产生的巨大效益，不切合实际地投入饭店外观建设和提升饭店的星级档次，这些短视的行为只能使饭店的投资风险转嫁给后来的饭店经营者，不能实现投资饭店的可持续发展。因此在进行饭店投资定位时，应依托支撑饭店经营的客源市场的特征，通过客房出租率、平均房价等指标来衡量投资目标的可行性，随着市场需求的变化及时调整投资目标。

(四)价值提升原则

饭店投资活动的进行是融入在整个区域饭店行业发展和社会经济发展的大环境中的，饭店投资行为对内对外都将产生作用和影响，而这些相关利益群体的利益是不能被忽视的，它们包括饭店投资股东和饭店经营者经济收益、社区的环保利益、政府的社会发展利益、以及行业竞争者的公平竞争利益等，饭店投资定位应以相关利益群体的价值诉求为依据，以提升他们所能够获得的价值为目的。投资者通常会把股东的权益放在第一位，往往忽视饭店经营者、社区、政府、行业竞争者的利益，而饭店投资活动不是投资者一方能够独立完成的，投资项目的选择和决策首先需要分析行业内的竞争状态，投资项目的实施需要政府部门的政策支持和社区基础设施的支撑，项目的可持续发展需要经营者的管理，因此，在进行饭店投资定位时要权衡各个相关群体的利益，考虑市场可进入性、经营风险、政策导向、社区环境等多方面因素的影响，以此为根本出发点来定位饭店投资。

三、饭店投资的功能体系

饭店投资功能体系是饭店投资管理者为实现既定的投资目标而积极影响并调整投资行为对其自身和发展环境产生的作用和影响，使相互作用、相互依存的饭店投资组织起来形成一个系统。从系统的观点分析饭店投资单元，主要包括五大功能单元，即基础功能、辅助功能、提升功能、派生功能和附加功能。

(一)经营收益——基础功能

饭店投资的基本功能是帮助饭店投资主体实现投资经营收益，即投资者通常所理解的资产保值和增殖(值)功能。在饭店进行实业投资的过程中，一部分资产可以实现增殖，即饭店投资者通过资本投入和使用，能够在经营过程创造出新的价值，这种价值增加的现象称为投资增殖；一部分资产经过投资运作可能发生价值增长，这种价值增长与事物本体的变化无涉，而与事物在社会中的供求关系状况相关，如饭店建设的土地资源投资，可能会随着饭店品牌而发生价值增长；还有一部分资产在运作的过程中能够保全资产原有的价值。多半情况下，投资者将饭店投资看作是一种不动产投资而不是一种可行的运营性业务投资，在投资风险较高的情况下，投资者往往比较关注投资保值，而容易忽视饭店投资的增殖功能和增值功能，实际上对饭店品牌、管理、房产等方面的投资都属于发挥饭店增值或增殖功能的范围。

(二)品牌提升——辅助功能

2006 年，众多品牌饭店开始在中国比拼急速扩容，如希尔顿集团欲在北京建 50 家酒店，英国洲际欲在成都开 6 家酒店，法国雅高索菲特将首次突进澳门全球豪华饭店，饭店品牌化发展已成为当前饭店行业发展的必然趋势，越来越多的饭店投资者热衷于饭店品牌投资，这不仅仅因为品牌饭店具有较强的市场竞争力，能够直接提升投资者收益率，还因为品牌具有支撑投资者的信心，提升投资方企业的无形资产价值，帮助投资者整合社会资源等功效。饭店品牌作为一个投资对象具有很大的公众形象，更容易吸引公众的眼球，而成功的饭店投资活动能够促使投资主体形成良好的公众形象，赢得较好的社会效益，进行饭店投资能够使人产生经济实力雄厚的印象，通过品牌投资实现提升品质。国际品牌的加盟使得区域内饭店行业水准得到飞速提升，并逐步达到国际化水准。

(三)物业增值——提升功能

有经验的饭店投资者在考虑饭店目前的价值和长期稳定的经营收益之外，更多的期望是能够实现饭店未来的升值潜力，饭店投资作为一种物业投资，是具有较大增值能力的，一个成功的饭店投资者会综合考虑影响饭店投资物业增值的各种因素，包括是否具备优越的地理位置，良好的产业支持，便利的交通条件，安全的社区环境，完备的配套设施，稳定的组合回报，以及专业的客户服务体系等，在上述诸多因素中，饭店的地理位置及投资之初的选址决策是物业增值功能实现的关键因素，饭店投资中作为不可动的固定资产的房产具有任何商品所有的价值和使用价值，其所处的地理位置对其使用和保值、增值起着决定性的作用，这是由土地的稀缺性以及不可再生性的特点决定的。除了饭店的选址之外还需注意市政规划对饭店未来发展潜力的影响，这是某些饭店能够实现物业增值的最根本因素，政府指向性的开发区往往会带来意想不到增值潜力，因此实现饭店投资的提升功能还应关注城市规划，分析饭店所选地域的发展潜力。

(四)纳税筹划——派生功能

饭店投资者通过合法的手段和方式进行饭店投资可以达到减少交纳税款的目的，即饭店投资的合理避税功能。饭店投资的的合理避税功能可以通过免税技术、减税技术、税率差异技术、分割技术、扣除技术、抵免技术、延期纳税技术和退税技术等多种方式实现，一方面投资者将所得的未分配利润进行饭店投资可达到免税和减税的目的，另一面方面投资者可以进行投资方向选择，依据国家的关于鼓励第三产业投资发展的优惠政策进行投资项目组合，或将饭店建设在一些能够享受国家优惠税收政策的区域，都可以实现减免税，饭店行业的开放性对外商投资具有极大的吸引力，也可达到减免缴税的目的。

(五)集散社交——附加功能

饭店投资不仅能为投资者带来今后的经营收益，还能为投资者主业项目提供提升品位、营造交际场所的功能。饭店的投资建设具有极大的资源吸附功能，其经营活动自身能够表达出一种经济繁荣，气氛融洽，生活品质高尚的形象信息，由此产生的一系列投资活动带动社区内的各种组织积极配合并形成一个地区经济发展中心。如商务会议型酒店的建设促使饭店周边的休闲娱乐、商贸服务等相关配套行业的发展；休闲度假型饭店的投资活动不仅会带动基础配套设施的进一步完善，还会吸引更多的旅游投资商前来，促进当地旅游资源开发，带动旅游经济发展；而一些高星级品牌饭店的投资建设能成为城市的一种形象元素，使之成为城市的社交中心。饭店作为一个投资对象具有很大的公众形象，容易吸引公众的眼球，而成功的饭店投资活动就能够促使投资主体形成良好的公众形象，赢得较好的社会效益。

第二节 饭店投资理念

饭店行业是一个资本、管理和劳动力都很密集的行业，专业性很强，它与制造业、房地产业，及其他行业有着很大的不同。饭店行业既有很高的投资风险和很高的经营运作风险，同时又有很高的回报，因此，饭店行业容易受到市场变化的影响。如果没有正确的理念作为指导，饭店投资将会失去方向，导致失败。

一、饭店投资理念的构成要素

投资理念是一种思想观念，是投资企业所特有的价值取向、投资准则和行为模式的总和。它是投资企业在长期投资实践中逐渐形成的具有独特投资个性的思想体系，是由投资家们总结、创造并被投资者接受和认同的精神原则，贯穿于投资的全部活动，指导投资的方向，决定投资的成败。从本质上讲是投资者在投资过程中所持有的指导思想和所遵从的行动纲领。特定的投资理念必然决定着投资企业特定的投资目标和模式。从结构上看，企业投资理念包括 3 个方面的内容：一是对于投资企业向目标市场及社会提供产品和服务价值的界定，这明确给出了投资企业的价值取向；二是投资企业投资行为的精神支柱和投资方向，明确了投资企业的投资准则；三是投资企业对于整个投资运营过程的行为导向的界定，这也是对企业投资行为模式的确定。投资价值取向、投资准则和投资行为模式的综合就是企业投资理念的基本构成。

我们把饭店投资理念剖分成价值取向、投资准则和行为模式三个层次，如图 8-2 所示，其中价值取向是饭店投资理念的核心层，是饭店投资的行为趋向；投资准则属于中心层，是指导选择投资饭店的决策工具；行为模式属于外现层，是指导如何对所选择的投资对象进行投资运营过程的行为导向。饭店投资理念的价值取向是投资准则和行为模式的基础，投资行为模式是价值取向和投资准则的表现形成。而这三个要素的共同作用推进整个饭店投资系统的前进。

(一)饭店投资价值取向

饭店投资的价值取向是理念的核心层，决定了投资企业生命力的强弱，决定着投资企业未来的发展。是投资者对饭店投资的意义、作用的认识、判断及由此而决定的行为趋向。价值观是进行投资决策、确定政策、策略和方法，以及选择行为方式的指导方针。饭店投资价值取向一般以政府、社会、行业、饭店、投资者五个方面利益的五元价值取向(如图 8-3 所示)。这五个方面涵盖了饭店投资的相关利益者，其中，政府的价值诉求是注重与对产业经济的贡献率；社会价值的诉求在于产生良好的社会效益；行业的价值诉求在于实现行业间的互动以及行业的领先；饭店的价值诉求则表现在高额的经济收益；投资者则注重经济回报率。政府、社会、行业、饭店是投资者的"上帝"，最大程度地将政府、社会、行业、饭店四者利益相协调，投资者的效益与社会效益、行业效益、环境效益相统一。由五元价值观所决定的价值取向会形成由一系列标准所组成的价值标准，比如说政府价值评估指标、社会价值评估指标、行业价值指标等，以此来判断饭店有没有投资价值。

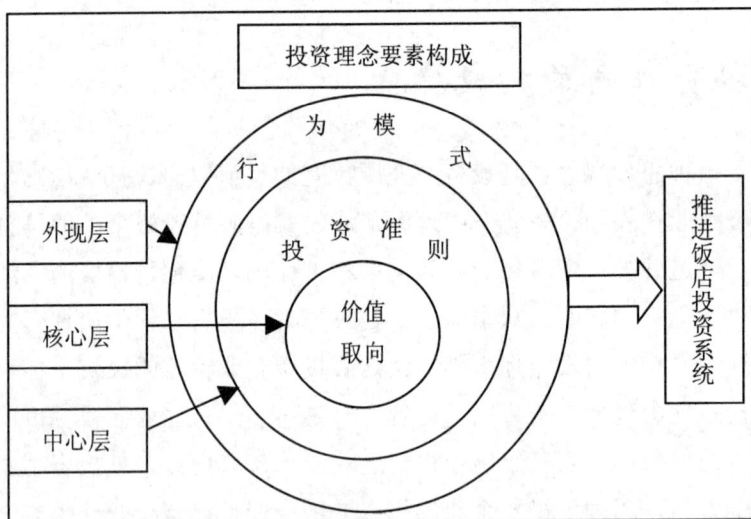

图 8-2 饭店投资理念三大构成要素

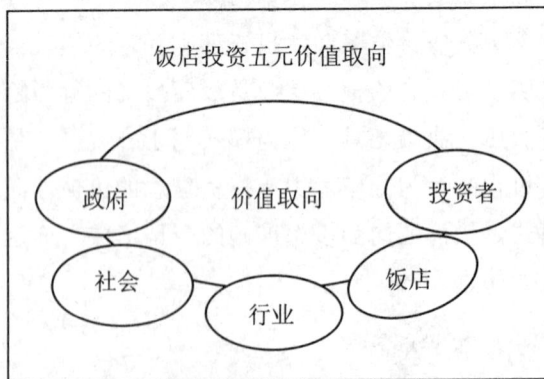

图 8-3 饭店投资五元价值取向

(二)饭店投资准则

饭店投资准则是理念的中心层，是指导饭店投资者选择投资饭店的决策工具。投资

准则一旦确定，它将成为所有投资活动的中心，即一切决策及活动将按准则要求做。建立什么样的准则，以什么准则作为投资公司追求的目标，决定了投资者的行为与思维方式。投资者的投资准则产生于投资者长期的社会生活实践基础之上，是人们投资经验与投资体验的反映，在投资的基本准则中反映了投资者投资饭店的情感价值取向。由准则左右的投资行为也具有明显的目标指向，投资者的投资行为选择往往直接受到投资准则的支配和导向。由于观念所涉及的内容与问题的层次、范围不同，投资准则具有多种类型与层次。投资准则与投资要实现的各项目标相对应，比如说盈利收益目标、发展目标、环境目标等都体现在投资准则之中。饭店投资准则是站在战略高度对饭店投资进行指导，它并不是孤立存在的，它要渗透在投资运作的各个方面，各个环节，对投资饭店的今后经营起着很大的作用。饭店投资准则深植于饭店投资者的决策活动之中，体现在决策者的语言、态度和行为之中，融入产品开发和技术创新之中，它可以引导投资者明确投资目标和达到计划目标的方式，通过逐步设计规划来提高投资的回报。

(三)饭店投资行为模式

饭店投资行为模式是投资理念的外现层。外现层往往能通过行为模式来折射出投资准则、投资价值取向等。饭店投资的投资准则、价值取向决定了投资者投资的基本思维模式和行为模式，而思维模式和行为模式在投资的交替过程中具有延缓性和保持性。饭店投资的过程，是投资者投资行为的体现。投资者要引起定向的投资行为，取决于种种因素，其中既涉及投资行为的一般规律，也涉及投资者的知识与能力、心理因素及其投资决策前的外部影响等，所以投资行为是投资者主、客观因素的综合反应。行为和心理影响个人投资者和组合管理者根据风险评估的财务决策过程(即根据适合的风险水平建立信息的过程)和框架结构问题(即投资者处理信息和决策的方法)。投资行为模式的形成有许多因素，比如获利的客观需要、对风险的承受能力、对所选投资饭店预期收益的判断。饭店投资者的投资行为影响着饭店投资的成败。

二、饭店主要的投资理念

(一)绩优长线理念

绩优长线理念，即投资者在选择投资饭店时除了要选择实力强或者成长性好的饭店之外，还要有长远眼光。选择投资饭店，是在确保投资在安全性、流动性和收益性的原则上进行运转，投资的重点在于选定业绩优和成长性较好的饭店作为首要的条件。所谓业绩优和成长性好，就是指选择发展现状良好或者发展现状不好而有巨大的发展潜力的饭店作为投资对象。投资饭店看重的是长期、稳定、合理的回报。在选择饭店时，要注意考察其硬件配套设施，不要先天不足的产品，新建的饭店自然较为理想。支撑投资回报的是饭店的经营能力，必须要有品牌和实力的饭店管理公司作为后盾，其国际化客源网络系统可以保证今后稳定的客房入住率。再则，投资饭店要树立长远眼光。建造一个饭店是一项复杂的系统工程，一般正常筹建周期在 3～4 年左右，试营业 1 年，投资回收期则至少在 8 年以上，这就需要树立长远的投资眼光，虽然在前期筹建环节(立项、土建、装饰和购置设施设备)有较大的资金流出，但这一环节对饭店建成后的产出至关重要，在这一阶段投资商要注入充足的资金和高度的关注；在饭店建成后，饭店投资会逐步减少并过渡到资金回收期；然而需要注意的是，按照饭店的生命周期规律，10 年以上的饭店需进行整体改造才能够正常运营，饭店投资方还需要适当的追加投资，以延长饭店的盈利时段，如果在饭店前期，投资者急于求成，则很难在短期内取得期望的结果。

(二)顺势而行理念

随着经济的不断发展，竞争越来越激烈，饭店投资者要感觉敏锐，及时捕捉市场机会，借用一切可以借用的事件、资源、契机等，来发现和利用市场机会，谁先铺捉到市场机会，并迅速付之行动，谁就会在投资竞争中赢得先机。采用顺势而行投资必须确保两个前提：一是涨跌趋势必须明确；二是必须能够及早确认趋势。这就需要投资者根据市场的某些征兆进行科学准确的判断，对于饭店投资者而言，谈不上能够操纵市场，要想在变幻不定的市场上获得收益，只能跟随大势，采用顺势投资法。凡是顺势的投资者，不仅可以达到事半功倍的效果，而且获利的机率也比较高；反之，如果逆势操作，即使财力极其庞大，也可能会得不偿失。饭店投资有顺政策之势、顺时间之势、顺人物之势等。例如，现在国家将大力扶持经济型饭店发展，因此许多投资商瞄准了这一政策之势，加大力度投资经济型饭店，近年将是经济型饭店的高速增长点，许多品牌经济型饭店都以翻番的速度扩张。饭店投资者要充分利用一些事件，抓住商机，在投资竞争中赢得先机。

(三)区位优势理念

地段区位应该说是投资饭店应考虑的首选因子，投资饭店的位置最好在商务核心区，地段和区域直接决定饭店公寓的投资价值，好的区域，比如北京的 CBD 和中关村区域都是比较理想的饭店公寓投资区域。反之，若饭店所处的地段差强人意，饭店产品的潜在需求增长不足，地段效应很难保证客房的出租率，同时也很难兑现预测的收益。在选址饭店时不仅要关注商业地段现状，更应关注该地段的未来规划。凡是属于成长型的地段，其投资的潜力都比较巨大。首先，饭店所处的地段现状良好，即投资饭店处于城市商业、文娱积聚区，有高强度的人流、资金流和信息流之处。饭店在旺地的建设和发展，不仅能利用旺地现有的多种资源，形成竞争优势而获利，同时，饭店也可以为所处地段提供更多的设施和服务，进而使得旺地更旺，形成饭店与地域的相互促进，饭店

将凭借旺地的高本底价值和发展潜力而获得饭店物业的增值盈利。再则，饭店所选择的地域具有发展潜力，即饭店选址在目前并不是发展的核心区或者商业积聚区，但是该地域具有很强的增值潜力。譬如宋城集团为了获得饭店增值利润，选址多是城郊未开发区域，通过集团自身力量进行造景，形成旅游流，利用人气带旺整个区域，然后进行饭店、景观房产等多种方式的置业，形成增值利润。

(四)环境优越理念

当前国内外引资竞争日趋激烈，其中，投资环境的竞争已成为引资竞争的关键，投资环境的持续改善备受各国政府的高度关注。各地区间的竞争已经从过去的办企业的竞争转为改善投资环境的竞争，再现了一股改善投资环境的热潮。投资环境是一个地区经济社会发展进步的标志，好的投资环境是一笔巨大的无形资产，对外可以增强影响力、吸引力和竞争力，对内可以凝聚人心、鼓舞斗志、激发创业热情。投资环境的优劣，直接关系着投资者的信心度，关系着投资是否安全、能否有效运行，同时也决定着区域经济发展的快慢，是否能实现全面、协调、可持续的科学发展。所以，投资者在选择投资饭店时除了考虑投资饭店本身的情况外，还要充分了解其周边的商业状况，以期互相借势，如果我们把一个经济区投资环境看作是一个大系统，从区域层次上分析评估有关的变量，区域投资环境评价指标体系应包括以下八大类因素：自然地理环境、基础设施环境、政府服务环境、政策法律环境、经济文化环境、市场经营环境、产业发展环境和技术创新环境，其中每一类因素根据需要还可继续细分成大量的子因素，投资者可以根据在该地区投资的实际有利程度进行评估，以确定投资环境的优劣。从区域投资环境评价系统可以看出，对涉及因素如此多的区域投资环境进行评估，本身就是一项复杂的系统工程。

(五)安全保障理念

投资有回报，同时具有风险。怎样趋利避害呢？开发商的实力与品牌是决定投资回报和增长潜力的重要保障之一。首先，开发商的实力，拥有一个可靠的饭店运营商是必须的，但是关键是在运营商未来的协调及经营能力。饭店的运营商通常参与饭店管理，并提供加盟品牌，收取管理和加盟费，或同时分享运营收入的一定比例，承担的风险较小，作为饭店的业主，产权人要注意与其合作协议的具体条款。其次，饭店的品牌实力，在以饭店产品过剩现象为特征的经济竞争中，品牌竞争是其主要表现形态。在如今同质化程度较高的饭店供给市场上，产品间的差异很大程度上表现为其品牌形象的差异，因而品牌也就成为超越产品的新的竞争核心。同时饭店品牌还为企业提供了超越产品本身有形资产以外的价值，一个饭店品牌的价格包括两个部分：一是产品本身的价格，即产品价值(或零售价格)，另一部分则是品牌在资本市场销售时的价格，即产权价格(或形象价值)，因而大大提升了饭店的竞争实力和盈利水平。总而言之，在选择投资饭店时，一定要注重开发商的运营能力和饭店的品牌实力。

第三节　饭店投资的盈利模式和投资策略

当前中国饭店业市场的发展并不均衡，除了热点城市和经济发展一线城市的饭店业经济效益较为可观外，我国有很多地区饭店的发展前景还不明朗，如市场不成熟、客房出租率不高、投资回报有限等。因此，选择合理的投资盈利模式，实施理性化的投资策略，是促进我国饭店业持续、健康、稳步发展的重要手段。

一、饭店投资盈利模式

(一)经营增长盈利模式

目前我国饭店行业的市场竞争非常激烈，即使在微利的状况下仍有很多饭店采取降价销售，使得饭店业的主要产品利润源受到极大的限制。因此，众多饭店纷纷开始实施产品差异化战略，积极寻求市场空档，提升饭店的经济实力，从经营增长上谋求饭店的利润增长。经营增长盈利模式主要是指饭店采取传统的以销售饭店住宿、娱乐、餐饮、会议等主打产品，在产品功能调整和提升的基础上，实施专业化服务、信息化操作，并根据顾客的需求提供人性化的解决方案，实现产品的高品质和顾客的高满意度，最终实现饭店的盈利模式。

依靠客房、餐饮等获得收入是早期饭店盈利的主要模式，随着饭店业的不断成熟和发展，行业竞争的加剧使得传统的盈利模式受到了严重的威胁，很多饭店都因财务业绩的不佳而被淘汰出局，饭店经营的增长遇到了前所未有的困难。饭店经营增长盈利模式强调利用三个平台——饭店内部协调平台、饭店相关企业协作平台和酒店顾客沟通平台，从产品功能调整和提升、专业化服务、信息化操作等方面形成竞争优势，形成价值利润。

首先，饭店产品传统的住宿、餐饮、娱乐、会议等功能需要进一步提升，整合休闲、咨询等服务功能，将酒店这种辅助设施产品建设成为一种特殊的消费吸引体，从而扩大利润源。另外，饭店的空间功能布局也十分重要，如提高饭店大堂等公共区域空间、饭店餐厅区域空间和客房内部空间的利用效率，让空间的利用既符合功能要求，又充分满足客人的需求，提高单位空间利润率。其次，饭店通过专业化增值服务进行收费，增值服务可以是饭店在经营成本和技术许可的条件下自己提供，也可以是与其他相关行业合作，从而形成饭店盈利增长点。如饭店自身可以提供的增值服务包括商务秘书、会议策

划、服务输出、饭店用品代理、旅游解决方案等；饭店也可以与相关行业企业进行合作，如旅行社、航空公司、物流企业、会展公司、旅游商品批发商、媒体、广告等，提供专业性较强的特色服务。再者，饭店的信息化给信息时代的饭店发展增加了筹码。通讯与网络技术的应用使饭店在管理、交流等方面突破地域限制，加速了饭店组织结构的革新，提高了企业运作的效率，为饭店创造了立体营销条件并且大大降低了饭店的交易成本，形成新的盈利空间。譬如饭店预定系统的建立，使饭店集团的成员饭店可以在世界各地分享客源信息，同时，饭店还可以通过信息技术实现一般管理能力和专业管理能力的扩展。

(二)物业增值盈利模式

饭店作为一种物业类型，饭店长期的保值增值也成为很多饭店投资者盈利的方式。饭店投资商考虑的并不仅是饭店目前的价值和长期稳步的经营收益，而更多考虑的是饭店未来的升值潜力。饭店升值潜力的大小受多方面因素的影响，主要包括交通、地段、商业氛围、地产升值、人流聚集状况等，饭店物业价值会随着这些影响因素的变化而产生很大的涨幅，因此，饭店物业增值模式具有一定的风险性。

饭店物业增值盈利模式，主要包括地段增值和饭店设施增值。地段应该是饭店物业增值的核心影响要素，如果饭店选址所处的地段差强人意，饭店产品的潜在需求增长不足，地段效应很难保证客房的出租率，同时也很难兑现预测的收益。如果饭店的选址在交通便利的城市口岸或商业中心，将大大提升饭店的口岸价值。地段增值可分为两种情况，第一，饭店所处的地段已经是旺地，一般是城市商业、文娱积聚区，有高密度的人流、资金流和信息流。饭店物业在旺地的建设和发展，不仅能利用旺地现有的多种资源，形成竞争优势而获利，同时，饭店物业也会为所处地段提供更多的设施和服务，进而使得旺地更旺，形成饭店与地域的相互促进，饭店物业将凭借旺地的高本底价值和发展潜力而获得饭店物业的增值盈利。第二，饭店所选择的地域虽然目前并不是发展的核心区或者商业积聚区，但是该地域具有很强的增值潜力，如政府指向的新开发、城郊景观带等。饭店通过科学的考察和市场调查，准确选择具有很大升值空间而目前还处于冷区或者温区的方式，也可以实现饭店物业的增值盈利。

饭店设施增值盈利是指除了饭店地段增值之外的饭店物业增值盈利模式。譬如地处城市中心地段的商务饭店，引来众多公司高层的长期入住；休闲、度假饭店，引来众多国际休闲品牌的入驻等。饭店除了选择交通和地段良好、商业氛围浓厚、人流高度聚集的旺地，具有巨大发展潜力的冷、温地，包装利用饭店的设施、设备，形成饭店的物业增值盈利模式，同时饭店还可以利用饭店物业管理的专业化优势，采用委托式管理、顾问式管理、咨询服务等方式实行物业管理输出，从而拓宽饭店的盈利渠道。

(三)资本运营盈利模式

资本运营是企业走外部成长道路的主要途径,它是以促进资本增值、利润最大化为目的,以价值形态为特征,与产品经营进行互补,通过对生产要素的优化配置和资产结构的动态调整等,对资产进行综合运营,实现计划利润目标的经营方式。资本运营的目的就是通过优化资本结构或者壮大资本实力来增强饭店的竞争力,从而增强饭店的盈利能力。

饭店资本运营的重要基础便是有完善的市场经济体制和资本市场制度。资本运营主要的客体对象是企业资本,并且大部分的资本运营行为是通过金融工具、在资本市场中实现的,如饭店股权的收购。因此,一个开放性、自由化、有深度的资本市场是饭店实施资本运营盈利模式所必不可少的外界基础条件之一。

饭店资本运营盈利模式需要通过资本不断的流动来实现合理配置和增值,资本的闲置是资本的极大浪费和流失。一方面,资本运营要求通过资本形态的变化,盘活沉淀、闲置、利用率低下的资本存量,使资本不断的流动到报酬率高的产业和产品上,优化资本的组合质量,达到资本有效增值和饭店盈利的目的;另一方面,资本运营要求加快资本流动的速度,缩短资本的流动过程,提高资本的流动效率,实现资本的迅速增值,从而盈利。我国不少饭店积累了相当数量的存量资产,与此同时,又有大量的存量资产处于闲置与半闲置状态。通过实施资本运营战略,推动饭店产权流动,资产重组和盘活资产存量,一方面可以将闲置的资产存量转移到更能使其发挥作用的优势企业,形成饭店产品经营盈利,另一方面还可以通过存量资产的转让直接实现资产的保值、增值。资本直接运作的方式包括:证券投资、股票的收回与分割、期权交易、饭店租赁、饭店买卖等。如实力强大的饭店管理公司,通过资本运作,以较低价格收购经营不善的饭店,然后通过饭店组织和流程的再造,实现饭店的扭亏为盈,然后再通过资本市场,以较高的价格出售,从而获得饭店资本盈利。

(四)品牌创新盈利模式

在以饭店产品过剩现象为特征的经济竞争中,品牌竞争是其主要表现形态。在如今同质化程度较高的饭店供给市场上,产品间的差异很大程度上表现为其品牌形象的差异,因而品牌也就成为超越产品的新的竞争核心。同时饭店品牌还为企业提供了超越产品本身有形资产以外的价值,一个饭店品牌的价格包括两个部分:一是产品本身的价格,即产品价值(或零售价格),另一部分则是品牌在资本市场销售时的价格,即产权价格(或形象价值),因而大大提升了饭店的竞争实力和盈利水平。

另外,品牌价值的提升能使饭店无形资产快速升值。品牌价值,使品牌具有了超越产品价值以上的另一部分价值,同样品质的饭店产品,具有知名品牌的产品就能获得较高的价格认同,消费者愿意支付比其他产品更高的价格去购买知名品牌的产品,从而使企业能获得更大的利益。世界各大饭店都非常注重提升饭店品牌价值,获取超额利润,

见表 8-1。

表 8-1　2004 年世界饭店品牌二十强排名表(截止 2004.01.01)

2003 排名	2004 排名	连锁品牌	所属集团	酒店数量		客房数量		客房变动率	
				2003	2004	2003	2004	客房数量	%
1	1	Best Western	Best Western	4 064	4 110	308 911	310 245	1 334	0.4
2	2	Holiday Inn	InterContinental HG	1 567	1 529	293 346	287 769	-5 577	-1.9
3	3	Comfort Inns & Suites	Choice	2 268	2 366	169 750	177 444	7 694	4.5
4	4	Marriott Hotels Resorts	Marriott Internat.	450	472	165 200	173 974	8 774	5.3
5	5	Days Inn of America, Inc.	Cendant	1 902	1 892	158 824	157 995	-829	-0.5
6	6	Sheraton Hotels & Resorts	Starwood	396	394	133 519	134 648	1 129	0.8
8	7	Hampoton Inn	Hilton Corp.	1 222	1 255	124 653	127 543	2 890	2.3
7	8	Super 8 Motels	Cendant	2 083	2 086	126 862	126 421	-441	-0.3
10	9	Express by Holiday Inn	InterContinental HG	1 352	1 455	109 205	120 298	11 093	10.2
9	10	Ramada Franchise Systems	Cendant	971	905	116 098	104 636	-11 462	-9.9
11	11	Radisson Hotels Worldwide	Carlson Hospitality	435	441	102 646	103 709	1 063	1.0
12	12	Motel 6	Accor	863	880	90 890	92 468	1 578	1.7
15	13	Quality Inns, Hotels, Suites	Choice	820	878	86 662	92 011	5 349	6.2
14	14	Hyatt Hotels	Hyatt Hotels & Resorts	206	210	87 000	89 542	2 542	2.9
13	15	Hilton Hotels	Hilton Corp.	231	230	87 618	89 012	1 394	1.6
17	16	Courtyard	Marriott Internat.	587	616	84 356	88 214	3 858	4.6
16	17	Mercure	Accor	733	726	86 525	86 239	-286	-0.3
18	18	Hilton	Hilton International	250	254	73 123	75 005	1 882	2.6
19	19	Ibis	Accor	622	651	65 791	69 950	4 159	6.3
20	20	Novotel	Accor	369	388	62 694	67 268	4 574	7.3

(资料来源： MKG Consulting Database. 2004-06)

品牌创新盈利模式是饭店长期盈利的最佳模式，饭店品牌的发展和创新可分为3个阶段：饭店品牌塑造、饭店品牌扩张、饭店品牌维护。

饭店品牌的盈利必须首先在品牌塑造上投入大量的成本，具体的饭店品牌塑造又包括品牌定位、品牌创意以及品牌形象塑造三部分内容。通过品牌定位明确品牌的个性与发展方向；通过品牌创意设计有特色的、理想的品牌名称和标志；通过品牌形象塑造将良好的品牌信息传播给消费者，强化顾客对旅游品牌的正面认知和评价。

为了扩大饭店成功品牌的盈利面，形成全方位盈利局面，第二阶段必须实施饭店品牌扩张，即饭店在成功塑造品牌后，为使该品牌不断发展壮大，相应采取的品牌纵深化发展战略。饭店品牌的延伸扩展强调的是饭店对已实现的某个品牌资源的充分开发和利用，使品牌生命不断得以延长，品牌价值得以增值，品牌的市场份额不断扩大。大型国际饭店集团在其最初发展阶段，通常仅针对某个档次的饭店，对其核心品牌发展单一的线性延伸，形成产品线，由盈利点形成品牌系列盈利。假日集团最早拥有中档饭店品牌Holiday Inn(假日饭店)，是集团的核心品牌，价格适中，服务全面。在它向中档细分市场扩展其产品线时，延伸出了 Holiday Inn Garden、 Holiday Inn Express、Sunspree resorts等中档经济型、中档度假型的饭店品牌。饭店集团为了适应商务、家庭豪华市场和大众市场的变化，又在其核心品牌下延伸出了不同名称、不同市场、不同服务、不同设施、不同档次的产品系列。如 Embassy Suite& Grand Royal(长期公务旅游者的全套房型饭店)、Hampoton Inn(最低层中档旅游者的经济型饭店)、Holiday Inn Crown Plazas(豪华商务饭店)、Residence Inns(家庭旅游者的全套房公寓)、Harrah's(哈拉博饭店)等六大产品品牌系列。雅高集团的 Accor Sofitel、Accor Novotel、Accor Mercure、Accor Ibis 等多个品牌，分别面向豪华、中档、经济型饭店市场。上海锦江集团也利用其品牌资产延伸出了锦江假日、锦江之星等品牌。系列品牌的延伸，大大提升了饭店的品牌价值，为饭店的全方位、多层面盈利奠定了基础。

饭店品牌维护，即当饭店的品牌进入成熟期后，其所关注的重点应转移到确保所拥有的品牌优势不被削弱上来，这时饭店要善于分析竞争对手的各种进攻，并有针对地予以回应。该战略的实施应注意对已有品牌的注册、防伪、维权以及品牌内容创新等方面，从而实现饭店品牌的全面盈利。

此外，一些实力较弱的饭店，还可以通过借鉴、引入品牌，实现饭店无形资产的增值，利用市场上已经具有影响力和感召力的饭店品牌，提升饭店的管理水平、提高服务质量，从而提高酒店经营收益，并使酒店资产得到增值。

(五)集团建设盈利模式

饭店通过集团化经营，扩大规模经济与实现规模经济效益，是饭店盈利的主要模式之一。与单体饭店相比，降低运营成本、网络建设市场推广、集约化经营，都会带来更多的投资收益。

在美国，饭店集团化的比例已经达到了 90%，欧洲饭店集团也积极通过提高产业集中度来寻求世界范围内的发展。在这些国际超级饭店集团中，2004 年排名前 10 的饭店集团所控制的饭店市场供应占前 100 名饭店集团市场供应的 3/4 强，见表 8-2。

表 8-2　2004 年世界饭店集团前十名排行表（截止 2004.01.01）

2003 排行	2004 排行	集　团	国家	酒店数量		客房数量		客房变动率	
				2003	2004	2003	2004	客房数量	%
2	1	InterContinental Hotels Group	GB	3 325	3 520	515 525	536 318	20 793	4.0
1	2	Cendant	USA	6 513	6 399	536 097	518 435	-17 662	-3.3
3	3	Marriott International	USA	2 493	2 655	453 851	479 882	26 031	5.7
4	4	Accor	FRA	3 829	3 894	440 807	453 403	12 596	2.9
5	5	Choice	USA	4 664	4 810	373 722	388 618	14 896	4.0
6	6	Hilton Corp.	USA	2 078	2 142	336 493	344 618	8 125	2.4
7	7	Best Western	USA	4 064	4 110	308 911	310 245	1 334	0.4
8	8	Starwood	USA	748	774	226 970	237 934	10 964	4.8
9	9	Carlson Hospitality Worldwide	USA	847	879	141 923	147 478	5 555	3.9
10	10	Hilton International	GB	399	409	99 945	102 602	2 657	2.7

（资料来源：MKG Consulting Database. 2004-06）

饭店集团的发展可分为内部成长和外部扩张，相对应形成保守性集团增长盈利模式和快速性集团增长盈利模式。在现代激烈的饭店业市场竞争环境下，通过内部成长方式来扩大饭店规模、发展饭店集团的较少见。但是也有一些饭店通过内部成长途径取得成功的，如美国德鲁里饭店集团，从 1973 年第一家饭店开业起，到现在已达到 5 个品牌100 多家联号饭店，该公司奉行的就是"保守性扩张"政策，它的特点是所有饭店均由集团自己建造、自己拥有、自己管理，属于保守性集团增长盈利模式。

与企业内部成长相对应的是外部扩张，即充分利用外部资源和力量，通过资本纽带、兼并收购、管理合同、特许经营、战略联盟等多种方式来扩大产业规模，形成饭店集团的快速发展途径。外部扩张是现代企业集团扩张的最常见方式，也是形成快速集团增长盈利的途径。如英国巴斯酿酒集团通过收购假日饭店集团大规模地进入了饭店业市场；法国雅高集团对 CLUB6 的收购；1997 年马里奥特集团以 10 亿美元购并 Renaissance 品牌；假日、希尔顿、喜来登饭店集团等以特许经营方式获得全球的快速增长。

以上是 5 种最为常见的饭店盈利模式，在饭店的实际操作中，应根据饭店实际情况，结合市场环境和影响的主导因子，合理选择适宜自身发展的投资盈利模式，强化主导盈利模式，适度选择多种盈利模式的协调功能，发挥最大的效益。

二、饭店投资策略

2004 年洲际、万豪、雅高、圣达特、喜达屋、凯悦、香格里拉等大型饭店跨国集团纷纷制订了在华投资饭店的发展战略，北京和上海成为海外饭店集团争夺的重要战场，同时专家预测 2008 年以前，豪华饭店将成为饭店业竞争最为激烈的领域。然而，要想在竞争异常激烈并已进入"微利时代"的饭店业中获取利润，对于饭店投资商来说，必须要有一套完善的投资策略体系。

(一)以产品线为依托的投资策略

所谓产品线是从投资者角度将饭店看作是投资活动的产品。围绕市场需求和投资意向可以将所有饭店分为三大系列，即主题型饭店、功能型饭店和综合型饭店，三大系列饭店都可分别开发不同的投资产品线，其中主题型饭店则包含了种类丰富多样且非常鲜明的主题，它是国外饭店经营模式中比较成功的一种，客人在消费中时刻都能体会到饭店独特的主题内涵，例如拉斐特以法国源远流长的葡萄酒文化为主题、瑞士苏黎世单身女性饭店、美国 Pest Hotel 宠物饭店等；功能型饭店则是以满足某种细分市场为目的并着重突出某种功能的饭店，在饭店的功能、设施和服务中体现出相应的专业水平，又可以细分为度假饭店、会议展览饭店、商务饭店、公寓式饭店等；综合型饭店则是满足一般大众消费市场的饭店，当然每一种饭店都会有自身的一个主题定位，综合型饭店只是在服务和产品中更加体现大众化，各种功能都比较齐全。

产品线投资模型的优势在于：首先有比较高的竞争门槛；其次是能够提供稳定持续的利润。通常投资商会在三大系列饭店之间或之中重点打造一条或多条产品线，并通过这些产品线的不断延伸实现企业经营的综合效益和持续发展。由于饭店性质的差异，三大系列的饭店在投资策略上也有所不同：主题型饭店在塑造自身的文化内涵和主题上难度比较大，从设计、建设、装修到经营管理、服务都需要大量的资金投入，由于客源市场的局限，投资回收的风险最大，但一旦获得成功可以产生长期的经济效益并且避免竞争，有实力的投资商可以提早进入；功能型饭店要求客源市场比较充足，一般来说规模比较大、档次比较高、服务个性化，区位条件是其最重要的投资因素，其中度假型饭店要求在自然环境优美的地区，商务型饭店则要求比较便捷的交通，会展型饭店则要求人流比较集中的城市中心区，功能型饭店运营成本高但投资回报快；相对而言综合型饭店投资成本低，但因为缺乏针对性的目标市场，饭店经营管理比较困难，投资利润率不是很高，但经营风险也比较小。

(二)以资金链为纽带的投资策略

随着饭店市场的不断成熟，饭店投资者以大投入攫取高利润的时代已经不复存在，并且一般饭店的投资回收期相对延长，投资饭店必须有雄厚的资金作保证，另外则可以通过合理的资金循环形成良性的资金链，将资金分散在一些防御性强、成长性好的饭店类型上，从而确保饭店资金的顺利回收和增值。目前从投资总成本的角度来看，饭店投资主要集中在豪华型饭店和经济型饭店上，豪华型饭店建设周期长，投资成本高，根据国际饭店业的一般标准，五星级饭店每间客房的投资成本在15～20万美元之间，四星级饭店每间客房的投资成本在10～14万美元之间，三星级饭店每间客房的投资成本在5～8万美元之间，建造一个豪华饭店需要少则几个亿，多则几十个亿美元的资金；而一般经济型饭店每间客房的投资成本在1.5～4万美元之间，而且平均房价稳定，能够保证正常的投资回报。

从投资策略上讲，目前投资豪华饭店回收期较长，业绩增长较缓，高星级饭店在我国某些地区呈现出过剩的供需状况，如短时间投资大量的高星级饭店，资金运作会存在一定的难度；投资连锁的经济型饭店对宏观调控不敏感，其规模化的经营提高了出租率，品牌化的经营提供了服务保障，连锁化的经营降低了单位经营成本，我国近期投资连锁经济型饭店的成长性较好，2004年号称世界上最大的经济型饭店连锁品牌速8正式亮牌北京，并打算以每月两家的速度拓展，法国雅高也计划每年在中国发展10家宜必思品牌饭店，这种经济型饭店的经营利润率现在能达到50%，2004年，国内的经济型饭店品牌锦江之星和如家快捷都先后完成了全国布点，市场需求旺盛。

(三)以时间轴为序列的投资策略

在价值时代投资是为了资本增值，但是在如今高速发展的社会经济中，资本增值不仅表现为绝对数额的增加，还要考虑资本的时间价值、通货膨胀、汇率变动和国家政策等因素。以时间轴为序列的饭店投资策略，是从投资资本的时间价值出发，结合饭店产品的生命周期规律，在时序上对投资进行优化组合。建造一个饭店是一项复杂的系统工程，一般正常筹建周期在3～4年左右，试营业1年，投资回收期则至少在8年以上，这就需要对饭店投资进行准确的项目估算和收入预算。

美国 Wimberly Allison Tong & Goo (WATG)专业饭店设计公司认为：最有可能影响创收和成本节约的环节是总体规划设计阶段，优质的设计能使土地价值的回报率达到最大，他们通过研究数据表明优质的设计与饭店盈利有强相关性，能对饭店的营业额和运营成本两个主要方面产生影响，因而虽然在前期筹建环节(立项、土建、装饰和购置设施设备)有较大的资金流出,但这一环节对饭店建成后的产出至关重要,并且如果筹建期失控和延长会增加投资成本,在这一阶段投资商要注入充足的资金和高度的关注;在饭店建成后,饭店投资会逐步减少并过渡到资金回收期;然而需要注意的是,按照饭店的生命周期规律,10年以上的饭店需进行整体改造才能够正常运营,饭店投资方还需要适当的追加投资,以延长饭店的盈利时段,例如按照国际奥委会的要求,2008年北京市的星级饭店数应达到800家,然而目前北京市星级饭店业中的相当部分也已进入到了10年的店龄期,因此还需要新建或升级改造300家星级饭店,相对而言升级改造方案具有较大的优势。

(四)以收益率为前提的投资策略

投资收益率是每一位精明的投资商最关心的指标,它能够直接反映整个投资活动的状况。投资收益率的高低受多种因素决定,在投资学中风险与回报总是成正比关系,投资高风险的行业或领域可以获得高回报,但一味追求高收益率的行业必将面临更大的风险,其关键是要能够做出正确的投资决策。根据饭店经营管理的属性,一般影响饭店投资收益的因素有:饭店区位、产品市场、经营管理等,其中区位的选择要考虑城市的经济水平、交通状况、竞争态势、基础设施和制度环境等因素;产品市场则要寻求适合饭店自身特色的市场定位;经营管理一般与管理品牌、人力资源等因素相关。

要确保饭店投资经营能够获得正常或超常的收益,必须考虑以下几种投资策略:第一,投资优势区位,从地区经济的发展水平和增长潜力来看,沿海发达城市、活力型和增长型的二线城市可作为饭店投资方向,像江苏的无锡、常州、江阴,浙江的宁波、温州、湖州,广东的珠海、番禺、惠州、东莞,湖北的宜昌、荆州、襄樊等;从市场需求状况来看,交通便利、流动人口大、基础设施完善的城市可作为饭店投资方向,如全国的政治中心北京、国际金融都市上海、交通枢纽武汉、旅游胜地桂林等。第二,投资超前市场,客源市场是一个风云变幻的消费集中人群,准确把握未来市场的发展趋势和潮流,就需要投资商敏锐的市场洞察力和判断力,就目前来说,经济型饭店能够较好地满足目前国内大众的需求,产权式饭店则引领着高端的度假休闲市场。第三,投资品牌饭店,饭店品牌本身具有一定的扩张度,在营销宣传、人力资源开发、财务管理等方面有着成功的经验,可有效地降低饭店运营成本。

(五)以情感源为基点的投资策略

所谓以情感源为基点就是从投资商的心态来考虑投资决策,从企业战略管理的角度来分析,这主要取决于公司的企业文化和经营理念,主要的表现为公司领导者的思维方式、经营哲学等,不同类型的领导人会采用不同的投资策略,开拓型、征服型、理财型的领导人可能比较主动,积极寻求每一个投资的机遇,而冷静型、行政型的领导人则侧

重于稳妥型的长线投资策略。饭店投资的商机也是稍纵即逝，在进行科学分析的基础上，更需要投资决策者的个人智慧和勇气，真正做到理性投资。

对于中国的饭店投资分布来看，国外饭店集团往往选择经济发达的中心城市或旅游资源丰富的城市立足，特别是北京、上海、广州、西安、桂林等直辖市、省会城市和著名旅游城市，从众行为以及由此推动引发的市场波动使得这些区域常处于过度的非理性繁荣和危机交替的状态。其实西部大开发和振兴东北的政策也暗藏着巨大的商机，业内人士认为目前已经出现了饭店资本西征的脉动：2004年包括喜来登、圣达特以及香格里拉等在内的多家国际著名饭店管理集团纷纷宣布在四川的扩军计划，内地希望集团耗资10亿元人民币修建的家园国际饭店，以及在九寨沟新开的另两家五星级饭店等都充分显露了饭店业挺进西部的迹象。

第九章 饭店设备管理

【学习目标】

1. 了解饭店设备管理的相关概念
2. 掌握饭店设备管理的意义与任务、主体与岗位以及管理内容
3. 了解饭店设备的种类
4. 掌握饭店设备系统管理的流程

【关键词】

饭店设备 Hotel Facilities
资产管理 Asset Management
系统管理 System Management

第一节 饭店设备管理概述

一、饭店设备管理概念

在设备工程学中，设备的定义是"有形固定资产的总称"，它包括所有列入固定资产的劳动资料。具体到饭店企业，饭店设备的定义是：饭店设备是饭店在生产经营活动中长期、多次使用的机器、机具、仪器、仪表等物质技术装备的总称。饭店设备管理是饭店全体员工在最高综合效益目标指导下,运用科学的管理方法对各种设备系统从选购、安装开始，经过使用、维护保养、更新改造，直至报废为止的全程管理活动。

二、饭店设备管理的意义与任务

(一)饭店设备管理的意义

1. 加强设备管理是开展饭店生产经营的基本条件

饭店的生产经营与服务活动需要各种设备、操作服务的辅助。设备的运行状态决定了饭店管理与服务能否正常进行。饭店的各种设备在长期的运转过程中会出现各种故障以及设备老化等问题。因此需要加强设备管理，经常性地对设备进行维护、改造、更新等，以保障设备处于良好的运行状态，从而保证饭店生产经营活动的正常进行。

2. 加强设备管理是提高饭店服务质量的重要保证

饭店向客人提供的服务产品包括两个方面：人的服务和物的服务。两者相辅相成，共同构成饭店服务产品。其中物的服务是饭店服务产品必须具备的物质条件。加强饭店设备管理，提高设备的运行效率以及先进程度，可以为顾客提供更加快捷、周到的服务。因此，加强设备管理是提高饭店服务质量的重要保证。

3. 加强设备管理是提高饭店经济效益的重要手段

饭店设备的费用支出，例如设备购置费、折旧费、维修费、能源消耗等在饭店成本中占很大比重。例如一般饭店设备的购置费占饭店总投资的 35%～55%，而运行费用则占经营总费用的 15%左右。加强饭店设备管理，可以有效减少设备故障率，降低设备能源消耗，延长设备使用寿命，从而大大降低各项设备费用支出，提高了饭店经济效益。

(二)饭店设备管理的任务

饭店设备管理的任务集中到一点就是为实现饭店的经营目标提供最优的设备。通过对饭店设备进行系统的管理与维护以保证设备处于良好的运行状态，使饭店的生产经营活动建立在最佳的技术装备基础上。饭店设备管理的任务主要包括三个方面。

1. 保证设备正常运行

饭店设备的运行状态决定了饭店管理与服务能否正常进行。因此需要加强设备管理，通过正确使用、定期维护、适时检修、不断更新等手段保障设备处于良好的运行状态，从而保证饭店生产经营活动的正常进行。饭店设备管理部门应针对不同的设备制定设备完好的技术标准。

2. 提高设备先进程度

随着现代科技进步速度的加快，饭店原有技术设备只有及时改善和提高才能保证其生产经营效率不断提高。饭店设备管理要保证饭店设备的更新、改造，不断提高设备的先进程度。其主要措施有两点：一是用先进的新设备更新旧设备；二是应用新技术对旧设备进行改造，提高旧设备的性能。

3. 发挥设备最大功效

设备功效是指设备的生产效率和功能。设备管理要求设备发挥最大的功效，一方面根据岗位要求选择"最小能耗、最大产出"的设备；另一方面，加强饭店设备管理，减少设备故障发生率，提高设备的性能，进而提高设备生产效率。

三、饭店设备管理的主体与岗位

(一)设备管理的主体

饭店设备管理的主体是设备管理部门，同时包括饭店各个部门的管理者以及设备使用人员。饭店设备管理部门拥有合理的组织机构和分工明确的岗位是高效开展饭店设备管理的组织保障。设备管理部门应是独立设置的，与饭店其他部门平级，其专门负责工程设备管理。设备管理部门实施饭店总经理领导下的总工程师或工程总监负责制，由总工程师(或工程总监)统领一些专业工程师(或部门专业经理)，再由工程师分别承担专业维修组的技术管理工作。除了设备管理部门以外，饭店设备管理工作还与饭店各个部门的设备使用者密切相关。因为设备的正常运行离不开设备使用者的正确操作。各个部门的工作人员只有熟悉设备的操作程序，详细向顾客介绍设备的使用方法，才能减少设备发生故障的概率，保证设备正常运行。因此，各个部门的设备使用者也是设备管理的主体之一。

(二)设备管理的岗位

饭店应根据设备管理工作的实际需要设置具体的工作岗位，并对每一个工作岗位制订制度化、规范化的岗位规范，岗位规范应详细规定设备管理工作岗位者的知识结构要求以及具体职责。根据饭店设备管理工作的实际需要，设备管理工作岗位主要包括：部门经理、部门经理助理、电气技术主管、机械技术主管、班长、库房主管、供配电工、照明电工、弱电电工、机修工、空调工、电梯工、万能工等。下面对各设备管理工作岗位的岗位职责作简要的分析。

1. 部门经理

饭店设备管理部门经理主要职责包括：根据饭店经营方针以及主管领导的指示对饭店所有设备实施全过程管理，从设备购置、安装调试、维护保养、更新改造等方面进行指导与监督；负责对设备使用人员的设备技术知识培训，合理使用人才，提高劳动效率；制订、实施以及监督各种设备工作计划，例如请购物资计划、设备更新改造计划、工作计划等；组织制定各岗位规范和操作规程，并经常深入督促和检查；现场指导各部门的设备管理工作，巡查重点设备的技术状况，及时发现隐患或故障并组织力量修理；建立完善的设备资产管理制度。

2. 部门经理助理

部门经理助理主要职责包括：协助设备管理部门经理工作，传达部门经理的工作指令，完成部门经理临时交给的各项任务；按制度要求，对设备管理部门进行工作考勤，并对各技术岗位的完成工作量情况和工作质量情况向部门经理汇报；建立设备管理的信息档案，及时检查各种设备运行的报表数据，定期整理上报；对于需要集中排除的设备故障应协调设备管理部门各班组间的关系，集中力量解决。

3. 电气技术主管

电气技术主管主要职责包括：负责饭店所有电气设备处在优良的技术状态下安全运行；现场检查电气设备运行状态，发现问题及时处理；制定、实施电气设备运行方案、操作规程、安装检修的技术质量标准，监督和检查各班组执行情况；编制或审订各类电气设备检修计划和预防性试验计划，制定防止电气设备事故的措施和规章；当电气设备发生故障时组织人员进行抢修；负责电气设备的技术资料收集整理工作；对饭店更新改造电气设备提供技术指导，并负责设备调试、验收工作。

4. 机械技术主管

机械技术主管主要职责包括：在饭店工程技术部门经理领导下负责饭店机械设备管理；负责机械设备现场检查工作，发现问题及时处理；负责饭店所有机械设备的安装验收、改装和维修的组织工作和技术指导；负责机械设备的技术资料收集整理工作；制订并监督执行机械设备维护使用和日常管理的规章制度。

5. 技术员

技术员主要职责包括：严格按照岗位操作规程和各项规章制度操作设备，学习各种现代化设备技术知识，及时完成各项工作任务；负责设备日常维修保养工作，使设备经常处于良好的运行状态；负责对使用设备的变动、更新改造等提出可行性分析意见；负责记录设备的技术状况和工作报表。

6. 库房主管

库房主管主要职责包括：定期编制设备购置申请计划，保证备件按质按量及时供应；定期分析备件的实际消耗和占用资金及周转等情况，定期修订储备定额，逐步做到合理储备；指导备件库工作和采购工作，督促仓库作好备件保管、存放、维护保养。

7. 供配电工

供配电工主要职责包括：严格按照岗位规定开展变配电房运行管理工作；定期检查设备、线路和仪表的运行状态，并做好值班记录；制订停电状态的应急发电措施；按计划做好发电机组养工作。

8. 照明电工

照明电工主要职责包括：负责全饭店所有照明线路和灯具的日常管理和维修工作；完成特殊场所的照明的布置、安装工作；按计划定期检修照明设备、线路。

9. 弱电电工

弱电电工主要职责包括：负责对饭店电子设备日常管理和维修工作；根据计划做好电子设备的月、季、年度检测和保养工作。

10. 机修工

机修工主要职责包括：负责饭店各种机构设备和冷热供水系统、排水系统维修保养工作；服从工程师和技术员调动，参加应急修理任务；定期填写机修工作日志和值班记录。

11. 空调工

空调工主要职责包括：负责空调机组开启、关闭和运转的日常管理和维修工作；定期对空调机组进行保养和维修；填写空调机组重要设备的运行日报表。

12. 电梯工

电梯工主要职责包括：负责饭店电梯的日常运行管理和维修工作；定期开展电梯设备安全性能测试和运行安全检查，并填写工作日报表；及时排除电梯故障，确保正常运行；制定消防状态和停电状态的应急措施。

13. 锅炉工

锅炉工主要职责包括：负责饭店锅炉运行操作的日常管理和维修保养工作；定期检查锅炉设备，定期保养，及时采取措施排除故障；制定紧急停炉安全措施以应对各种可能出现的安全事故。

14. 万能工

万能工主要职责包括：严格按照客房维修项目和公共区域维修项目要求进行巡检维修；在与客房、前厅、销售等部门沟通协调的基础上制订对客房和公共场所的每月每周维修进度计划；严格执行进房操作程序和房内维修的各项有关制度；妥善保养、保管和正确使用各种机器和工具；合理领用零配件和原材料。

四、饭店设备管理的内容

饭店设备管理的内容包括：从计划添置设备开始，对设备购置、安装、调试、使用、维护、更新改造，直至报废的全过程管理。

(1) 计划。由设备使用部门提交设备采购单，设备管理部门对购置设备提供相关技术参数，例如技术、价格、适用性、可靠性、维修性评价、投资回收评价等信息；对符合条件的设备进行筛选，最终提出最佳设备采购计划。

(2) 购置、安装、调试。对所有设备的采购、安装、调试全过程进行管理与监督。

(3) 使用。对饭店各部门使用设备提供技术指导，并实施监督管理的职能。

(4) 维护。对所有设备定期或不定期进行保养、维修；对有故障的设备进行及时的维修，以保证设备正常运行。

(5) 更新改造。采用新技术对旧设备进行改造，用先进的新设备更换旧设备，以提高设备的技术装备素质。

(6) 报废。对报废设备进行技术鉴定，为设备报废提供依据。

第二节　饭店设备分类

饭店设备种类繁多，依据不同的标准可以划分为不同类型。本节依据饭店技术管理的要求不同，按照不同的设备组成系统功能对饭店设备进行分类，饭店设备主要分为以下几类：供配电系统、空调制冷系统、锅炉供热系统、给排水系统、消防报警系统、电梯设备系统、厨房设备系统、音像与通信系统、健身娱乐设备系统等。本节将对各种类型设备系统作简单介绍。

一、饭店供配电系统

饭店必须具备可靠的、大功率的供电系统。饭店对供电系统的基本要求是：保证供电的持续性以及系统运行的可靠性，供电质量要好。饭店供电系统的设备主要包括变配电设备、输电设备和用电设备。

(一)变配电设备

饭店供电系统中的主要的变配电设备有以下几类。

1. 变压器

变压器是根据电磁感应的原理把电压升高或降低的电气设备，它分载调压式变电器、油浸式变电器和干式变电器。根据不同设备用电需求，对饭店照明及电梯类用电采用载调压式变电器供电；当有独立变电站时，选用油浸式变电器或干式变电器均能满足饭店用电需求；当变电站位于饭店建筑内时，则应选用干式变电器。

2. 高压配电柜

高压配电柜在高压配电中起着控制、保护变压器和电力线路的作用，或者是起监测、计量等作用，它分为柜架式、手车式和抽屉式。

3. 低压配电柜

低压配电柜是按一定的接线方案将有关电器组装起来的一种成套配电设备，在500V以下的供电系统中作动力和照明之用。低压配电柜主要分为开启式配电柜、封闭式配电柜和无功补偿柜等。

(二)输电设备

饭店输电设备主要包括输电线路和接线箱。输电线由变电站低压柜引出后，经过两个或多个独立的电气竖井引至顶层或中间楼层；用于照明的输电线至每一层与水平配电线路 T 接，竖井的每一层设电气小室，安装配电箱；送往电梯机房的配电干线直接送往顶层电梯机房，中途不允许 T 接。输电设备主要有母线、电缆和电线三种及输电线路的中间接线箱。

(三)用电设备

饭店内所有以电能作动力的设备均是用电设备，主要分为四种类型：机电设备(例如电梯)、电热设备(例如电烤炉、微波炉)、电子设备(例如电视、音响)、照明设备(例如日光灯)。

二、空调制冷系统

空调系统是一个包含供热、制冷和通风的综合系统，它将室外的空气吸入，经过过滤、降温(或升温)、降湿(或加湿)等程序处理后送入空调室内，同时将室内空气排出。饭店空调系统按照空气处理设备的集中程度可以划分为三种类型：集中式空调系统、局部式空调系统、半集中式空调系统。集中式空调系统将所有的空气处理设备全部集中在空调机房内；局部式空调系统的冷热源、空气处理设备、风机和自动控制元件全部集中在一个箱体内；半集中式空调系统除了安装在空调机房内集中的空气处理设备外还有分散在空调房间内的空气处理末端设备。下面对不同类型的空调系统组成作简要介绍。

(一)集中式空调系统

集中式空调系统例如中央空调主要由以下几个部分组成。

1. 空气处理设备

空气处理设备是中央空调系统的重要设备，它的作用是对空气进行过滤、冷却(加热)、去湿(加湿)等处理的设备，它主要分空气集中处理机组和风机盘管两种。

2. 空气输送设备

空气输送设备主要负责把处理好的空气按照一定的要求输送到各个空调房间，并从房间内抽出一定的空气，它包括风机、风道系统、调节风阀等。输送空气的动力设备是通风机；风道是运送空气的通道，包括进风风道和排风管道；调节风阀的作用是控制风道的开闭和调节风量，如插扳阀、蝶阀、防火阀、止回阀。

3. 空气分布装置

根据室内外空气状态的变化，通过空气分布装置调节空调的送风口和回风口以合理分布室内空气。装置调节可以是人工进行，也可以是自动控制。

(二)局部式空调系统

局部式空调系统又称空调机，它直接安装在饭店空调房间内，具有设备结构紧凑、安装方便、不需专门机房等优点。它由制冷压缩机、节流机构、直接蒸发式空气冷却器及风机、空气冷凝器等部件组成的空调机组成。

(三)半集中式空调系统

半集中式空调系统除了安装在空调机房内集中的空气处理设备外还有分散在空调房间内的空气处理末端设备。典型的有风机盘管空调系统，它主要由风机、风机电动机、盘机、空气过滤器、室温调节装置组成。

三、锅炉供热系统

目前饭店热能供应一般由锅炉系统供热，供热系统的运行状况直接影响到饭店许多设备的正常运行以及服务的开展。锅炉供热系统主要由锅炉水处理系统、锅炉机组系统和辅助设备系统组成。

(一)锅炉水处理系统

锅炉水处理系统主要用于对锅炉用水进行软化处理和除氧处理。软化处理一般用离子交换软化处理法。由于自来水中含有一定的钙、镁等盐类(这种水称为硬水)，而锅炉用水必须是软水，因此需要用钠离子交换法对硬水进行软化，经过处理后的水由水泵送进锅炉。除氧处理主要以大气式热力除氧法，利用水温的提高降低水中氧气的含量，从而除去大部分水中的溶解氧。

(二)锅炉机组系统

我国饭店大多使用燃煤锅炉，这种锅炉机组主要由锅壳、前后管板、烟室、大管、水冷壁管及联箱等组件构成。锅炉主体上还有压力表、安全阀、排气阀、水位表、排污阀、给水阀等保障锅炉安全运行的附件。

(三)锅炉辅助和附属设备系统

锅炉辅助设备指给水泵、鼓风机、引风机和分汽缸等；附属设备指省煤器、除尘器等。

四、饭店给排水系统

饭店给排水系统由给水系统和排水系统组成。

(一)给水系统

饭店给水系统分生活给水系统和热水供应系统两种。

生活给水系统由输水管网、增压设备、配水附件、计量仪器及储水设备设施等组成。给水方式主要分三类：高位水箱式、气压水箱式和无水箱式。高位水箱式给水是在每个给水分区的上部设置一个水箱以保证管网供水的充足压力；气压水箱式给水由气压水箱控制水泵间歇工作，并保证管网供水的充足压力；无水箱式给水采用先进的变速水泵保持管网保持恒定水压。

热水供应系统由热源、加热设备和热水管网组成。热水供应方式主要分三类：局部热水供应、集中热水供应和区域热水供应。局部热水供应指各热水供应点自行烧水；集中热水供应指由饭店锅炉房供水；区域热水供应指由各区域统一供应蒸汽式热水。

(二)排水系统

饭店排水主要可以分为：粪便污水、厨房废水、洗衣房废水、屋顶雨水等。根据不同性质的排水，饭店排水系统可以分为：粪便污水排水系统、生活废水排水系统、厨房废水排水系统、洗衣房废水排水系统、屋顶雨雪水排水系统。排水系统主要由污(废)水收集器、排水管道、通气管、污水处理的构筑物组成。污(废)水收集器主要用于收集污水；排水管道主要起输送污水的作用；污水处理的构筑物则用于污水的处理；通气管用于防止卫生器具因为水封而使臭气外泄。

五、消防报警系统

饭店因为设备种类繁多且功能复杂，人员集中且流动性大。因此发生火灾的概率就很大。因此加强饭店的消防安全工作十分重要。先进、完善的消防报警设施能够早发现火灾隐患，预防火灾发生，并在火灾发生时及时灭火，保障人员的安全。因此，饭店设置完善的消防设备，保证消防报警系统处于良好的运行状态是其消防安全工作顺利开展的基本条件。

饭店消防报警系统主要包括探测与监控系统和灭火系统。

(一)探测与监控系统

1. 火灾探测设备

火灾探测设备主要包括离子感烟探测器、感温探测器。离子感烟探测器在检测到一定浓度的烟雾时会发出报警信号，并通过导线将报警信号传输给报警器，实现自动火灾报警的目的。感温探测器分定温探测器、差温探测器和差定温探测器三种。当感温探测器探测到异常温度变化时就会报警，从而起到自动火灾报警的目的。

2. 消防监控设备

消防监控设备主要功能是指示火灾区域、自动启动灭火装置灭火。它主要包括火灾报警控制装置、室内消火栓控制装置、自动喷水灭火系统控制装置、防火门(防火阀、防火卷帘)控制装置、空调与防排烟设备控制装置、消防通信设备控制装置。

(二)灭火设备系统

饭店常用的灭火设备主要包括消防栓、自动喷淋灭火装置、卤代烷灭火装置及小型灭火器。消防栓就是消防用水的水龙头，是一个直角阀门，以简短的支管连接在消防立管上，主要包括消防栓，水龙带和水枪。自动喷淋灭火装置由闭式喷头、报警阀、水流指示器管网和供水设备等组成。当发生火灾时，环境温度升高，使天花板上的喷头自动打开喷水灭火。卤代烷灭火装置用于饭店的自备发电机房、变配电间、电脑房、通信机房等不宜用水扑救火灾的地方。常用的卤代烷灭火剂有三氟一溴甲烷(命名为 1301)、二氟一氯一溴甲烷(命名为 1211)等。小型灭火器主要有 1211 灭火器、泡沫灭火器、酸碱灭火器、清水灭火器、二氧化碳灭火器、四氯化碳灭火器、干粉灭火器、轻金属灭火器等。

六、电梯设备系统

电梯是饭店主要的垂直运送工具。电梯的安全运行不仅直接关系到饭店生产经营活动的正常开展，而且关系到饭店顾客、员工的人身安全。因此保证饭店电梯设备处于良好的技术状态十分重要。

饭店电梯主要包括客梯、客货梯、消防梯、观光梯等。虽然不同类型电梯的功能不同，但是其基本的组成部分仍相同，主要包括：机房、轿厢、井道和厅站。

(一)机房

电梯机房位于井道的上部，设在建筑物的顶层，机房由曳引电动机、电磁抱闸(制动器)、曳引轮、配电盘、电源柜、控制柜、选层器、限速器、地震感应器和应急电话等部件组成。

(二)轿厢

轿厢又称车厢或升降台，是供人们乘用或装货的部件，它由主要有轿门、操纵盘、楼层显示器、通风及照明装置、平层器、安全窗、安全钳等部件组成。

(三)井道

电梯井道多采用钢筋混凝土结构，它由导轨、曳引钢丝绳、限速器钢丝绳、平衡钢丝绳、缓冲器、控制电缆、平衡砣、限速器胀绳轮、感应板、极限开关等装置组成。

(四)厅站

厅站是每层楼电梯的出入口，它由厅门框、厅门楼层显示器、厅门呼唤按钮、厅门、运行方向显示器、厅门门锁等组成。

七、厨房设备系统

厨房设备是饭店提供餐饮服务必须具备的物质条件，种类齐全、性能先进、布局合理的厨房设备能够大大提高饭店餐饮服务的质量与效率。饭店厨房设备种类繁多，按照功能和用途可以分为原料加工设备、烹调加热设备、清洁洗涤设备、冷冻冷藏设备四种类型。

(一)原料加工设备

现代饭店原料加工设备大多是自动化的机器设备，主要分蔬菜加工机械、肉类和鱼类加工机械、面食加工机械。蔬菜加工机械包括切菜机和碎菜机。切菜机用于加工根茎类蔬菜，可以切片、丝、条、块等，例如 ES-2 型切菜机。碎菜机主要用于把蔬菜加工成小的碎块、菜泥供烹调之用。肉类和鱼类加工机械包括切肉机、绞肉机、鱼鳞清理机。切肉机用于加工肉片、肉丝和肉丁。绞肉机主要用于加工肉馅。鱼鳞清理机用来刮鱼鳞和清腮。面食加工机械分制面团及成型加工两类，和面机用于制面团；而成型加工设备主要有面条机、馒头机、饺子机、馄饨机、春卷机、包馅机、筋饼机等。

(二)烹调加热设备

烹调加热设备主要分电热器具、煤气器具、蒸汽器具和燃油器具。电热器具主要有远红外线电烤箱、微波炉。远红外线电烤箱主要用来烘烤各种糕点、菜肴、干果和炒货。微波炉是一种利用微波烹饪，快速加热和解冻、脱水及干燥食物的箱式炉灶。煤气器具是饭店普遍使用的加热设备，它是以人工煤气或液化石油气为燃烧对象的灶具，具有操

作方便、安全、卫生等特点；它主要由炉体、支架、进气弯管、控制阀旋钮、燃烧器、调风板等组成。蒸汽器具主要用来蒸煮、烧汤、煮咖啡等；它的类型多种多样，有汽、油、电等不同能源的蒸汽器具。燃油器具一般是用在船上。

(三)清洁洗涤设备

饭店厨房的清洁洗涤设备主要有洗碗机、洗碟机、面包房器皿洗涤机、容器冲洗机、淘米机、高压喷射机和清洗机等。

(四)冷冻冷藏设备

饭店厨房的冷冻冷藏设备品种规格主要有冷库、冰箱、制冰机、冰淇淋机和果汁机等。

八、音像与通信系统

饭店的音像与通信系统主要包括音响设备、闭路电视设备和通信设备。

(一)音响设备

饭店音响设备主要分公共音响系统和专用音响系统。公共音响系统的机房设备主要有收音机、录音机、扩音机、功率放大器和转换装置等，主要用于播放紧急广播、饭店公共区域的背景音乐以及客房的主题音乐等；专用音响系统是用于舞厅、会议厅等特定场所的独立小音响系统，它主要由前端设备、调音台、功率放大器、音箱组成；会议用的音响系统还包括同声翻译、有线会议装置等。

(二)闭路电视设备

闭路电视设备主要包括卫星电视接收系统、共用天线电视接收系统(CATV)、共用天线等设备。卫星电视接收系统主要用于接收卫星电视信号，它由极化器、低噪声放大器、下变频器、4G波段接收电线组成。CATV系统是由前端设备、信号传播、信号分配等设备组成的设备系统，它用于将公共天线上接收到的电视广播信号传送到饭店各客房。共用天线主要用于改善电视接收效果。

(三)通信设备

饭店通信系统可以分为无线通信装置和有线通信装置。无线通信装置主要由饭店工作人员使用，例如无线对讲机、无线传呼机；有线通信装置主要由饭店顾客和工作人员使用，例如电话交换机、电传和传真设备。

九、健身娱乐设备系统

现代饭店健身娱乐设备主要分为三类：运动类、娱乐类和保健美容类。

(一)运动类设施

饭店运动类设施多种多样，主要有游泳池、健身房、保龄球房、网球场、羽毛球场和兵乓球场等。

1. 游泳池

饭店游泳池的大小、形状、深度可以根据饭店实际需要进行设计。其功能也可以多样化，例如将游泳池与健身房、蒸汽浴、娱乐场结合起来。饭店游泳池分为室内、室外和内外兼用三种类型，其设备主要包括主水泵、循环过滤器、药水泵、潜水泵等。

2. 健身房

饭店健身房是设置各种机械器械供顾客健身的场所，其设备较多，例如多功能综合训练器、跑步机、健身车、登山机、划船器和举重器等。

3. 保龄球房

保龄球是高级饭店的重要娱乐场所之一，其主要设备包括球道、保龄球、木瓶、回球道、竖瓶机和电脑计分系统等。

4. 网球场、羽毛球场、兵乓球场

网球场地分室内及室外两种。室内为硬地场地，室外分硬地场地、草地场地、沙地场地和涂塑合成硬地等。羽毛球单打场地为 13.4m×5.18m；双打场地为 13.4m×6.10m；场地四周净距大于 3m，网高 1.524m。兵乓球台为 2.74m×1.525m，球场不小于 12m×6m。

(二)娱乐类设施

饭店娱乐类设施主要有舞厅、棋牌室等。有的饭店的舞厅兼有多重功能，例如卡拉OK 和咖啡厅等功能；棋牌室又分围棋、象棋、麻将、扑克和国际象棋等不同类型。

(三)保健美容类设施

饭店保健美容类设施主要有桑拿房、按摩机以及美容美发室等。桑拿房用于在室内进行蒸汽沐浴，它的主要设备是大功率电炉和温控设备。按摩机是为顾客提供按摩服务的器械，常与桑拿服务配套使用。美容美发室是使用美容美发专用器械为顾客提供美容

美发服务的场所。

第三节　饭店设备系统管理

饭店设备系统管理是指以追求设备最高综合效益为目标，运用经济、技术措施对各种设备系统从选购、安装开始，经过使用、维护保养、更新改造，直至报废为止的全过程管理活动。设备系统管理的主要阶段分：设备的选择与购置、设备的使用与维修、设备的更新与改造、设备的资产管理。

一、设备的选择与购置

(一)设备的选择

饭店设备选择应考虑以下原则。

1. 实用性

饭店在选择设备时必须考虑设备的实用性，具体而言必须满足以下要求：技术上的先进性，设备的技术参数必须符合工作质量的要求，只有先进的设备才能提供高效率的服务；操作上的简易性，设备操作方便不仅有利于提高工作效率，而且可以防止操作失误对设备的损害；性能上的安全性，设备必须符合相关安全技术参数要求，具有相关安全防护装置以保障工作人员安全；运行的可靠性，设备运行过程中出现故障的概率要低，且故障应便于维修；使用上的高频率，根据饭店的实际需要决定购置设备的数量与等级，数量上考虑设备的多少和工作性能，质量上考虑能否和饭店的星级相一致，提高设备使用效率，避免设备闲置。

2. 经济性

经济性是饭店选择设备时必须考虑的重要因素，具体而言必须满足以下要求：费用支出的合理性，设备支出费用包括购置费、运行费和维修费，必须综合考虑总费用支出是否经济合理；产出效益的最大化，所选购的设备在折旧年限内产生的总效益必须大于总费用支出，而且效益越大越好。

(二)设备的购置

1. 设备购置方式

饭店在采购装备之前需要收集相关设备的信息，包括产品价格、技术参数、厂商信息等。饭店应建立多元化的信息收集渠道以尽可能扩大选择的机会，在综合比较的基础上选择最佳的设备。饭店设备采购的方式主要有采购部采购和工程部采购两种，两种方式各有利弊。采购部采购便于饭店加强设备的采购管理工作，但是采购设备的适用性低；工程部采购可以保证采购设备的质量要求，但是对采购质量不易控制。

2. 设备验收

饭店在购置设备后需要对设备进行验收，它是保证所购设备质量的重要环节。设备验收一般由工程部牵头，联合财务部、采购部、使用部门等相关人员分别对设备的价格、单据、质量等进行开箱验收。

3. 设备安装调试

饭店购置设备经过相关部门验收合格后应及时进入安装阶段。设备安装可以由设备供货方或饭店工程部门进行，也可以委托给专门的安装单位将设备安装到指定的位置，达到相关技术规范要求。设备在安装完成后，需要进行调试，以确保设备能正常运转并满足生产工艺的要求。

二、设备的使用与维护

饭店设备的正确使用与维护在很大程度上决定了设备是否能够发挥最大的综合效益。因此，加强设备的使用与维护管理是设备管理的重要环节之一。

(一)设备使用管理

保持饭店设备的正常运行状态不仅是保证饭店生产经营活动正常开展的需要，而且也是延长设备寿命周期的需要。因此，饭店应实现设备管理的规范化管理，制定并严格执行有关规章制度、强化员工的设备操作技能和管理意识，以保证设备发挥正常的功能。

1. 设备使用管理的目标

设备使用管理的主要目标是保证设备处于完好的技术状态，以保证设备发挥最大的综合效益。设备的技术状态是指设备所具有的工作能力，包括性能、精度、效率、运行参数、安全、环保、能源消耗等所处的状态及变化情况。饭店设备是饭店向顾客提供服

务的物质支撑；饭店设备技术状态是否良好，直接关系到饭店的生产经营活动的正常开展。饭店设备技术状态良好的标准包括三点。

①　性能良好

设备性能良好是指设备的各项功能都能达到原设计或规定的标准、性能稳定、可靠性高，能满足饭店经营和生产需要。

②　运行正常

运行正常包括设备零部件齐全，安全防护装置良好；磨损、腐蚀程度符合规定的技术标准；控制系统、计量仪器、仪表和润滑系统工作正常，安全可靠，设备运行正常。

③　能耗正常

能耗正常是指设备在运行过程中，燃料、电能、润滑油等消耗正常，无跑电、冒气、漏油、滴水现象，设备外表清洁。

2. 设备使用管理的要求

饭店设备使用管理要遵循责任人制，明确设备使用部门和使用人员的职责，严格按照规范进行操作；每一台设备都要制定明确的责任人负责设备的使用与维护工作，并制定相关奖惩措施。

饭店设备在使用过程中由于受环境、运行时间、操作方法等多种因素的影响，其技术状态会出现变化。设备操作人员要创造适合设备的工作环境、正确操作设备、有效地保养设备，从而保证设备处于良好的技术状态，保证设备的正常运行。

①　"三好"

饭店各个部门在设备使用过程中要做到"三好"，即管好、用好、维护好。管好设备是指每个部门都应尽责管好本部门所使用的设备，实行严格的责任人制，谁使用谁负责。具体要求包括：完善的设备基础资料，设备使用规程完善，设备使用、维护、监督机制健全等。用好设备是指所有的设备都能按照正确的操作方法运行。设备操作人员必须经过严格的岗前培训，熟悉设备的操作程序并严格按照相关操作规程进行操作和维护。维护好设备是指部门要建立设备维护的保养制度，定期开展设备维护保养工作，同时要加强对封存、租用、转借、报废等设备的动态管理。

②　"四会"

饭店设备的操作者必须做到"四会"，即会使用、会维护、会检查、会排除故障。会使用是指饭店设备操作人员都必须熟悉设备的用途、基本原理、性能要求、操作过程等相关知识，能正确使用设备。会维护是指饭店设备操作人员熟知设备维护要求，正确维护设备，达到相关规程要求。会检查要求饭店设备操作人员了解设备的结构、性能和特点，定期或不定期地对设备进行日常的点检。会排除故障指工程部及其他部门重要设备的运行值班人员应懂得设备的简单故障排除技能，自己解决不了的问题要及时报告，并协同维修人员进行检修。

③ "五项纪律"

饭店设备操作人员要严格执行"五项纪律"，即实行定人定机、凭证操作制度，严格遵守安全技术操作规程；经常保持设备清洁，按规定加油，做到没完成润滑工作不启动设备，没完成清洁工作不下班；认真执行交接班制度，作好交接班记录及运转时记录；管理好工具、附件，不能遗失、损坏；不准在设备运行时离开岗位，发现异常的声音和故障应立即停用设备并检查，自己不能处理的应及时通知维修工人检修。

3. 设备使用管理的内容

饭店设备使用管理是一个系统性的工作，其内容涵盖面广泛，包括制订设备保养制度、监督检查、培训设备操作人员以及合理使用设备等。

① 培训设备操作人员。高素质的设备操作人员是保障设备正常运行的基本条件。饭店应组织员工进行相关专业知识培训，以使其懂得所操作设备的性能、特点、结构和使用方法，懂得操作规程和保养规程，掌握正确操作设备必须的技能。

② 合理使用设备。合理使用设备包括两个方面的要求：一方面指设备的充分利用，设备购买回来后尽快安装、调试并投入使用；保持设备的高利用效率，避免设备长期闲置所带来的损失；另一方面，设备不能超负荷、超工时、超维修保养期使用，以防止对设备造成很大的损害。

③ 制订设备保养制度。饭店工程部门根据不同设备的用途、性能、操作要求、保养要求制定各种设备制定使用操作规程和保养规程；建立设备使用岗位责任制，以促使设备使用人员按规程操作设备。

④ 监督检查。设备的监督检查包括两个方面：对设备使用状况进行考核检查和对设备保养情况进行考核检查。检查主要由各级管理人员定期进行，考查结果要认真详细地作好记录，并作为相关奖惩措施的依据。

(二)设备保养管理

设备保养管理是设备管理中的重要内容之一，它是指为了保持饭店设备处于良好的技术状态，发挥最大的综合效能而进行的日常保养、维修工作。设备保养管理的好可以有效降低设备发生故障的概率，节约维修费用，从而提高了饭店服务质量和经济效益。

饭店设备保养管理分两种类型：日常保养和定期维护保养。

1. 日常保养

日常保养包括每班保养和周末保养。定期维护保养包括一级保养和二级保养。日常保养工作一般由设备的使用、操作人员完成；每班保养在每班结束后进行，主要工作是

对设备进行清洁、润滑和点检；周末保养在每周末实施，主要工作是用1～2小时的时间对设备进行彻底清洁、擦拭和上油。

设备的日常维护保养必须达到四项基本要求：整齐、清洁、润滑、安全。整齐是设备放置整齐，设备零、部件及安全防护装置齐全，各种标牌应完善、清晰，各种线路、管道完整等基本要求。清洁指设备内外清洁、无锈斑，各滑动面无油污、无碰伤，各部位不漏油、不漏水、不漏气，设备周围场地要经常保持清洁，无积油、无积水、无杂物。润滑指设备的良好润滑可以保证设备的正常运转，杜绝因设备润滑不良而发生事故。安全指遵守操作规程和安全技术规程，防止人身和设备事故。完好指设备的完好，能正常发挥功能。

2. 定期维护

设备的定期维护是指专业设备维修人员按照工程部编制设备维护计划定期对设备进行维护、修理工作。根据保养工作的深度、广度和工作量可分为一级保养和二级保养。一级保养的工作内容包括对设备的全面清洁、沟通油路、调整配合间隙、紧固有关部位及对有关部位进行必要的检查；二级保养除了一级保养的全部工作内容外，还包括对设备进行局部解体检查、清洗换油、修复或更换磨损的零部件、发现异常情况并排除故障、恢复局部工作精度、检查并修理电气系统等。

(三)设备维修管理

设备维修是指当饭店设备发生故障时，为了恢复设备的功能而采取的各种措施，包括更换或修复磨损、失效的零部件、拆装整机或部件等。

1. 设备维修的种类

设备维修主要分为计划内维修和计划外维修两种。计划内维修又包括预防性维修和改良性维修。预防性维修是按计划对设备进行定期的保养和检修，以防设备设施发生可能的故障和损坏。对饭店的重要设备例如锅炉、管道、车辆、空调系统、电梯、动力机械等要进行预防性维修。改良性维修是指对设备或设施的更新和改造。改良性维修因为要求饭店部门停业，因此应事先应制订详尽的改造方案以保证维修工程进度。计划外维修是指由于外界原因发生意外事故或损坏时的紧急维修。饭店工程部应对各种设备可能出现的计划外维修制定应急维修方案，配备维修材料，尽量减少设备发生意外事故所造成的损失。

2. 设备维修的阶段

饭店设备维修主要可以划分为两个阶段：收集维修设备信息和实施设备维修工作。

(1) 收集维修设备信息

准确、快捷地获取设备维修信息是保证设备维修管理工作顺利开展的前提条件。因为饭店设备种类繁多且分散，获取设备维修信息的难度较大。因此，饭店必须建立完善的设备维修信息获取渠道收集相关设备维修信息。一般饭店收集设备维修信息的方式主要有四种：报修、巡检、计划维修和预知性维修。报修指饭店设备操作人员发现设备故障后，通过填写"设备报修单"或以电话、电脑信息传递的方式将设备的故障状况通知工程部，由工程部安排人员进行维修。巡检指对设置在饭店公共区域的设备进行巡视检查，发现故障及时处理、消除设备隐患。计划维修是根据设备的使用特点或维修经验事先确定维修内容。预知性维修是根据设备的日常点检、定期检查、状态监测和诊断提供的信息，经统计分析、处理，来判断设备的劣化程度，并在故障发生前有计划地进行针对性的维修。

(2) 实施设备维修

获取饭店设备维修信息后，由饭店工程部根据设备维修工作量大小的不同具体实施维修工作。根据维修工作量的大小，维修工作可以分为小修、项修和大修。小修是工作量最小的一种修理，它包括检查、调整、更换或修复设备零部件；项修是根据设备的实际情况，对状态劣化已达不到生产要求的设备或零部件，按实际需要进行针对性的修理。大修是工作量最大的一种修理，它要对设备进行全部解体，修整所有基准件，修复或更换磨损、腐蚀、老化及丧失精度的零部件，使之达到规定的技术要求。

(3) 设备维修的制度

设备维修制度是保证设备维修工作走上正规化、规范化的制度保障。加强设备维修制度的制订与执行有利于促进饭店设备维修质量水平的提高。

① 检查制度。规定执行设备检查工作的责任人以及具体的检查时间、程序、要求等。

② 报修制度。饭店必须建立切实可行的报修制度，由设备使用部门执行日常检查工作，发现设备故障后按照规定的程序通知工程部进行维修。

③ 质量规定。维修人员从接到报修到到达现场的时间以及排除故障、修复设备的时间应准确及时；同时对于设备维修的效果也做出相应技术规定。

④ 报告制度。根据不同类型的维修确定不同的报告程序：日常维修报告程序是维修人员向使用部门报告，工程部向总经理报告；而对于改良性维修等影响较大的维修工作，工程部应报告总经理，经批准后实施，并通报有关部门，维修工作完成后也要报告总经理和有关部门。

三、设备的更新与改造

由于技术进步、饭店设备长期使用等原因会引起设备性能下降、结构老化，从而影响设备的使用功能。因此，定期对饭店设备进行更新改造是提高饭店服务质量、提高饭店竞争力的重要手段。设备更新指以技术更为先进、性能更加完善、能耗更为经济的设备代替陈旧设备；设备改造指用新的科学技术、新的工艺流程改变现有设备的结构、工艺流程，以提高其技术性能、工作效率。

(一)设备更新与改造的原则

饭店设备的更新与改造应遵循重要性、实用性、可行性、经济性和环保性的原则。

① 重要性。根据饭店实际经营管理的需要，明确影响饭店生产经营活动最为薄弱的设施设备，集中人力、财力和物力优先对这些关键设备进行更新改造。

② 实用性。经过更新改造的设备要切实符合岗位工作的实际需要，切忌盲目追求设备的技术先进性而不实用的行为。

③ 可行性。在进行设备更新改造之前，要进行技术、效率、安全、环保、节能等方面的调查研究和比较，对采用的新技术、新工艺必须进行相关技术论证，确定其是否可行。

④ 经济性。更新改造设施设备必须遵循最大产出、最少投入的原则。

⑤ 环保性。饭店更新改造的设施设备必须符合国家相关环保技术指标要求。

(二)设备更新与改造的程序

设备更新与改造的程序包括四个步骤：编制计划、进行可行性分析、编制任务书和实施更新改造。

① 编制计划。根据饭店各经营管理部门工作的重要性以及设备的具体情况，确定设备更新改造的重点以及先后优先顺序；确定了重点更新改造设备以后编制设备的改造更新计划。

② 进行可行性分析。对列入改造更新计划的设备需要在技术和经济上进行可行性分析。能够通过大修或技术改造恢复技术性能的设备可以采取改造措施；而对于大修或改造不能满足相关技术性能要求的设备应采取更新措施。对于改造或更新设备的新技术、新工艺应进行相关技术论证以选择最佳方案。

③ 编制任务书。确定了更新、改造设备以后要编制任务书，对于改造更新设备的时间、资金安排、程序等做出详细的安排。

④ 实施更新改造。设备更新、改造任务书经饭店相关部门批准以后，由工程部牵

头具体组织实施。

四、设备的资产管理

饭店设备资产管理指对饭店设备财产的形态和状况进行管理，了解饭店设备财产的分配、归属、运行状况，为固定资产的折旧和大修理计划的制定提供依据。设备资产管理的主要工作有以下几方面。

(一)设备分类编号、登记和保管

对饭店设备进行科学的分类编号有利于加强设备管理工作，设备编号由两部分组成，基本编号和附加编号。基本编号用于区分不同种类的编号，例如用 A、B、C、D 或甲、乙、丙、丁等代号代表不同类型的设备；附加编号用于区分大类下的细类设备类型，如用 a、b、c、d 或 1、2、3、4 等标识。通过设备编号应使每个设备都以编号的形式在帐上有名，以便于管理。

每台设备进入饭店后都要进行设备登记，登记的内容包括设备台账、设备卡片和设备档案。设备台账有三种编制形式：按购入时间先后形成财务部的固定资产台账、按使用时间形成使用部门设备使用台账、按设备的系统顺序形成工程部的设备台账。设备卡片是设备资产的凭证，在设备验收移交、正式运行时工程部、财务部、使用部门应建立相应的设备卡片。设备台账和设备卡片由设备使用部门保管，凡发生设备变动、损坏、报废、出售、提取折旧等，均要同时在设备台账上登记。设备档案是对设备进行全过程管理的所有文字、图片、图纸、照片等资料的集合。设备资产资料的保管工作是对设备资产管理的重要内容。所有设备资产资料要登记在册，并作为档案保管；每套技术资料要有与设备相应的编号，以便查找。技术资料由工程部集中保管，设备的使用说明书等文件资料可直接交给使用部门。

(二)设备处理

饭店设备处理指对饭店闲置不用或淘汰的尚有使用价值的设备进行有偿出售或在饭店之间互相调剂使用。设备处理由设备使用部门提出意见，报主管部门或总经理批准后由工程部具体实施。

(三)设备报废

设备报废指对超过核定的使用年限或损坏无法修复的设备办理报废手续。设备报废由设备使用部门提出申请意见，由工程部会同有关技术人员进行技术鉴定确认，经总经理批准后报废。

第十章　饭店服务质量管理

【学习目标】

1. 饭店服务质量管理的内涵、特点
2. 饭店服务质量管理的原则
3. 饭店服务质量管理的客体和管理过程
4. 饭店全面质量管理的内容
5. 饭店全面质量管理的方法
6. 饭店服务质量提高的主要途径

【关键词】

饭店服务质量 Quality of Hotel Service

饭店全面质量管理 Total Quality Management of Hotel

第一节 饭店服务质量概述

在市场经济"优胜劣汰"的竞争机制下，以质量为核心的竞争越演越烈，质量已成为企业的生命线，越来越多的管理者开始重视产品质量管理，学术界也不断关注质量管理理论的发展与实践。饭店产品的综合性和服务的无形性决定了饭店产品服务质量的抽象性和复杂性，因此饭店的服务质量管理工作是一项综合性强、复杂程度高的系统化任务。同时饭店提供产品的服务特性也决定了饭店产品属于知识型产品，顾客对饭店所提供的服务的满意程度，才是衡量饭店服务质量的惟一标准。因此提高饭店服务质量以增强顾客满意度，成为饭店企业之间竞争的重要筹码。随着中国加入 WTO，全球各大饭店集团纷纷进驻我国，中国饭店业市场竞争进一步加剧，探讨饭店产品质量问题并构筑科学的质量管理体系，对提高我国饭店企业的竞争力有极强的现实意义：它能给我国饭店业当前的高速度、低效益增长提供转变的契机；同时，现代质量管理理论与方法的不断更新，也将促使我国饭店在产品质量上与时俱进、不断发展，保持顽强的市场生命力。

一、饭店服务质量的涵义

饭店是为广大消费者提供的以住宿为主的服务性企业。从消费者的角度来看，饭店提供的产品和服务不仅要满足其基本的物质和生理的需求，还要满足他们精神和心理的需求。从饭店的角度来看，饭店为顾客提供的产品有"硬件"服务和"软件"服务之分，"硬件"服务指的是以实物形态出现的服务，即由饭店的基础设施、实物产品等提供的以满足顾客住宿、餐饮、休闲娱乐等基本生理需求的服务；而"软件"服务则是由饭店服务员的服务劳动所提供的、不包括任何实物形态的无形劳务，包括礼节礼貌、服务态度、服务技能、服务效率等。

通过对饭店服务产品的涵义进行诠释，我们对饭店服务质量的定义进行了狭义和广义的界定。狭义上的定义指饭店服务员服务劳动的使用价值，这里的服务劳动不包括任何实物形态的服务劳动。广义上的定义则是一个完整的服务质量的概念，它是指饭店综合自身所有资源和要素，为住店顾客提供的服务在使用价值上满足顾客物质和精神需要的程度，它既包括饭店设施设备、实物产品等实物形态服务的使用价值，也包括非实物形态服务的使用价值。

从上述服务质量的定义中我们可以看到，饭店服务质量的高低主要取决于顾客所享受到的服务与他预先的期望值的比较，当两者持平时，顾客就满意。饭店为顾客提供的

服务越超出其期望值，则饭店的服务质量就越高。然而，不同的顾客对饭店的服务有着不同的期望，因此，饭店要满足所有顾客的需求，就必须不断完善自身的服务水平，不断提高饭店的服务质量。

二、饭店服务质量的特点

饭店作为服务性企业，它所提供服务的产品质量有别于一般的企业的商品质量，有自己独特的产品质量特性。要提高饭店的服务质量，我们必须正确认识饭店服务质量的特点，归纳起来，饭店服务质量的特性主要包括有形性与无形性相结合、服务质量的整体性和全面性、生产消费的同时性、服务质量的共性与个性、服务提供的员工关联性、服务质量的情感交融性等。

(一)服务质量的有形性与无形性

饭店的服务质量是由饭店内实物形态的物质提供和饭店服务人员的服务劳动相结合所共同决定的。饭店实物形态的服务包括饭店设备设施、实物物品等满足顾客基本生活需要的有形部分，顾客使用完后，这种形态依然存在，这决定了饭店服务质量的有形性；饭店服务人员的服务劳动对饭店的服务质量也有着决定的作用，他们在满足顾客基本物质生活需要的同时，通过亲切的服务态度和礼貌的言谈举止等满足顾客心理上的需求，他们提供的服务是无形的，随着劳务活动的结束，其使用价值也消失了，但是却留给顾客美的体验和感受。因此，饭店服务质量是有形性和无形性的结合。

(二)服务质量的整体性和全面性

饭店服务质量并不是一次或一段时间内就能评定的，饭店服务是一个整体，包括顾客在饭店住宿消费的所有时间内所享受到的服务，中间无论哪一个环节出了差错，都会导致服务失败，使饭店服务质量大打折扣，正所谓"100-1=0"，就是饭店服务质量整体性的具体体现。另外，饭店服务是以满足顾客需求为出发点，顾客在饭店住宿过程中，涉及到衣食住行的各个方面，要充分满足顾客需求，饭店服务质量除了整体性以外，还具有全面性，饭店必须树立全面、系统的服务质量观念，才能把握饭店的整体质量。

(三)生产消费的同时性

饭店产品不像其他产品，从生产到消费，中间要经历一系列的环节。饭店为顾客提供的产品和服务有一个最大的特点就是生产和消费同时进行，饭店服务员为顾客提供服务，如开门、送餐、客房住宿、运送行李等，员工在为客人提供饭店服务的同时，客人也在消费和使用，饭店产品没有"可试性"，客人在购买时不能先尝试再购买，在购买消费体验的同时也在检验服务质量的好坏，质量不好也不能退货，这都是饭店产品服务质量所表现出来的特性。

(四)服务质量的共性与个性

饭店服务质量的评价需综合考虑饭店的有形服务和无形服务。有形服务是以实物形态表现出来的，这部分产品在不同的饭店具有共性，它们都是用来满足顾客基本物质生活需求；无形服务则是饭店为顾客所提供无实物形态的服务，具有个性化，不同的饭店会针对不同客人的需求而提供个性化的服务，这部分服务是饭店服务质量能否保持稳定的关键。在饭店业竞争不断加剧的今天，饭店员工的无形服务逐渐成为饭店服务质量高低的评价依据，也是饭店提升服务质量应关注的重点。

(五)服务提供的员工关联性

饭店产品的服务主要通过员工的对客服务表现出来，员工是饭店服务的直接提供者，饭店服务质量的高低与员工的工作状态密切相关。从顾客的角度考虑，饭店的服务质量主要由饭店提供服务的效率、顾客精神和情感上的需求及对所下榻饭店环境舒适的需求三部分决定。而饭店员工的服务技巧、服务效率和服务的标准化程度直接影响到饭店服务的效率，员工的外表形象、服务态度、职业素养等都直接或间接影响到顾客的精神需求的满足度，而饭店的环境在很大程度上也需要饭店员工的精心营造。可见，作为饭店服务的主要提供者，员工与饭店服务质量有着很大的关联性。

(六)服务质量的情感交融性

顾客是饭店服务质量的直接感受者和评价者，顾客所享受的服务主要由饭店的员工提供，在员工与客人面对面对的服务过程中，必然会产生一定的情感交流。一方面，员工努力为客人营造"宾至如归"的感觉，极力为客人创造"家"的氛围；另一方面，顾客在享受饭店所提供服务的同时，在心理上必将对饭店产生一种亲切感和归属感，这样，即使饭店员工在为客人提供服务过程中有意料之外的缺憾或不足，客人也会予以宽容和谅解，除此以外，饭店服务质量的情感交融性不仅能使顾客满意，甚至在此基础上提高顾客忠诚度。因此，我们在着力打造和提升饭店服务质量的时候，必须充分考虑并利用其情感交融性，尽可能提升饭店产品的服务质量。

三、饭店服务质量的内容

饭店的服务质量是饭店提供的服务产品适合和满足宾客需求的程度。要提高饭店的服务质量和服务水平，就必须分析饭店服务质量的内容，这是提高饭店服务质量、形成

市场竞争力、促进饭店发展的重要途径。饭店服务质量的内容主要包括有形产品质量和无形产品质量两大部分。

(一)饭店有形产品质量

有形产品的质量指饭店提供的设施设备和实物产品以及服务环境的质量。饭店不像一般的工厂那样将原材料加工成产品，完全依靠大量产品的出售而获得附加在产品上的简单劳动力的报酬而盈利，它是一个主要为顾客提供服务、让顾客得到满意、从中获取经济效益的企业单位。其有形产品只是提供无形服务的一个依托，大多数情况下并不是出售产品本身。一般的商品交易是商品和货币的交换，在饭店内，却是服务和货币的交换，顾客带走的是享受，而不是产品，因此饭店有形产品质量管理的关键是及时维护和有效保养。

1. 设施设备

设施设备是饭店给顾客提供服务的主要物质依托，是饭店赖以存在的基础，从一定程度上来说，顾客对饭店档次的高低感受与配套设施设备的条件有很大的联系，它反映了饭店的接待能力，饭店应保证其设备设施的总体水平与饭店所属的星级标准规定相一致。对于设施设备质量的管理，应随时保持其完好率，严格按照饭店设备设施的维修保养制度定时定量地对饭店的设备设施进行维修保护，保证设施设备的正常运转，充分发挥设施设备效能。

2. 实物产品

饭店内实物产品可以分为两类，一类实物产品不是饭店生产出来的，饭店只是其交换的场所，包括客用品、商品和服务用品。其中客用品是直接提供给宾客消费的各种生活用品，如日常消耗品：牙具、棉织品、梳子、拖鞋等；商品是饭店为满足宾客购物的需要而在客房或饭店商品部为宾客提供的各种各样的生活用品；服务用品则是针对饭店服务人员而提供的各种用品，如清洁剂、推车、托盘等。另一类实物产品是经由饭店加工生产出来的产品，包括菜肴饮品、水果拼盘等带有饭店特色的产品，饭店对于这部分实物产品的质量应特别注意，因为它们直接影响着顾客对饭店质量的印象，用料要上乘，食品和饮料尽量针对不同的顾客设计不同的口味，并能体现出饭店的特色和文化内涵。

3. 服务环境

对于服务环境质量，应满足整洁、美观、有序和安全的要求。安全问题是顾客入住饭店最关注的一个问题，因此是饭店质量管理中一个重要的环节，顾客的人身和财产安全应当是饭店质量管理考虑的首要问题，饭店环境应有一种安全的气氛，才能给顾客以安全感，但是安全氛围的营造应避免过度的戒备森严，要让顾客处在一种安全、轻松的环境中。饭店的清洁卫生直接影响到顾客的身心健康，是顾客评价饭店的主观标准之一，更是优质服务的基本要求，对于高档次的饭店来说，这一点显得尤为重要。员工是饭店服务的主要提供者，员工的工作态度和仪容仪表对环境的营造和改善宾客的心情有很大的作用。另外，饭店的建筑装潢、布局及装饰风格等都是营造环境氛围的重要方面。

(二)饭店无形产品质量

无形产品质量是饭店提供服务的使用价值的质量，主要包括饭店员工的服务态度、服务技能、服务方式、礼貌礼节、服务效率、职业道德和职业习惯等。一方面，无形产品的众多特性使得其质量管理的难度加大，难于控制；但同时，饭店无形产品是饭店服务质量体现的关键所在，饭店有形产品可以模仿，但饭店无形产品则能够体现出饭店的竞争优势，无形产品的使用价值被宾客使用完以后，其服务形态便消失了，仅给顾客留下不同的感受和满足程度。饭店个性化服务的体现和差异化战略的实施通常离不开饭店无形产品质量的精心打造。

1. 服务态度

服务态度是指饭店服务人员在对客服务中所体现出来的主观意向和心理状态。饭店员工对客服务态度的好坏直接影响到顾客的心情，很难想像一个恶劣的服务态度会让顾客继续购买该饭店的产品。员工无论在什么情况下都应该保证良好的服务态度，如面对一位挑剔的客人，有些服务员认为是晦气、倒霉，而有些服务员则认为是机遇、运气。前者必然是冷漠、呆板、急躁、被动的服务态度，而后者则必然表现为热心、虚心、耐心、主动的服务态度，其结果当然也就可想而知了，员工不能把自己生活中的情绪带到工作中，而是必须时时保持积极热情的工作态度，这样才能为宾客带来愉快的心理感受，从而能赢得顾客的肯定。

2. 服务技能

饭店员工所掌握服务技能的整体水平是饭店服务质量高低的重要体现。饭店员工不仅要具备基本的操作技能和丰富的专业技术知识，能够应对饭店日常的工作事务，还应有能灵活应对和处理各种无章可循的突发事件的技巧和能力。我们知道饭店服务的顾客群体是来自五湖四海、各不相同的客人，面对顾客多样化的需求，饭店员工必须灵活运用各种服务技能充分满足顾客的需求，使他们获得心理上的满足，提高他们的满意度。员工的服务技能是饭店服务质量的重要保证。

3. 服务效率

服务效率是在尽可能短的时间内为顾客提供最需要的服务，服务效率是提高顾客满意度的重要因素，因此也是饭店服务质量的重要保证。顾客在登记入住、用餐、结账离店等方面如能享受饭店高效率的服务将会使其心理上获得很大的满足感，获得愉悦的心情，从而对饭店服务质量会有很高的评价。当前很多饭店都在努力追求方便、快捷、准确、优质的服务就是追求服务效率的具体体现。

4. 礼节礼貌

礼节礼貌其主要表现在员工的面部表情、语言表达与行为举止三个方面。员工的面部表情，微笑服务始终是最基本的原则。希尔顿的创始人每天都对他的员工说的第一句话就是："今天你微笑了吗？"沃尔玛服务顾客的秘诀之一就是"三米微笑原则"，但是仅仅有微笑是不够的，微笑服务要与自身的仪表仪态相统一，对客人有发自内心的热情，辅以亲切、友好的目光，并在服务中及时与客人沟通，客人看起来才能亲切礼貌。服务用语必须注意礼貌性，在什么场合适时运用得当的礼貌用语，同时还必须注意艺术性和灵活性，必须注意语言的适时性和思想性，并且做到言之有趣，言之有神。行为举止主要体现在主动和礼仪上，如主动让道，主动帮助，注重礼节等。

5. 职业道德

职业道德是员工在工作过程中所表现出来的"爱岗敬业"、"全心全意为客人服务"、"顾客至上"等饭店行业所共有的道德规范，只要是从事饭店行业的工作的人，就必须共同遵守饭店职业活动范围内的行为规范。职业道德是饭店服务质量的基本构成之一，员工只有具备良好的职业道德，才能真心诚意地为客人服务，才能真正具备事业心和责任感，不断追求服务工作的尽善尽美，为饭店的服务质量带来保证。

6. 服务方式

饭店的服务方式也是体现饭店无形产品质量的基本构成要素，饭店消费之所以远远高于外面同类型物质产品，一个重要的原因就是饭店服务方式的不同。饭店的服务设计要合理，饭店服务项目的设置要到位，服务时间的安排及服务程序的设计都要科学，饭店独特的服务方式可以创造无形产品的使用价值，为饭店的物质消费增加附加值，它也是饭店服务质量的重要体现。因此，创新饭店的服务方式，不断为顾客创造惊喜，提高顾客满意度，是饭店服务质量不断提升的重要手段。

饭店服务质量的内容还远不止上述几方面，随着饭店业的不断发展，饭店服务质量会不断提升，服务质量所包含的内容也将会不断扩充和延伸，但是，饭店服务质量管理的本质是不会变的，其最终结果永远是不断提高顾客满意程度。顾客满意度是指顾客享受饭店服务后得到的感受、印象和评价，也是饭店服务质量管理者努力的目标。只有不断的提高饭店的质量才能获得持久的市场竞争力，目前饭店所遵循的一条规律"质量＝竞争力"，充分说明了质量管理在饭店所处的重要地位。

第二节 饭店服务质量管理体系

饭店服务质量管理是饭店经营管理中的重要内容。服务质量是饭店的生存之本，代表着饭店的竞争能力，是饭店能否吸引并留住顾客的关键，也是饭店能否在市场竞争中制胜的关键。目前我国饭店正处在蓬勃发展的时期，多数饭店已拥有了同国际接轨的现代化服务设施、设备，但是服务质量却达不到现有的国际标准。因此，对我国饭店进行服务质量的控制与管理是促进我国饭店健康持续发展的重要保障。

一、饭店服务质量管理的原则

饭店服务质量管理原则是为建立饭店质量管理体系而提出的总体原则要求。ISO/TC176/SC2/WG15 结合 ISO9000 标准 2000 版制订工作的需要，通过广泛的顾客调查制订成了著名的质量管理八项原则，这八项原则也同样适用于饭店行业。

(一)以饭店顾客为中心

饭店宾客是饭店组织生存的环境和依托。因此正确认识饭店宾客的现实与潜在需求，并满足他们的需求，甚至通过提供超常服务超越他们对饭店服务和产品的期望，应该成为饭店服务质量管理的首要原则。为了体现宾客为中心的原则，饭店组织需要通过市场调研等技术手段全面了解影响顾客满意的各种质量因素，将顾客的需求和期望通过饭店质量方针和经营战略的形式传达至整个组织的各个部门，同时确保这些需求和期望在整个组织内部达到沟通和理解；要通过直接的或间接的方式测量顾客的消费满意度，搜集顾客意见和有关信息，并对这些信息进行分析，采取相应的改进措施，不断地提高饭店产品的服务质量；要处理好与宾客之间的关系，确保他们的要求得到满足。

(二)领导作用

在饭店组织的管理活动中，领导者起着关键的作用。作为决策层的领导者，不但要为饭店组织的未来描绘清晰的远景和制定具有挑战性的目标——确定质量方针和质量目标，而且要创造一个实现质量方针和质量目标的良好环境，营造使组织每个成员均能积极参与的氛围。领导者在以身作则的同时，在组织内应建立起敬业爱岗、恪尽职守、人人平等、相互信任、价值共享的道德理念，要为所有员工提供适宜的工作和生活环境，提供为提高员工的服务技能所需要的培训，赋予实施其职责范围内的任务所必须的权利，使他们能积极主动地、创造性地开展工作。同时，领导者应采取合理的激励机制，鼓励

创新，激发饭店全体员工的工作积极性和热情，为饭店组织创造更高的业绩。

(三)全员参与

饭店服务质量管理工作不单是几位领导的事，也不是仅是从事一线接待的基层员工的事，它是上到决策层，下到管理层、操作层的每一位人员都要充分参与的工作。在饭店组织内，每一个员工首先要明白自己在组织中的角色和自身贡献的重要性，清楚自己的职责、权限及其和其他员工之间的关系，知晓自己的工作内容、要求和工作程序，理解其活动的结果对下一步工作的贡献和影响；其次，要正确的行使组织所赋予的权利和职责，按照规定的要求积极主动地做好本职工作，解决工作中遇到的各种问题，要勇于承担责任；其三，要主动地寻求增加知识、能力和经验的机会，不断地提高自身的专业技术水平和实际工作能力，在实现自身价值的同时为组织创造更大的效益。

(四)过程方法

饭店服务的过程，往往就是宾客消费饭店产品的过程。饭店产品生产与消费的同步性，促使饭店更加重视生产过程和服务流程的质量管理。应用过程方法原则，饭店组织应采取下列主要活动：一是明确为达到期望的质量结果所需的主要服务过程和关键活动；二是确定为实现这些过程和使这些活动顺利开展所需的资源，包括人才、物力和财力资源，并且明确相应的职责和权限，以使其更有效地开展工作；三是要识别并管理饭店组织内各职能内部和职能之间关键活动的接口，从而进行协调和控制。

(五)系统原则

针对设定的目标，识别、理解并管理一个由相互关联的过程所组成的体系，有助于提高组织的有效性和效率。因此饭店服务质量管理中的系统原则是饭店服务质量管理工作需要遵循的又一原则。它要求饭店组织在服务质量管理过程中，了解并确定顾客的需求和期望；根据顾客的需求和期望及组织的实际情况和产品特点制定饭店组织的质量方针和目标；确定产品实现所需的过程及其职责；确定过程有效性的测量方法并用以测定现行过程的有效性；寻求改进机会，确定改进方向，实施改进；监控改进效果，并对照改进计划对改进效果进行评价；最后对改进措施进行评审并确定适宜的后续措施等。

(六)持续改进

持续改进是饭店组织永恒的目标。质量的根本内涵又是"用户适用性"，用户的需求不但具有地域上的多样性，随着时代的进步环境的改变，用户需求还有时间上的变化，这一时期的服务质量目标可能与另一时期的用户普遍需求大相径庭。宾客对饭店产品的需求包含一种高层次的心理需求，这种需求的微妙性、复杂性、多变性更需要饭店组织以"持续改进"为原则进行服务质量管理工作，将持续地对服务改进作为每一个员工的目标，鼓励预防性的活动，向每位员工提供有关持续改进的方法和意识培训。

(七)依据事实

依据事实是饭店服务质量管理工作的一条基本原则。饭店服务质量工作必须以审查报告、纠正措施、服务不合格、顾客投诉及其他来源的实际数据和信息作为决策和行动的事实依据。这就要求饭店组织对相关的目标值进行测量，收集数据和信息，确保数据和信息具有足够精确度、可靠性和可获取性，然后使用有效的方法对数据进行合乎逻辑的分析，凭借逻辑分析的客观结果及相应的管理经验采取行动，并制定出更实际，更具有挑战性的目标。

(八)全面受益

全面受益是饭店组织和供方之间保持互利关系，增进多个组织创造价值的能力，把与供方之间的关系建立在兼顾组织与供方的短期和长远目标相结合的基础上。由于饭店业是综合性行业，因此全面受益的服务质量管理原则对其的重要性体现在：与不同类型的旅游企业之间互为供方，互相提供客源，分别在承认供方服务与成就的基础上进行本组织的生产服务活动，分别构成整条服务链上的单独一节。因此饭店、旅行社、旅游景点、旅游交通各部门之间应相互建立战略联盟与合作伙伴关系，共同理解顾客的需求，分析市场信息，通力合作，全面受益。

二、饭店服务质量管理的客体

实施饭店服务质量管理，事实上就是在一定的原则指导下对相关客体的管理。服务质量管理需要一定的组织保障，饭店产品的生产过程同时也是宾客进行产品消费的过程，过程也是饭店服务质量管理的客体，应该按照一定的程序进行。而所有的管理活动，归根结底就是资源的优化配置，以生产出最大价值的产品。因而，饭店服务质量管理的客体分别是组织结构、服务传递和系统资源。

(一)组织结构

饭店组织结构兼具一般组织的共同属性与饭店行业的特点，组织结构是否合理将直接影响到组织目标的实现与否和实现程度。对于饭店业的服务质量管理工作而言，组织结构是实现饭店服务质量目标的组织保证。为了保证组织职能最大限度的发挥，根据一定的责、权、利关系在饭店组织内部进行分工，明确内部关系，同时分配饭店服务质量管理工作的任务。在分配任务的基础上，各部门会产生不同的活动方式，垂直层和水平

结构层的纵横交叉分布形成了饭店服务质量管理工作的组织结构。

饭店组织结构与饭店服务质量管理的关系密切，是服务质量管理工作的客体之一。首先，组织结构的分工协作共同塑造服务质量的整体性和效率。不同的部门在顾客入住饭店的整个过程中扮演不同的价值实现角色，只有专业的分工，才能大幅度的提高效率，只有在分工基础上发挥团队精神，进行团队协作，才能保证为顾客提供服务的价值，使整个服务过程不会出现中断现象，保证完整性；其次，组织结构的集权、分权的平衡影响饭店服务质量管理工作中全员参与的积极性，全员参与不仅要提高每一位饭店员工的责任感与工作成就感，更要通过组织保障，使不同职位的员工行使的权力与他们所从事的活动内容、方式、特点相一致，从而提高员工的参与程度。

(二)服务传递

程序是为进行饭店服务质量管理活动所规定的步骤与方法。顾客对服务要求平滑性和顺畅性，因此，饭店服务传递工作的设计必须具备合理性和创造性，才能以高质量的生产过程实现高质量的生产结果。全面质量管理理论认为，产品的质量取决于设计质量、制造质量和使用质量的一系列过程，饭店企业不是物质资源生产部门，不需要进行产品的制造、检验、安装、运输等过程，但饭店产品的质量同样取决于质量设计、服务传递。整个服务线路即使有再好的服务人员与设施匹备，如果线路本身设计不合理，也不会使顾客满意。可见服务传递首先取决于好的服务设计；其次，服务传递取决于合理的流程操作。

从顾客的角度出发，他们的在饭店的消费涉及到预定——前台登记——入住客房——饭店消费——结账离店的整个过程，每个过程都需要不同的饭店组织部门提供必要的核心服务和完善的附加服务。整个服务流程操作需要饭店前台服务和后台服务(客房、餐饮、康乐等)的传递和配合。前台服务是顾客感知服务质量的第一现场，服务传递的结果将显露无疑，前台服务无疑是饭店服务质量管理的重点和难点。但应该清醒地认识到，前台服务是受顾客感知不到的后台服务影响的，后台服务要制定规章制度、服务程序、岗位责任制保证传递到前台工作层，并通过企业文化，塑造的精神价值的引导传播"质量第一，顾客至上"的服务理念。服务传递作为服务质量管理的对象，不但能明确服务工作的依据程序与规范，还能发现服务问题的临界点和衔接点，扫清服务质量死角。

(三)系统资源

无论是饭店组织结构的管理，还是服务传递的管理，归根结底，都是资源的管理，包括人力、资金、设备、技术和信息等内容。具体的服务质量管理工作也不能脱离这些资源的调配使用。

饭店业是劳动密集型行业，人力资源的管理对饭店业起着举足轻重的关键作用。我国饭店行业迅猛发展的态势更加刺激了对饭店管理专业人才的需求。"人"是一切管理中最关键的、最具创造性和活力的因素。饭店服务质量的管理离不开人,只有高素质的人才,才能准确获悉市场动态,取得适用信息,并随着饭店设施、设备、经营技术的更新随时掌握更新的知识和技术。因此,人力资源是饭店服务质量管理的必需资源与管理对象。饭店组织必须根据岗位要求,选拔适合的工作人员,饭店服务质量管理工作才能落实到位。同时,人力资源是系统资源的根本,有了良好的人力资源基础,饭店才能合理配置物质资源和信息资源,并在管理上获取市场优势,完成预期的服务质量管理目标。

三、饭店服务质量管理过程

著名质量管理专家朱兰(Joseph M.Juran)博士在其经典著作《质量控制手册》中对质量管理过程提出了"质量管理三部曲"的理论,即质量计划、质量控制和质量改进。这是三个与质量有关的过程,通过这三个过程的循环,实现质量的不断提升。质量管理三部曲作为一种通用的提高质量的方法,为质量目标的实现提供惟一有效的途径,同样也适用于饭店业。在具体领域的运用中体现了一般性和特殊性,共性与个性的对立统一。

(一)服务质量计划

服务质量计划是指落实服务质量目标的具体部署和行动安排,其中包括饭店各部门在实现目标中应承担的工作任务、责任和时间要求。它通常是以一系列的计划指标及实现这些指标需要采取的措施表示出来。饭店业的服务质量计划又叫服务质量设计,要从服务质量的标准化设计和个性化设计两方面入手。标准化的服务质量设计是对饭店服务质量管理体系三大客体的综合质量设计,要求统一化、一致化。如按照《中国旅游饭店服务质量等级标准》进行饭店的标准化质量设计。饭店服务质量设计的个性化是指饭店服务产品质量设计考虑同行业饭店的比较水平,使服务质量设计个性突出,而优于竞争对手。例如餐饮部门对菜单的创新设计,对菜肴的更新换代,都是一种个性化服务质量设计活动。

(二)服务质量控制

服务质量控制(QC)是为了保证和提高饭店服务产品质量和工作质量所进行的质量调查、研究、组织、协调、控制等各项工作的总称。为了保证饭店服务质量,必须依次实施服务实现前的预防控制、服务过程中的标准化和统计控制及售后服务中的服务复原控制。这些都属于服务质量控制的范畴。无论是标准化还是个性化的服务质量设计,在实施的过程中都需要不断控制并争取用"数据"为衡量标准。如为了实现向客人提供安全、舒适、宜人的游泳环境的质量设计,在控制阶段就要实现各项技术指标,室内游泳

池水温须保持在 25℃～27℃，室外游泳池水温为 23℃～24℃。

(三)服务质量改进

服务质量改进反映了服务质量管理的国际化趋势,这从国际标准化组织(International Standards Organization,ISO)在已有的质量管理标准中补充制定并颁布的质量改进的相关篇幅可见一斑。饭店服务质量改进指的是"为向本组织及其顾客提供增值效益,在这个组织范围内所采取的提高活动和过程的效果与效率的措施"。饭店服务质量改进工作应贯穿饭店服务质量管理活动的全过程,不断寻求改进的机会,通过纠正已有的问题弄清产生问题的根本原因,从而减少或消除问题的再发生。例如饭店可以从顾客的投诉中发现服务效率的质量问题,从而采取相应措施提高效率。饭店也可以从平时的经营活动中找到质量差距,在顾客投诉之前着手进行改进工作。服务质量管理体系构成图如图 10-1 所示。

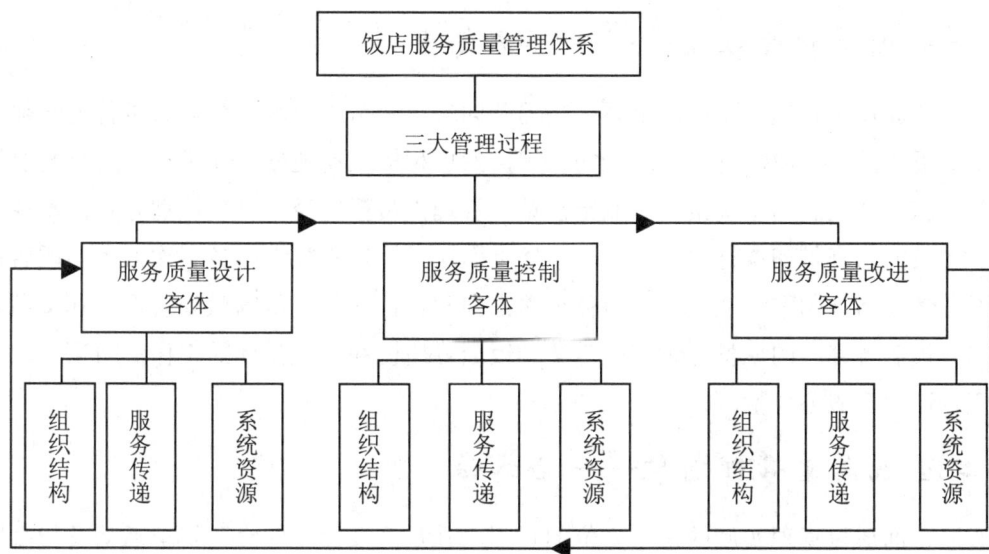

图 10-1　饭店服务质量管理体系构成图

第三节　饭店全面质量管理

全面质量管理(total quality control)起源于 20 世纪 60 年代的美国,由美国质量管理专家费根堡与朱兰等人提出的。最先在工业企业中运用,到 20 世纪 70 年代,美国、日本等发达国家将其率先运用于第三产业,并取得了较好的成效。我国于 1978 年引入全面质量管理的概念,最开始也是在我国的工业企业中推行,后来逐步引入商业、饭店业等服务性行业。饭店全面质量管理是指饭店企业综合利用饭店自身的经营管理、专业技术等资源条件，并通过思想教育、企业文化建立等手段，形成从市场调查、服务产品设计到顾客消费的一个完整的质量体系，从而保证饭店服务质量的标准化和规范化，实现饭店服务质量的全面提升。

一、饭店全面质量管理的内容

饭店全面质量管理通过整合饭店所有资源，从系统的角度出发，运用科学的管理思想和管理方法，改变传统的以质量结果检查为主的方法，将质量管理的重点放在预防为主，变事后检查为事先预防和过程控制，从源头上堵住饭店的质量问题的发生，减少顾客投诉和抱怨，促进饭店服务质量的全面改善和提升。饭店全面质量管理涵盖多方面的内容，涉及到实施主体、实施对象、实施方法、实施过程及实施目的等方面。

(一)全面质量管理主体——全体成员

饭店全面质量管理需要饭店全体人员的共同参与和努力，饭店全体成员首先必须在思想上对饭店的全面质量管理有统一的认识，然后积极主动地参与和维护饭店全面质量管理的实施。从饭店高层决策人员制定决策、管理人员拟定经营管理计划方案，到各基层服务人员的认真贯彻执行整个过程，饭店全面质量管理贯穿饭店各层次人员对饭店的日常经营管理活动始末，从宏观上整体把握方向和目标任务，从细微处着手认真贯彻和执行，将饭店各部门的质量计划全面落实到饭店各岗位和员工具体的工作活动当中，从而真正保证饭店服务质量。

(二)全面质量管理对象——全方位

饭店全面质量管理实施的是全方位的管理，凡是涉及饭店的经营管理活动及与饭店服务产品的提供相关的内容，都属于饭店全面质量管理之列。饭店产品具有整体性和全面性的特点，决定了饭店质量管理必须进行全方位的管理，"100-1=0"即饭店服务的提供必须不能出任何差错，否则就会全盘皆输；服务的有形性和无形性特征也决定了饭店服务活动的复杂性。因此，饭店全面质量管理必须注重管理的系统性和整体性，从前台接待到后台服务，每一个环节必须认真细致必须一丝不苟，不能仅仅只关注局部的质量。

(三)全面质量管理方法——全方法

饭店服务质量的影响因素众多，服务质量的构成要素也很多，同时服务过程中各种随机性或突发性问题也可能随时出现，饭店服务的提供虽有硬性的质量管理标准，但由于服务的无形性也导致了一些服务的提供和问题的处理没有可循之规，需要服务人员灵

活处理。这些都表明了饭店全面质量管理的难度。因此，要全面系统地控制这些不可定因素，解决各种各样的服务难题，就必须综合运用各种不同的现代管理方法进行饭店的质量管理，饭店服务人员必须针对服务过程的各种实际情况选择适当的解决问题的办法，以使顾客满意，尽全力保证饭店的服务质量。

(四)全面质量管理过程——全过程

饭店服务质量的高低是饭店宾客对饭店服务水平的综合评价，评价的依据是其在饭店所接受到的切身体验的服务与其最初的期望值之间的比较。因此，饭店服务质量是以服务效果为最终评价的，即是对饭店的整个服务过程进行的综合评价。要保证饭店的服务质量，就必须对饭店进行全过程质量管理。饭店服务的全过程包括服务前的组织准备、服务阶段的对客服务和服务后的售后服务。这三个阶段是一个不可分割的整体。对饭店进行全面质量管理就必须做好事前的预防和准备工作，防患于未然，同时做好服务中的控制管理，尽可能地避免服务中问题的出现，因为饭店服务具有生产与消费的同时性，服务提供的过程就是顾客消费的过程，问题一旦出现，就不可弥补，会造成不可挽回的损失。饭店全面质量管理的全过程管理就是认真把握好每一个服务的环节，使每一个服务环节都符合饭店质量管理的要求。

(五)全面质量管理目标——全效益

饭店全面质量管理的目标是实现饭店的全效益。饭店服务不仅只讲究经济效益，更讲究社会效益和生态环境效益，饭店的经营管理必须实现绿色化，提倡节能降耗，环境保护。绿色饭店是为饭店赢得社会效益的基础，可大大增强饭店的知名度和美誉度，提高饭店的社会影响力，这是为饭店带来长远经济效益的基础和前提。因此，饭店的经济效益、社会效益和生态环境效益三者是紧密关联的，饭店全面质量管理的目标，就是实现饭店的全效益，力争做到三者的共同实现。

二、饭店服务质量管理与 ISO9000 族质量标准

饭店随着市场竞争力的日益激烈，质量问题越来越成为各国经济发展关注的焦点，因此，各国根据自己的经济状况制定了相对应的质量标准，这为行业质量的不断提升提供了一个标准化的规定。但是各国根据自己的实际情况制定的质量术语、概念、标准，很难作为一种国际质量标准在全球范围内得到认同和采用，这种状况影响了国际贸易的发展，也严重阻碍了饭店业国际化的进程，在一定程度上还造成了技术壁垒。国际质量标准体系(ISO9000)在客观需求的催动下问世了，受到全世界的一致称赞。

(一)ISO9000 族标准的重要意义

国际标准化组织(ISO)成立于 1947 年 2 月 23 日，总部设在日内瓦。该组织是一个有 131 个国家标准化机构加盟、目前世界上最大、最具权威性的国际标准化专门机构。

标准是衡量饭店服务和产品质量的尺度，是饭店进行经营生产和管理行为的依据。作为一种管理行为，饭店服务质量管理易受到人们主观认识与实践客观变动的限制，因此标准的重要性日渐突出。从某种意义上讲，标准是质量管理工作必不可少的工具；同时，标准和标准化工作也是服务质量管理工作的经验结晶，是质量管理三部曲——质量设计、质量控制和质量改进的基础。质量化的过程，就是标准化的过程。2000 版的 ISO9000 族标准增添了对饭店质量的说明和要求，成为我国饭店业服务质量管理的一个重要依据，能促进我国饭店服务质量管理的科学化、系统化和效率化，加快了我国饭店服务质量管理在质量管理标准上与国际接轨，对提升我国饭店业的服务质量管理有着重要的意义。

1. ISO9000 族标准是饭店"星级评定标准"的有利补充

由国家质量监督检验检疫总局 2003 年颁布的《旅游饭店星级的划分及评定》是宾馆饭店现行的星级质量等级划分的主要标准，主要以饭店的规模、建筑、设施设备、管理和服务水平等为依据，划分为五个等级，即一星级、二星级、三星级、四星级、五星级，星级越高，说明饭店的整体硬件质量和服务水平越高。但"星级评定标准"只是一个对结果进行判断的标准，体现了饭店功能用途与费用的相互关系，并不强调实际质量管理的操作过程，因此，饭店在如何具体提高饭店质量的问题上，往往会显得束手无策，在这种情况下，ISO9000 的应用就能及时合理的解决以上"星级评定标准"所不能解决的难题，2000 版的 ISO9000 族标准是一个强调"过程"的标准，正好与"星级评定标准"互为补充，完善了饭店质量管理制度。

2. ISO9000 族标准充分落实了饭店"以人为本"的管理理念

几乎所有的饭店都存在着服务质量不稳定的现象，"以人为本"往往仅限于口号。2000 版的 ISO9000 族标准针对饭店服务质量不稳定产生的原因进行深入的分析，强调一个组织应以质量为中心，以全员参与为基础，尽量做到让顾客满意，让本饭店所有员工及社会相关各方受益，真正落实饭店"以人为本"的管理理念。ISO9000 族标准强调具体的操作过程，它通过"过程方法"的原理有效的协调顾客、员工和社会各方受益者之间的关系，最大限度的满足他们的需求。如图 10-2 所示。

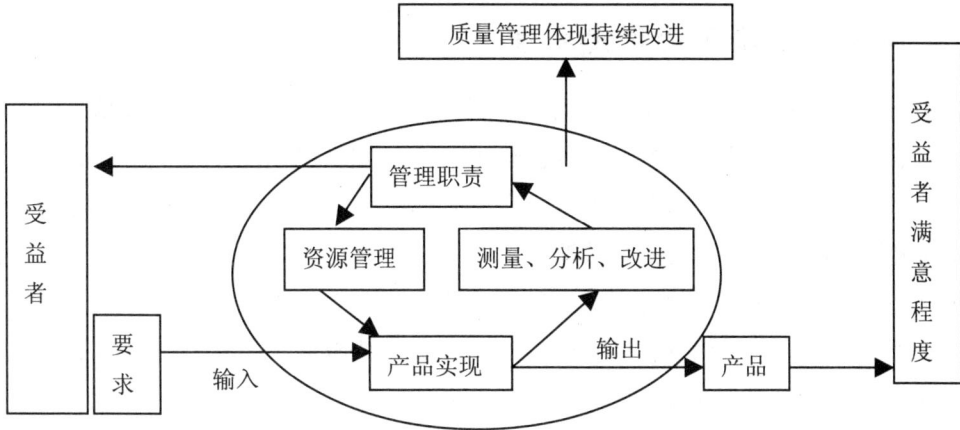

图 10-2 过程方法模式

(资料来源：王林，唐嘉耀，周玲. 现代饭店导入 2000 版 ISO9000 族标准适宜性分析. 第 99 页；
载《科技进步与对策》，2001 年第 6 期)

在这个过程方法模式图里，可以看出，左、右两侧分别代表受益者对服务产品的需求和期望、满意程度。中间则是对饭店的质量管理。管理职责、资源管理、产品实现和测量、分析、改进 4 个过程按照箭头的指示方向流转。管理过程中，最先要求饭店的最高管理者对顾客及其他受益者作出满足其要求和进行持续改进的承诺，然后制定相应的方针和目标计划，最后通过管理过程，提供管理所需要的工作环境，作为产品实现过程的支持。这一过程的不断循环，充分体现出饭店"以人为本"的管理理念，并真正将其落到实处。使得社会相关的受益者都得到利益上的满足，并使他们之间的关系不断的优化，最终使得饭店质量管理在饭店的各个方面都有体现，从整体上提高了饭店的服务质量，增强了饭店的市场竞争力，促进了饭店的可持续发展。

3. ISO9000 族标准规范了整个饭店行业的服务质量管理行为

ISO9000 族标准对饭店服务质量提出了行之有效的管理标准，对《旅游饭店星级的划分及评定》只在设施设备等硬件条件上作出要求进行了有力的补充，使得原本随意性较大，难以控制和管理的服务质量变得具有可操作性，从而极大地规范了整个饭店行业的质量管理行为。面对世界交流与合作的进一步深化，面对来自不同国家、具有不同信仰和从事不同职业的宾客，饭店业从客观上更需要一个国际化的标准来规范自身的服务质量管理，提高自己的接待能力，ISO9000 族标准提出的一系列在质量管理方面可能遇到的问题及有效的解决方法，从一定程度上清除了阻碍饭店业发展的绊脚石，特别对于高档次的饭店来说，更是其提高市场竞争力、争夺客源市场的有利后盾。

(二)国内饭店质量的评定标准

我国对饭店质量的评定标准主要有《旅游饭店星级的划分及评定》(参见并引用《旅游饭店星级的划分及评定》,中国饭店管理网)。此规定较以前的饭店质量评定标准有如下改变:①用"旅游饭店"取代"旅游涉外饭店",并按国际惯例明确了旅游饭店的定义;②规定旅游饭店使用星级的有效期限为五年,取消了星级终身制,增加了预备星级;③明确了星级的评定规则,增加了某些特色突出或极其个性化的饭店可以直接向全旅游饭店星级评定机构申请星级的内容;④对餐饮服务的要求适当简化;⑤将一星级饭店客房的最低数量要求由原来的 20 间改为 15 间;⑥将原标准三星级以上饭店的选择项目合并,归纳为"综合类别"、"特色类别一"、"特色类别二"和"特色类别三"四大部类,删去了原有部分内容,增加了饭店品牌、总经理资质、环境保护等内容(见附录 6.7);⑦ 对四星级以上饭店的核心区域前厅、客房和餐厅强化了要求,增加整体舒适度等的内容(见附录中的 6.4.11、6.4.12 和 6.4.13 等)。⑧借鉴一些国家的做法,增设了"白金五星级"。(见附录 3.2 和 6.6)

三、饭店全面质量管理方法

(一)PDCA 方法

PDCA 法是饭店服务质量管理的基本方法,它将饭店服务质量管理活动分为四个阶段,分别是计划(Plan)、实施(Do)、检查(Check)和处理(Action)。各个阶段都有自己的任务、标准和目标,四个阶段是一个不可分割的整体,它们共同作用,构成了饭店服务管理活动的全过程,并且不断循环,周而复始地动态运作,不断促进饭店质量管理的提升。

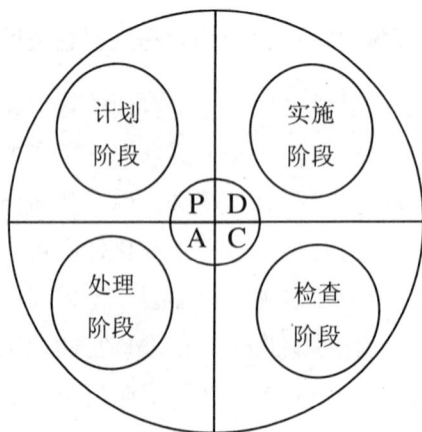

图 10-3 PDCA 法则

1. 计划阶段

计划阶段主要通过对上一阶段饭店服务活动各环节的认真分析，对饭店的岗位和人员的工作和任务逐个分析和评价，对已出现的质量问题及可能会出现的问题隐患进行认真研究，从而得出当前饭店整体服务质量水平的评价。在此基础上，制定出本轮饭店服务质量管理活动的目标和要求，即确定饭店在一段时间内服务质量要达到的标准，以及明确饭店服务工作的重点和主要任务，并制定出详细的实施计划。

2. 实施阶段

本阶段主要是严格执行饭店服务质量管理计划阶段所制定的方案和计划，并做好各种记录，以检查和反馈执行情况。

3. 检查阶段

本阶段的工作是综合运用各种服务质量检查和考核办法，对饭店提供产品和服务进行全方位的检查考核，看是否达到预期的服务质量标准和计划目标。

4. 处理阶段

本阶段应针对已出现的服务质量问题进行认真剖析，找出问题产生的原因，并制定出解决质量问题的措施，在吸取教训的基础上，还总结成功的经验，并将其纳入有关的服务规范中去，防止类似的问题再次发生。本阶段同时还要对下轮饭店服务质量管理活动中可能出现的新问题进行预测，以防患于未然。

PDCA 方法必须按照顺序进行，四个阶段一个都不能缺少，饭店全体人员必须共同努力参与进来，共同推动其在饭店服务质量管理活动中顺利循环运行。PDCA 方法不仅对整个饭店组织适用，对饭店的各个部门和班组也同样适用，通常是大的 PDCA 环套小环，各部门和班组的小 PDCA 环串起来，就形成了整个饭店的大 PDCA 环，整个过程环环相扣，促进饭店的服务质量管理水平呈螺旋上升，从而促进饭店服务质量水平的提升。

(二)QC 小组法

QC 是 Quality Control 的英文缩写，QC 小组即质量管理小组，指饭店的全体员工围绕饭店的组织目标，针对饭店服务质量过程中所存在的问题，以改进质量、节约资源、降低消耗、提高饭店效益为目标而组织起来，运用饭店服务质量管理理论和方法开展活动的小组。

质量管理小组的机构设置基本上如图 10-4 所示，质量管理小组的工作也是基本按照 PDCA 循环的程序展开的，主要包括八个步骤。

(1) 调查现状。收集大量的资料，对饭店现有的服务质量水平进行认真调查评估，调查过程中必须保证数据来源的真实性，数据要真实地反映饭店的服务现状。

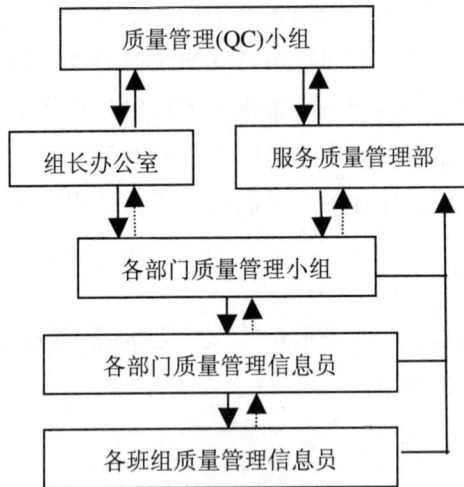

图 10-4　QC 小组的机构设置示意图

(2) 分析原因。饭店服务质量管理小组必须动员饭店全体人员共同参与到饭店服务质量管理中来，针对饭店当前的服务水平及与国外优质的饭店服务水平之间的差距，认真思考质量问题产生的原因及如何提高质量，要综合运用多种质量分析方法，找出制约饭店服务质量的瓶颈。

(3) 制定措施。针对饭店服务问题产生的原因及制约服务提升的因素，制定出相应的对策和改进措施。制定的措施必须具有可行性，并有相应的进度管理，加强预测与控制。

(4) 按计划实施。按照制定的计划措施认真贯彻执行。在实施过程中必须随时把握实施的情况，并运用各种专业技术或组织管理措施灵活地解决碰到的计划实施过程中碰到的新问题，同时做好记录，以备查和反馈。

(5) 检查实施效果。对计划实施的真实结果与当初计划制定的目标进行对比，看是否达到预期目标。对未达到预期目标的行为要重新分析和调查原因。

(6) 制定巩固措施。达到目标并能够经得住 3 个月左右的考验，说明该项质量管理小组的任务已基本实现，应将本次活动所制定的行之有效的方法上升为标准，经过有关部门审定后纳入饭店有关的质量管理标准或文件中去。

(7) 处理遗留问题。对此次饭店质量管理中遗留的问题加以分析，并将要进一步解决的问题备案，作为下一轮质量管理小组的工作任务，以继续研究解决问题的方案，探寻饭店服务质量管理提升的新途径。

(8) 总结成果资料。质量管理小组对本次质量管理活动要进行总结，分析本次质量

管理活动的得失，总结成功的经验，吸取失败的教训，从而得到小组的自我提高，为其下一轮的服务质量管理活动打下基础。

任何饭店的服务质量问题都会存在，无论饭店的服务质量管理水平发展的会有多先进，都不可避免饭店的服务质量问题。存不存在服务质量的问题并不是衡量饭店服务质量水平的标准，而能否及时发现本饭店存在的服务质量问题，并快速找出解决问题的办法,促进饭店的服务质量水平的不断提升是反映饭店服务质量管理水平的一个重要方面，QC 小组法是发挥全体饭店员工的积极性和创造性，及时发现并采取有效措施解决服务质量问题，提高饭店服务质量管理水平的有效途径。

(三)ZD 管理法

ZD(Zero Defects)管理即零缺陷管理，零缺陷管理并不是绝对的没有缺陷，而是希望通过有效的 ZD 管理，尽可能地将饭店服务的缺点和差错降低到最低限度。

1. ZD 管理的特点

ZD 管理法是当前饭店质量管理中普遍所采用的办法，在提升饭店服务产品的质量方面起着重大的作用。ZD 管理法有以下几大特点。

(1) 目标性

ZD 管理有其明确的目标，即尽可能降低饭店服务的缺点和差错，努力做到毫无差错地将饭店服务传递给顾客，使饭店服务和产品的提供不断朝着"无缺陷"的方向发展。ZD 管理的目标性体现了 ZD 管理方法的本质，它要求饭店必须作好服务前的预防和服务中的控制工作，尽可能杜绝饭店服务出现问题的"善后"处理，因为服务问题一旦产生，饭店损失的不仅仅是大量的补救成本，更重要的是饭店的声誉和品牌的破坏。

(2) 全员参与性

ZD 管理需要饭店全体人员的共同参与，零缺陷的管理离不开饭店每一位成员的共同努力，每个饭店成员，无论其职位高低、权力大小，都是饭店零缺陷管理中的主角，只有全体成员共同努力，每一个人都力求尽善尽美，才能将饭店服务的缺点和差错降到最低点，到达 ZD 管理的目的。因此，饭店应努力做好动员和激励的工作，充分调动饭店全体成员的积极性和创造性，让每一位员工都全身心地投入到工作中，做好本职工作，实现饭店服务质量的不断超越。

(3) 超前性

ZD 管理要把员工工作中的失误降到最低，拒绝偏差，就必须在事前努力做好应有的准备工作，这就决定了 ZD 管理方法的超前性，它是以饭店全体员工的积极性、主动性及对工作的责任感为前提的。在开始工作前，就必须做好一切心理和行动的准备，在工作中必须保持认真踏实的工作作风，一旦发现差错，就必须主动改进，从而保证 ZD

管理的成功。

(4) 整体性

整体性是 ZD 管理方法的显著特点。饭店要力求服务工作的尽善尽美，就必须在整体上把握，从全局上控制，不能有一丝一毫的闪失，否则就会产生 100-1=0 的后果，饭店服务的整个环节中只要有一个环节出现失误，那么无论其他的服务环节做的有多么完美，都不会造成顾客满意。可见，ZD 管理必须注重管理工作的整体性特征。

(5) 一次性

ZD 管理要杜绝服务工作的缺点和错误，就必须要求所有的员工一次性就能把工作做好，不得返工或重做，否则就不能称作"零缺陷"服务管理，ZD 管理就不能算是成功的。除此以外，ZD 管理工作的一次性还可以降低饭店的成本，提高工作效率，这同样也能使饭店服务产品的质量得以保证。一次性是 ZD 管理方法的基本特性。

2. ZD 管理的工作程序

ZD 管理的工作程序包括拟定 ZD 管理方针、制定 ZD 管理计划、开展 ZD 小组活动和进行 ZD 管理效果考核。

(1) 拟定 ZD 管理方针。这是饭店开展 ZD 管理的指导思想，同时明确 ZD 管理的目的和意义，强化饭店全体成员的质量管理思想和认识，转变观念，动员全员共同参与。

(2) 制定 ZD 管理计划。ZD 管理必须针对饭店的质量问题展开，因此，必须制定具有针对性和可行性的 ZD 管理计划方案，明确 ZD 管理的具体任务和要解决的主要问题，分析经常会出现的错误的原因，并制定详尽的工作步骤。

(3) 开展 ZD 小组活动。ZD 管理需要饭店全体成员的共同参与和维护。因此，在具体的 ZD 管理中我们可以把饭店员工按一定需要分成若干个活动小组，明确每个小组的工作目标和具体的任务，并将任务下放到小组内的每一个成员，激发每一位成员的工作热情，使每一位成员成为工作中的主角，同时在员工的工作中，小组组长要随时做好检查考核工作。

(4) 进行 ZD 管理效果考核。ZD 管理效果考核就是对各 ZD 管理工作的结果与预期的目标之间的对比，看结果与目标的接近程度，ZD 管理效果考核的内容包括 ZD 管理活动是否顺利开展、每一位饭店员工的工作失误和宾客投诉问题是否趋向于零、员工的工作动机和工作热情是否提高、班组和部门组织的凝聚力是否增强、饭店成本是否得到有效的控制、组织效益和饭店的服务是否得到很大的提高等。

四、提高饭店服务质量的有效途径

饭店服务质量是饭店生存和发展的关键，虽然我们不可能完全杜绝饭店质量问题的发生，但是我们可以通过有效的饭店服务质量管理尽可能控制服务质量问题的发生，实现饭店既定的质量目标。针对目前我国饭店业存在的服务质量问题及产生的原因，结合ISO9000 族标准和《旅游涉外饭店星级的划分及评定》等对饭店质量的要求，可以通过以下途径来切实提高饭店的服务质量，增加顾客的满意度，从而获得竞争优势。

(一)增强饭店全面质量意识，将质量管理纳入饭店整体发展战略

随着市场竞争的日益激烈，以质量求生存、以质量求效益、以质量求发展是饭店业共同面临的问题，质量意识不仅仅是饭店管理者所必须具备的一种观念，而是一个"全员意识"，只有在全员的努力下，才能获得质量的持续提高。"质量=竞争力"从客观上要求饭店必须全面提高其质量意识，饭店的一切活动都以能否实现质量的提高为行动标准。增强饭店质量意识是前提，将质量管理纳入饭店整体发展战略中饭店质量管理的关键，只有用战略的观点来看待饭店质量问题，用战略性思维开展质量管理工作，并制定一系列的制度、规章、方法、程序和机构等，使饭店质量管理活动系统化、标准化、制度化，才能真正促进饭店服务质量的提高。国际饭店业发展轨迹可以看到，全球闻名的饭店集团无一不是在正确的战略方针指导下获得成功的。例如，著名的 Ritz-Carlton 饭店公司就是因为实施了全国质量管理(TQM)而成为全美惟一获得美国最高质量奖(波多里奇奖)的饭店公司，该饭店公司因提供的服务质量最佳而获得全球宾客的赞誉。在中国饭店业中，也有不少口碑甚佳的饭店因将质量纳入企业发展战略而获得成功的，如南京金陵饭店、北京丽都饭店、广州白天鹅饭店、青岛海景饭店等。这些饭店均将质量摆在重要位置，将质量管理与饭店营运紧密结合在一起，从而形成了自己的经营特色，最终形成饭店的核心竞争力。

(二)创新饭店服务管理理念，提高饭店质量管理水平

随着饭店业的不断发展，顾客对饭店的服务质量要求也越来越高，饭店的服务质量也必须不断提升才能满足顾客的需求，应对市场竞争。创新饭店服务质量管理理念是提高饭店质量管理水平的前提，只有在观念上得到了创新，才能在行动中得到实行。饭店业常见的服务管理理念有"顾客是上帝"、"员工第一，顾客至上"、"以人为本"、"顾客满意理论"、"服务价值原理"、"零缺陷管理"等。饭店质量管理部门应不断吸收借鉴国外先进的饭店服务质量管理理念，结合本饭店的实际情况进行创新运用，并将其落实到饭店员工的具体服务工作中去，才能不断提高饭店的服务管理水平。

(三)制定数据化质量标准，落实饭店质量管理行动

饭店质量标准制定必须建立在符合 ISO9000 族标准体系的大前提下，以顾客的需求为基础，并落实到可操作性的层面。ISO9000 族标准对服务质量所作出的规定具有全面、

详细、操作性强等特点，对饭店服务质量的提高有着极其重要的指导作用，但由于饭店服务和产品具有无形性，顾客的个体情况的不同对服务的要求也各有差异，导致了饭店的有些服务难以有一个统一的标准，例如饭店规定餐厅上菜要"快速高效"，员工在执行该标准时就有可能会产生疑惑，饭店服务质量的数据化定制就可以解决这样的问题，所谓数据化定制质量标准，就是本着饭店服务的高效率，对饭店员工的服务程序予以定量的限制，如顾客登记入住不得超过5分钟，查房不得超过3分钟，上菜5分钟，结账离店5分钟等，这就使饭店无形服务得以量化，明确了服务程序和服务标准，并从细节上着手，小中见大，逐步控制并改善饭店的整体服务水平，这是饭店服务质量管理的核心。饭店数据化的质量标准的制定可提供机会让员工参与决策，尽量使服务质量标准符合饭店实际情况和员工技能水平，确保服务标准能得到员工的理解和接受，使其便于贯彻执行，同时也能使一线员工切实了解到顾客的需求，从而有利于员工的具体服务工作的开展和控制，并使顾客满意。

(四)提高饭店员工整体素质，强化员工队伍的管理

顾客在购买产品和享受服务的过程中与服务人员的交往程度较高，员工的素质和服务水平是影响顾客购买力的两个重要方面。高素质的员工队伍能从主观上增强顾客的实际购买欲望，并进一步增加顾客的满意度。饭店的经营管理水平和在市场上的竞争能力都与饭店员工队伍的素质高低有着很大的关系。因此，提高饭店员工的整体素质，强化员工队伍的管理对提升饭店的服务质量至关重要。根据目前我国饭店从业人员的素质状况，首先在员工配置方面，应重视被聘人员的实际才能，按不同岗位要求选拔适合的人员；其次应提高员工的服务意识，强化服务思想，树立顾客至上的观念；第三应重视员工的业务训练，提高专业知识和服务技能；最后还需重视员工的人际交往能力培训；第四，要建立有效的考核监督机制，规范员工的行为，切实保证服务质量，同时还要建立科学的激励机制以挖掘员工的潜力，充分调动员工工作的积极性和创造性。总之，饭店只有管理好员工，给员工"满意"，员工才能将更优质的服务带给顾客，从整体上提高饭店质量水平和顾客的满意度。

我国饭店业在有关质量的问题上还要做出更大的努力。饭店产品或服务能满足顾客需求的程度是饭店整体质量水平的衡量标准，饭店要最大限度地提高整体质量水平，应对目标市场进行一个系统的分类，针对各类子市场的不同需求，制定适合该子市场的产品和服务的质量标准，这样就有效的提高了饭店质量管理的效率，降低了质量成本。对于有一定质量管理经验的饭店，应注重改善服务细节以提高饭店知名度和美誉度，在产品或服务的细微处折射饭店质量管理的有效性和合理性，不断追求零缺陷的产品或服务境界，以树立和维护饭店良好的市场形象。

第十一章　饭店安全与危机管理

【学习目标】

1. 饭店安全管理的内涵和重要性
2. 饭店安全管理的范畴
3. 饭店安全管理组织和管理制度
4. 饭店危机管理的成因和作用机制
5. 饭店危机管理的战略应对措施

【关键词】

安全组织 Safety Organization
危机管理 Crisis Management
安全管理 Safety Management
安全管理制度 Regulations of Safety Management

自中国加入 WTO 以后，中国饭店业在面临发展机遇的同时也面临着严峻的挑战，一方面我们要应对国际激烈的市场竞争；另一方面，我们也要随时应对各种自然灾害或传染性疾病给饭店业带来的危机。因此，我们不但要加快饭店业发展水平，提高饭店服务质量，提升自身竞争力，而且也要不断加强饭店的安全与危机管理。对饭店业而言，安全是宾客对饭店产品的首要要求，没有安全作为保障，饭店业无从开展；而不能应对各种随时可能出现的饭店危机，饭店业也无法可持续健康发展。强化饭店的安全与危机管理，确保饭店、员工、宾客安全；评估饭店所处环境的危险系数，树立危机意识，从容应对各种复杂的局面，是现代饭店管理的重要工作。

第一节　饭店安全管理概述

一、饭店安全的定义和内涵

饭店安全就是维护饭店内所有人员人身、财产的安全，没有威胁、没有事故的发生，保障饭店经营管理工作的顺利进行。饭店安全管理的对象是饭店所有的旅客、餐饮部门的顾客及饭店全体的从业人员，饭店安全管理的目标是保障饭店全体人员的生命免受危害、人的身体不受任何损害及保障饭店所有人的财物不遭受任何意外的损失。

通过分析饭店安全的定义，我们可以深入了解饭店安全管理的内涵。

第一，从顾客的角度。饭店与客人建立交易关系，无论是客房入住的旅客，还是餐厅的顾客，以及在饭店其他商务或娱乐场所等地方消费的客人，饭店在为其提供完善周到的服务的基础上，有职责和义务全力维护他们的人身和财产的安全，同时还要充分尊重客人的隐私，保障客人身心的绝对安全。

第二，从饭店员工的角度。饭店与员工是雇用关系，员工在履行自己的职责和义务的同时，其人身安全也必须受到饭店的保护，若员工在饭店工作的过程中发生意外，饭店也必须承担一定的法律责任。

第三，从饭店的角度。饭店必须保证饭店所有的基础设备设施的完善，防止因硬件设施的缺陷或使用时的疏忽给顾客或员工带来的生命和身体的损害，饭店应注意维修和保养硬件设施，确保其功能的完善；饭店员工服务的疏忽也可能带来有损顾客及自身人身和财产安全的隐患，因此，饭店员工的服务技能和服务水平也要不断提高和标准化；在饭店遭遇不可抗力的自然灾害时，饭店也必须做好随时防范的准备，并有一系列完备的应急措施，尽可能将灾害带来的损失降到最低限度。

二、饭店安全的特点

饭店行业有自己的独特性，饭店服务包括有形服务和无形服务，饭店服务主要由员工提供，饭店产品和服务具有生产和消费的同时性，到饭店入住的客人来自五湖四海，且都南来北往，入住时间短，这些行业特性使饭店安全管理具有不同于其他企业的特点。

(一)广泛性

饭店安全管理具有广泛性，涉及到饭店各个部门的各项工作，既包括宾客的安全管理，也包括饭店全体人员的安全管理。具体来说，第一，要保障宾客、员工的人身、财产和心理的安全；第二，要保障饭店的财产安全和环境安全，包括保护设备设施的完好、防止财物遭窃、保证账目明细、御防黑客对饭店网络的入侵等，此外还要防止火灾等各种突发事件的发生，总之，要尽可能地维持饭店正常的经营管理秩序。

(二)复杂性

饭店安全管理涉及面广，内容庞杂，这些使得饭店安全管理极其复杂。首先，由于入住饭店的宾客包含世界各地的各色人种，其往来复杂，目的各异，客源流动相当大，这为饭店带来了很大的安全隐患。其次，饭店员工众多，且流动率较高，员工队伍的稳定性相对较差，这对饭店的服务工作带来了影响，很有可能因疏忽导致安全事故发生。再次，饭店的装潢工程多，材料和施工都有动火的需要，且饭店集中了大量的电器设备，电源、火源、气源集中，极易引发各种安全事故。这些都给饭店的安全管理带来了很大的难度。

(三)服务性

饭店是服务性企业，饭店的安全管理工作是饭店服务的一部分，在具体的安全管理工作中不仅要保证饭店各方面的安全，同时又要提供完善的服务。饭店安全管理的服务性包括饭店安全部门的员工在仪表仪容上要符合要求，态度要友善，语言要礼貌；在工作过程中要在保持高度警惕的同时表现自然，做到外松内紧，即外表轻松自然而内心时时小心警惕；在为客人提供服务时要在遵守原则和规章制度的前提下，尽可能简化手续，为客人提供方便。

(四)政策性

饭店安全管理工作有很强的政策性和法规性，如消防安全管理、食品卫生安全管理、治安安全管理等国家都有相关的政策和管理条例。因此，饭店在进行安全管理的时候必须严格按照国家和政府的有关政策法规进行，同时，作为饭店的安全管理人员也必须有较强的安全保卫方面的文化知识，熟悉各种安全保卫政策法规，并将其与本饭店具体实际相结合，为本饭店拟定各类安全管理制度，并努力将其落到实处。

(五)参与性

参与性即指饭店安全管理不仅要靠饭店安全保卫部门就能做好，而是需要饭店全体人员的积极参与，齐心协力方能真正将安全工作落到实处。饭店安全隐患可能存在于任何时候任何地方，只有依靠群体的力量，才能及时发现设备故障或事故的不安全因素，消除隐患，并确保操作的安全。

三、饭店安全的重要性

饭店安全管理对饭店有着非常重要的意义，饭店安全工作的好坏不仅直接关系饭店的正常运转，也在很大程度上影响着饭店的效益。其重要性表现在如下几个方面。

(一)安全管理是饭店经营管理活动正常开展的基础条件

安全是人类生存的一个最基本的需求，也是饭店一切活动开展的基础，没有一个安全的饭店环境，宾客的人身安全和财产安全得不到应有的保障，他们根本不会入住饭店；另外，没有安全作为保障，饭店正常的经营管理活动也根本无法进行。因此，可以说，安全是饭店一切活动开展的基础，也是宾客对饭店提出的一个最基本的要求。

(二)安全管理是饭店宾客满意和员工满意的重要保证

宾客入住饭店，必定有免遭人身伤害和财产损失、自身权利和正当需求受到保护和尊重的安全需求，由于出门在外，他们的这种需求的期望值会比平时更高。因此，饭店安全管理工作是宾客满意的重要保证。另外，饭店安全的工作环境必然也会极大地激发饭店员工工作的积极性，促进饭店员工更加积极地工作，是争取员工满意的基础。

(三)安全管理是树立饭店形象和建立好口碑的有效途径

高水平的饭店安全管理必定会给入住饭店的宾客留下难以忘怀的记忆，同时会被客人广为传播。因此，安全管理对饭店树立良好的形象和建立好口碑有很大的推动作用。尤其在恐怖事件屡屡出现报端，各种全球性的疾病和自然灾害时常爆发，人们普遍缺乏安全感的今天，饭店安全管理将是树立良好的饭店形象，形成饭店良好口碑的重要途径。

(四)安全管理是拓展饭店客源市场的重要手段

饭店产品的销售在一定程度上依赖于饭店宾客的满意度和饭店的口碑，一旦宾客的人身或安全遭到侵犯，宾客就会投诉，甚至诉诸于法律，这会给饭店带来极坏的负面影响，影响饭店的声誉，使饭店失去客源。安全管理能为饭店树立良好的形象，形成良好口碑，为广大消费者赞颂，因此，其在一定程度上可以拓展饭店客源市场。

第二节　饭店安全管理的内容体系

饭店安全管理涉及到的内容众多，通常饭店都设立保安部(或称安全部)，由此部门进行饭店的安全管理。

一、饭店安全的范畴

饭店安全范畴包括三个方面的内容，安全责任区、员工安全培训和安全检查。

(一)安全责任区

将饭店的各项安全责任按照各单位的工作范围划定所归属的安全区，各自承担各自的安全任务，同时使每个部门及各岗位成员都能明白本身安全责任的范围及应负的责任，将饭店整体的安全管理工作落到实处。

1. 责任区规划的原则

(1) 划分负责单元

饭店应以部门、楼层、厅、室等为单位，每一基层为一个单元，选定专门的单元负责人，然后在单元的基础上，再细分和细化，将饭店每一个微小的部分都具体到责任人，同时其隶属的上级负连带责任，每个单元以主管为首，其内的每一位成员都对该单元负有共同责任。

(2) 遵守责任奖惩处罚办法

针对每一个责任单元，饭店应从上到下制定详细具体的责任人奖惩处罚办法，督促安全工作的执行，如发生任何安全事故，须一层层追究责任，并严格按照制定的办法进行相应的处罚，成功的安全事故防御和处理的个人或团体也应进行相应的奖励。奖惩办法必须有针对性，切合实际，并力求做到公开、公平和公正。

2. 责任事项

饭店安全责任区的责任事项主要包括如下内容。

(1) 消防安全

消防安全即饭店应根据国家有关消防安全的法律法规及本饭店制定的消防管理办

法对饭店实施责任区内的消防设备设施的维护。包括时时维护责任区内的消防器材的完好，随时检查安全门是否保持关闭，防火区卷闸门、逃生门、闭锁门、消防栓等前不能放置任何物品等。

(2) 作业安全

作业安全要严格按照饭店员工安全管理规则办理，各责任单元负责人须严格要求其下属的员工遵守工作守则，避免员工身体、生命在工作中遭受伤害，同时也要避免因员工作业的失误发生饭店安全事故。

(3) 治安维护

治安维护即饭店安全管理部门要随时保证饭店内外的治安秩序的正常，对非饭店的外来人员无故逗留者要保持关注，坚决抵制在饭店进行的非法活动，对本单位的离职员工要进行一定的了解，防范财产的流失，同时对出入饭店大门的闲杂人等的要保持警惕等。

(4) 公共区域财产安全维护

饭店要全力维护公共区域内财产的安全，要保持公共区域设备设施的基本整洁卫生，定期进行保养和维护；对需专门技术人员进行保养和维护的公共区域财产要交由工程部专人负责。另外，对大型的饭店仪器和设备要定期进行彻底的翻洗和翻修，并上报饭店高层，申请由外包商专门修理和维护。

(5) 卫生整洁

饭店应随时保持安全责任区的卫生整洁。要严禁在安全责任区内的吸烟行为，对地上发现的烟蒂、纸屑等垃圾要立刻拾起，发现异味要保持高度警惕并追寻其来源，发现责任区内的家具、灯饰、玻璃、门板等方面存在卫生问题应立即自行擦拭，让其保持高度的干净和整洁。

(二) 员工安全工作培训

员工安全培训是饭店安全工作的重要内容，无论是饭店新进的员工，还是老员工，安全工作培训对他们来说都至关重要。因为饭店的服务活动几乎都是由饭店员工向客人提供，经常对饭店员工进行安全方面的培训，可以让饭店所有员工都能运用正确安全的工作方式为客人服务，消除安全隐患，减少安全事故的发生。饭店员工安全工作培训包括专业知识培训和相关知识培训。

1. 专业知识培训

员工专业知识培训包括树立员工正确的饭店意识，培训员工熟练掌握饭店各种设备设施的安全操作及正确的执行服务流程。具体来说包括饭店特点、饭店部门设置及相互关系、饭店大堂秩序控制、客房服务操作规范、钥匙的控制程序、消防报警系统程序、

紧急事故处理程序、各通道控制程序、电梯操作和电梯紧急情况处理程序、宾客行李安全保管及贵重物品寄存程序、宾客入住和结算程序、设备安全监察和维修程序、事故报告单与事故分析程序等。

2. 相关知识培训

除了专业知识培训以外，对员工的培训还应着眼于提高员工的整体素质，进行常识性安全知识的培训，更广泛地拓展到专业知识以外的知识和能力的培训。如国家的政策法规、饭店安全计划及饭店安全工作的政策和程序、人际关系的沟通技巧、饭店建筑设计布局等多方面的内容。饭店安全部的管理人员也要不断进行自身的专业知识培训，要不断关注安全管理方面的前沿动态，加强学习行政管理技术、组织技巧等以提高自身的管理水平。

(三)安全检查

饭店每天必须进行安全检查，每月最少进行一次全面的定期安全检查，同时在饭店举行重大节日庆典或举办大型活动前都要进行全面或局部的安全检查。饭店安全检查是为了防范于未然，通过安全检查，及时发现饭店中存在的安全隐患及各种不安全的因素，并及时采取措施。饭店安全检查的内容涉及饭店的各个方面：餐厅厨房要做好饮食卫生把关，防止食物中毒；饭店工程部要做好设备设施(如水、电、热、气等)的操作和维修检查，防止跑水漏气或火灾事故的发生；天花板、阳台等各地方的顶棚要检查是否安装不牢，防止发生坍塌事故；财务部门、商品部要加强安全防护，防止现金和财物失窃事故的发生；饭店的地板要检查是否做好防滑工作；饭店楼梯口及拐角等各个地方检查是否存在照明不良等。

二、饭店安全组织

要维护整个饭店的安全，饭店必须建立专门的组织管理部门，全面负责饭店的安全保卫工作，包括贯彻执行国家和政府有关安全政策法令，落实检查各项安全防范制度，预防各类不安全的因素，处理各类突发事件等。另外，饭店的安全管理除了专门的安全管理部门外，还需要饭店全体员工的共同努力，即要建立饭店安全委员会，借助全体员工的力量，坚持"群防群治"，真正落实饭店的安全管理。

(一)饭店安全委员会

安全管理委员会使饭店安全管理工作的领导机构和群众性组织，它是在总经理领导下，由饭店各个部门选派一名部门管理人员组成。根据饭店工作的实际情况，下面还可设立任务编组或各部小组。饭店安全部是安全委员会的常设办事机构。饭店安全委员会的组织结构如图 11-1 所示。

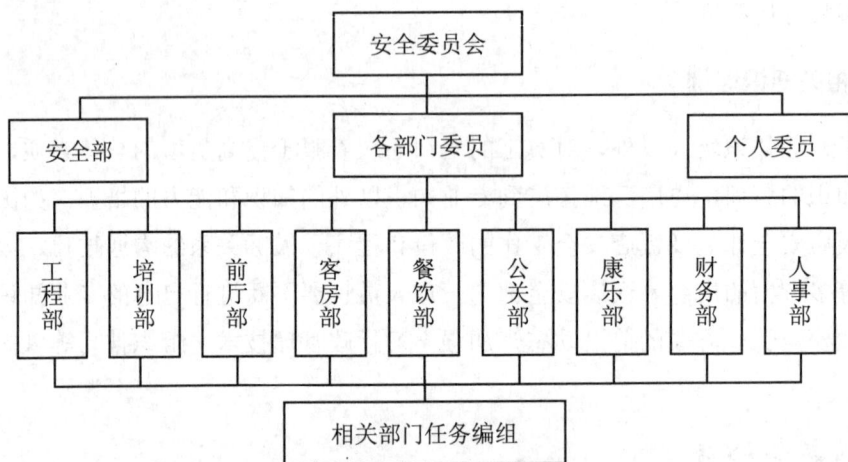

图 11-1　饭店安全委员会组织结构图

饭店安全委员会对饭店的安全负有全面责任，其主要职能包括：制定和实施安全工作、检查并随时把握饭店安全状况、总结饭店安全管理缺点和失误并提出安全管理意见、监督安全部工作的情况、对员工进行安全教育和法制教育、提高全体员工的安全意识等。

(二)饭店安全部组织

为了确保饭店安全管理工作的实效性，饭店应设立专门的安全管理机构，即安全管理委员会中的安全部，它隶属于饭店安全委员会，负责饭店各类安全保卫的具体工作，落实饭店的各项安全防范制度，预防各类不安全因素的侵害，处理各类突发事件，保证饭店、宾客和员工的全面安全。

1. 安全部组织结构

饭店安全部直接受饭店总经理的领导并对其负责，其组织结构的设置并没有一定之规，常根据饭店规模、星级等因素而确定具体的岗位。一般常见的饭店安全部组织结构如图 11-2 所示。

饭店安全部组织常设经理一名，副经理一名，文秘一名，下设主管四名，领班四名及各班组成员若干名。现在绝大多数饭店的安全部都借助现代科技力量，在安全管理上引进了自动灭火系统、电视监控系统、红外线报警系统、身份电子识别系统等，这些现代科技管理技术的应用在节约大量的人力成本的同时也极大地提高了管理的效率。

2. 安全部主要职责

饭店安全部必须在总经理的领导下，贯彻国家公安部门和上级主管部门的有关安全工作的方针政策、法文条例，全面负责饭店客人的人身、财产安全和饭店员工的人身安全。其主要的职责包括以下几个。

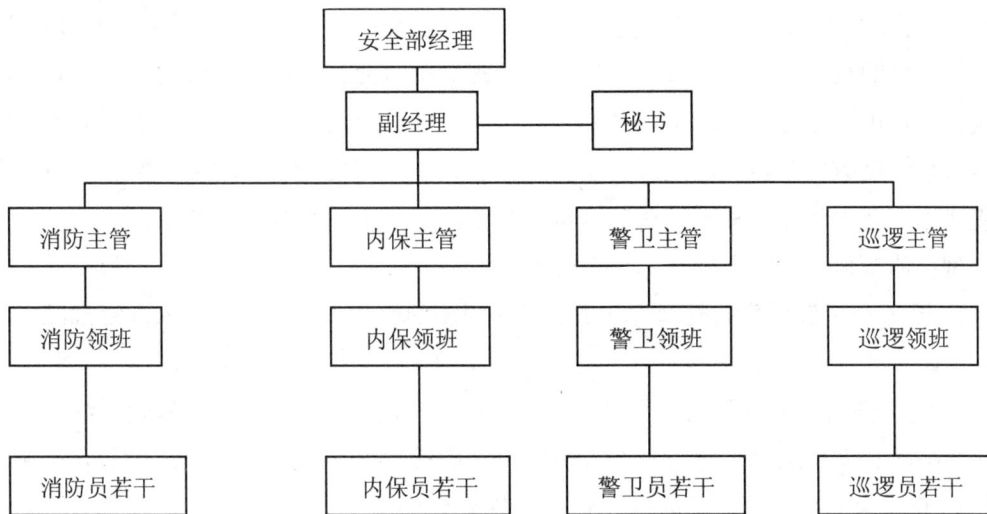

```
                    ┌──────────┐
                    │ 安全部经理 │
                    └──────────┘
                          │
              ┌──────────┐    ┌──────┐
              │  副经理   │────│ 秘书 │
              └──────────┘    └──────┘
        ┌───────────┬───────────┬───────────┐
   ┌────────┐  ┌────────┐  ┌────────┐  ┌────────┐
   │ 消防主管 │  │ 内保主管 │  │ 警卫主管 │  │ 巡逻主管 │
   └────────┘  └────────┘  └────────┘  └────────┘
        │           │           │           │
   ┌────────┐  ┌────────┐  ┌────────┐  ┌────────┐
   │ 消防领班 │  │ 内保领班 │  │ 警卫领班 │  │ 巡逻领班 │
   └────────┘  └────────┘  └────────┘  └────────┘
        │           │           │           │
  ┌──────────┐ ┌──────────┐ ┌──────────┐ ┌──────────┐
  │ 消防员若干 │ │ 内保员若干 │ │ 警卫员若干 │ │ 巡逻员若干 │
  └──────────┘ └──────────┘ └──────────┘ └──────────┘
```

图 11-2　饭店安全部组织结构图

(1) 制定并不断完善饭店的各项安全制度和规定，报总经理批准后发布，并监督和落实。

(2) 领导各部门全力维护饭店的正常经营秩序，维护饭店各经营部门如客房、餐厅、康乐部、商务部等及公共场所的秩序，保证饭店的正常运行。

(3) 做好饭店重大活动的安全工作，对饭店的重要客人要做好内部保卫，积极配合公安机关进行案件侦查，严厉打击各种违法犯罪活动，全力做好饭店的安全保卫工作。

(4) 对住店客人的证件要认真登记核实并实行监督，全面监控饭店一切可疑人员。

(5) 领导各部做好安全检查工作，不遗漏任何的安全隐患，对查出的安全隐患要及时向领导或上级主管部门汇报，并尽可能快地采取措施积极解决，对已发生的事故要查明好原因，并归纳总结出经验和教训，指导后来的安全管理工作。

(6) 定期或不定期地做好饭店全体人员的安全培训工作，特别是做好新进员工的安全培训工作，并进行一定的安全知识教育与考核，以提高饭店全员的安全素质。

(7) 结合饭店实际，不断健全饭店的安全管理制度。

三、饭店安全管理制度

为促进饭店安全管理工作的具体落实，饭店必须建立各项安全管理制度，通过这些硬性的制度规定，使饭店的安全管理工作有具体的行动指南和依据，促进饭店安全工作的执行。饭店的各项安全管理制度是物化的具体明确的文字表述，并以文件的形式昭示，以体现制度的权威性。饭店拟定各项安全管理制度时要遵守国家和政府部门的有关法律法规，针对饭店服务宾客的生理和心理的需求，并结合饭店的实际情况进行制定。饭店安全管理制度重在落实，因此饭店安全委员会、安全部要充分调动饭店所有部门和人员的积极性，努力将饭店安全管理制度落到实处，以真正保证饭店的安全。

例：苏源凤凰台饭店的仓库安全管理制度。

1. 饭店仓库除仓管人员和因业务、工作需要的有关人员外，任何人未经批准，不得进入仓库。

2. 因工作需要需进入仓库人员，在进入仓库时，必须先办理入仓登记手续，并有仓库人员陪同。严禁独自进仓。进仓人员工作完毕后，出仓时应主动请仓管人员检查。

3. 仓库内不准会客，不准带人到仓库范围参观。

4. 仓库不准代私人保管物品，也不得擅自答应未经领导同意的其他单位或部门的物品存仓。

5. 任何人员，除验收时所需外，不准试用试看仓库商品物资。

6. 仓库范围内不准生火，也不准堆放易燃易爆物品。

7. 一切进仓人员不得携带火种。

8. 仓库应定期检查防火设施的使用实效，并做好防火工作。

四、发生火灾时组织自救操作制度

1. 报警通报

发现火灾时，首先要把火灾的信息传给消防控制中心、饭店值班的负责人、公安消防队和需要疏散的旅客；召集计划中的各部员工到达着火楼层扑救。

(1) 一旦着火，火灾信息要在第一时间传到本层服务员和消防控制中心。

(2) 本层服务员和消防中心值班员立即到现场确认是否成灾。

(3) 确认起火便通知单位值班负责人、公安消防队，召集各部员工到场。

(4) 单位值班负责人到场后，决定需要疏散并组织到场员工进行灭火救人工作。

(5) 根据单位值班负责人的命令，向需要疏散旅客发出通报。

2. 疏散抢救

火灾发生后，必须考虑的首要问题是组织指挥疏散与抢救着火层以上的人员。

(1) 明确分工。把责任落实到楼层服务员，负责引导客人向安全区疏散，护送行动不便的旅客撤离险境，检查是否有人留在着火楼层内需要抢救出来，接待安置好从着火楼层疏散下来的客人，并稳定客人情绪。

(2) 疏散次序。先从着火房间及着火层以上各层开始疏散，再疏散着火层以下各层。疏散时青壮年通过安全楼梯疏散，行动不便的人员则护送他们从消防电梯疏散；并对火层以下的客人做好安抚工作，并劝其不要随处乱跑。

(3) 指导自救。可由服务员带领或通过楼内通信设备指导方式进行自救。组织服务员鼓励或带领旅客沿着消防楼梯冲过烟雾下楼；对不能从预定的消防楼梯疏散时，由服务员带领旅客登上天台上风口等待营救，并组织水枪喷射掩护；对于被困人员则应增强其自救信心，引导启发他们就地取材选择自救方法：使用床单、窗帘、台布等连接起来作救生绳，把一头固紧，沿布绳降落到下一层；封闭门窗，堵孔洞防止烟雾窜入房间，用水泼在门窗上降温，留在房间等待营救。

(4) 注意安全。在疏散路线上设立哨岗向疏散人员指明方向，防止疏散人员误入走道，并劝导疏散人员有秩序地疏散，及时清除路障，保持路道畅通无阻。使用消防电梯疏散人员时要有专人操作，约定好联络信号，以便电梯出故障时采取营救措施。组织灭火时要观察客房火势发展蔓延过程，火势　般情况下是先从下向上，遇阴向水平发展，再从门窗竖井孔洞等开口部位向上下左右蔓延，因此组织灭火时道先要堵住火势向外蔓延，把火势控制在着火房间内予以扑灭。

① 启动消防水泵，满足着火层以上各层消防用水量，铺设水带做好灭火准备；

② 关闭防火分区的火大门；

③ 派出人员携带灭工具到着火房间的相邻房间和上下层的房间，查明是否有火势蔓延的可能，并及时扑灭蔓延过来的火焰；

④ 使用水流灭火时，要正确操纵水枪射水，一般应先窗后内，先上后下，从窗户的房顶部之字形摆动喷射，向后移动到角落处，把房顶和开口部位的火势扑灭后，再射向起火部位。

3. 防烟排烟

在扑救高层建筑初期火灾时，为了降低烟气毒性，防止烟气扩散，采取防烟、排烟措施是保证人员安全加快灭火进程的必要措施，具体措施有以下几个。

(1) 启动送风排烟设备，对疏散楼梯间、前室保持正压送风排烟。

(2) 启开疏散楼梯的自然通风窗。

(3) 把客用电梯全部降至道层锁好，并禁止使用。

(4) 使用湿毛巾捂住鼻口匍匐地面的防烟方法。

4. 注意防爆

防爆一是防止易燃物体受热而产生的爆炸，二是防止产生轰燃。因此在扑火时，要注意做到以下几点。

(1) 把处于或可能受火势威胁的易燃物品，迅速清理出楼外。

(2) 对受火势威胁的石油产品贮罐用水喷洒，使其冷却。

(3) 扑救客房火灾时要坚持正确射流的方法，防止轰燃的发生。

5. 现场救护

扑救高层建筑火灾，应组织单位医务人员及时对伤员进行护理，然后送医院救治。

6. 安全警戒

为保证扑救、疏散与抢救人员的工作有秩序地进行，必须对大楼内外采取安全警卫措施。安全警戒部位包括在大楼外围、大楼首层入口、着火层等分别设置警戒区和警卫人员，其任务是有以下几个。

(1) 大楼外围：清除路障，指导一切无关车辆离开现场，劝导过路行人撤离现场，维持好大楼外围的秩序，为消防队迅速到达火场灭火创造有利条件。

(2) 大楼首层出入口：不准无关人员进入大楼，指导疏散人员离开大楼，看管好从着火楼层疏散下来的物品，保证消防电梯为消防人员专用，指导消防队进入着火层。

(3) 着火层下一层：不准客人进入或再登上着火楼层，防止坏人趁火打劫、浑水摸鱼或乘机制造混乱，保护好消防装备器材，指导疏散人流向下层有秩序地撤离。

7. 通信联络

保持大楼内着火层与消防控制中心、前后方的通信联络，使预定的灭火疏散应急方案顺利实施。

(1) 楼内的电话、楼层服务台的电话旁要设专人值班以确保及时对话。

(2) 值班经理与消防中心、着火层以上各层、供水供电部门保持联系，有条件时最好设置无线电通信网；

(3) 设立通信人员，负责口语通信联络，担任此项工作的人员必须熟悉各部位位置和各部的负责人。

8. 后勤保障

(1) 保证灭火器材及时供应。

(2)　保证水电供应不间断。

(3)　积极协助救援单位，提供支援项目，保障器材供应。

9. 以上事项必须在着火后 5～7 分钟内完成

第三节　饭店危机管理

饭店业是旅游业的四大支柱之一，是一个对产业环境十分敏感的行业，当一个地区受到内外部环境中各种危机事件的影响、当地的旅游形象受到危害时，旅游者的旅游愿望和出游行为就会受到很大的影响，旅游供给和需求会产生波动，这样也必将使本来稳定与均衡的饭店市场陷入危机之中，影响到当地饭店业正常的经营活动的进行。因此，对饭店企业实施危机管理至关重要，它是饭店企业健康、正常发展的重要保障。

一、对饭店危机的认识

目前，由于研究的角度差异，不同学科对危机的含义有着不同的定义。危机管理理论认为：危机是事物的一种不稳定状态，在危机到来时，当务之急是要实行一种决定性的变革。企业管理学认为：危机是一种决策形势，在此形势下，企业的利益受到威胁，任何拖延可能会导致巨大损失。组织行为学认为：危机是组织明显难以维持现状的一种状态。综上所述可知，在任何组织系统及其子系统中，因其外部环境和内部条件的突变，对组织系统的总体目标和利益构成威胁而导致的紧张状态就是危机。这种危机状态由一定的危机事件所导致，它具有突发性和紧急性、高度不确定性、固有的破坏性、决策的紧迫性和影响的连带性等显著特征。

(一)饭店危机管理概念

饭店危机管理是对危机进行控制和管理，以防止和回避危机，使饭店组织和个人在危机中得以生存下来，并将危机所造成的损害限制在最低限度。在管理过程上，根据危机演变的时间过程，危机管理过程可划分为危机预警与准备阶段、识别危机阶段、隔离危机阶段、管理危机阶段及危机后处理阶段等几个过程；在管理主体上，自上而下形成一个由政府、社团、企业、公众等构成的全方位、综合性的网络体系。

因此，可以认为，饭店危机管理是指为避免和减轻饭店危机可能带来的严重威胁，通过危机研究、危机预警和危机救治等手段达到恢复饭店经营环境、恢复饭店消费信心的目的而进行的非程序化的决策过程。它包括政府(主要指政府主管理部门)、饭店、饭店从业人员、公众(消费者)等多个行为主体；以及沟通、宣传、安全保障和市场研究等多个实施途径。

(二)饭店危机管理理论

1. 系统管理理论

任何社会组织都是由人、物、信息组成的系统，系统原理为认识管理的本质和方法提供了新的视角。所谓系统管理，是指依据系统论的思想，以确定的系统为研究对象，把所需要研究和管理的对象作为有机组合的整体，综合运用控制论、信息论、系统工程和运筹学的基本原理与方法，求得技术上先进、经济上合算、时间上最省的管理效果。在系统管理理论的指导下，在进行饭店危机管理系统分析的过程中要把握系统的六个特征。

第一，集合性。饭店危机管理系统不是由单一的或固定数量的元素所组成的，而总是由两个或两个以上的互相区别的要素根据所要解决问题的不同组成的各种集合体，体现了饭店危机管理系统的集合性特征。集合性表达了饭店危机管理系统构建要素的"大"、"多"、"杂"特点；表达了饭店危机管理系统始终面对"群体"而不是"个体"，始终面对复杂的多方面的元素，而不是简单的单方面的元素的思想。

第二，相关性。饭店危机管理系统的所有构建元素或子系统之间都是相互联系、相互作用的，充分体现了饭店危机管理系统的相关性特征。具体而言，这种相关性表现在三个方面：一是各子系统、各元素之间互相关联，互相依存；二是各子系统、各元素与系统整体相互作用、相互影响；三是各子系统、各元素对系统整体的影响方式和途径受其他元素制约。

第三，有序性。饭店危机管理系统作为一个大的社会系统，有显著的结构上的序和运行上的序，体现了饭店危机管理系统的有序性特征。结构上的序表现为一个饭店危机管理系统下有多个子系统，每个子系统又由多个更小的子系统构成，依次分解，规范有序。运行上的序表现为饭店危机管理过程的顺序性，饭店危机管理的实施存在明显的阶段性。

第四，环境适应性。饭店危机管理系统总是存在于一个不断变幻的外界环境中，只有适应环境才能获得生存和发展。因此饭店危机管理系统体现出很强的环境适应性。具体而言，它表现为饭店危机管理系统在资源组织上具备灵活性、转向性和适应性，随时根据系统环境的变化调整资源分配结构，始终保持管理资源投入产出的最大化。

第五，开放性。饭店危机管理系统是一个需要与外界环境不断进行物质、信息交流的开放式系统，因此体现出多维的和全方位的开放性特征。包括管理目标的不断调整，管理资源的不断更新，管理信息的输出与反馈及系统能量的开放与展示等。这种开放性

是与饭店业的产业特征相适应的，也是促进饭店行业发展的必然选择。

第六，社会性。饭店危机管理系统是饭店管理系统的一个子系统，与社会发展息息相关，体现出极强的社会性。首先，从属性上看它是一种人造系统，人是社会的元素，因此它是一种社会系统；其次，从要素上看，系统管理目标与饭店业的社会发展息息相关，系统管理资源中的人、财、物都来源于社会，系统管理环境也是社会化的环境，其社会性不言而喻。

2. 战略管理理论

战略管理理论是最高层次的管理理论，体现一种崭新的管理思想和管理方式。将饭店危机管理提升到战略管理的层次，有助于全面、整体、长远地认识和管理饭店危机。具体而言战略管理理论具有以下特征。

第一，战略管理的全局性。组织的战略管理是以组织的全局为对象，根据组织总体发展的需要而制定的。它并不强调组织系统内部某一部门在管理中的重要性，而是通过战略使命、战略目标来协调各部门的管理活动。因此具有综合性和系统性的特点。

第二，战略管理的长远性。战略管理中的战略决策是对组织未来较长时期内，就如何生存和发展等问题进行的统筹规划。虽然这种决策以组织外部环境和内部条件的当前情况为出发点，并且对组织当前的生产经营活动有指导、限制作用，但是这一切是为了组织更长远的发展，是长期发展的起步。从这一点上来，战略管理是面向未来的管理，具有长远性。

第三，战略管理的多因素性。战略管理是统筹全局，放眼未来的管理，需要考虑组织外部环境中的诸多因素(包括竞争者、顾客、资金供给者、政府等外部因素)以使组织的行为不断适应变化中的外部力量，使组织得以持续生存。

3. 混沌学理论

用混沌论的核心概念"蝴蝶效应"(Butterfly Effect)可以很好地解释饭店业高度敏感性及连锁反应与危机的联系。

这个概念指对初始条件的敏感性依赖(sensitive dependence on initial conditions)，是1960年冬天气象学家和数学家 Edward Lorenz 在气象学方面的一个发现。"蝴蝶效应"假设，初始条件的细微变化将导致终端事件的动态大变革。换句话说，初始一个小小的错误，通过相互加强反馈的正向过程，将可能导致将来一个巨大的错误。

4. 心理学理论

心理学中与饭店危机最为相关的是感知与饭店形象等理论。心理学领域被认为是全部与人相关的信息，我们每个人都可能向某个方面移动和控制。顾客选择饭店依赖于顾客心理认为该饭店能满足他们所有的生理和心理的需要，使他们获得最大满意。因此，饭店形象是激发顾客的重要刺激物，不管饭店形象是否真实代表了饭店所能提供的东西，它都有是顾客选择饭店过程中的重要影响因素。

这一理论在本文后面的分析中，将有助于解释饭店危机对饭店发展产生影响的部分机制。由于饭店危机的发生可能破坏顾客心目中的饭店形象，从而影响其对饭店的选择。

(三)饭店危机管理系统

任何社会组织都是由人、物、信息组成的系统，任何管理都是对系统的管理，没有系统，也就没有管理。因此饭店危机管理本身也是一个系统。它是指为了实现既定的饭店危机管理目标而将管理对象内部相互作用、相互依存的管理要素组织起来形成的一种社会系统。这个系统又可以分解为饭店危机管理主体、饭店危机管理过程和饭店危机管理保障三个子系统，每一个子系统又可以分解成各个要素，如图 11-3 所示。

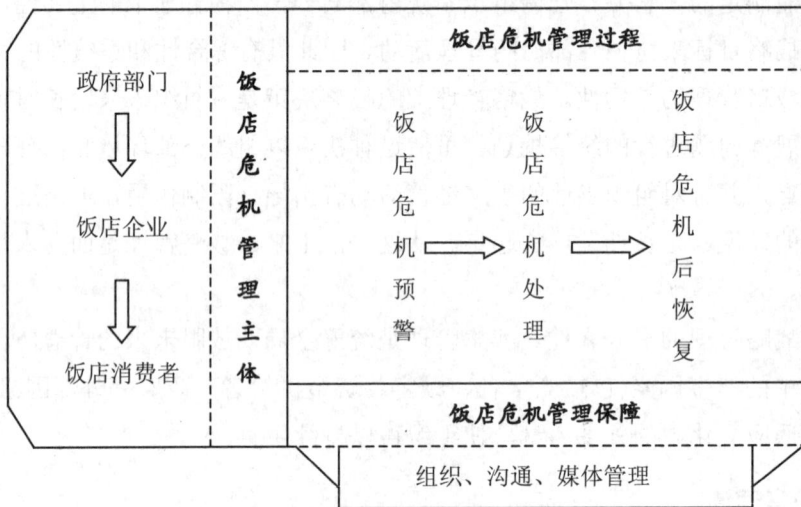

图 11-3　饭店危机管理系统模型

二、饭店危机管理的系统机制分析

(一)成因分析

饭店危机的生成可能由多种突发事件导致，按照饭店危机成因的来源，可以将饭店危机的成因划分为外部成因和内部成因两大类。前者指发生在饭店行业以外但波及饭店业的各种危机成因，包括自然灾害、社会灾难等外部突发事件及一些特定社会事件；后者则指发生在饭店系统运营范围内的各种危机成因，包括针对顾客或饭店从业人员的犯罪行为、意外事故、饭店恶性竞争和饭店管理失误等事件，如表 11-1 所示。

表 11-1　饭店危机的成因类型

外部成因	内部成因
①自然灾害	①旅游犯罪
洪水、火灾、地震	针对顾客的犯罪行为
②社会灾难	②意外事故
政治领域：　时局动荡	饭店安全事故
经济领域：　经济恶化	③恶性竞争
公共卫生领域：疾病传播	④管理失误
③特定事件	经营、财务、人力资源

(二)影响因素分析

饭店危机对饭店发展的影响机制如图 11-4 所示。

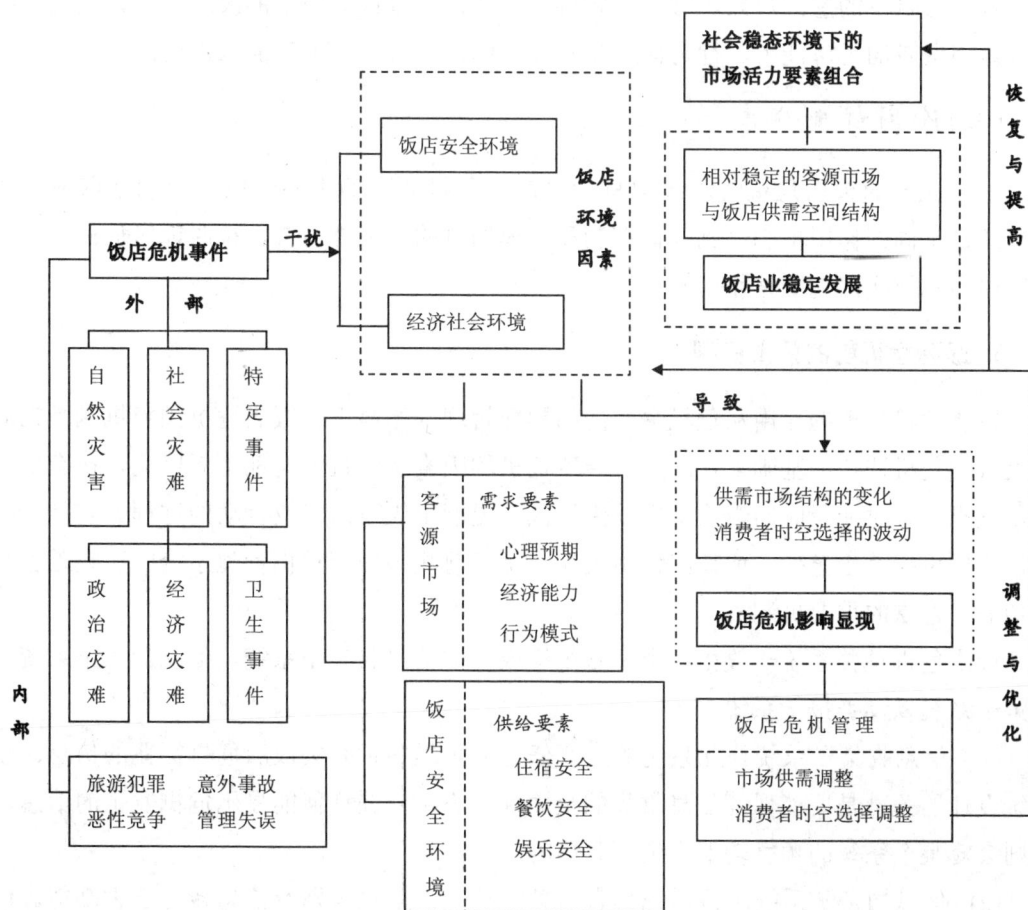

图 11-4　饭店危机对饭店发展的影响机制

(1) 影响因素分析

从影响因素上看，饭店危机主要通过两个个因素影响饭店发展：安全性因素、经济社会性因素。

安全性因素指饭店危机中不确定因素对饭店安全的威胁和对饭店预期安全的威胁。目前，大多数消费者对饭店的安全性要求越来越高，安全已成为影响饭店经营活动的最重要的因素之一。从心理学角度分析，安全的需要是顾客的基本层次需求。只有满足了其基本的安全层次的需要，才会更高层次的享受需求的出现。

经济和社会环境是影响饭店需求的最根本因素，这两个因素的波动自然导致饭店需求的波动。突发性事件会带来一个国家或区域的经济社会系统的波动，改变客源地的经济发展水平和消费者可支配的收入状况，从而导致饭店供求的变化，带来饭店危机。

(2) 影响途径分析

从影响途径上看，饭店危机通过两种途径对饭店的发展产生影响：一是通过损害饭店在顾客心目中的感知形象，破坏饭店供给市场，导致饭店需求的波动；二是通过影响客源地消费者的经济能力、行为模式和心理预期，直接破坏饭店需求市场。

(三)作用机制分析

一个完整的饭店危机管理过程将针对饭店危机演变的不同阶段，分别采取应对措施，通过不同的作用机制达到危机控制和管理的目的。具体而言，按照饭店危机管理的时间序列，依次出现三种作用机制。

1. 饭店危机前的预警机制

饭店危机管理的作用从危机爆发前的预警管理开始显现。饭店危机预警机制是在对各类饭店危机评估的基础上，通过对导致危机的因素及危机征兆地不断监测，在有信号显示危机来临时能及时向饭店组织发生警报，提醒组织及时采取行动的过程。它是一种将饭店危机扼杀于潜伏生成期的作用机制，是当前我国饭店危机管理系统中所缺乏也是迫切需要建立的重要机制。

饭店危机预警系统一般由四个子系统构成，即信息收集子系统，信息加工子系统，决策子系统以及警报子系统。

(1) 信息收集子系统。此系统的主要任务为收集各种有关饭店危机征兆的信息。该系统设计的关键是要能保证信息收集的全面性，不可遗漏任何能显示危机发生的信息，否则会对整个系统的预警功能产生不利影响。

(2) 信息加工子系统。该系统具有信息的整理，信息识别及信息转化三大功能。信息的整理使原本杂乱无章的信息清晰化和条理化；信息的识别过程有效排除那些可能存在的错误信息和虚假信息，信息的转化使信息转化为简单、直观的信号或指标，直接供

决策所用。

(3) 决策子系统。该系统根据事先预定好的决策依据和标准,将整理后的信号和指标与危机预警的临界点做比较,对是否发生危机警报及警报的级别做出判断。

(4) 警报子系统。该系统的主要任务是根据决策子系统的判断,及时明确地向饭店安全委员会发出警报信号。警报信号应能引起组织充分的注意,并刺激其迅速做出反应。

在四个子系统的支持下,饭店危机管理通过以下途径发挥预警作用,如图11-5所示。

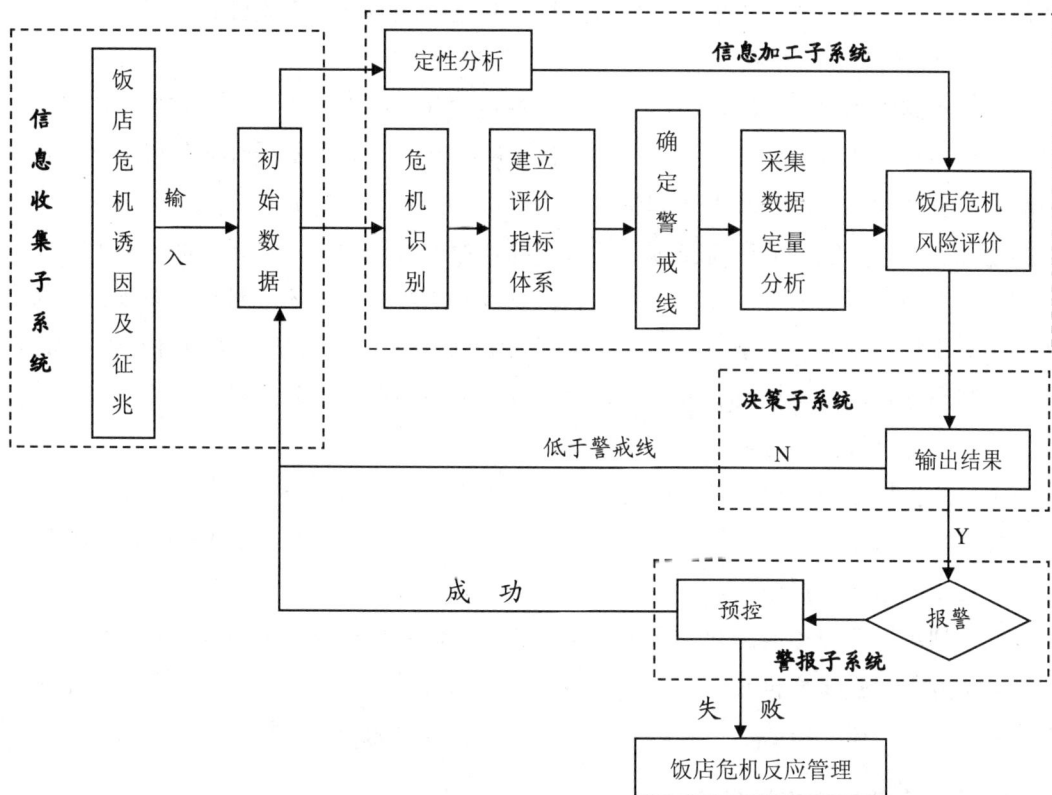

图 11-5 饭店危机预警管理的作用机制

2. 饭店危机中的反应机制

在饭店危机管理过程中一旦预警管理失败,饭店危机进入生命周期中的第二阶段,即显现与暴发期。这一时期饭店危机管理的作用机制也发生转变,开始对饭店危机进行快速反应,以期在最短的时间内控制危机的蔓延,消除或弱化危机对饭店发展的危害。如果反应机制不能快速有效地对危机产生作用,饭店危机将持续演进直至顶峰,饭店危机的危害程度将发展到最大,将对饭店造成不可估量的损失。

饭店危机的快速反应机制是以消除对顾客的影响为中心,包括快速反应机构、快速反应方案、快速反应资源和相应的法律制度支持在内的有机整合。

(1) 启动快速反应方案

饭店危机对组织而言是一个特殊而紧张的情境，因此快速反应机制首先要求迅速核实危机的爆发并启动快速反应方案。首先，建立危机反应小组，由一支专业素质过硬的管理小组对饭店危机的快速反应进行专业指挥；其次，开辟高效的信息渠道，饭店危机发生后尽快调查危机原因，弄清真相，尽量完整地通过媒体将信息传播给公众，避免由于信息不对称引发的不稳定局面。再次，收集危机信息，迅速判断饭店危机的主要影响利益方，如人、财、物、责任等，分清主次，有重点地启动和实施应急方案。

(2) 整合快速反应资源

反应机制应确保用于应对饭店危机而储备的资源，如人员、资金、物资等，能够被快速启用和有效整合，使其发挥最大的危机反应效果。首先，根据饭店危机的具体情况和对危机发展的预测，判断现在和将来的危机反应需要哪些资源，需求量有多大，在最快的速度获取尽可能多的所需资源；其次，综合考虑饭店危机的重要方面和资源的主要功能，合理的配置所获资源，使有限的危机反应资源发挥最大的危机反应效果；再次，如果不需要将资源立即或全部用于当时的饭店危机反应，要合理的储备暂时不用的资源，总体原则是尽量方便危机反应人员的调度，同时又不会遭到饭店危机的破坏。

(3) 首先消除对人的影响

饭店危机快速反应机制是以人为中心的作用机制，最为首要的任务是要消除饭店危机爆发对人尤其是顾客产生的生理及心理影响。一方面，以饭店所在的中心城市为核心，建立多功能的紧急求援中心，配备必要的求援设施和装备，以及专业的求援人员，一旦危机发生则迅速反应，实施求援保障，尽可能消除饭店危机对顾客身体和财物的安全影响；另一方面，强化危机发生后的心理辅导体系，引导饭店员工和宾客理性认识危机，冷静应对危机，树立信心、摆脱恐慌，只有战胜恐慌才能战胜危机。

3. 饭店危机后的恢复机制

当饭店危机逐渐消解减缓，直到解除消失，饭店危机管理又进入新的作用阶段——恢复管理阶段。这一阶段饭店危机管理的作用机制又发生了转变，它是使在饭店危机中受到损失的部分恢复到危机前的状态的工作过程。它的作用机制体现在三个方面。

(1) 政府支持

在危机后的重建过程中，恢复机制首先作用于政府，即寻求政府部门的强力支撑和积极援助。在中国饭店业遭受"非典"重创后，政府采取多项措施，扶植饭店企业，如减免部分税费，减轻企业负担，帮助饭店企业维持正常运营；强化财政资金对饭店业的长期扶持力度；组织贷款支持，提供企业重启所需的流动资金等。

(2) 饭店自救

饭店本身应开展自救。危机过后，饭店企业首先要冷静面对，理性分析，在不利中

找有利。在饭店产品和服务方式的设计上采取主动，创造新的市场机会。通过有效的资产整合，扩大企业实力，增强抵御风险的能力。

(3) 市场重建

危机过后，饭店恢复管理要对客源市场上的广大公众(包括当地居民和外来旅游者)重塑饭店形象，重建饭店口碑，恢复公众对饭店产品和服务的信心，恢复饭店市场供求的平衡局面。

三、饭店危机的战略防控对策

饭店危机一旦爆发很难从根本上避免其影响，如果能阻止危机发生或把危机影响最小化，将是最有效的危机管理方法。因此饭店危机管理的首要阶段是充分做好准备，实施饭店危机的战略防控。一方面优化饭店发展基础环境，提高饭店"免疫力"，阻止危机发生；另一方面，设置饭店危机管理的常设性机构，确保对危机的及时预警和快速反应，以期在危机出现后将影响控制在最小的范围内。

(一)优化饭店发展基础环境，增强饭店抗风险能力

饭店业是敏感行业但并不脆弱，虽然诸多社会因素都会影响饭店业发展，但通过自身优化，饭店业可以增强抗风险能力，防控饭店危机的发生。经过优化的饭店发展基础环境应该包括稳定的社会环境、健康的饭店运营环境和健全的饭店法制环境。

1. 稳定的社会环境

不稳定的社会因素是诱发当地饭店危机的重要成因，包括政治动荡、经济衰退、公共卫生环境受到破坏等。社会因素所引发的危机往往具有巨大的破坏力，它强大的突发冲击力、较长的持续时间及难以控制性，使饭店业难以应对。要实现对这类危机的防控，最有效的方法就是为目的地饭店业的发展提供一个稳定的社会环境，以增强地区饭店业的免疫力。

近 10 年来，中国稳定的政治局面、持续健康发展的经济环境促进了我国饭店业的持续、迅速发展。尤其是在中国饭店业面临亚洲金融危机和美国 9.11 事件影响时，凸现了中国饭店市场的经济增长、政治安全环境，使中国饭店业在面临危机之时也抓住了机遇，保持了入境客源的整体增长。因此，持续稳定的社会政治、经济环境、公共卫生环境是防控饭店危机事件的最基本、最重要和最强大的力量。

2. 健康的饭店运营环境

来自于饭店行业内部的恶性竞争、管理失误等因素也是诱发饭店危机产生的重要动

因，要实现对这类危机的防控，需要为饭店发展营造一个健康运营环境，从根本上消除危机源。

一个健康的饭店运营环境，包括市场化的竞争机制和科学化的管理制度。一方面促进饭店企业的市场化竞争和优胜劣汰，推动饭店集团化发展进程，改变我国饭店企业小、散、弱、差的发展现状，通过培植饭店集团，提升饭店行业整体竞争力，从而增强饭店风险能力；另一方面促进饭店管理理念和管理制度的更新，提高饭店企业的科学化管理水平，强化饭店企业的内部管理，从而避免因内部失误导致的大面积饭店危机。

3. 健全的饭店法制环境

在诱发饭店危机产生的诸多要素中，犯罪和意外事故也是两个重要诱因。这两类危机事件的发生与饭店的法律环境密切相关，尤其是在饭店安全保障和消费者权益保护方面的立法、执法缺陷，往往导致极具破坏性的饭店危机事件的发生。因此要建立、健全饭店法制环境，以增强饭店抗风险能力。

一方面要健全饭店安全保障体系，增进饭店宾客和饭店员工的安全。包括强化对饭店设施、设备的标准化要求，建立和保持与其他负责安全保障部门的工作联系，制定饭店的安全保障措施等，鼓励在饭店和其他的安全机构之间建立合作伙伴关系。另一方面在饭店事故处理方面要加强立法，完善饭店事故处理的应急机制，组建能用多种语言提供服务的饭店保安队伍和紧急电话中心，切实保护饭店顾客的权益。

(二)饭店危机的战略应对措施

对于无法阻止其发展的危机，对饭店的发展造成损失是必然的，此时的战略中心将集中于积极应对、全力挽救，高效率、全方位地整合各类社会资源，最大限度地降低危机对目的地饭店造成的影响。一方面，实现饭店危机应对的多方参与，构建立体化应对网络；另一方面，加强网络内纵横两方面的协调沟通，确保饭店危机应对期间信息的高速传递。

1. 多方参与，构建立体化危机应对网络

政府部门在饭店危机的快速反应过程中，发挥着积极的主导作用，但仅仅依靠政府的力量却很难实现危机应对的高效、快速、协调和灵活。在饭店危机的应对过程中应实现参与主体的多元化，最大可能地吸纳各种社会力量、调动各种社会资源共同应对饭店危机，形成社会整体的饭店危机应对网络。一般而言，立体化的饭店危机应对网络包括以下参与主体。

(1) 政府部门

政府相关部门是饭店危机应对网络的核心。它在危机应对中的主要职责是制定正确

危机决策，迅速调集资源，组织实施，控制危机局面。

具体而言，政府部门在危机应对中包括以下主要任务。

在危机潜伏阶段，致力于从根本上防止危机的形成和爆发或将其及早制止于萌芽状态。在这一阶段，要求政府主管部门和相关政府部门注意收集各种危机资讯，对危机进行中、长期的预测分析；通过模拟危机情势，不断完善危机发生的预警与监控系统；建立危机管理的计划系统，制定危机战略和对策。

在危机爆发和持续期，致力于危机的及时救治。在这一阶段，要求政府充分发挥危机监测系统的作用，探寻危机根源并对危机的变化做出分析判断；成立危机管理的行动系统，解决危机；及时进行基于诚实和透明的信息沟通，正确处理解决危机与饭店业发展及各种行为主体的利益关系。

在危机减缓和消除阶段，及时进行危机总结。要求政府相关管理部门根据顾客的消费心理和消费行为的改变，进行促销活动，培育消费者的信心和恢复饭店市场；加强危机学习，提升反危机能力。

(2) 饭店本身

政府部门制定的危机应对措施最终将落实到饭店企业中。在饭店危机应对过程中，饭店的主要任务是：成立饭店危机管理的领导机构，建立饭店危机管理制度，在危机中积极进行自救。

饭店企业面对危机环境，首先要冷静面对，理性分析，在不利中找有利。在饭店产品和服务方式的设计上争取主动，创造市场机会。通过深化产权制度改革，创新经营机制和管理机制，突破经营产品单一，管理松散，效益不高的旧模式。抓住机会进行产业整合，通过联合、重组等方式，整合饭店资源，提升企业实力，并建立风险基金，增强饭店抵御风险的能力。

同时，饭店在危机应对过程中还要注意培养和强化饭店管理人员与员工的危机意识；及时评价饭店应对危机的计划、决策，建立完善的危机学习机制；建立与媒体、公众的良好、高效的信息沟通系统。

(3) 饭店公众

饭店公众包括饭店顾客和饭店全体从业人员。通常情况下，公众才是突发性饭店危机事件上直接威胁的对象，也可以称他们为直接的"受灾体"。此时，公众自身的危机意识、危机预防能力和危机应对水平成为决定饭店危机管理质量的重要因素。因此饭店危机应对网络也应该吸纳他们的参与。

对饭店从业人员而言，他们在危机应对中的职责包括：树立危机意识，正确认识危机；主动承担社会责任，积极参与政府与企业的危机救治；加强职业培训与学习。

对顾客而言，他们的职责在于提高个人应对危机的能力，培养良好的危机心理素质，调整个人行为模式等。

(4) 国际资源

在全球化发展背景下，饭店危机的应对也应该是全球化的，需要世界各国的配合与协调，不能仅依靠某个国家或地区来独自承担。因此在饭店危机应对网络中还应该吸纳国际资源，通过全球合作、利用国际力量来应对各种全球化饭店危机。

2. 沟通协调，实现高速化危机信息传递

基于诚实和透明之上的良好的沟通是成功的危机管理的关键。在饭店危机应对网络中要确保横向与纵向两方面的沟通协调，才能实现危机信息在网络内的快速真实传递，才能使不同的管理主体在信息对称状态下主动、及时、有效地配合，共同参与饭店危机的应对。

(1) 完善协调机制，强化横向沟通

横向沟通也就是各级饭店危机管理主体的内部沟通。畅通的内部信息渠道是各级管理主体制定危机应对决策、实施危机应对策略的基本保障。在危机应对过程中，需要政府、企业、公众分别完善各系统内的横向协调机制，确保信息在系统内部快速、真实地传递，它是实施纵向沟通的基础。

(2) 加强媒体管理，建立纵向沟通

虽然饭店危机事件的突发性和高度的不确定性使政府机构与相关的专业机构及消费者都很难及时获得准确的信息。但是，政府和有关管理部门毕竟还是最集中、最权威的信息源，应该满足消费者对危机知情权的需要，适度增强危机事件的透明度。如果政府和相关管理部门不及时发布权威信息，可能导致的信息传播中的失真和放大，使社会心态发生意想不到的变化。消费者在严重的信息不对称状态下，难以对危机做出及时、主动和有效的配合，阻碍危机的有效控制。媒体是政府与公众(消费者)沟通交流的主要渠道，因此，有必要尽快建立有效的政府——媒体——公众(消费者)的危机信息沟通机制，推动信息的有效传播，在饭店危机管理主体之间形成一种稳定和信任的关系。

(三)饭店危机的战略恢复策略

在危机发生后，面对危机对饭店业发展已经造成的损失，危机管理的战略重心是全面修复受到危机影响的饭店市场供需结构，同时重新树立饭店形象，逐步恢复公众对饭店的消费信心与信任关系。

1. 供需调整，激活饭店危机市场

饭店危机主要通过扰乱安全环境、经济社会环境构成的饭店环境要素，导致饭店供需市场的变化，从而影响饭店业发展。因此危机消解后要恢复饭店业的发展，也要通过对供需结构地调整与优化，重新激活饭店市场。一方面，调整产品结构以优化供给。饭

店危机发生后，首先应从供给的角度，通过调整饭店产品结构，创新饭店产品形式，刺激市场需求。另一方面，调整市场结构以优化需求。从市场需求的角度考虑，危机可能对原有的客源市场结构造成冲击，要扩大需求，需要促进多元化客源市场的开拓。一是客源区域的空间多元化。在多次危机中，中国旅游管理部门都在不断强调促进客源空间的多元化格局的进一步发展。在亚洲金融危机、9.11 事件等多次危机后，中国饭店业仍能取得超出预期的成绩，其最主要因素之一就是日益多元化的客源空间格局。二是客源需求的时间多元化。主要体现在降低饭店市场需求的季节性指数。当前，无论国内客源市场或入境客源市场的时间集中性仍然较强。这种市场需求的时间格局不利于应对危机事件的冲击。9.11 事件正好发生在欧美客源市场的高峰期，所以导致外国人客源市场整体急剧下降。

2. 宣传促销，树立饭店崭新形象

恢复消费者信心、重塑饭店形象是饭店危机恢复的一项重要战略内容。要通过合理的宣传促销，尽快消除危机的负面影响，以新形象重新占领市场。

(1) 形象宣传

危机发生后，一方面受影响国家或地区需要调整宣传内容，着重强调政府和地方机构是如何消除危机影响、确保危机不再发生。危机过后一段时间，可以有组织、有目的地邀请海内外记者重回受灾现场，亲眼见证危机的解除，消除此前媒体报道中的不利印象。另一方面，向目标市场宣传新的饭店形象，以替代在危机中受到破坏的原有形象。

(2) 重点促销

危机过后，饭店应选择重点目标市场，实施灵活促销。同时，促销重点的选择也应当进行战略性调整，将促销主攻的方向集中在周边国家和地区。因为周边的居民对该国或地区的社会经济状况比较熟悉，不易受到危机负面报道的影响。例如非典过后，我国饭店业的恢复就从国内市场开始，逐渐扩大国内市场，然后有步骤启动入境市场，本地的饭店客源市场增长可以作为境外客源市场萎缩的一种必要且实际的补充。

第十二章　饭店信息系统管理

【学习目标】

1. 饭店信息系统的基本概念
2. 饭店信息系统管理的内容和意义
3. 饭店管理信息系统的结构和功能
4. 饭店信息系统开发的总体规划
5. 饭店信息系统开发的方法
6. 饭店信息系统的安全维护

【关键词】

系统开发 System Developing

系统维护 System Maintenance

饭店信息系统 Hotel Information System

饭店管理信息系统 Information System of Hotel
Management

饭店的发展不仅依赖于物质资源和人力资源的合理配置，同时也依赖于各种信息资源的有效管理。饭店信息系统是以饭店信息为基础，以提高效益和效率、辅助管理和决策为目的的饭店管理的重要技术支撑，它是饭店经营管理现代化、信息化的重要标志。随着信息技术的日益发达，饭店信息系统的功能也在不断完善，如何对饭店信息系统开展有效的管理，成为关系饭店企业经营和管理水平高低的重要因素。

第一节 饭店信息系统管理概述

一、饭店信息的概念、属性和分类

(一)饭店信息的概念

随着科技的发展和人类社会的进步，社会正在进入信息化、数字化时代，信息已成为人类社会的重要财富和资源，成为社会和经济发展的重要支柱之一。信息技术与生物、航天、新能源等也将成为第四次科学技术革命的先导，信息产业在国民经济中的比重得到了显著提高，在介绍饭店信息的概念之前先要了解一下信息的有关概念。

在信息系统学中，信息(information)是指人们对原始数据经过加工、处理后形成的对决策或管理有价值的东西。信息是事物的运动、发展及其规律的反映，这种反映可能是真实的反映，也可能是虚幻的反映。它的类型比较广泛，可以是文字、图像、声音或是符号。

至于什么是饭店信息，到目前还没有一个公认的确切定义，不同的研究领域对它有不同的解释。在肖江南和马惠萍编著的《旅游业信息系统管理》一书中将其分为广义的饭店信息和狭义的饭店信息，他们认为广义的饭店信息既包括饭店企业自身日常业务活动中所产生和输出的信息，也包括饭店经营和决策所需的客源市场、原材料市场、各种资源市场、各个竞争对手状况及与此相关的社会经济活动的有关信息；而狭义的饭店信息是指饭店经营管理业务活动过程中所产生的各种输入、输出信息，如饭店前厅接待过程中的客人姓名、性别、国籍、结算方式等。

(二)饭店信息的基本属性

1. 饭店信息的事实性

事实性是信息最基本的性质。任何饭店信息都会反映饭店经营活动的特征或描述其运动状态，以指导人们的决策或行动。不过有些饭店信息歪曲地反映了事实，人们在依

据它做决策时必然会造成重大的失误，因此在做出决策或行动之前，首先必须实事求是的对饭店信息进行筛选和整理。

2. 饭店信息的价值性

饭店信息的价值在它得到转化用以指导饭店经营管理实践时才会体现出来。它本身虽没有太大的使用价值，但可以从其产生的作用中看出信息的价值。

3. 饭店信息的广泛性

饭店信息存在于饭店管理的各个部门和环节，具有十分广泛的特点。通过对这些信息的整理分析和充分利用，可以大大提高饭店经营管理的效益。

4. 饭店信息的时效性

饭店信息的时效性表现为两个方面：一方面是信息的生命周期性，另一方面则是由于饭店是客人的暂时停留地，临时住店客人的登记信息就具有很强的时效性。这就要求饭店管理者在信息处理过程中尽量加快其传递速度，及时利用。

5. 饭店信息的动态性

饭店经营管理活动处于不断变化发展的过程中，与之相对应的饭店信息也具有明显的动态性。

6. 饭店信息的系统性

饭店的各部门内部及部门之间相互依赖、相互协作，形成了一个完整的系统。存在于饭店各部门的饭店信息也由财务信息、客人信息、客房信息等构成了一个有机系统。

(三)饭店信息的分类

饭店信息涉及到饭店的方方面面，内容广泛，种类繁多。为提高饭店经营管理的效率，首先要对饭店信息进行合理、细致的分类。从不同的角度和标准划分，可以将饭店信息分为不同的类型。

1. 按信息的形式划分

按照这一标准可以将饭店信息分为有形饭店信息和无形饭店信息。有形饭店信息是指用文件形式记载与传递的饭店信息，如饭店经营报表、住店客人信息等，此类饭店信息种类多、数量大，易于存储、查询和传递；无形饭店信息是指用口头语言形式进行传递的非文件式饭店信息，如口头汇报、电话交谈等，此类饭店信息传递速度快，能及时反馈，但不便于存储和查询。

2. 按信息的范围划分

按照信息的范围可以将饭店内部信息和饭店外部信息。饭店内部信息是指存在于饭店经营环境内部的信息，如客源信息、销售信息、财务信息等；饭店外部信息是指饭店经营所依赖的外部环境信息，如政策法规信息、财政金融信息、竞争对手信息等。

3. 按信息的时态划分

按照信息的时态可以将饭店信息分为过去饭店信息、现在饭店信息和未来饭店信息。过去饭店信息指已经发生过并产生了价值的信息，如离店客人档案信息、销售统计报表等；现在饭店信息是指反映饭店正在发生的经营活动状况与过程的信息，如在住客人消费信息；未来饭店信息是指预测饭店未来发展趋向的信息，如旅游旺季时饭店的入住率。

4. 按信息的业务部门划分

按照信息的业务部门可以将饭店信息分为前厅部信息、客房部信息、餐饮部信息、财务部信息、销售部信息、工程部信息、人力资源部信息及其他各部门信息等。

二、饭店信息系统的概念、特征和功能

(一)饭店信息系统的概念

信息系统是以加工处理信息为主的系统，它能对数据进行收集、存储、处理、传输、管理和检索，并能向有关人员提供有用信息。信息系统集组织内部各类信息流为一个系统，将整个系统中各个组成部分有机的联系在一起，它与整个系统的质量和运行的情况密切相关。信息系统可以是手工处理，也可以是计算机处理。作为现代信息科学技术的产物和结晶，计算机可以大大地提高信息的功能和效率。建立在以计算机为基础之上的信息系统是未来社会发展的必然趋势。

如图 12-1 所示，饭店是由以上各个部门、部门之间及部门与外界的相互关系所构成的一个完整系统。饭店信息则是存在于整个饭店系统的每一个部门和要素之中，因而就构成了庞大的饭店信息系统。该系统需要经过专业人士的开发和管理才会形成可以看得见和可以操作的实体。饭店信息系统作为一个高级复杂的系统，更是离不开计算机和网络的帮助。系统的观念、数学的方法和计算机的应用是饭店信息系统的三大要素，这同样也是管理现代化的重要标志。因此，本章主要讨论以计算机、网络及其他办公设备为基础的饭店信息系统的管理。

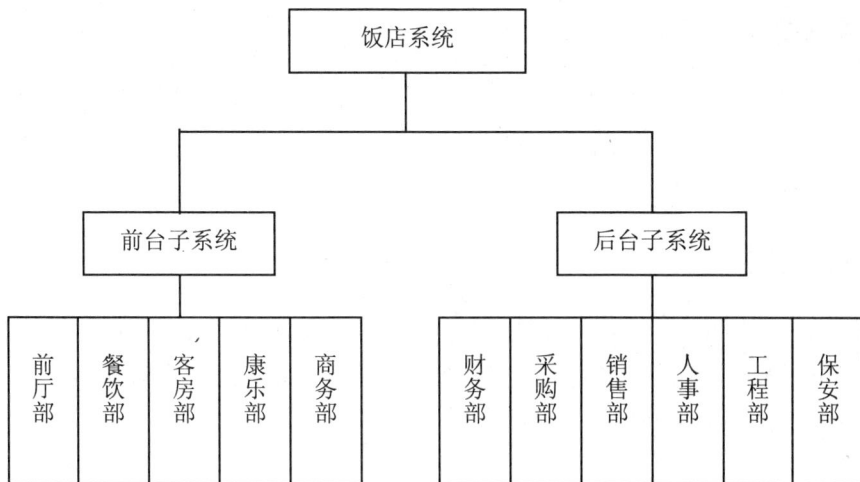

图 12-1　饭店系统结构图

(二)饭店信息系统的特征

1. 整体性

这是系统区别于单一个体的基本特性，系统是由两个或两个以上的部件组成。这里的整体性是指系统的整体效果大于局部效果之和的特性。组成饭店信息系统的各个部件虽然有自己的特性和相对独立性，但它们并不是一个简单的集合，各部件都应根据一定的逻辑统一性而存在，各部件相互协调产生总效果大大优于各部件独立工作的效果。

2. 相关性

饭店信息系统中的各个部分之间不是彼此完全独立地、静止地处在系统中，而是按照一定的逻辑关系连接在一起，相互联系、相互制约，实现共同的系统目标。也就是说整个饭店信息系统的目标是通过一定的逻辑关系，让各要素的功能得以实现。

3. 目的性

饭店信息系统的目的性是指系统有某种特定的目标，即为饭店经营管理活动提供支持和帮助，它的一切行为都是为了实现这个目标。

(三)饭店信息系统的基本功能

饭店信息系统的基本功能和其他信息系统是一样的，即数据的输入、数据的存储、数据的处理、数据的传递、数据的输出。

1. 数据的输入

数据的输入是饭店信息系统发挥其功能的重要前提。它的主要工作是把分散在饭店系统的数据收集并记录下来，整理成适合信息系统要求的格式，并将整理好的数据通过信息输入设备存入饭店信息系统中。

2. 数据的存储

为了突破饭店信息时间和空间的限制，饭店信息系统必须具有数据存储的功能，以及时发挥提供信息、支持决策的作用。因此要将各类有价值的饭店信息存储在系统中，以便需要时及时进行调用和更新。

3. 数据的处理

首次输入的数据带有很大的原始性，饭店信息系统必须对这些原始数据进行加工处理，以便得到某些更加符合要求的信息。数据加工处理的方法不仅包括简单的数学运算，也包括统计学和运筹学中的各种检验和预测方法。

4. 信息的传递

饭店信息系统覆盖整个饭店，具有较大的规模，因此系统必须具备信息的传递功能，信息只有在传递的过程中才能真正发挥作用。因此要健全信息传输系统，加强系统控制，提高信息传递的快速性和可靠性。

5. 信息的输出

饭店信息系统的主要价值是给饭店管理者提供决策支持，因此，系统必须及时准确的向管理者输出信息，否则就无法实现其自身的价值。信息的输出要符合管理者的使用要求，这将大大提高饭店的管理效率。

三、饭店信息系统管理的内容

饭店信息系统是随着饭店不断现代化、科技化、信息化而逐步发展起来的新生事物。它存在于饭店的每个部门和环节，但由于它不像生态系统那样显而易见，所以一直不能被人们完全认识。它是人们从饭店经营和管理中不断积累经验，综合应用信息论学、系统工程学、逻辑学原理和旅游学等多门边缘性学科知识的成果。饭店信息系统管理包括三个方面的内容。

(一)饭店信息系统开发过程的管理

饭店信息系统的开发是一个长期而又复杂的工程，需要投入大量的人力、物力和时

间。不仅要对原有系统进行详细的调查，还要规划、设计、建立新系统，这就需要有效的计划、组织、领导和控制所拥有的资源，实现最终的目标。

(二)饭店信息系统开发完成后的运行维护管理

完整的饭店信息系统包括了搜集、整理、处理、存储和应用等多个环节，涉及了饭店的各个部门。系统的维持必须要有配套的管理活动，否则信息系统难以达到辅助管理、辅助决策的目的，便失去了存在的价值和意义。所以，应有专人进行系统的管理和维护，防止计算机病毒的入侵，排除系统存在的故障。

(三)饭店信息系统使用过程的创新管理

由于饭店处在一个变化的社会环境中，周围的情况在不断地发生变化，在开展饭店信息系统管理时各种因素不可能完全考虑进去，有些功能会被淘汰，或增加了新的功能需求，在系统运行的过程中要根据实际情况加以升级和扩充，否则将会因为脱离实际而无法生存运行，缩短系统的生命周期，这就是饭店信息系统的创新。

四、饭店信息系统管理的意义

(一)提高经济效益

借助现代科技的饭店信息系统，不仅可以降低饭店运营成本、提高管理效率、全面整合饭店信息，而且数字信息产品培植了饭店新的营业收入增长点。信息技术的使用，使得管理者可以随时掌握饭店的经营状况，增强各部门之间的协作，从而可以大大简化传统饭店运行中的流程，降低饭店人力资源成本。虽然饭店信息化是一项耗资巨大的系统工程，但它给饭店带来的总收益将远远超出其成本。

(二)强化核心竞争力

信息时代互联网的发展和应用，改变了饭店的营销方式、拓宽了营销领域、丰富了营销技术，如何借助网络的信息化平台开展饭店网络营销、开展有特色的服务、优化饭店管理的流程，成为饭店业竞争的新内容。同时，企业经营管理的思想和理念可以说是饭店的核心竞争力之所在，饭店信息化建设的过程也是贯彻实施管理理念的重要途径，谁先采用了先进的科技手段，谁就将增加自身的核心竞争力，谁就将抢占市场的先机。

(三)适应未来发展需要

从目前我国饭店的客源市场构成来看，随着中国对外开放和参与国际经济交流和合作的不断深入，旅游业的蓬勃发展，来华外国客人的数量逐年增加，世界旅游组织预测，中国将在 2020 年成为世界最大旅游目的地，接待旅游者人数将达 13 710 万人次，庞大数量的接待任务需要高效率的信息流程管理，尤其是商务客人的数量将有较大的增长，信息化商务饭店将为客人营造良好的网络环境，顺应我国制定的旅游信息化战略决策，更好的适应未来饭店发展的需要。

第二节　饭店管理信息系统的运用

管理信息系统(Management Information System, MIS)是一个不断发展的新型学科，MIS 的定义随着计算机技术和通信技术的进步也在不断更新，在现阶段普遍认为 MIS 是由人和计算机设备或其他信息处理手段组成，能进行收集、传递、储存、加工、维护和使用的系统，它能辅助企业做出决策，能利用信息控制企业行为，能帮助企业实现规划的目标。按照组织职能可以划分为：办公系统、决策系统、生产系统和信息系统；按照信息处理层次可以划分为：面向数据的执行系统、面向价值的核算系统、报告监控系统、分析信息系统、规划决策系统，自底向上形成信息金字塔。

饭店管理信息系统属于管理信息系统的一个重要分支，其主要功能是实现计算机管理系统在饭店中的具体运用。它是在数据处理基础上发展起来的面向饭店企业的一个集成系统，是反映动态管理过程全貌的一个集合体。

一、饭店管理信息系统的概念

饭店管理信息系统(Hotel Management Information System，HMIS)目前还没有严格的学科定义。查良松教授在《旅游管理信息系统》一书中将其定义为："饭店管理信息系统是一个利用计算机技术和通信技术对饭店管理信息进行综合控制的、以人为主体的人机控制系统，即饭店管理信息系统=计算机技术+通信技术+饭店信息。"

我们可能经常会把饭店管理信息系统和饭店信息系统管理这两个概念弄混淆，在这里有必要对它们的区别和联系进行分析。饭店管理信息系统和饭店信息系统管理虽然在字面上没有什么区别，但在意义上确有很大差异。前者的侧重点在"系统"，它是对饭店信息进行管理的一种工具和手段，是一个静态的概念；后者的侧重点在"管理"，它是饭店管理工作的一个重要方面和环节，是一个动态的概念。它们之间也存在一定的联系，两者都属于饭店管理的研究范畴，对后者的研究包含着对前者的研究，后者的顺利开展必须借助前者这个有效的工具。因此，我们有必要在这一节重点探讨一下饭店管理信息系统的有关问题。

二、饭店管理信息系统的特征

饭店管理信息系统是为饭店经营服务的辅助管理工具，是饭店信息化的主要手段。它的主要特征有以下四个。

(一)辅助性

饭店管理的主体还是人，计算机只是数据处理的辅助工具。饭店管理信息系统通过对饭店各种相关信息进行收集、处理和传递，最终还是为管理人员的战略决策提供信息支持，辅助他们做出正确的决策，以达到有效实现饭店组织目标的目的。通过它的辅助管理，能使饭店管理更加科学化，日常事务处理更加有序、更加规范、更加准确。

(二)开放性

饭店管理信息系统的开放性体现在它是一个具有信息输入、输出功能的开放式系统。它的输入体现在对各种票据、登记账单、报表等原始信息的采集、录用，输出体现在通过技术处理后的各种统计报表、汇总表等有用信息的显示、使用。通过对信息的输出和输入不仅能够对环境进行分析并适应环境，而且能够在一定范围和程度上改造环境，促进饭店积极营造有利于自身发展的环境。

(三)层次性

现代饭店管理具有明显的等级层次，可以划分为基层业务管理、中层经营管理和高层决策管理。作为饭店管理的信息化工具，饭店管理信息系统与之相对应的也可以分为基层、中层和高层三个层次。其中基层子系统主要是录用和管理一些基础数据以提高饭店工作效率和服务质量；中层子系统主要管理综合数据以提高管理效率和管理精确度；高层子系统则主要根据系统输出的结果信息做出饭店发展战略决策以提高经营管理的效益，如饭店营销策略制定、发展战略规划、成本控制决策等。

(四)反馈性

饭店管理信息系统是对饭店的具体业务信息进行综合控制，而饭店的经营环境处于不断的发展变化之中。因此，必须根据饭店管理信息系统输出的结果信息与外界的信息及时调整内部处理方式或扩充相应处理功能。这样可以保证系统输出的结果更加精确、实用。

三、饭店管理信息系统的结构

(一)饭店管理信息系统的概念结构

饭店管理信息系统从概念上看由四个部分组成，即饭店信息、信息处理器、系统管理者和信息享用者，如图 12-2 所示。

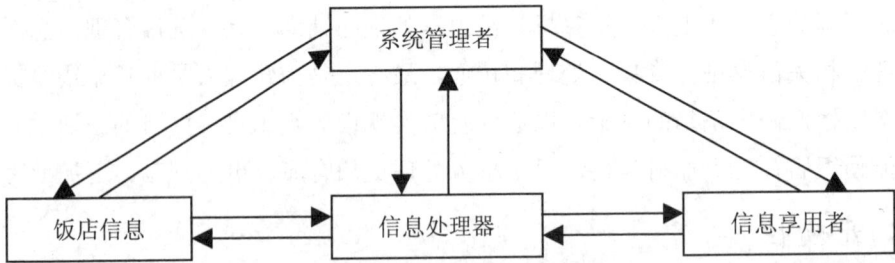

图 12-2　饭店管理信息系统概念结构图

(二)饭店管理信息系统的逻辑结构

管理信息系统的逻辑结构是指从收集和加工信息的体系来看管理信息系统的结构，也就是从收集和加工信息的角度来看系统中逻辑部分的组成及其之间的相互关系。我们可以从纵向和横向两个方面来理解。纵向结构是基于管理层次的管理信息系统结构，即饭店管理信息系统可以按管理活动的层次分为三个层次即高层(战略与决策)、中层(管理控制)和基层(作业控制与业务处理)。横向结构是基于管理职能的管理信息系统结构。饭店管理信息系统根据饭店各个不同职能部门可以划分为预定接待、财务审核、客房中心管理、餐饮娱乐管理、总经理查询、财务管理、人力资源管理、工程设备管理和仓库管理等几个子系统。

(三)饭店管理信息系统的物理结构

饭店管理信息系统的物理结构是指系统的硬件、软件、数据资源在空间上的分布情况，也就是硬件系统的拓扑结构。饭店管理信息系统的物理结构一般有三种：单机批处理、集中式和分布式。早期的饭店管理信息系统都是单机批处理结构，即只在一台电脑上安装了管理信息系统，每次只能一个人对数据进行操作，因而数据的共享和实时处理性能较差；集中式结构采用一台小型计算机作为主机，各终端可以与主机联系，进行各类数据处理作业，但各终端只能作为数据的输入、输出，不能直接进行数据处理；分布式结构产生于 20 世纪 80 年代，通过网络将各个工作站连接在一起，工作站不仅可以单独处理数据，还可联机入网，在服务器内处理数据。其优点在于结构价格低，安全可靠性相对较高，资源利用率高，系统的开发、扩充、维护都比较方便。

四、饭店管理信息系统的功能分析

饭店管理信息系统是在系统性的进行信息采集、归类、整理和处理的基础上，集中统一管理饭店信息及其流向。饭店是一个综合性的服务企业，必须具备完备的功能支持系统运行。因此，饭店管理信息系统设计的首要步骤是进行功能需求分析，其分析的结果直接影响信息系统功能的完整性、可靠性和整体效率。饭店管理信息系统分为前台和后台两部分，因此，本章将分前台系统和后台系统进行功能分析。

(一)前台系统的功能

1. 预定子系统

预定是客人与饭店接触的第一步，其目的是提高饭店的开房率，为客人预留房间，提高良好的预定服务。预定分为散客预定和团队预定。

散客预定的功能包括散客信息的输入、修改、取消和查询等。可以根据散客现有信息预定，也可以根据散客的历史档案进行预定，当客人的预定要求不能满足时，系统必须提高"转饭店"功能。当预定被取消后，系统还必须有预定恢复的功能。

团队预定的功能需求比散客预定稍显复杂，在其基础上需要增加许多功能。如团队主单输入、修改、删除的功能，团队预留房分配、团队付款代码定义的功能，团队房价定义修改功能，团队成员信息批量输入和批量修改功能等。

2. 接待子系统

接待是饭店通过总台向客人销售客房及其他综合服务的最重要环节，决定着饭店的潜在客人能否成为实际客人。接待人员在工作任务上也具有预定的职责，因此接待子系统同时也应该具有预定的全部功能。接待也分为散客接待和团队接待。

散客接待子系统必须具备各种形式的接待功能。如已预定的散客接待、无预定的直接接待、回头客的接待、在住客人的信息修改、在住客人的信息查询、到期客人的续住等。

团队接待子系统的功能更加复杂，它必须处理团队主单、团队价格、团队预留房、团队成员等信息，同时还必须具备团队成员信息的修改、主单信息修改、团队返回重新入住以及付款方式处理等功能。

3. 结账子系统

结账子系统的主要功能是处理客人账务，具体功能有客账输入、调整和冲账，各种付款方式的处理，客人结账退房，临时挂账处理，提前结账处理，外币兑换，应收账务管理，各种账务报表管理等。

4. 稽核子系统

稽核子系统的主要功能是对饭店经营业务的总结，以确保准确地将客人的费用过入相应的账户，并核对饭店当天发生的各项费用及其单据。其具体功能包括交接班、饭店账务处理、日营业报表、夜间处理、每日数据备份等。

5. 客房管理子系统

客房是饭店为客人提供安全、舒适、便利的居住环境和配套设施服务的重要体现，客房管理信息系统是实现饭店信息化经营管理的工具，它能提高客房管理的效率和服务质量。客房管理子系统的主要功能有修改客房状态、客房过账管理、客房耗材管理、拾遗物品管理、客房历史查询、客房维修管理和客房部内部管理等。

6. 公关销售子系统

公关销售是饭店扩大组织影响，建立良好客户关系的重要途径。公关销售子系统的主要功能有房间预订、餐饮预订、客人档案管理、黑名单管理、贵宾卡管理、客源市场分析和预测、销售业绩统计等。

7. 总经理查询子系统

总经理必须要对饭店整个管理信息系统中所保存的各种信息全面了解并加以充分利用，为管理决策提供可靠的依据。总经理查询子系统的主要功能有各种预定、接待信息查询，销售、经营分析，质量检查，成本费用查询，客房、餐厅、会议室使用情况查询，人事、工资信息查询，客源市场信息查询等。

(二)后台系统的功能

1. 财务会计子系统

饭店财务会计是通过对企业经营管理过程中表现出来的资金运动进行核算，全面反映和监督企业经营管理的全过程，它是饭店经营活动的中心。财务会计子系统的主要功能有科目管理、期初处理、会计凭证录入、凭证管理、平整预结算、凭证审核过账、输入明细分类账、账目报表查询、系统维护等。

2. 固定资产管理子系统

饭店拥有大量固定资产，必须对其严格管理。固定资产管理子系统的主要功能有固定资产卡片维护、选择计提折旧的方法、编制固定资产凭证、月底自动转账、固定资产使用和折旧情况查询等。

3. 采购管理子系统

采购管理的好坏将直接决定饭店经营成本的高低。采购管理子系统的主要功能有仓库、部门、币种编码管理，供应商代码管理，采购文件管理，供应商管理，收货单管理，订货单管理，采购计划查询，库存量查询，计划执行报告等。

4. 工程设备管理子系统

工程设备管理是饭店后台管理的重要内容，它将直接影响饭店的经营效益。工程设备管理子系统的主要功能有设备申购管理、设备维护管理、设备报修管理、能源登记管理、能源使用分析管理、绿色饭店管理、设备供应商管理等。

5. 人力资源管理子系统

人力资源是饭店最重要的资源，对其有效的管理能大大提高饭店的工作效率。人力资源管理子系统的主要功能有员工人事档案的管理、考勤管理、人员调动管理、工资管理、工资相关报表管理等。

第三节　饭店信息系统的开发管理

一、饭店信息系统开发的特点

(一)饭店信息系统的开发以饭店组织结构的实际为出发点

不同类型旅游企业信息系统的功能需求、具体形式及运行机制是不完全相同的。因此，信息系统开发应针对特定类型旅游企业的实际需求出发，符合其业务流程的特点，这就要求饭店信息系统必须符合饭店业务特性的原则。饭店信息系统中包括接待登记、餐饮、收银、库存、查询、报表、人员管理、系统维护等操作模块，在进行饭店信息系统开发时就应该以饭店组织的结构和功能为出发点，针对特定的客户需求开发出真正符合用户需求的信息系统。

(二)饭店信息系统的开发以健全的管理环境为前提

合理的管理体制、完善的规章制度、科学的管理方法和完整准确的原始数据，是饭店信息系统合理开发的必要前提。没有健全的管理环境，就无法确保饭店信息系统的有效运作。因此，饭店管理环境的建立与健全为饭店信息系统的开发奠定了基础；反之，饭店信息系统的开发与运行又将指导饭店企业的管理活动，二者相辅相成、共同发展。

(三)饭店信息系统的开发以一定的物质条件为基础

任何一个管理信息系统的开发都必须具备一定的物质条件，需要相应的财力支持。饭店信息系统的开发将涉及多方面的费用，如设备费：包括计算机的硬件、软件、网络通信设备、空调、电源、机房等的购置费用；开发费：包括开发人员的工资、编程和调试费、操作人员培训费，以及其他一些费用等。因此，一定的物质条件是饭店信息系统开发的基础。

二、饭店信息系统开发的一般步骤

信息系统的开发是一个有组织、有计划的过程。饭店信息系统的开发与一般信息系统的开发在过程上具有相似性，主要经历三个阶段：开发前的准备阶段、开发中的研究阶段和开发后的维护阶段。

图 12-3 列出了饭店信息系统开发的主要步骤，看起来比较简单，然而在实际工作中却非常繁琐，涉及的内容也相当地广泛，重点包括以下内容。

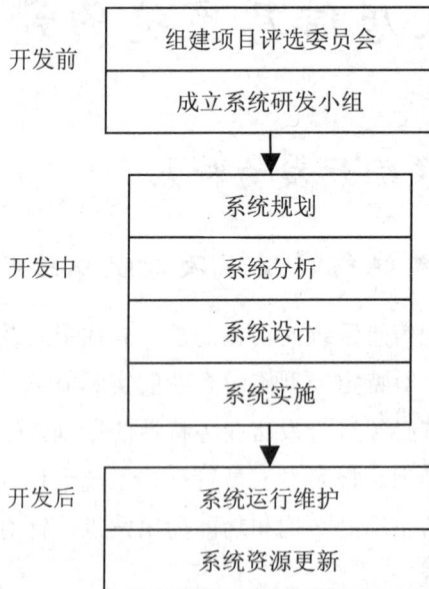

图 12-3　饭店信息系统开发的步骤结构图

(一)组建项目评选委员会

项目评选委员会是系统开发的最高决策机构，又是系统开发的主要咨询机构。该委员会的主要工作是根据饭店的实际工作需要确定系统开发的目标，审核批准系统开发的方案，验收鉴定系统开发的成效等。其中人员构成应该包括专门负责管理信息系统开发的各级管理者，有经验的系统开发专家及管理专家等，由他们对信息系统开发的全过程负责。

(二)成立系统研发小组

系统研发小组是由各行各业的专家组成的。包括管理专家、计划专家、运筹专家、计算机专家、系统分析员等。这些小组成员可以从外单位聘请，也可是本公司的员工。该研发小组的主要任务是完成整个系统开发的总体规划、系统分析、系统研发，这些是饭店信息系统开发中最核心的部分。因此，研发小组是管理信息系统开发的主力军。

(三)制定系统开发规划

信息系统开发的总体规划是整个系统开发的指导性文件，同时也是饭店战略规划的重要组成部分。做好系统开发规划意义十分重大，决定着信息系统开发的成功与否。系统开发规划的制定包括以下步骤：

(1) 提出初步的新系统开发目标，向项目委员会提交申请书。

(2) 获得批准后，再对现有系统进行调查分析。

(3) 从调查分析得出的结论提出新方案，完成系统设计。

(4) 通过可行研究确实可行后，确定系统开发的方案并制定开发计划。

(5) 按计划组织实施信息系统的开发。

(四)维护与更新系统运行

系统开发完成之后进入饭店信息系统的试运行阶段，需加强系统运行的维护管理工作以确保系统运行的良好状态。为此，应该由专人负责对饭店信息系统的维护与更新，在排除运行故障的同时，根据环境和用户需求的变化，不断更新和健全系统的软硬件，完善系统的信息管理功能，增强系统的生命力，延长系统的生命周期。

三、饭店信息系统开发的总体规划

总体规划是饭店信息系统开发中的首要阶段。由于饭店信息系统的开发是一项耗资大、历时长、技术复杂且学科交叉的系统工程，因此，在开发初期必须以整个系统为分析对象，确定系统的总目标、总要求、主要功能结构、性能要求、投资规模、资源分配、可行性分析等，对系统开发进行全面规划。

(一)开发项目的申请

1. 项目申请者

项目申请者有内部和外部两方面：饭店的内部申请者可以是部门经理、高级管理人员和系统分析师；外部申请者是政府代理人。申请者根据申请的不同理由，可以建立全新的饭店信息系统，或者完善现行的系统。

2. 项目申请书的内容

由用户或者系统分析师向项目评选委员会提出的开发项目申请书，是系统开发研究的重要依据。尽管申请书的格式可能各不相同，但其大致内容基本相同，主要内容包括：①背景的介绍；②问题的提出；③问题的重要性和必要性分析；④提出初步解决问题的方法；⑤其他一些相关情况的介绍。

(二)开发项目的初步调查

开发项目的初步调查集中在饭店组织的概况上，包括对饭店当前的经营管理体系概貌、运行状况和开发条件的调查。主要是为新系统的目标确立收集原始资料，做好准备。如果饭店当前已经拥有一个信息系统，还包括对这个系统的调查。

1. 调查的对象和目的

初步调查的调查对象主要是组织中各主要部门的领导或业务负责人。主要目的是调查各部门的业务概况、管理流程、主要信息需求及各部门之间的信息联系、存在的主要问题等。

2. 调查的内容

(1) 组织机构概况。了解饭店的发展历史、目前规模、组织机构、组织目标、经营状况、管理体制和管理水平等。

(2) 用户需求分析。初步调查的第一步就是要从用户提出新系统开发的缘由、用户对新系统的要求入手，考察用户对新系统的需求，预期新系统要达到的目标。

(3) 企业当前的运行状况。了解饭店的内部和外部环境及其对企业运作的影响。重点调查现行饭店信息系统的目标、功能、技术水平和人员配备等。

(4) 新系统的开发条件。初步调查要为新系统开发的可能性提供充分的依据，应该从多个方面入手，准确客观地判断开发条件是否具备。具体从以下几个方面入手调查。

① 员工持什么样态度。主要调查企业领导、广大管理人员和管理部门对开发新系统的态度，了解各方对现行系统是否满意，有什么意见和要求等。

② 目前的管理环境是否完善。管理环境是建立饭店信息系统的基础，包括管理部门的机构是否健全，职责与分工是否明确合理，规章制度是否齐全、各项主要管理业务是否科学合理等。

③ 可提供的资源状况。包括可投入系统开发的人力、财力、物力，以及计算机设备、通信设备、辅助设备的配备及使用情况等。

④ 约束条件。主要是指一些不以系统开发人员的主观愿望所决定的客观条件。

(三)开发项目的可行性分析

在项目目标已经确定、对系统的基本情况又有所了解的情况下，为避免盲目投资，减少不必要的损失，在大规模行动之前要对开发项目进行可行性分析。可行性分析是根据系统的环境、资源等条件，判断所申请项目的必要性和可能性。

1. 分析开发新系统的必要性

所谓必要性是指客观上是否需要开发新系统。例如，随着饭店的发展壮大，市场竞争的加剧，进行决策管理的信息需求量增大；或是公司业务扩展，顺应电子商务发展的潮流等。用户可能基于各种原因，提出研制开发新系统的要求。

2. 分析开发新系统的可能性

所谓可能性就是指开发的条件是否具备，通常从以下几个方面去分析。

(1) 技术可行性。主要根据现在的技术设备条件以及准备投入的技术力量和设备，分析系统在技术上实现的可能性。

(2) 经济可行性。经济可行性是一条最基础的标准，没有资金，再好的项目也是空谈；得不偿失的项目也没有必要去考虑开发。除了研究开发与维护新系统所需要的费用能否得到保证外，还需要研究新系统将要带来的各种效益、开发成本与维护费用之间的关系。

(3) 运行可行性。一方面，由于新的饭店信息系统的使用将给饭店的组织机构、管理体制、管理思想、工作环境等方面带来变化，这就要考虑饭店的员工是否愿意接受它；另一方面，饭店信息系统是人机系统，没有各种使用者的有效合作，是无法正常运行的，要对员工进行基本的计算机操作培训，让他们能够更加胜任自己的工作。

(4) 社会适应性。由于信息系统是在社会环境中工作的，除了技术因素和经济因素之外，还有许多社会因素对项目的开展起着制约的作用，因此在系统开发过程中应对社会适应性加以关注。

3. 可行性报告

可行性报告是项目开发总体规划的书面文档，是总体规划的结论。可行性分析的直接目标就是完成可行性研究报告。从分析完成报告到审批报告，整个工作是一个收集信息、综合分析、判断决策的复杂过程。对于投资方而言，这个最终的结果报告，将作为其决策投资以及确认有关项目计划和项目经济合同的依据。可行性报告的内容和形式，因具体的项目而有所不同，信息系统开发的可行性报告大概包括以下内容。

(1) 概述：说明系统的名称、用户、开发者。

(2) 管理信息系统建立的背景、必要性和意义。

(3) 新系统的目标、规模、主要功能。

(4) 新系统的初步实现方案，一般要求提出一个方案和几个辅助方案。

- 拟建系统的目标
- 系统规模、组成和结构
- 系统的实施方案
- 投资方案
- 人员培训方案

(5) 可行性分析。

(6) 结论。

(7) 如果可行性分析结论是可行的，写出系统开发计划。

从客观上讲，可行性报告的结果并不一定是可行的，也可以是不可行的。但人们提出可行性报告，自然是打算进行该项目的开发，也就是以为它是可行的，可行性研究的目的，就在于判断它是否存在问题。若不可行，可以对项目作一些局部的修改，如修改项目的目标、追加某些资源或等待某些条件的成熟等，项目就可以成为可行的。

(四)开发项目实施计划的制定

饭店信息系统开发项目实施的工程计划，从系统工程角度分析包括五个方面内容：工程进度计划、工程组织计划、工程基础条件计划、工程验收计划和工程成本费用计划。

1. 工程进度计划

饭店信息系统的设计和开发，涉及系统规划、系统分析、系统设计和系统实施等多个步骤，其工程所需的时间一般在一年以上，经过2~3年的不断调试才可能成熟。因此需要制定工程进度计划，以保证系统开发人员的工作效率。

2. 工程组织计划

工程组织计划主要是指满足工程进度计划所涉及的各项工作的人员安排和协调性

工作安排。计划中应适度明确各级工作的负责人，全面考虑工程中涉及的部门、岗位、工作难度等，做好各部门中不同岗位之间的协调。

3. 工程基础条件计划

一方面要明确开发项目的基础设备要求，包括所需的计算机网络、计算机软件平台、中心机房等各项设施条件；另一方面要确认开发系统所需的资料、数据、标准化规范等。

4. 工程验收计划

在初步调查、系统定义和可行性研究的各个过程中，要逐步确认项目验收标准，科学确定项目验收日期。在制定工程验收计划时，对工程验收日期和验收标准不能有丝毫的含糊，不然会使工程延误甚至失败。

5. 工程成本费用计划

工程的成本费用与工程进度、工程的人力投入以及工程的基础投入都有直接关系。在实际工作中，这些费用既包括一次性投入，也包括经常性投入，此外还有工程中不可预见费用的发生或不可抵抗因素的开销。

四、饭店信息系统开发的方法

信息系统开发的总体规划是对整个系统开发过程的设想和计划。在实际的开发工作中，我们还需要运用科学的方法指导饭店信息系统的具体开发。西方一些工业强国，如美国、日本、西欧等对信息系统的开发方法进行了不断地探索和研究，形成了几种比较成熟的方法，如生命周期法、原型法、面向对象法和结构化系统开发方法。我们可以充分借鉴这些方法来指导饭店信息系统的开发。

(一)生命周期法

1. 生命周期法的概念与特点

生命周期法(Life Circle Approach，LCA)是国内外信息系统开发最常用的方法。因为任何一个软件都有它的生存期，是指软件项目从提出，经历分析、设计、运行和维护，直至退出的整个时期。生命周期法将软件工程和系统工程的理论和方法引入信息系统的研制开发中，将信息系统的整个生存期视为一个生命周期，同时又将整个生存期严格划分为五个阶段，这样就可以分阶段、分步骤地进行信息系统的开发。生命周期法主要有以下三大特点。

(1) 采用系统的观点与系统工程的方法，自上而下进行系统分析与系统设计，并自下而上进行系统实施。

(2) 开发过程阶段清楚，任务明确，文档齐全，使得整个开发过程便于管理和控制。

(3) 采用最常见的结构化的分析与设计方法，易于系统的实施，便于系统的维护。

2. 生命周期法的阶段与任务

生命周期一般将信息系统的生命周期划分为五个阶段：系统规划、系统分析、系统设计、系统实施、系统运行与维护。

(1) 系统规划阶段。系统规划主要是由系统分析员和用户讨论了解情况，确定是否有必要建立一个新的计算机管理系统，还是对原系统作局部改进，通过对饭店情况的调查，从技术、资金等方面进行可行性研究，并将分析结果以可行性报告的形式提交项目评选委员会。

(2) 系统分析阶段。系统分析是指系统开发人员详细调查和分析现行系统的各项业务活动，如系统的运行机制、运行情况、存在问题等，从而构思和确定新系统的基本目标和逻辑功能，完成系统分析报告。这个阶段的工作深入与否，直接影响到将来系统的设计质量和经济效益。

(3) 系统设计阶段。系统设计是指对计算机信息系统内部结构的设计。主要是结合计算机处理技术，对系统中各个组成部分进行具体的设计。包括对处理系统的模块设计、代码设计、数据库设计、子系统设计、输入输出设计、逻辑处理设计等，从而确定信息系统的物理模型。

(4) 系统实施阶段。当实施方案确定之后，项目就进入了具体的实施阶段。这一阶段的主要工作包括各种设备的购置与安装，操作人员的培训、大批基础数据的整理和录入等，在各部分工作完成之后则可以有步骤地验收及调试，进行试运行。

(5) 系统运行与维护阶段。饭店信息系统开始正式运行后，随着业务的扩大、社会环境的变化、技术的改进等，需要对系统不断进行升级和维护，使信息系统不断完善，充分满足用户的实际需求。

3. 生命周期法存在的问题

生命周期法作为系统开发的一种理论，在系统开发中得到普遍应用，但也存在一些不足之处，主要表现在以下几个方面。

(1) 开发周期长、效率低，文档资料过多，用户难以真正理解这些文档或说明书。

(2) 开发过程复杂，各阶段审批工作困难。

(3) 在系统开发初始阶段，过于强调用户需求，用户和系统分析人员之间缺乏交流，造成系统需求定义困难。此外，该方法不允许系统开发随着内外环境或用户需求的变化

而发生变动。

(二)结构化系统开发方法

结构化系统开发方法(Structured System Development Method，SSDM)，是结构化分析设计、工程化系统开发和生命周期三种方法的结合。它是迄今为止系统开发中使用最普遍、最成熟的一种方法。

1. 结构化系统开发的基本思想

结构化系统开发方法是一种面向功能的生命周期法，它的基本思想是用系统工程化的观点，将系统开发看作工程项目，有计划、有步骤、自上而下分阶段在结构化和模块化基础上进行。即将系统的总功能逐层分解为多个子系统功能或模块，子系统功能还可分为更细的功能，使模块之间的联系降到最低。

2. 结构化系统开发方法的优点

(1) 可用直观的工具来表达系统的结构。结构化设计方法是提供的系统结构图，不仅可以帮助系统设计人员设计优化应用软件，还可使用户在系统实现前了解系统的总体情况。

(2) 系统开发易于实现。结构化设计将系统承担的总任务由大到小、由繁变简，将一个复杂系统分解成许多小的模块。

(3) 系统可维护性好。因为构成系统的每一个模块规模小且功能单一，模块本身容易得到修改；模块的独立性高，不会由于某一模块的故障而影响其他模块。

(三)原型法

1. 原型法的基本思想

20 世纪 80 年代后，计算机技术取得了迅速的发展，各种数据库和开发工具相继出现，在新一代应用软件开发生成环境的支持下，逐步形成了原型化方法。原型法的基本思想是系统开发人员在获得用户基本需求后，借助强有力的软件环境支持，快速的构造一个系统的"原型"，用户和开发人员再对这个原型反复评价、修改，逐步确定各种需求细节，从而最终形成一个用户满意的模型。

2. 原型法的开发过程

原型法是随着用户和开发人员对系统认识和理解的加深，不断对系统进行修改和完善的过程。整个开发过程可以分成下面几个步骤。

(1) 确定初步需求。确定用户的基本需求是指对系统功能、数据格式、报告格式和屏幕界面等的要求。这些要求不需要像结构化方法那样详细，只是概略的描述。

(2) 设计系统原型。在对系统功能初步了解的基础上，系统开发人员可以尽量使用软件开发工具和利用已商品化的软件，迅速设计实现一个软件系统模型。

(3) 试用评价原型。用户亲自试用原型，能较为直观和明确地进一步提出需求，加强和开发人员的沟通。

(4) 修改完善原型。根据用户意见对原型进行修改，然后再试用和评价，这样循环往复，逐步提高和完善，直至用户满意。

(四)面向对象法

1. 面向对象法的基本思想

面向对象的开发是一种新的软件开发思想。对象是应用领域的概念，而不是计算机实现中的概念。传统的软件设计把数据与对它们的处理分开，必然使人们在思考问题时还要思考计算机处理的细节，而面向对象技术把数据和对它们的处理组合为对象，并将它们各自模块化，建立起联系，人们在思考问题时就可以脱离处理过程的细节。

2. 面向对象法的开发过程

面向对象的开发方法，也称为对象建模技术。应用面向对象法对饭店信息系统进行开发主要分为以下三步。

(1) 面向对象的分析。从问题的陈述入手，分析并构造与对象有关的各种现实模型，简洁明确地抽象出系统目标。进一步与需求分析对应，导出功能模型、对象模型和动态模型。

(2) 面向对象的设计。只要软件结构是以数据为中心进行设计，遵循面向对象模块分解的基本原则，且以数据操作作为模块界面，都可以认为是面向对象的设计。在系统设计阶段，首先要进行系统的总体设计，即将系统分解成子系统，子系统又分解为模块；然后进行详细设计，即设计对象的数据结构及操作算法等。

(3) 面向对象的实现。所谓实现就是程度设计，在实现这个步骤后还有测试、维护、更新阶段。但面向对象的概念贯穿整个开发周期，因此不必进行不同阶段的意义转换。

第四节 饭店信息系统的安全管理

饭店信息系统的开发是一项复杂而又艰辛的系统工程，不仅要投入大量的资金，而且需要系统开发人员付出大量的脑力劳动。因此，饭店信息系统的安全及其管理就显得

非常重要。本节通过分析影响系统安全的因素，提出饭店信息系统安全管理的办法与措施。

一、饭店信息系统安全的概念

随着信息技术和网络技术的快速发展，经济全球化和网络化已成为一种不可抗拒的潮流，越来越多的个人和企业将商务活动网络化，因而使得信息的处理和传递突破了时间和空间的限制，生产效率得到了显著的提高，世界经济获得了迅速的发展。然而由于信息系统的脆弱性，利用计算机和网络手段进行的犯罪活动日益猖獗，非法访问、网络侵权、黑客攻击、信息走私等活动日益严重，给企业经营甚至国家安全带来了巨大的威胁。信息系统的安全管理成为亟待解决的社会问题。

所谓信息系统的安全，从本质上来说就是网络上信息的安全。信息系统的安全管理包括维持网络正常运行的硬件、软件、系统中的数据和系统的运行四个部分的安全，使之不受到偶然的或者恶意的因素造成部件的破坏、更改、泄漏，以此来保证网络服务的畅通无阻。从广义的角度来讲，凡是涉及信息的真实性、保密性、完整性的理论和技术都是信息系统安全管理应该研究的问题。所以信息系统安全管理的内容包括两个方面：一方面是技术问题，主要侧重于防范外部非法用户的破坏；一方面是管理问题，主要侧重于内部人为因素的管理。

信息系统的安全问题已经成为一个关系国家安全、社会稳定和民族优秀文化继承和发扬的重要问题，其中网络和信息的安全涉及计算机科学、网络技术、通信技术、信息安全技术、应用数学、信息论等多种学科的知识。饭店信息系统是利用信息技术去解决饭店组织中营销管理、企业管理、行业管理等问题，安全问题也一样需要受到重视，需要借鉴其他信息系统安全管理的经验。

二、饭店信息系统安全的影响因素分析

由于计算机拥有极大的数据存储量和极快的数据处理速度，人们将越来越多的数据资源存储在计算机系统中，使得信息和资源在计算机中高度集中。然而一旦其中的信息或网络遭到破坏或丢失，都将会给社会造成极大的影响。信息系统是以计算机数据处理为基础，因而信息系统的安全也与计算机系统的安全密切相关。分析信息系统的安全因素应该从它的构成出发，分别研究影响信息系统设备(硬件设备)安全、软件安全、数据安全和运行安全的因素。通过分析，可以将对信息系统的安全构成威胁的因素归纳为以下几个方面。

(一)影响信息系统设备安全的因素

信息系统设备的安全主要有赖于计算机硬件、存储介质、通信设备和网络线路的安全，要确保他们不受自然和人为因素的影响破坏。

网络的拓扑结构包括总线型结构、星型结构、环型结构、书型结构等，实际的网络又是这些网络结构组成的混合结构，所以很多情况下造成硬件的相互冲突。例如网桥、路由器等大量用于广域网络，而路由器技术和性能目前还受到很大的限制。另一方面，计算机的核心芯片多依赖于进口，不少关键的网络设备也依赖于进口，造成网络安全的缺陷。对于存储介质和通信设备等都有自己使用的条件要求，如温度、湿度、电压等，在操作的时候一定要严格遵循设备的使用说明，对于公用的设施设备更应该爱惜，加强这方面的管理。有实力的饭店组织还应该储备有备用的应急设备。

(二)影响信息系统软件安全的因素

信息系统的软件安全有赖于应用软件的程序代码及其相关数据、文档的安全，要保护它们在运行过程中不被任意篡改和非法复制，坚决使用正版的软件。

由于软件程序的复杂性和编程方法的多样性，软件系统中很容易有意或无意的留下一些不易被发现的安全漏洞，会引起极大的网络安全问题，主要包括以下几个大类的问题：操作系统的安全问题、数据库及其应用软件的安全问题、TCP/IP 协议的安全漏洞、网络软件和服务的安全漏洞。同时，从企业内部信息系统的安全运行来说，要加强对员工操作的管理。制定严格的管理制度，避免因操作不当误删除文件，随时备份重要的数据和文件，交给专人保管。此外，要防止系统文件和文档被病毒感染，自动地进行文件删除和修改。

(三)影响信息系统数据安全的因素

信息系统的数据安全是指信息系统内存储的数据和资料不被非法使用和修改。

数据和资料对一个系统来说是至关重要的，也是通过信息系统进行管理决策的关键所在，要保证存储的数据不被非法使用。在技术上要防止黑客的入侵、防止信息被窃取和破译；在管理上要明确各级管理部门查阅相关信息的权限，并通过计算机授予查看、修改和管理权限的密码，不得随便让他人查看系统的数据信息，更不能告诉他人系统的密码。

(四)影响信息系统运行安全的因素

信息系统的运行安全是一个动态的、综合的概念，它有赖于信息系统的连续正确运行。

首先，饭店的管理者对信息系统应该要有高度的重视，树立信息安全的观念，及时杜绝一些不可抗力因素(如火灾等)的发生；其次，应该改进信息的管理机构的设置，为系统设置具有相当权限和责任的管理机构，并配置足够的人员和资金，提高工作人员的素质，包括操作的技能和责任心；最后应该加强行政管理制度和法律法规的制定，以防范人为因素对安全性所造成的威胁。

三、饭店信息系统运行的安全管理

(一)完善信息系统的管理机构

任何管理活动得到有效实施的前提都是有一个良好的组织。因此要实现饭店信息系统的安全管理也得首先确定相应管理的机构，它是饭店必不可少的部门。如美国的大型饭店组织机构极为庞大，但每个部门均可通过饭店管理信息系统了解到其操作的范围，整个饭店的工作不会发生混乱。然而在我国，饭店信息系统的管理机构在职能地位和人员配备上都存在弊端，需要不断完善以确保饭店信息系统的安全运行。

1. 提高管理机构的职能地位

在我国，饭店信息系统的管理机构在饭店内部的职能地位与其他部门平行。这样虽然可以实现信息资源在饭店企业内部的共享，但系统运行中有关的决策和协调能力却大大降低了，系统运行的安全性难以充分保障。饭店信息系统应该由企业最高层直接领导，作为参谋中心和协调中心而存在，才能够充分发挥信息系统的决策支持和有效指挥作用。

2. 完善管理机构的人员配备

信息系统管理机构的人员配备直接影响着系统的正常工作。一名高素质的工作人员，不仅能够对系统运行进行严格的管理和维护，还会对系统的完善提出合理的建议。按照工作的职责分工，信息管理人员大致可以分为三大类：系统维护技术人员、系统日常管理人员和系统业务操作人员。信息系统管理部门的主要成员由前两类人员组成。一般在中小型饭店里，信息系统管理部门的人员较少，系统维护、网络维护、资料管理、员工培训都集中在少数几个人身上，难以确保系统的安全运行，以上这些问题有待进一步解决。

(二)规范系统运行的管理制度

制度是规范行为的有力保证。它为企业的管理活动提供了科学的依据，有利于明确饭店信息系统的操作规范。一般的运行管理制度包括：系统操作规程、系统安全保密制度、系统修改规程、系统定期维护制度以及系统运行状况记录和日志归档等，如：重要的数据输入和输出制度，密码口令专管专用制度，定期病毒防治管理制度、安全培训制度。

(三)加强数据的维护与管理

饭店组织中各种数据是管理信息系统的基本加工对象，系统正常运行的参数是必要的辅助数据，这两部分数据是信息系统数据维护的重要内容。要实现系统的安全运行，一定要加强数据的维护和管理，确保数据的安全。首先，要保证输入系统的数据是正确的、有效的、符合程序处理的要求，这样才会被系统所接受并做出正确的处理；其次，要及时、准确地备份数据和妥善地保管备份数据，在系统出现故障的时候能够在短时间内将系统数据恢复到最新的状态；最后，在将数据制作成文档时力求制度化、标准化，形成一些固定的格式，维护文档的一致性，方便对文档的各种处理工作。

四、饭店信息系统的安全维护

(一)信息系统的安全设计

信息系统的安全问题应该在系统设计阶段就予以充分的重视。信息系统的安全设计包括：物理实体的安全设计、硬件系统和通信网络的安全设计、软件系统和数据的安全设计等内容。这些都属于计算机和网络应用技术方面的问题，在系统开发的时候应该多听取有关专家关于这些方面的建议，力求使得这些由物理因素造成的安全隐患降至最低，保证系统的正常运行。

(二)操作系统的安全选择

选择一个安全可靠的操作系统，是软件安全的最基本要求，也是确保其他软件正常运行的基础，是信息系统稳定运行的保证。因此只有在选择安全可靠的操作系统的前提下，讨论系统软件的安全性才有意义。同时，多数信息系统都运行在某个数据库管理系统之上，数据库管理信息系统的安全直接关系到信息系统应用程序和数据文件的安全。因此，在选择数据库管理信息系统时，一定要考虑数据库本身的安全能力和安全措施。

(三)自然因素的安全防控

1. 防水、防火

机房的建设和网络的组建要达到当地消防部门的相关规定，机房内不能铺设水和蒸汽管道，地面上要有防滑措施。

2. 防磁、防震

因为磁场会改变存储介质上的数据，磁盘和磁带等介质应该远离变压器等磁场源。

3. 防静电、防尘

防静电的最好办法是将电器接地，并采取一定的措施防止静电的产生。同时注意因静电或其他原因造成的灰尘污染，保持机房的清洁卫生。

4. 选择合适的辅助设备

机房内使用的工作台、终端桌、隔板、窗帘等都应该是非易燃材料制品；并且机房内不宜使用地毯，因为地毯会聚集灰尘、产生静电。

(四)计算机病毒的有效预防

近些年来，世界范围内的计算机系统一直受到计算机病毒的困扰，而且到目前为止还没有一种非常有效、彻底的防治手段，饭店信息系统也是如此。所谓计算机病毒实际上是一种专门破坏其他程序和数据的一小段程序，它可以通过磁盘拷贝、通信网络和计算机网络扩散，一般可分为操作系统型病毒、文件型病毒和源码病毒，无论哪种病毒一般都很难发现，也会给系统带来不同程度的损失。

计算机病毒的感染基本上是通过两条途径：一是在网络环境下，通过数据网络的传输；一是在单机环境下，通过软盘的信息传输。一般来说，预防电脑病毒的感染比病毒侵入后再去发现和排除它要重要的多。特别需要注意以下事项。

(1) 在使用公共的电脑或共享的软件时要特别谨慎，确需使用的时候应该进行杀毒。

(2) 在网络通信时要限制网上可执行代码的交换，不执行来历不明的程序和邮件包，不把用户数据或程序写在系统盘上。

(3) 对安装的反病毒软件如：金山毒霸、Mcafee VirusScan、Norton AntiVirus 等，要启动实时监控的功能，并及时在线更新病毒库。

(4) 养成良好的软件备份习惯，对重要的可执行文件和重要的文档做一些备份，当机器遭到病毒攻击时，如不能杀毒则可考虑磁盘的格式化，使系统恢复正常。

第十三章　饭店品牌战略管理

【学习目标】

1. 饭店品牌的发展历程
2. 饭店品牌的构成、内涵及功能
3. 饭店品牌的战略体系
4. 饭店品牌的定位、设计及推广
5. 饭店品牌的竞争战略

【关键词】

饭店品牌 Hotel Brand
品牌塑造 Brand Building
竞争战略 Competition Strategy
品牌战略体系 System of Brand Strategy

目前我国饭店业已进入买方市场，饭店行业进入微利时代。中国的饭店业的投资规模以每年近10%的速度递增,这导致饭店供求关系比例失调与饭店市场竞争的日趋激烈。再加上经济全球化、加入世贸等一系列新的挑战，除了原有的一些世界著名的品牌饭店，如喜来登、香格里拉、假日饭店以外，还会有一部分新的世界饭店进入国内市场，并有可能形成新的网络集团，这都会给我国饭店市场带来巨大的压力。与国外相比，我国的饭店品牌建设较为缓慢，大量合资饭店使用的是外方品牌，国内的饭店除了上海的锦江、南京的金陵、广州的中国大酒店等少数几家外，还没有形成具有影响力的品牌。缺乏品牌尤其是名牌，制约了饭店对外扩张、发展的潜力，因此，我国饭店如何创建品牌、实施品牌战略将成为21世纪饭店提升竞争力的关键。

第一节　饭店品牌发展回顾及释义

20世纪80年代末，以品牌的资产化为核心的品牌革命崛起于西方，对现代企业经营管理产生了深远的影响。品牌战略逐步从企业众多的竞争方式中脱颖而出，占据了当代企业经营管理战略的主导地位。企业由产品竞争，到资本竞争，再到品牌竞争已是不可逆转的形势。品牌竞争力是一个企业乃至一个国家综合实力的表现。一个企业品牌竞争力究竟有多强，一个国家究竟有多少个世界级的知名品牌，成为了衡量企业和国家经济实力的标尺。21世纪是品牌竞争的世纪，品牌战略在饭店整体战略中地位日益突出。

一、品牌的起源与发展回顾

自给自足的自然经济以及市场经济萌芽时期，只有产品，没有品牌。在商品经济发展到一定规模，各地之间商品交换日益频繁和扩大以后，品牌才逐渐开始出现。早期的人们利用这种方法来标记他们的家畜，后来发展到手工品的标记。原始意义上的品牌起源于古代手工艺人，如陶工、石匠等。他们在其制作的手工品上打上某种标记以利于顾客识别产品的来源，这种标记主要是一些抽象的符号。因此，可以说符号是品牌最原始的形式。之后，除了符号之外，还出现了以手工艺人的签字作为识别标志的情况，这就是最原始的商品命名(即品牌化)。

真正意义上的品牌化起源于欧洲。在欧洲中世纪，出现了很多的手工业行会，如陶瓷业、金银手工业等，它们是品牌化的主要实施者和促进者。为了维持其声誉和产量，这些工艺人在自己制作的器皿上打上一些标志。除了陶工、金银工标志以外，还出现了印刷工标志、面包标志、手工业行会标志等。有时它们是用来吸引顾客，但多数情况是为了保护行会的垄断地位以及维护商品质量，找到生产低质量商品的商人，如英国1266年通过了一项法律，要求面包房在每个面包上打上他的标记，如果面包分量不 足，就很容易找到生产者。金匠和银匠也要求在他们制作的金银器皿上打上他们的签名或私人标记，作为质量的保证。

当欧洲人来到美洲后，他们也带来了传统的命名方法。美国历史上最早对商品进行品牌化(即给商品命名)的是一些烟草商和专利药品制造商，但几乎没有一个品牌幸存至今成为国际品牌。

19世纪下半叶是全球品牌化思想成熟与发展的时期，在美国和欧洲都相继出现了许多全国性的品牌，并且很多品牌在当时就已经具有了坚实的国内基础和强劲实力，为它们日后成长为全球性的国际品牌铺平了道路，时至今日，一些著名的国际旅游品牌也是由当时的品牌发展而来。例如1841年7月，英国人托马斯·库克(Thomas Cook)包租了一列火车，运送了570人从莱斯特前往拉夫巴勒参加禁酒大会，成为历史上首例有组织的旅游活动，也被公认为是近代旅游的开端。1845年，他所创办的世界上第一家旅行社——托马斯·库克旅行社开业，至今已有近160年的历史，该旅行社现今已经发展为英国第三大的旅游集团，"托马斯·库克"也因此成为世界上第一个，也是历史最为悠久的国际旅游品牌。

19世纪末20世纪初，世界范围内先进资本主义国家过渡到垄断资本主义阶段，市场经济逐步趋向发达和成熟，以开拓世界市场为目标的大企业大批涌现，市场竞争日益激烈，为品牌的普遍形成和发展提供了经济条件。进入20世纪，科技的发展和工业的进步促进了新产品的不断涌现，品牌化的思想和实践进一步得到发展和巩固，大部分的品牌已经树立了地区或全国地位，品牌越来越多，消费者越来越接受，甚至尊敬这些品牌。品牌的推广也变得越来越专业化，由专门广告人才来进行品牌的推广。这种专业化使得广告营销手段和技巧有了极大的提高。

另一方面，跨国公司的兴起也为品牌国际化提供了条件，很多国内品牌随着公司在国外设立机构而顺利地走向了世界。国际品牌成为全球企业最向往的无形资产，成为它们的奋斗目标。这些国际性品牌不但把优质的产品和优良的服务带到了全世界，使人们享受到优质的产品和优良的服务，而且还把某种生活方式带到了全世界。可以说正是这些国际品牌影响了全球消费者的消费观念和生活方式，有的还甚至成为某种生活态度的象征，例如正是Coca-Cola、McDonald's等商品把美国式的快餐生活方式带到了全世界消费者眼前。

国外研究表明，自1987年以来世界饭店业每年品牌延伸的变化已增长了10倍，世界饭店业每年差不多要有1500次品牌变化，除此之外，在1987~1997年10年间饭店业有100多个颇具影响的品牌产生。我国从1994年开始由国家旅游局举办"十佳百优酒店"评选，也是意在塑造中国饭店业名牌形象。1995年从1747家星级饭店中评选的最佳前两名"广州白天鹅"和"南京金陵饭店"，也促进了其名牌形成，并使品牌得到增值。1996 年深圳市旅游工作会议对饭店名牌战略予以重视，研讨了"如何创立名牌饭店"、"如何通过树立名牌饭店形象，进而树立中国现代饭店业的整体形象"等问题，我国饭店企业和政府有关部门对饭店品牌建设的关注使得我国饭店业的品牌研究从理论和实践上都得到大力的发展。进入 21 世纪，中国饭店业必须实施品牌战略，将我国饭店业的竞争引向一个高水平的品牌竞争阶段，才有能力抵御国外著名饭店集团的进攻。

二、饭店品牌及其构成

(一)品牌和饭店品牌

关于品牌的定义，美国著名营销学者菲利普·科特勒(Philip Kotler)的表述是："品牌是一种名称、名词、标记、符号或设计，或是它们的组合运用，其目的是藉以辨认某个销售者或某群销售者的产品或劳务，并使之同竞争对手的产品和劳务区别开来。"最初出现、至今仍然最普遍的是产品品牌，它是指有形的实物产品品牌。随着市场经济的发展，在产品品牌的基础上，又出现了服务品牌和企业品牌。服务品牌是以服务而不是以产品为主要特征的品牌，如餐饮服务品牌、旅游服务品牌、航空服务品牌等。需要注意的是，无形的服务总是以有形的产品为基础的，并且往往同时与有形产品共同形成品牌要件。

饭店品牌是以饭店作为品牌整体形象而为消费者认可的。饭店产品及服务品牌是饭店品牌的基础，但饭店品牌高于产品和服务品牌，它是靠饭店的总体信誉而形成的。饭店品牌与其产品或服务品牌可以是相同的，如香格里拉、假日、希尔顿等；也可以是不相同的，如马里奥特国际酒店集团与其旗下的万豪、万丽、万怡、丽嘉、华美达等饭店产品品牌。

(二)饭店品牌的外延要素构成

一般地，饭店品牌的外延表现由三大基本要素构成，即饭店品牌名称、饭店品牌标志和商标。

1. 饭店品牌名称

任何一个饭店品牌都必须有名称，通常也称商号，这是合法经营所必须具备的。品牌名称一般用中文、英文或数字规定，品牌名称可以国际国内通用，发音会略有不同。名称是从字符、语音、字型等方面对品牌信息内容的表征。这种表征的准确与否，直接影响着品牌的宣传和产品的销售。饭店品牌的名称涵盖了饭店产品和饭店一些文化属性的内容，所以品牌名称是饭店产品和饭店其他特质的识别工具，也是方便记忆的工具。

著名品牌的名称使人能快捷方便地建立起与该品牌相关的产品、服务、价格、文化理念等方面的联想，在众多的同类商品中很容易很快地将其识别出来，这在信息时代是非常重要的功用。好的品牌名称首先就为饭店树立产品的品牌形象建立了良好的传播基础。

2. 饭店品牌标志

饭店品牌标志也称品牌的形象符号，它是品牌形象化的标识符，主要起速记、识别和传播的作用，形象符号达到一定程度则成为内容丰富又高度抽象的概念，使人们唤起与该品牌相关的联想、这种联想越强、越丰富说明该品牌的宣传也就越成功，因此形象符号具有品牌认识和识别功能，是形成品牌个性和建立品牌联想的主要元素。

3. 商标

商标主要从法律角度来论及品牌的法律地位和关系，作为品牌的法定标记，可划分经营身份，涉及饭店品牌在什么区域及什么样的产品范围内受到保护。商标图形是按照设计原则开发出来的，符合《商标法》，注册后受商标法保护。商标作为在市场上区别和验证商品和服务的标识，是与品牌战略密切相关的，是整个品牌战略运作的依据和关键。商标是知识产权中的一个类别，它要在社会上取得公认的法律权利，一是凭借智力独创性活动的事实行为，一是依赖国家主管机关依法确认的特别途径。因此，可以这么说，饭店品牌战略只有在商标是合法的、独创的、有权利的情况下才能实施和运作。商标不但是其他标识概念的基础，而且还是品牌战略实施和运作的根本。

(三)饭店品牌的内涵

1. 品牌是饭店产品质量性能的综合体现

饭店品牌是以一定的饭店产品和服务的功能质量为基础的。在现代经营中，信息不对称的情况下，企业总是把品牌当作产品品质的象征，并且把这种影响努力地灌输到消费者心目中，使消费者形成对该品牌强烈、积极、独特的认识，优质的品牌即意味着优质的产品和服务。

2. 品牌是饭店综合商誉的表现

消费者认识饭店是从其品牌开始的，也是以品牌为结束的，品牌是饭店的旗帜，涵盖了饭店活动的各个方面。从物质到精神，从设计、生产到销售、服务，从内部管理到社会形象，这些活动的综合成果就结晶在该饭店的品牌上，最后形成品牌的整体效果，从而获得社会对该品牌的整体评价。

饭店通过它所提供的产品和服务来表达对社会的贡献，品牌就是对这种表达的综合概括。品牌是饭店对社会的一种承诺，饭店也正是通过严格的服务管理，先进的服务技术，高素质的员工以及对消费者负责的精神来充实品牌的内涵，增强品牌的可信度的。

3. 品牌是饭店企业文化的体现

文化一般是指长期存在于社会之中，由社会成员共同分享和接受的价值、态度、规范和期望。企业文化反映了饭店成员的理想信念、价值追求、意志品格和行为准则，品牌从某种意义上说，是饭店按照其自身文化方式运作的结果，也是饭店经营理念的重要表现载体。一些著名的饭店品牌一经提起，就立即使消费者产生对其企业经营特色的联想，如假日的"暖"、东方的"情"、希尔顿的"快"、喜来登的"值"等。

4. 品牌是饭店的重要无形资产

对一个饭店来说，优质的品牌本身就是一个重要的无形资产，品牌市场地位的确立和品牌认知度的扩展会给饭店带来巨大的无形价值。当一项品牌被社会所公认，它又可转化为有形资本，使饭店获得巨大的资本利益。利润效应是促使经营者以品牌为导向来发展饭店的最主要动力来源。品牌产品的比较优势价位和同价位产品的畅销往往带来了产品销售量和销售绝对值的大幅度提高，这种提高的结果将大大增加饭店的利润总量收入。品牌的这种超常创利能力所带来的利润效应使饭店经营者能够或者愿意以名牌为导向来进行饭店的发展，由此达到不断放大利润效应的目的，饭店品牌要素构成示意图如图 13-1 所示。

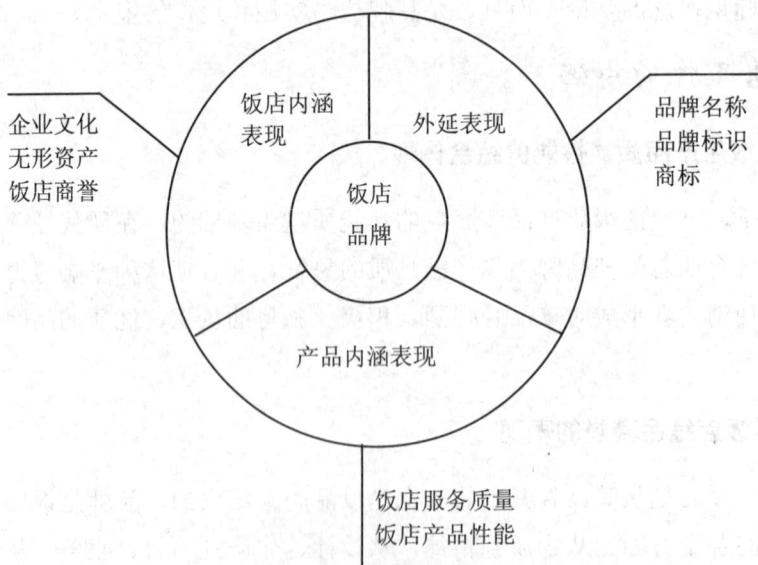

图 13-1　饭店品牌要素构成

综上所述，饭店品牌不仅是产品的标志，更是产品质量、性能、可靠程度的综合体现，同时，品牌还凝聚着饭店的科学管理、市场信誉、追求完美的企业精神的诸多文化

内涵。

三、饭店品牌的功能

饭店品牌的功能表现是双方面的，即对于饭店和饭店顾客具有各自不同的功能。

(一)饭店品牌对于饭店的功能

1. 强化差异功能

史蒂芬·金(Stephen King)说过："产品是在工厂所生产的东西，而品牌则是消费者所购买的东西。一件产品可以被竞争对手模仿，但品牌则是独一无二的。产品很快会过时，而成功的品牌则是持久不变的。"饭店产品本身之间物质性的差异很小，但饭店却可以通过自己独具特色的品牌，强化品牌个性来体现饭店产品的差异，以提高饭店消费者对本品牌产品的认知度。

2. 传递信息功能

饭店产品具有无形性特点，无法让饭店消费者在购买前向其当场展示，而有关产品的信息对于潜在消费者的购买决策来说又是非常重要的影响因素。而饭店品牌作为其所代表的饭店产品和服务的综合体现，有效地向顾客传递了产品和服务的质量信息，并且这种信息还是经过其他饭店消费者实际经历检验过的，具有相当的可信度，因而将极大促进消费者购买行为的发生。

3. 提高产品附加值功能

"附加值"通常是指附加在劳动对象上的价值。产品与品牌的主要区别在于"附加值"。饭店消费者购买某一成功饭店品牌的产品，不仅能取得实质利益(产品带来的实际满足)，更重要的是能获得一种心理利益，即购买著名品牌带来的心理满足，即使价格稍高于同类产品，消费者也乐于倾囊。另一方面，随着卖方市场时代的结束，饭店产品的日益丰富，饭店买方市场逐渐形成，饭店拥有知名品牌，就等于拥有了市场竞争优势，利用品牌对市场较强的感召力，获得较高的市场占有率。因而品牌是饭店的无形资产，优秀品牌不仅能给饭店带来强大的增值功能，而且本身也具有很高的价值。

4. 法律保护功能

饭店品牌拥有合法商标作为其法定标记，可有效避免竞争对手的恶意模仿等不正当竞争行为。当饭店的合法权益受到侵害时，品牌还将作为饭店诉求法律保护的一种凭借，保障饭店的正常经营秩序。

5. 宣传营销功能

20 世纪 90 年代以来，品牌营销作为一种新型的重要的营销手段，为越来越多的饭店企业所接受。它以塑造品牌、提升品牌价值为核心，对广告、公关、促销、等各种营销方式市场传播活动进行有效整合。品牌营销不仅实现了对饭店产品和服务的营销，还使饭店的形象得到认知，并可将其效应扩散到饭店的其他产品中，取得了远远优于传统产品营销的效果。

6. 对外竞争功能

饭店品牌是企业对外参与竞争的有利武器，是饭店开展国际化经营的旗帜。国际饭店市场的一体化使饭店跨国经营成为可能，而品牌输出则是最为有效的手段和途径之一。从 20 世纪 80 年代开始，国际饭店集团就纷纷凭借品牌优势抢滩中国而大获其利。

(二)饭店品牌对于消费者的功能

1. 降低购买风险

从众多的同类饭店产品中作出购买决策对于消费者来讲是很困难的，但饭店品牌会帮助他们进行选择。优秀的饭店品牌经无数实际经历和享用的考验，一闻其名就联想到温馨暖人的优质服务，可大大减少购买风险，避免产生购买遗憾，使消费者放心。

2. 减少购买成本

当消费者萌发购买饭店产品的动机时，就要收集有关饭店产品的信息，在诸多饭店产品中，去挑选符合自己意愿的产品。在初步选定某种饭店产品后，还要去多方调查了解所提供该产品的饭店企业的服务状况，在经过调查了解，确认该饭店具有较好的信誉，能够保证服务质量的时候，消费者才能最后建立信心，购买该饭店的产品。如果某家饭店所提供的饭店产品已是品牌产品，经过一定时间的经营，已被众多的消费者所了解和认可，在这种情况下，凡是购买该种饭店产品的消费者，就省去了搜寻信息的过程，而直接选择去购买这家饭店，从而节约了购买成本。

3. 获取品牌价值

随着生活水平的不断提高，人们越来越多地追求高层次消费，追求个性化的消费，单纯的产品消费在购买因素中所占的比例越来越少，消费者在消费过程中并不单纯追求生理上的需求(功能性需求)，更多的是追求心理上的需求(情感需求，识别、象征需求)，追求的是一种感觉、自我价值的体现，一种自身的价值和重要性得到认同后的心理满足。产品侧重于其功能需求与质量的定位，品牌侧重于需求的社会和文化定位，是意识形态和心理描述，是对消费者心理市场的引导、规划和激发。饭店品牌除了为消费者提供功能需求的满足外，更多地是将为顾客创造一份情感上的体验，使消费者在消费中获取更大的满足。

第二节　饭店品牌战略体系

饭店品牌战略，又称品牌经营战略，是指饭店通过塑造良好的饭店品牌市场形象，提升品牌知名度，并以此为凭借开拓市场，扩大市场占有率，吸引顾客并培养顾客的品牌忠诚度以取得丰厚利润回报和竞争优势的一种战略选择。从品牌战略的功能来看，饭店品牌不仅仅是饭店产品和服务的标志，更多的是其质量、性能、满足顾客效用的可靠程度的综合体现。它凝结着饭店的科学管理、市场信誉、追求完美的精神文化内涵，决定和影响着饭店产品市场结构与服务定位。因此，发挥品牌的市场影响力，带给消费者信心，给予饭店顾客以物质和精神的享受正是品牌战略的基本功能所在。实践证明，良好的品牌往往能给人以特别印象，在同等质量下可以制定较高的价格。有些饭店企业拥有良好的品牌甚至还可以在不同国家逆周期、反季节提供服务和产品，从而使成本与收益流量畅通。品牌经营与传统经营模式相比的优势主要表现为以下几个方面。

(1) 品牌经营实现了对要素的全面整合。由于传统经营的物质观使然，它往往将组织与产品中的两种构成要素——物质资源与精神资源分化，而品牌经营强调精神文化资源与物质资源的融合，使品牌在产品进入市场之前就完成了对品牌特征的塑造和对目标市场的确认，同时它还为营销与广告传播带来了内容上的支持，使饭店企业真正具备了经得起消费市场检验的品牌实质和市场竞争力。

(2) 品牌经营实现了无形驾驭有形的创新模式。无形驾驭有形的实质即精神驾驭物质，在这种模式下的经营，表现为先做市场，后做企业；先创造品牌，后生产产品；先凝结科技力量，再组合物质资源。相对传统经营，它表现为经营决策上的倒置，这种倒置使饭店拥有更多的市场保障，决策拥有全面信息的支持，科学性大大增强。无形驾驭有形减弱了市场中的不确定因素对饭店决策的影响，有效规避了市场风险，使饭店企业把握市场、引导市场进而创造市场的能力得以提升。

饭店品牌经营的实施，依赖于完善的品牌战略体系，饭店品牌发展战略因饭店经营目标、发展实力、发展阶段以及所处发展环境等的不同而异。一般地，饭店的品牌战略体系由三大子系统构成，即品牌总体战略、品牌发展阶段战略以及品牌发展支撑战略。

一、品牌总体战略

饭店品牌发展总体战略即规定饭店品牌发展总方向和目标的战略，是饭店品牌发展的总指导。饭店在制定品牌总体战略时，可根据自身的产品特点以及创立品牌及实施品牌战略的不同要求，选择不同的侧重点和战略类型，具体包括饭店品牌对象战略、饭店品牌档次战略、饭店品牌等级战略以及饭店品牌数量战略。

(一)饭店品牌对象战略

饭店品牌对象战略是针对品牌发展实施对象选择的战略，该对象可以是饭店产品，可以是饭店企业，也可以二者共同发展，因而饭店品牌对象战略一般又有以下集中方案。

(1) 饭店产品品牌战略。又称品牌商标战略，即以饭店的产品或服务商标为对象所实施的品牌战略。选择该战略的饭店将努力使自己提供的产品或服务受到消费市场的普遍认同和信任，从而使饭店产品或服务商标随之拥有较高的知名度和美誉度，由普通商标变为著名品牌。因此，该战略也就是饭店的产品或服务商标成为著名饭店品牌而作出的长远性谋划。

(2) 饭店企业品牌战略。又称品牌商号战略，即以饭店企业作为品牌战略的实施对象，通过创立饭店企业品牌而实现其经营目标的战略谋划。该战略的重点是要将整个饭店的名称，也就是其商号成为品牌，一旦饭店成为品牌，则容易将品牌效应扩散到其所有的产品和服务上，从而带动其产品和服务成为品牌。

(3) 饭店企业、产品统一品牌战略。又称商标、商号统一品牌战略，它是指当饭店的产品在一定范围内成为品牌后，以产品的商标作为饭店的名称，从而使饭店商号和其产品商标相统一，并且都成为品牌。实施该战略的主要目的是为了扩大饭店的市场范围，创立更高等级的产品品牌和饭店品牌，以实现更高的经营目标。

(4) 饭店企业、产品平行品牌战略。又称商标、商号平行品牌战略，即饭店产品商标和其饭店商号不统一，但饭店将其都作为品牌发展的对象，共创品牌。随着市场经济的不断发展，饭店的整体形象在其对外经营中发挥着越来越重要的作用，也因此得到了越来越多饭店的重视。许多饭店将实施单一的产品品牌战略扩展到产品品牌与饭店品牌并重的战略。但对于特定的饭店企业来说，品牌对象的选择还应考虑到其品牌的发展程度，当饭店还没有品牌产品时，宜先打造产品品牌，再通过产品知名度的提高来带动和突出饭店品牌，然后逐步向饭店的其他产品和服务延伸。

(二)饭店产品品牌档次战略

饭店产品品牌档次战略是指根据饭店产品品牌所代表的产品或服务所针对市场的

不同消费层次，相应地采取不同的质量和价格组合谋划。因此一般来说，饭店产品品牌档次战略可分为高档饭店产品品牌战略、中档饭店产品品牌战略以及低档饭店产品品牌战略三种。

1. 高档饭店产品品牌战略

高档饭店产品品牌战略又称为高价位品牌战略，即主要面对高收入消费群体，实行高质量和高价格的组合战略。高档饭店产品品牌不仅能够满足高收入阶层追求豪华、显示身份地位的高档消费欲望，而且更容易使饭店在国际上树立高档次、高质量的形象。

2. 中档饭店产品品牌战略

中档饭店产品品牌战略又称为中价位品牌战略，即主要面对中等收入的消费群体，实施中等质量和中等价格组合的战略。由于中等收入的消费者在市场消费者总量中所占的比例较高，因此实施中档饭店产品品牌战略容易在较短的时间内提升品牌的知名度，也较容易获得较大的市场份额。

3. 低档饭店产品品牌战略

低档饭店产品品牌战略又称为低价位品牌战略，通常为经济型饭店所采用，它主要面对低收入阶层而实施的低等级质量与低价格组合的战略。需要指出的是，这里所说的低等级质量并不是劣质，而是符合消费者需要的合格产品，只是在功能上有所减弱。实施该战略不仅迎合了大众消费者对饭店产品和服务的基本要求，而且价格上的让度使消费者获得了较多的实惠，从而更容易为消费者所接受，在市场中产生品牌亲和力。但低档战略会在一定程度上减小饭店的利润空间，往往需要饭店有一定的规模实力来支撑。

(三)饭店品牌等级战略

饭店品牌等级战略是根据饭店品牌的发展起点和目标不同，而选择不同品牌目标发展等级的战略。饭店品牌的发展等级一般可分为地方级、区域级、国家级和国际级四类。

1. 地方级饭店品牌战略

地方级饭店品牌战略是指饭店或者其产品在城市或者地、县范围内创品牌的战略，该战略也是一般饭店使其品牌从无到有，进而创立较高级饭店品牌的基础。

2. 区域级饭店品牌战略

区域级饭店品牌战略指饭店将其品牌从小范围的地方性市场逐步扩展到省(自治区)，或者多个省、区范围的战略。该战略的实施往往伴随着饭店市场范围的拓展。定位于区域级饭店品牌一般为中等实力和规模饭店企业较为明智和现实的选择。

3. 国家级饭店品牌战略

国家级饭店品牌战略即饭店的品牌在区域市场范围成功树立后，争创全国品牌的战略。主要途径是将其市场范围逐步扩展到全国各地，提高在全国市场范围内的覆盖面、知名度和美誉度，从而赢得全国范围市场消费者的普遍认同。

4. 国际级饭店品牌战略

国际级饭店品牌战略即饭店企业在树立国家级饭店品牌后，争取在国际市场中创建品牌，使已有品牌升级的战略。国际级品牌战略是饭店品牌发展的最高等级目标，该战略的实施一般依靠饭店企业开展国际化经营，通过市场和规模扩张来实现。香格里拉、万豪、假日等著名酒店集团现今所普遍采用的就是这种战略。

(四)饭店品牌数量战略

饭店品牌数量战略是指饭店企业根据自身的生产经营需要，培养不同数量饭店品牌的战略。一般可分为单一品牌战略和多品牌战略。

1. 单一品牌战略

单一品牌战略又称同一品牌战略，即饭店企业生产或经营的所有产品及服务均采用同一品牌。采用这种战略能向社会公众展示饭店产品的统一形象，可以大大提高饭店知名度。使饭店在推出新产品时省去了命名的麻烦，促进系列产品的推销能广泛地把饭店的精神和特点传播给消费者，让产品具有强烈的识别性和给消费者留下深刻的印象，使消费者较为容易地接受新产品，从而提高饭店的信誉和知名度。同时，还可以大大节省营销推广与广告宣传费用，并利用成功的品牌推出新产品，使新产品能快速进入市场；还能在顾客心目中造成饭店不断发展，不断创新的好印象，降低了消费者在接受新产品时所遇到的阻力和风险。对于那些享有很高声誉的著名饭店，选择这种战略可以充分地利用其名牌效应，使饭店所有产品前后相应，增进单一品牌的发展。

但采取单一战略也要承担很大的风险，由于品牌所代表的各种饭店产品明显地表现出共生的特性，一旦某种产品出现问题、就会波及饭店的所有产品，从而影响所有产品的形象及销售。所以，饭店企业采用单一品牌战略必须对每一种产品进行严格的质量控制，并注意保持所有产品处于近似的档次上，以便起到相互促进的效果。

2. 多品牌战略

多品牌战略即饭店企业对自己生产或经营的不同功能、不同质量的产品及服务采用不同品牌的谋划。饭店采用这种战略，一般是为了区分那些容易混淆的不同大类的产品，或是饭店生产同一大类产品，为了区别不同质量水平的产品而使用该战略。

采用这种战略的饭店企业可以将生产的不同大类产品分开，能严格区分高、中、低档产品，满足不同消费者的不同需求，提高饭店的整体市场占有率，也便于饭店不断地拓宽产品线，易于顾客识别和选购。这种战略还便于饭店不断扩充产品体系，适应市场上各种不同的需要，以便在不同大类产品领域中分别树立品牌形象。另外，实行多品牌战略的饭店企业在同一产品上设立两个或两个以上的品牌，品牌之间既相互独立又相互竞争。不会因某一品牌的产品在市场上信誉低落而波及本饭店的其他产品，从而起到分散风险的作用。多品牌战略是市场细分过程中的主要措施之一。

多品牌战略的不足也是十分明显的。由于一个品牌的创立需要花费一定的人力、物力、财力，多种品牌的创立必然会增大饭店的成本，这对于初创企业或实力较弱的饭店来说，显然是不适合的。另一方面，品牌的繁杂会使消费者难以记忆和识别，从而不利于形成饭店的整体产品形象。

二、品牌发展阶段战略

根据企业战略理论，总体战略目标的实现一般都是分阶段逐步实现的。因此，饭店企业需要根据其品牌发展的不同阶段所具有的不同特征制定并实施与之相适应的，更有利于目标实现的战略，这就是品牌阶段战略。一般地，一个饭店品牌的形成将经历品牌培育期、品牌成长期和品牌成熟期三个阶段，这三个阶段对应的品牌战略重点分别为品牌塑造、品牌扩张和品牌维护，因此分别对应的也有三种战略选择。

1. 饭店品牌塑造战略

饭店品牌塑造战略的目标就是在尽可能短的时期内在目标市场中形成饭店所期望的具有较高知名度和美誉度的饭店品牌。该战略的实施又具体包括品牌定位、品牌创意以及品牌形象塑造三大部分内容。通过品牌定位明确品牌的个性与发展方向；通过品牌创意设计有特色的、理想和品牌名称和标志；通过品牌形象塑造将良好的品牌信息传播给市场消费者，强化顾客对饭店品牌的正面认知和评价。有关内容将在本章第三节中具体介绍。

2. 饭店品牌扩张战略

饭店品牌扩张战略即饭店企业在成功塑造饭店品牌后，为使该品牌不断发展壮大，相应采取的品牌纵深化发展战略。饭店品牌扩张战略不仅以产品类型和消费者类型多样化为目标，而且还致力于实现饭店品牌规模的不断扩大。具体又包括饭店品牌延伸扩张、饭店品牌规模扩张以及饭店品牌市场扩张等战略类型。有关内容将在本章第四节中加以详细介绍。

3. 饭店品牌维护战略

当饭店企业的品牌进入成熟期后，其所关注的重点应转移到确保所拥有的品牌优势不被削弱下去，这时饭店企业要善于分析竞争对手的各种进攻，并有针对地予以回应。该战略的实施应注意对已有品牌的注册、防伪、维权以及品牌内容创新等方面，可细分为品牌的法律维护战略和经营维护战略。有关内容本章第四节将加以详细介绍。

三、品牌发展支撑战略

饭店的品牌发展支撑战略是指为了保障品牌总体发展战略目标的实现，而采取的有关品牌发展支撑要素的战略谋划。主要包括质量支撑战略、技术支撑战略、市场支撑战略、营销支撑战略以及人才支撑战略等。

1. 质量支撑战略

饭店产品及服务质量是饭店品牌的生命，因此饭店企业实施品牌战略必须树立质量先行的思想，将质量战略作为品牌战略的核心和基础。首先要确定质量目标，不管饭店品牌在价格和功能上是否存在差异，高质量是共同的目标，即虽然不同档次的产品对高质量的要求是不尽相同的，但都不能出现质量问题。其次要明确质量标准，最好采用国家级或者国际级的质量标准，如ISO9000系列标准，如有可能，还应制定更高的标准。再次要加强对质量的管理，如建立完善的质量管理制度和质量监督体系，实行全面质量管理等，确保饭店品牌质量经得起考验。

2. 技术支撑战略

技术战略是饭店品牌战略的重要动力，技术创新和技术进步也是当今社会经济发展的主要推动力量，成功运用先进的技术(如信息技术、网络技术等)往往能使饭店企业和其品牌在市场中获取主动。技术战略的实施也要视饭店的具体情况而定，具体又包括技术创新战略、技术引进战略和技术改造战略等。

3. 市场支撑战略

市场战略是饭店企业实施品牌战略的主线，也是饭店生存与发展的出发点和归宿。扩大市场份额，提高市场占有率是饭店企业实施品牌战略的主要目标之一，为此，首先要搞好定位，确定目标市场。其次，要根据饭店自身的实力和条件，采取切合实际的市场开拓和推进战略。例如在实力较弱时，可实行市场缝隙战略，瞄准市场空当进行开拓；在实力强大时可实行市场主导战略，全面开拓国内、国际市场空间。

4. 营销支撑战略

营销支撑战略即通过产品、价格、渠道、促销等营销组合策略的灵活运用，扩大饭店品牌的影响力。需要强调的是广告作为品牌宣传的重要手段，应得到饭店企业充分的重视。进行合理有效的品牌广告宣传除了应注意广告策划要突出重点，明确主题外，还应特别注意应实事求是地进行宣传。同时根据饭店经济实力选择合适的广告形式，以尽可能少的投入取得较大的广告效果也是该战略实施中的重要内容之一。

5. 人才支撑战略

人才是饭店企业实施品牌战略的关键性因素之一，无论是培育产品品牌还是饭店品牌，都需要人的努力来实现。有鉴于此，饭店企业应制定合理的用人制度，完善用人机制，确保拥有合理的人才结构，努力实现人尽其才，使饭店组织的每一个成员都在其品牌发展目标的实现中发挥应有的作用。

第三节 饭店品牌塑造

品牌塑造是饭店企业品牌战略实施中的重要环节，也是一个饭店与社会互动的过程，饭店通过一定的媒介告知公众自己的品牌，同时又通过具体产品和服务质量等实践自己向社会的承诺，以证实其品牌名不虚传。品牌的塑造决定于饭店产品的质量、服务、技术、人才和管理等诸多因素。一般地，饭店品牌塑造分为品牌定位、品牌设计和品牌推广三个主要步骤。

一、饭店品牌定位

定位理论创始于20世纪70年代的美国，当时重点强调的是通过广告攻心，将产品定位于潜在顾客的心中，而不改变产品的本身。20世纪80年代，世界著名市场营销专家菲力普·科特勒(Philip Kotler)将定位理论系统化、深刻化。他认为定位就是树立企业形象，设计有价值的产品的行为，以便使细分市场的顾客了解企业间的差异。可见，定位是目标市场选择后的结果。它直接影响着产品策略、价值策略、分销策略和促销策略的选择。定位已成为现代营销活动的基石。

饭店品牌定位就是确定品牌在市场中的适当位置及其发展取向，定位的目的在于创造和渲染饭店及产品的个性化特色。发挥饭店及产品的自身优势，找定自己的位置，沿着定位策略进行延伸，才能使品牌长盛不衰。

(一)饭店品牌定位的内容体系

饭店品牌定位主要包括功能定位、质量定位、服务定位以及情感诉求定位四个方面的内容。

1. 功能定位

消费者在挑选饭店品牌时，在理性上首先要考虑品牌功能的实用问题。品牌功能的实用性主要体现为品牌产品的性能、功效以及对消费者带来的功用和利益，能满足消费者的特定需要。品牌的功能定位实质上是产品的功能特性与饭店消费者需求相互切合程度的问题，因而品牌的这种功能性与饭店产品的内在质量有着最密切的关系，同时对特定品牌还要考虑不同类型的消费群体对品牌功能的特殊要求而有针对性地进行定位。随着饭店消费需求的个性化和多样化，饭店品牌的功能定位也趋向多样化和综合性，而且产品与顾客界面也越来越简单化、富于人性化。例如一些商务型酒店除了在客房中提供电脑外，还纷纷采用了无线上网技术，为入住的商务客人创造更为便捷的功能和优质的环境。

2. 质量定位

饭店产品质量是品牌生命的基础。从我国目前情况来看，产品质量，特别是知觉质量是制约我国饭店品牌参与市场竞争、与国外品牌争夺消费者的重要因素之一。所谓品牌知觉质量就是消费者对某一品牌产品总体质量或优势的知觉。因此，知觉质量是主观的。它以产品的客观质量为基础，但并不总是符合客观质量。许多国内饭店产品虽然产品本身质量很高，但由于其包装、宣传等方面的问题，在消费者心目中却是质量低劣；而很多国外饭店产品与国内同类产品相比，产品的实际质量相同甚至略低，但在消费者眼中却质高一等。另一方面，消费者是质量的最终裁定者，不同层次的消费者对质量有不同的要求和期望，而超越市场需求的质量过剩是饭店资源也是社会资源的浪费。但总的来说，品牌的树立是基于产品质量的出众，没有质量的保障，品牌的树立是不可能达到预期结果的，至少从长远的角度来看是这样。仅凭形象的策划是不够的，是难以实现时间上的延续性的。

3. 服务定位

服务是饭店产品的重要组成部分，它与实物产品有着很大的差异，其生产和销售一般是同时完成的，因而很大程度上具有个人化的特点，虽然我们可以设计标准化的服务，但在具体实现过程中完全取决于提供服务的饭店员工和享受服务的饭店顾客在什么样情境下完成服务的生产和享受。所以个性化服务在饭店品牌的服务定位中是重要的考虑因素，个性化服务是在提供规范、标准服务的基础上进行的，是与众不同的、因人而异的、

有针对性的新、奇、特、异的服务形式和服务项目。根据服务环境、场合的不同，针对不同客人，揣摩其感觉、心理，理解客人的立场、观点，眼明手快、善解人意地将有特色的、个性化的服务做在顾客开口之前。适时地推出让人耳目一新、眼前一亮的新的服务项目，以服务的差异化、个性化、特色化来适应饭店客源构成的多元化、需求的差异化。

4. 情感诉求定位

随着感性消费日趋主流化，饭店消费者不仅讲求饭店产品的实用性，还要求饭店产品能够体现自身的情感追求，因此消费者对品牌的认可还决定于情感需要的因素。由于各种主客观原因的影响，消费者对某些饭店品牌特别钟爱，对另一些饭店品牌则印象不佳。他们往往根据直觉来评价品牌的好与坏，在这种情况下，品牌成了感性符号，成了情感需要的筹码。品牌的情感诉求定位是饭店品牌灵魂性的东西，是饭店品牌构成各要素中的焦点，也正是这一点使品牌具有了社会性，使品牌具有了人情，使品牌具有了文化的内涵。

产品和服务只是满足人类需求的物质外壳，而饭店品牌的情感诉求定位则满足的是人类需求精神性的东西，它使人的需求具有了价值感、社会归属感和满足感，是人类需求从物质层面向精神层面跃升的主要表现方式。好的品牌能比较好地将人的物质层面的需求与精神层面的需求有机结合在一起。因此随着现代饭店业的发展，在饭店产品的功能和质量上相对比较容易做到使顾客满意，而对于如何把握顾客的情感取向则存在许多不确定性和创造性。总言之，成功地抓住目标市场消费者的"心"是饭店品牌定位的关键所在。

(二)饭店品牌定位的策略选择

饭店品牌定位的策略选择是将定位理论付诸实践的灵活运用，一般可归结为六种基本策略。

1. 产品特色定位

根据品牌形象个性化的要求，品牌定位应重点放在产品特殊功能、附加功能上，也就是使之具有其他产品没有的特色。

2. 序列定位

序列定位也称为第一定位术，它表明在商品分类中，按品牌实力明确其先后位置。即追求饭店活动某一方面的第一位，诸如最佳、最豪华、最低价、最大、最小等，定位专家指出：第一最容易使人牢记；其销量常常比第二位的多一倍。因此，众多名牌都争夺某一方面的第一位。它一般适合在某一方面有巨大优势的饭店产品和企业。饭店通常使用"同行业名列第一"、"国内首创"等广告宣传语言。序列型定位实质上是在同类产品中竞争,饭店确定自己所在的名次,名次先后反映品牌形象的优劣。

3. 抗衡型定位

人脑对产品信息的储存是有限的,对一些有名的饭店产品记得牢,其他饭店产品要进入人脑的记忆就比较困难。在这种情况下,如果使人们对饭店产品的认识有一个突破,将自己的产品与名牌产品联系起来,采取抗衡型定位策略会取得较好的效果。这种定位提出了产品分类的新概念,使品牌处于创新者的领先地位,同时又能借助于老产品的声誉扩大影响,对提高饭店品牌知名度和市场占有率十分有利。

4. 强化定位

强化定位即在消费者心目中强化自己的地位。名牌饭店产品已有一定的公众形象,强化定位有利于突出个性。这种定位术适合那些竞争力较强、特性明显的饭店企业。

5. 空档定位

空档定位即寻找那些消费者重视而未被开发的市场空间。这种定位术适合各种类型灵活多变的饭店,是小型饭店企业寻找生存空间的有效方法。

6. 顾客形象定位

顾客按性别、年龄、职业、收入等标准可以划分为不同的顾客群。饭店应努力建立品牌个性以吸引相应个性的饭店顾客。在品牌认知上,要遵循简、准、独、新、高、亮的原则,使品牌名称在"音、形、意"上达到完美的结合,从而加强消费者对品牌的认识、记忆与接受。这种定位使品牌形象和顾客形象相互影响,相得益彰,品牌形象人格化更有利于品牌形象的塑造。

二、饭店品牌设计

饭店品牌设计就是根据饭店品牌的市场定位赋予品牌特殊的外显特征。饭店品牌定位是品牌设计的前提和基础,品牌设计是将品牌定位更加具体化和明晰化。品牌的外显特征就是饭店产品或饭店的文字名称、图案标记或两者的结合,用以象征饭店或品牌的特性,是饭店形象、价值观、信誉、文化的综合与浓缩。品牌设计者必须深刻地理解品牌标志所代表的象征和意义,即饭店的地位、规模、宗旨、理念、战略和风格等,同时,应使所设计的品牌标志符合公众心理,唤起他们的共鸣。

(一)饭店品牌设计的主要内容

饭店品牌设计一般分为品牌创意、品牌命名和商标设计三个部分。

1. 饭店品牌创意

所谓饭店品牌创意，即是为饭店品牌赋予一个个性鲜明的主题。创意"主题"并无一定范围，但通常可以表现为：①经营者的主张。在这里，经营者的主张可以涉及和体现在各个方面，可以针对整体市场也可以针对某个细分市场。可以是一种时尚，也可以是一种理念，一种内心感受，一种生活体验，一种自然现象；②经营者的兴趣。完全体现了经营者个人特色。这与经营者自身的经历、学识、所从事过的职业等都有很大关系。以此进行经营，可唤起相同群体甚至是更大范围内饭店消费群体的认可；③历史。在时代发展的潮流中，体现某一历史时期、某一时代所特有的氛围，能够唤起人们的怀旧情绪。

饭店品牌创意使饭店品牌具有特定的文化内涵和精神气质，使之能够较快地激发目标市场消费者的关注和共鸣。例如著名的饭店品牌香格里拉，以世外桃源般的人间仙境作为品牌创意，一听就容易使人产生心驰神往的感觉，这也是该品牌塑造的成功所在。

2. 饭店品牌命名

在品牌经营的大市场中，品牌的名称成千上万，取一个好的品牌名称，是创立饭店品牌形象的重要内容，正如艾·里斯所说："名称是把品牌吊在潜在顾客心智中的挂钩"。综观国内外著名的饭店品牌，如假日、香格里拉、喜来登、雅高等，它们在塑造上取得成功的主要方面都可归纳为：新颖独特、名称动听、发音响亮、语言健康、不随时间推移而落伍。中国饭店品牌名称的设定，主要在中文意义上保证其语言、语形、语义的完美，同时保证在五大民族语言中的意义中不具负面意义。一个国际饭店品牌的名称，不仅在英文方面要保证其积极正面的意义，还要防止在其他各国语言中出现负面意义，所以国际饭店品牌名称的设计，必须经过对各国语义的分析和筛选后才向全球推出。

3. 饭店商标设计

商标是饭店品牌形象视觉系统的中心要素，商标形象从主体上直接影响饭店品牌形象的特征与风格，品牌的所有商业身份都与商标有关。品牌的无形资产价值以商标为代表，品牌形象的法律标志也是商标，商标是品牌形象中比较稳定的因素。因此，在饭店品牌塑造过程中必须重视商标的开发设计。商标形象运用点、线、面、色四元素来塑造，其风格通过这四个元素的不同设计组合来实现。展开商标市场的调查、研究、讨论和定位是商标设计前的重要内容。商标调查的可靠方法是查阅商标大典、查询中国工商总局商标司的商标电脑图库，研究国内外饭店品牌的商标状况，作为商标设计的依据，然后再讨论商标的设计内容和方向。另外在商标设计中还应特别注意商标的合法性。

(二)饭店品牌设计的原则

简洁醒目、易读易记——来自心理学家的一项分析结果表明，人们接受的外界信息中83%的印象通过眼睛，11%借助听觉，3.5%依赖触摸，其余的源于味觉和嗅觉。基于此，为了便于消费者认知、传诵和记忆，饭店品牌设计的首要原则就是简洁醒目，易读易记，适应这个要求，不宜把过长的和难以读诵的字符串作为品牌名称，冗长、复杂、令消费者难以理解的品牌名称不容易记忆，也不宜将呆板、缺乏特色感的符号、颜色、图案用作品标。

构思巧妙、暗示属性—— 一个与众不同，充满感召力的饭店品牌，在设计上不仅要做到简洁醒目、易读易记，还应该充分体现品牌标志产品的优点和特性，暗示饭店产品或服务的优良属性。

富蕴内涵、情意浓重—— 饭店品牌大多都有其独特的含义和解释或释义。有的就是一个地方的名称，有的就是饭店产品的功能，有的或者就是一个典故。富蕴内涵，情意浓重的品牌，因其能唤起消费者和社会公众美好的联想，而使其备受饭店消费者的青睐。

避免雷同、别具一格—— 饭店品牌设计的雷同是实施品牌运营的大忌。因为品牌运营的最终目标是通过不断提高品牌的竞争力，超越竞争对手。若饭店品牌的设计与竞争对手雷同，不仅容易使消费者难以辨识，而且还会增大品牌传播费用，减低品牌传播效果，饭店在宣传自己的品牌时，自觉不自觉地为竞争对手的雷同或相近品牌进行了宣传。如此，将难以达到最终超越的目的。

三、饭店品牌推广

饭店品牌推广是以饭店品牌的创立和形成为基础的，饭店企业只有经过成功的品牌推广，使饭店品牌被广大的社会公众所接受和认可，饭店品牌的价值方能得到应有的体现。因此，饭店品牌的推广是饭店品牌塑造的重要内容。

(一)饭店品牌推广的过程

饭店品牌从推出市场到为消费者所普遍接受，一般要经过三个主要阶段，即品牌识别、品牌认知、品牌忠诚，如图13-2所示。在饭店品牌推广的过程中针对各个不同的阶段也应采取相应的宣传策略。

1. 品牌识别阶段

这一阶段主要目的是提升饭店品牌的知名度，因而通常的做法是在较短的时间内使

品牌形象对目标市场消费群体产生覆盖面广、高频率的感官刺激。常用的宣传推广方式有广告宣传、媒体新闻传播、直接宣传等。

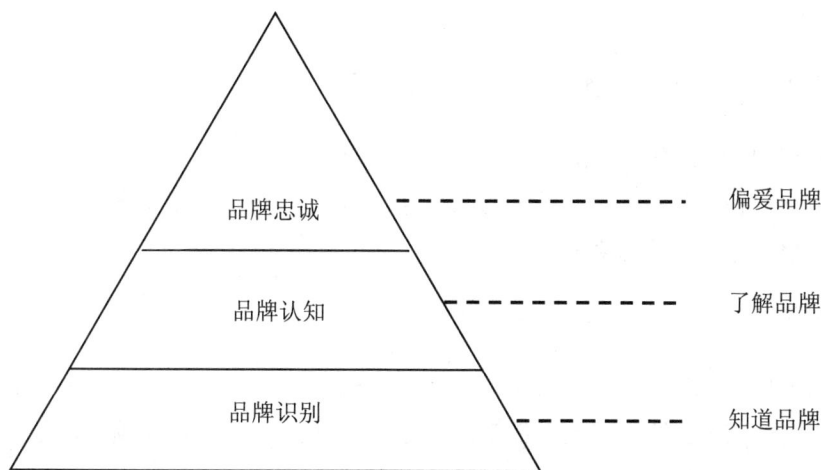

图 13-2 饭店品牌推广过程

2. 品牌认知阶段

这一阶段品牌推广的主要目的是为了使消费者从知道品牌发展到接受品牌，最适用的方式为品牌公关活动。公关活动是一种交接沟通公众的综合艺术和软体广告，是建立良好公共关系的良方，其主要作用是产生或维护品牌认知。它沟通品牌经营者与社会、大众的关系，在社会中塑造良好的饭店形象，形成品牌经营和谐的人文环境，对推行品牌形象十分有用。饭店在品牌公关活动中，可直接从社会大众、代销商或消费者那里取得反馈信息、建议和批评，对取得消费者的普遍认可，是极为有利的举措。

3. 品牌忠诚阶段

品牌忠诚度是消费者对品牌感情的量度，反映出一个品牌的消费者转向另一品牌的可能程度，尤其是当该品牌在价格上或者产品特性上有所变动时，随着对品牌忠诚度的培养和增加，基础消费者受到竞争行为的影响程度将大大降低，因此对品牌的忠诚能直接转变成未来的销售。在该品牌忠诚培养阶段常采用的推广方式有以下几种。

(1) 正确对待顾客。为饭店顾客提供按预期效果发挥作用的产品或服务是品牌忠诚的基础，另外不给顾客提供改变品牌的理由，这是保持顾客的关键。因此为确保顾客有积极有益的经历，需要对饭店员工进行培训，减少消极对待顾客的行为。

(2) 接近顾客。鼓励所有饭店员工以各种方法接近顾客，有助于向顾客或组织机构传递这样的信息：顾客是受到重视的。同时定期调查顾客满意还是不满意，对理解顾客的感受以及调整产品及其服务来讲是非常有用的，这些调查必须是及时的、灵敏的、可理解的，以便使饭店了解什么样的顾客对品牌有意见。

(3) 提供附加服务。即为饭店顾客提供一些附加的、未预料到的服务而将顾客的行为由对品牌的接受转为对品牌的热情和偏好,同时也可以提升消费者的转换成本,实现品牌地位的巩固。

(二)饭店品牌推广途径

饭店品牌推广主要有广告推广、公关推广、营销推广和服务推广等四种主要途径。不同的品牌推广途径的选择会带来不同的效果。因此,灵活选择和应用适宜的品牌推广途径是饭店品牌推广成功的关键。

1. 广告推广

广告是饭店品牌推广的最有效方式之一,它受众面广,传递信息的方式直接快速,它所产生的效果有时是任何其他促销手段都达不到的。广告可以向顾客全面介绍饭店的服务和产品,吸引顾客并激发其购买欲望;可以维持与市场新老顾客之间的关系,改善与饭店中间商之间的联系;可以帮助饭店树立良好的形象,创立饭店知名品牌。广告媒体的选择是采用广告的方式推广饭店品牌应关注的问题,随着科技的发展,广告媒体已经从报纸、杂志为主的印刷媒体逐渐移至以电视为主的电波媒体和新兴的网络媒体。各种媒体的功能各有所长也各有利弊,因此,选择合适的广告媒体和有效的广告方式影响着饭店品牌广告推广的效果。一般来说,广告媒体的选择要考虑媒体的生命与接受性、媒体与市场的结合程度、媒体的广告费用、饭店产品的特征与媒体的切合度、饭店品牌的市场竞争性等方面。

2. 公关推广

有效的公关宣传和促销活动能为饭店品牌的认知和推广起到积极的作用。要树立饭店品牌,首先必须树立良好的饭店品牌形象。饭店品牌形象是社会公众和饭店顾客在对饭店品牌了解的情况下形成对品牌的评价,包括内在形象和外在形象,内在形象主要指产品形象和文化形象,而外在形象则包括品牌标识系统形象以及品牌在市场和社会公众中的口碑和信誉。公关推广是塑造良好的饭店品牌形象的重要手段,通常公关推广要经过周密的策划,利用新闻传播、报道、演说以及组织参观、有奖征答等活动来进行公关造势并展开活动,其主要目的就是要在社会公众心中树立起饭店健康、环保、关心顾客、造福社会的美好形象,使饭店品牌能永保活力和生机,并扬名海内外。

3. 营销推广

饭店品牌营销是品牌经营管理的重要环节。饭店品牌的认知、品牌形象、品牌忠诚等都主要是通过品牌营销来实现的。营销推广应注意:第一,要进行周密的市场调查,

了解自身的饭店产品与竞争对手的产品和服务之间的优劣差别，了解目标市场顾客的需求；第二，要制定周密的营销计划，营销计划中必须明确对本饭店产品的"定位"，以及要能够根据顾客的个性化和多样化的需求适时调整营销计划；第三，营销推广过程中要注意对饭店品牌价值的提升，即品牌延伸，这是对付竞争对手的非常有效的方法；第四，营销还要注重公共关系的以及营销方式的灵活运用，要合理选择和运用各种促销方式；第五，饭店品牌营销推广还要注重饭店产品的定价以及营销费用的控制等方面，力求用最低的成本创造出最好的营销效果。

4. 服务推广

在饭店业的市场竞争中，服务是竞争的关键，是为饭店赢得市场、赢得顾客、赢得利润、赢得信誉的重要保障，同时也是为饭店产品、饭店品牌乃至整个饭店企业创造知名度和美誉度的关键所在。为顾客提供和创造优质、完美的服务是饭店经营的主要目标，成功的饭店经营者在创立饭店品牌的同时也都在竭尽全力为顾客提供尽善尽美的服务。因此，饭店的服务推广是饭店品牌创立和推广的有效途径。饭店必须努力为顾客创造全方位的服务，通过高层次的服务造就饭店的产品品牌，通过提供超值服务打造出世界知名的饭店品牌。全方位服务即从顾客入住饭店前的信息提供服务到顾客离店后的售后服务整个过程为顾客提供全面优质的服务，它必须着眼于顾客的期望，并力求做到顾客满意。超值服务则指为顾客提供高品质、高水平的服务，包括超越顾客的心理期望、超越产品本身价值、超越经济界限，努力用尽可能低的服务成本，生产出高品质的饭店服务和产品，创造饭店品牌。

第四节　饭店品牌竞争战略

经济全球化背景下，国际饭店企业之间的竞争越来越表现为品牌的竞争，现代跨国饭店集团公司绝大多数都是国际品牌公司，尤其注重品牌战略的运用，通过品牌这种全方位的输出形态，跨国饭店集团逐步占领了国际饭店市场，可以毫不夸张地说，而今，饭店品牌已是现代饭店企业实现全球战略目标的锐利武器，是实现资本扩张的重要手段。正如著名美国广告研究专家 Larry Light 所言，未来的营销是品牌的战争——品牌互争长短的竞争，商界与投资者都将认清品牌是公司最珍贵的资产，拥有品牌比拥有工厂重要得多。

一、饭店品牌的竞争优势

现代企业竞争所追求的不只是要打败对手，更要使自身在竞争中发展壮大。品牌竞争集合了饭店企业从有形产品到无形资产的多方要素，以饭店的长远利益发展为目标而参与竞争。品牌竞争强调饭店企业获取市场占有率的质量，而非市场占有率的数量，应争取市场利润的长期而非短期的有效增长。饭店企业采用品牌竞争具有很多传统竞争方式所不具备的优势，分述如下。

(一)饭店品牌无生命周期

饭店产品是有生命的，产品生命周期的长短是由消费者、市场、饭店和科技进步、生产力发展等多方因素决定的。市场的动态发展决定了没有长盛不衰的饭店产品，产品最终都会消亡。但饭店品牌则不同，品牌诞生后，饭店通过有效的市场营销活动，培育了一批品牌忠诚者。一旦顾客成为这种忠诚者，它就会长久地坚持自己对该产品的评判和使用，轻易不动摇。品牌忠诚者成为饭店企业最为宝贵的财富之一，虽然随着时间的变化，某些饭店产品会逐步退出市场，但消费者对品牌的忠诚却不会轻易消失，不会出现由认知到衰退进而消亡，因而可以说饭店品牌是没有生命周期的。

(二)品牌竞争能保证饭店的长期获利

品牌价值，使品牌具有了超越产品价值以上的另一部分价值，同样品质的饭店产品和服务，具有知名品牌的饭店产品和服务就能获得较高的价格认同，顾客愿意支付比其他产品更高的价格去购买知名饭店品牌的产品，从而使饭店能获得更大的利益。饭店企业因而可通过品牌价值，获取超额利润。

(三)品牌竞争超越了一般的产品层次

在以短缺现象为特征的经济竞争中，产品竞争是其主要表现形态。在以过剩现象为特征的经济竞争中，品牌竞争则是其主要表现形态。在如今同质化程度较高的饭店供给市场上，饭店产品间的差异主要表现为其品牌形象的差异，因而品牌也就成为超越产品的新的竞争核心。同时饭店品牌还为饭店提供了超越产品本身有形资产以外的价值，一个饭店品牌的价格包括两个部分：一是饭店产品本身的价格，即产品价值(或零售价格)；另一部分则是饭店品牌在资本市场销售时的价格，即产权价格(或形象价值)，因而大大提升了饭店的竞争实力。

品牌扩张战略和品牌维护战略是饭店企业开展品牌竞争过程中的常用战略。

二、饭店品牌扩张战略

利用品牌资源实施扩张战略，是现代饭店企业常用的对品牌进行开发利用、参与品牌竞争的战略。很多饭店集团正是因为成功地运用了品牌扩张战略，才取得了市场竞争的优势地位。从已有的实践来看，品牌扩张能给饭店企业带来的好处集中表现在以下几方面。

(1) 借助品牌忠诚，减少新品入市成本

饭店企业可借助市场消费者对已有饭店品牌的品牌忠诚心理，为其品牌产品提供稳定的不易转移的消费者群体，从而保证了该品牌的基础市场占有率。因此，当饭店开发的新产品以同一品牌投放市场时，就可以利用消费者对其品牌的忠诚心理，以较少的投入成本迅速进入市场，提高新品开发的成功率。

(2) 扩大产销能力，提高市场占有率

一个著名的、被消费者所熟知的饭店品牌，很容易得到市场的认同，而一个在市场上已有良好信誉和知名度的饭店品牌，又为饭店产品的进一步开拓市场、提高市场占有率起到了重要的作用。

(3) 发展规模经济，实现收益最大化

规模经济效益是饭店所追求的目标。因为发展规模经济，在理想的规模内，可以使饭店降低成本、扩大生产能力，提高整体竞争能力，实现低成本扩张。品牌扩张战略在某种程度上就是发挥核心产品的品牌形象价值，提高品牌的整体投资效益，使得饭店企业的经营达到理想的规模，从而实现收益的最大化。

(一)饭店品牌延伸扩张战略

饭店品牌延伸扩张战略是指饭店企业将利用其成功品牌，扩展品牌所涵盖的产品组织或延伸产品线，以推出新产品或改良产品的谋划，它强调的是饭店企业对已实现的某个品牌资源的充分开发和利用，使品牌生命不断得以延长，品牌价值得以增值，品牌的市场份额不断扩大。一项针对美国快速流通商品的研究显示，过去 10 年来成功品牌(销售额在 1500 万美元以上)有 2/3 属于产品延伸，而不是新产品上市。大型国际饭店集团在其最初发展阶段，通常仅针对某个档次的饭店，对其核心品牌发展单一的线性延伸，形成产品线。假日集团最早拥有中档饭店品牌 Holiday Inn(假日饭店)，是集团的核心品牌，价格适中，服务全面。在它向中档细分市场扩展其产品线时，延伸出了 Holiday Inn Garden、 Holiday Inn Express、Sunspree resorts 等中档经济型、中档度假型的饭店品牌。饭店集团为了适应商务、家庭豪华市场和大众市场的变化，又在其核心品牌下延伸出了不同名称、不同市场、不同服务、不同设施、不同档次的产品系列。如 Embassy Suite &

Grand Royal(长期公务旅游者的全套房型饭店)，Hampoton Inns(最低层中档旅游者的经济型饭店)，Holiday Inn Crown Plazas(豪华商务饭店)，Residence Inns(家庭旅游者的全套房公寓)，Harrah's(哈拉博饭店)等六大产品品牌系列。雅高集团的 Accor Sofitel、Accor Novotel、Accor Mercure、Accor Lbis 等多个品牌，分别面向豪华、中档、经济型饭店市场。上海锦江集团也利用其品牌资产延伸出了锦江假日、锦江之星等品牌。

品牌延伸可以借助已有品牌的影响力迅速将新产品推广上市，这是品牌延伸的优势所在，但该战略的实施同时也伴随着一定的风险，若延伸不当则可能损害品牌形象，降低品牌价值，另外延伸速度过快、产品线过宽也容易导致市场无反应或被消费者所抛弃。因此饭店企业在实施品牌延伸战略时需应从长远发展的战略高度进行考虑，注意做到以下几点。

1. 正确认识现有品牌

在实施品牌延伸之前，对品牌的实力进行评估。一般来说，拟扩展的品牌应在拟扩展产品的目标细分市场中占有较高的地位，在潜在消费群体中有相当数量的支持者才足以支撑该战略的实施。

2. 分析延伸的可行性

在决策前要考察拟扩展品牌与拟扩展产品的关联性与关联程度，包括二者的定位是否一致，销售与推广渠道是否相适应等，以保证品牌形象的统一。

3. 实行主副品牌策略

将品牌扩用至新产品上时，在主品牌不变的前提下，赋予新产品一个副品牌。为延伸的新产品增加副品牌，是规避延伸风险的有效手段之一。这样可以使各种产品在消费者心目中有一个整体的概念，又在各种产品之间形成一定的比较距离，使产品在统一中保持差异性。既使原有品牌的优势得以发挥，又有效避免了因延伸失败而导致的连锁反应。

(二)饭店品牌市场扩张战略

饭店品牌市场扩张战略是指饭店品牌占领市场、开拓市场、扩大市场份额的总体谋划方略。不同的饭店可按照品牌发展的实力不同，在以下两种战略中进行选择。

1. 市场重点突破战略

当饭店实力相对较弱或者处于品牌发展初期阶段时，往往先要力求在市场上立足，然后逐步扩张。此时则较为适用该战略，即瞄准市场的缝隙、空当，进行重点突破，避实就虚，开辟品牌市场空间。

2. 市场全面推进战略

市场全面推进战略就是饭店企业从多个方面、多个角度对市场进行全方位开拓的战略。这种战略一般是在饭店取得较大发展、实力比较雄厚的情况下实施的。市场全面推进战略既包括国内市场推进，又包括国际市场开拓。市场全面推进战略是相对于重点突破的市场战略而言的，实施该战略时，也仍然要注意针对不同的消费者群体进行市场细分，把目标市场具体化，有针对性地拓展不同类型的市场。

(三)饭店品牌规模扩张战略

饭店企业为了争创品牌和发展品牌，即为了制定和实施品牌战略，开展品牌竞争，形成和发展其规模优势是必然选择。首先，这是由品牌的特征决定的。品牌的基本特征是知名度高、信誉度高、市场份额高、获利能力高等。饭店要实现较高的市场份额，就必须努力扩大生产和服务规模。其次，这是提高饭店综合实力的客观要求。饭店的综合实力强，特别是饭店的盈利能力强，这也是品牌的一个本质特征。而要提高饭店品牌的综合实力，就要形成规模优势。因为饭店拥有了规模优势不但是一种规模实力，而且在一定条件下还可以降低成本，提高产品的质量。再次，这还是提高饭店品牌形象、形成品牌优势的客观要求。品牌优势是在品牌经营过程中，通过与竞争对手相比较而表现出来的，是客户忠诚度较高的一种表现。因而要求饭店必须具备较高的产品质量和完善的服务体系。要做到这些，也需要走规模化经营的路子。

饭店品牌规模扩张战略有多种实现方式，一般包括兼并、收购、特许经营以及战略联盟等。

1. 饭店兼并

饭店兼并是指兼并饭店对被兼并饭店的资产进行吞并和吸收，被兼并饭店将饭店的产权有偿让渡给兼并饭店，兼并饭店实现资产一体化，同时取消被兼并饭店法人资格的一种经济行为。饭店兼并是资本营运以实现资本集中，优化资本配置的常见方式。从实现饭店资本扩张、规模扩张的作用来看，饭店兼并比饭店通过内部资本积聚实现扩张要迅速得多，规模也大得多。

2. 饭店收购

饭店收购是指一家饭店通过购买另一家饭店的部分股份或全部股份，从而取得对另一家饭店控制权的产权交易行为。饭店收购与饭店兼并一样，都是饭店资本扩张、规模扩张的有效途径。饭店收购有利于饭店迅速实现规模经济效益、增强资本扩张的能力，也有利于更好地优化资源配置，降低成本与费用，增加饭店利润，增强饭店经济实力，提高饭店开发新产品、新技术的能力和抵抗市场风险的能力。

3. 特许经营

特许经营是连锁经营的一种模式，是以契约为基础的技术贸易形式。特许者把自己拥有的商标包括服务商标、商号、产品、专利和专有技术、经营模式等以合同的形式转让给被特许者使用，被特许者按合同规定，在特许者统一的业务模式下从事经营活动，并向特许者支付相应的特许加盟费和特许权使用年费，承担规定的义务。特许经营模式下，饭店可以通过输出品牌的形式以较少的资本投入控制较多的饭店而实现规模扩张。

4. 战略联盟

战略联盟即通过组建战略联盟实现品牌的强强联合，这种品牌的合作既是资源优势上的互补，又是竞争实力的强强联合。如首都旅游集团与携程旅行网合资联姻，在全国范围内共同开发"如家客栈(Home Inn)"品牌。首都旅游集团具有资本与酒店经营优势，而携程旅行服务网是中国运作的最成功的旅行服务网站，是中国最大的酒店分销商，同时拥有中国最大的酒店客户资源，组建战略联盟后其目前可预定酒店数量增加到了 1500 多个，遍布中国的 180 个城市。经济型酒店这种战略联盟通过组建网络，打造品牌，在提高市场覆盖面的同时也极大地增强了其竞争实力。

三、饭店品牌维护战略

品牌竞争中的饭店品牌维护战略是指饭店企业根据竞争对手的各种竞争手段，为确保品牌优势不被削弱，保持品牌价值而进行的谋划方略。饭店对品牌的维护可主要通过经营维护和法律维护两种途径来实现。

(一)饭店品牌经营维护

饭店品牌经营维护战略是指饭店企业在具体的经营活动中所采取的一系列维护品牌形象、保护品牌市场地位的行动。品牌的经营维护又可分为对品牌的内向维护和外向维护。内向维护主要指饭店更好地适应市场变化，迎合消费者的需求，不断进行品牌内容的创新，推动品牌升级，使之能够保持对消费者的影响力和在市场中的认同度。外向维护则主要指饭店为防止竞争者的恶意竞争行为而采取的如运用技术防伪、开展"打假"活动以及品牌秘密保护等针对性的防范和保护行动。

(二)饭店品牌法律维护

所谓饭店品牌法律维护，就是运用法律手段，对饭店品牌的所有人、合法使用人的品牌(商标)实施各种保护措施，以防范来自各方面的侵害和侵权行为。饭店品牌法律维护的核心是商标权的保护。商标权的保护，是对商标专用权(经过注册)的法律保护。商标权保护问题，涉及到商标侵权行为，认定是否是商标侵权行为，应以商标专用权的保护范围为标准。

我国于 2001 年 12 月 1 日起施行了新的《中华人民共和国商标法》，有关商标专用权保护范围，以核准注册的商标和核定使用商品为依据。核准注册的商标，指核准注册的商标图样，包括商标名称，文字、图形或其组合，颜色；核定使用商品，指核定使用该商标的商品类别和商品名称。核准注册的商标与核定使用的商品是一个整体，两者的结合构成了商标权的有效范围。而《商标注册证》是商标权有效性的法律文件，它载明了商标权人、商标权的保护范围和商标权的保护期限。

第十四章　饭店集团化管理

【学习目标】

1. 饭店集团化发展的历程
2. 饭店集团化发展的驱动力和形成路径
3. 国内外饭店集团发展的现状
4. 饭店集团化的经营管理模式
5. 我国饭店集团化发展的创新模式

【关键词】

饭店集团 Hotel Group
经营模式 Operation Patterns

第一节　饭店集团化发展历程与路径

饭店集团(Hotel Group)，又称连锁饭店或饭店联号，是以饭店企业为核心，以经营饭店产品为主体，通过产权交易、资本融合、管理模式输出、管理人员派遣和营销网络等超市场的制度性制约而相互关联的企业集团。饭店集团在本国或世界各地拥有或控制两家或两家以上的饭店，是一种集约化的发展道路。

一、饭店集团发展历程

饭店集团和连锁经营形式起源于美国。美国是世界主要饭店集团的发源地和总部所在地，是饭店资本、管理和技术的最大输出国。1907 年美国里兹公司首次以出售特许经营权给饭店开始了小规模的饭店联号经营形式，被认为是饭店集团的雏形。第二次世界大战之后，随着交通条件的改善和经济的繁荣，世界各国商务与休闲旅游市场蓬勃发展，在这种背景下，为了满足市场的需求，获得更大范围内的市场价值，一批饭店集团在欧美等国家开始产生并发展。

在饭店集团发展的历史上，斯塔特勒(Statler)发展了一种最早的现代饭店联号，康拉德·希尔顿作为饭店管理合同的创始人而广受赞誉，后来这样的合同孕育了饭店管理公司的形成。1946 年，泛美航空公司成立了第一家由航空公司所有的饭店集团，即洲际饭店集团(Inter-continental Hotels Corporation)，随即在拉美地区建立了几家饭店，至 20 世纪 50 年代后期，该集团在委内瑞拉、巴西、乌拉圭、智利、墨西哥、哥伦比亚、古巴等国都有了饭店。凯蒙斯·威尔逊(Kemmons Wilson)于 1950 年通过特许假日饭店的名称使用权并建立全国性的预定网络系统的方式，开创了有名的假日集团。在这个阶段成立的饭店集团基本上处于巩固与发展各自国内市场或周边区域市场的阶段，如希尔顿集团、洲际饭店集团、喜来登饭店集团、假日集团等，依托其人力、物力、财力和网络等优势资源，获得了地域的扩张，开始了同质规模向异质多元的转化，开始形成了全国性的饭店集团系统。

随着发达国家民航业的发展和洲际高速公路交通网络的逐步建成，各国的商务与休闲旅游的范围也从本土性、区域性发展成为洲际性、国际性。饭店集团根据各国商务旅游、休闲旅游的需要，纷纷向国际市场进军，在洲际饭店集团和希尔顿集团先行拓展国外市场之后，美国的喜来登饭店集团(Sheraton Crop.)、威斯汀饭店集团(Westin Hotels)、诺特饭店集团(Knott Hotels)、凯悦国际饭店集团(Hyatt International)等也紧跟其后，纷纷开始了海外扩张之路。同时，许多相关行业的跨国公司看到了国际饭店业发展的前景，在利益的驱动下兼并、收购已初具规模的饭店集团。在 20 世纪 50 年代末至六七十年代，通过品牌和业务链延伸来扩大市场成为集团化经营的主流，涌现了大量的知名饭店品牌，如华美达(Ramada)、马里奥特(Marriott)、四季饭店集团(Four Seasons Hotels & Resorts)、汽车饭店 6(Motel 6)、雅高集团(Accor)、天天饭店集团(Day Inn)等。

20 世纪 80 年代与 90 年代，全球饭店集团开始了以收购兼并为主要形式的整合扩张活动，出现了大批规模庞大、拥有完整的品牌系列、从事多样化经营的巨型饭店集团。目前，世界饭店业在一定程度上也被这些巨型饭店集团所控制。如在 1980 年，雅高集团拥有饭店 280 家、客房 35 000 间，并通过兼并杰克—槐斯—玻勒尔国际公司(JBI)，引进了索菲特(Sofitel)品牌，1985 年引进方程式(Formule1)经济品牌，1990 年，耗资 23 亿美元收购美国汽车饭店 6(Motel6)品牌，与普尔曼公司(Pullman)的合并于 1992 年完成，在 2000 年集团饭店数达到 3 488 家，客房数 389 437。在 1996 年，喜达屋集团(Starwood Hotels & Resorts Worldwide)以 18 亿美元收购威斯汀饭店集团，1997 年，以 102 亿美元收购 ITT(含喜来登和 Caesars World)成为全球最大的市场融资集团；1998 年英国巴斯集团从塞桑集团手中以 29 亿美元购买了洲际集团，创造了涉足国家和地区达 95 个，拥有 45 万家饭店的记录，之后放弃了假日品牌，代之以巴斯饭店；1997 年和 1998 年马里奥特集团急剧扩张，1997 年收购复兴集团，增加了美国外的复兴、新世界、华美达，1998 年又收购了里兹—卡尔顿的剩余资产，在 2000 年集团饭店数达到了 2 099 家，客房数 390 469 间。

进入 90 年代后期，国际饭店集团开始向亚洲、东欧、拉美等区域发展，大型饭店集团跨国经营所涉及的国家范围不断扩大，形成饭店集团全球化发展的雏形。当今饭店集团化发展已经进入了一种前所未有的新阶段，饭店集团扩张速度极为迅速，如洲际饭店集团 2001 年的饭店总数为 3 274 家，到 2002 年年底已增长到 3 333 家，根据 2005 年 7 月美国《饭店》杂志公布的 2004 年的统计，洲际集团已在 100 多个国家有饭店 3 540 家、房间 534 202 间；雅高集团 2001 年的饭店总数为 3 654 家，到 2002 年年底已增长到 3 829 家，年增长 175 家，2004 年雅高集团有饭店 3 973 家、房间 463427 间。各大饭店集团的饭店数量和客房数量反映出饭店集团已经全面实行了规模化经营，排名世界前六位的饭店集团的客房数量都达到了 30 万间以上。

在全球化经营过程中，饭店集团已没有国籍之分，实现了在世界范围内的全方位空间扩张，涉及的国家和地区众多，1999 年，酒店集团进入国家数量超过 50 家的多达 8 个。2002 年，国际化经营涉及国家最多的巴斯酒店遍及世界上 98 个国家和地区。饭店集团国际化程度如表 14-1 所示。以雅高为例，从 1967 年至今，在短短的 36 年的经营中，雅高从一个美国式的汽车旅馆逐步发展成拥有 3 829 家饭店，跨越 81 个国家和地区的全球最大的饭店管理集团之一。从其国际化指数(跨国经营的饭店与总饭店数之间的比例)

来看，1983 年为 49%，1990 年为 66%，2002 年上升到 74%，说明其国际化程度是相当高的，而且一直呈稳步上升的趋势(如图 14-1、图 14-2 所示)。同时，饭店集团开拓新市场的范围和方式也有新的突破。例如近几年，欧洲和北美的一些世界超级饭店集团扩张的中心由本土转向亚太地区，由中心城市转向二级城市——特别是重要的旅游目的地和省会城市。

表 14-1 世界排名前十位的饭店集团国际化程度(%)

名次	集 团	客 房 数		饭 店 数	
		本 国	国 外	本 国	国 外
1	圣达特 Cendant Corporation	92.9	7.1	93.3	6.7
2	巴斯 Bass Hotels & Resorts,Inc	65.7	34.3	72.7	27.3
3	万豪国际 Marriott International	79.5	20.5	85.7	14.3
4	选择国际 Choice Hotels International	76.4	23.6	73.8	26.2
5	希尔顿 Hilton Hotels Corporation	96.5	3.5	97.6	2.4
6	最佳西方 Best Western International,Inc.	60.0	40.0	51.3	48.7
7	雅高 Accor	46.1	53.9	50.8	49.2
8	喜达屋 Starwood Hotels & Resorts Worldwide,Inc.	58.5	41.5	55.7	44.3
9	卡尔森 Carlson Companies,Inc.	62.0	38.0	68.6	31.4
10	巴斯(欧洲、中东、非洲)Bass Hotels & Resorts Europe, Middle East & Africa(EMEA)	0.0	100	0.0	100

(资料来源：AHLA 国际互联网网站)

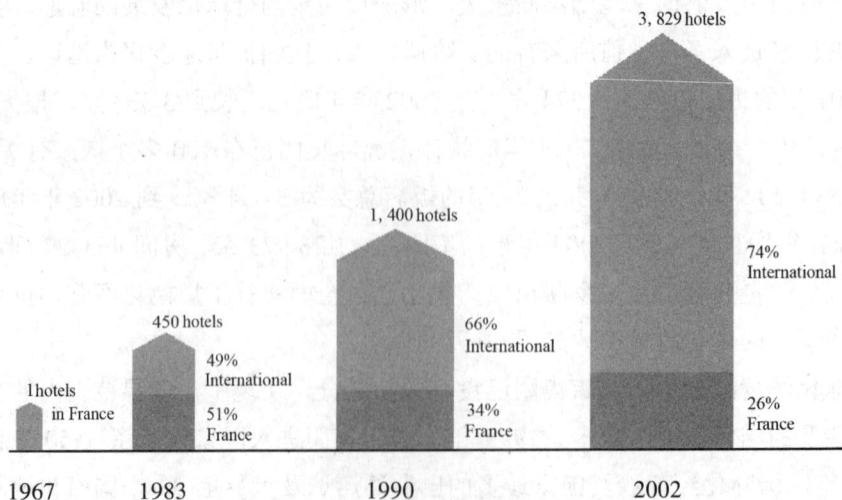

图 14-1 雅高酒店集团的国际化历程

(资料来源：Management Board Report-Accor Business Riview)

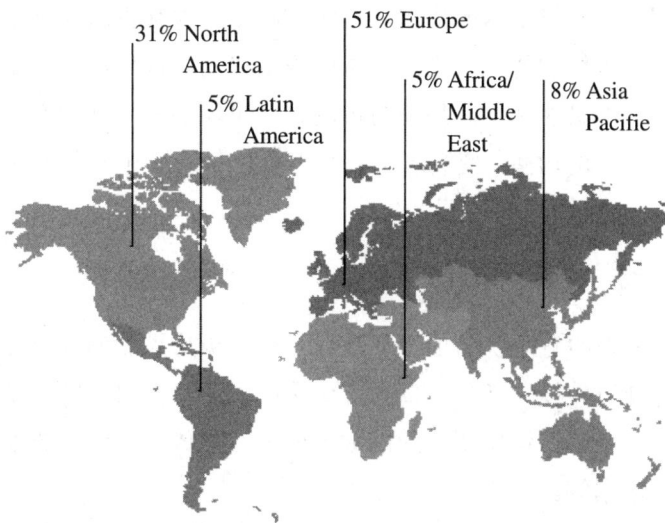

图 14-2　2002 年雅高集团在全球的酒店分布情况

(资料来源：Management Board Report-Accor Business Riview)

二、饭店集团发展驱动力

旅游饭店集团是在一定的历史背景和市场环境中形成和发展的，受内、外部众多环境因素的影响，下面在对市场竞争环境、成本节约、科学技术发展和国家体制政策等因素分析的基础上，剖析了驱动旅游饭店集团发展的主要动力因素。

(一)环境驱动

专业分工给各个产业的发展带来了前所未有的变化，旅游产业也不例外，涉及的部门很多，包括饭店、餐饮、交通、景区景点、购物、娱乐及其相关的产业延伸和市场细分，不同的旅游企业在市场竞争中处于价值链的不同环节。在市场经济这种资源配置形式和经济运行状态下，旅游企业集团的出现在一定程度上也是一种市场需求。新制度经济学创始人科斯(美国)认为市场和企业是资源配置的两种方式。在企业外部，价格机制指导生产，引导经营方向，并通过市场进行交易；在企业内部，复杂的市场交易被企业家这个协调者所取代。企业集团的这种"放大的市场替代功能"，正是企业集团这种组织形式出现和迅速发展的原因。

在市场环境中，对饭店集团的发展有重大影响的主要包括供求机制、价格机制、竞争机制等。供求机制是市场机制的主体，供求运动是市场内部矛盾运动的核心，饭店在市场中既是供应者，也是需求者，在这种供与求的不断运动和变化中，通过横向的或纵向的价值链延伸，形成饭店集团的形式，将部分市场交易内部化。价格机制主要是作为一种反馈机制而存在，起指示器的作用。但是实际中，往往供求是不平衡的，价格的指示作用也会滞后，竞争机制便开始作用，试图恢复平衡，饭店集团的成长和发展既是竞争的产物，也是竞争的必然结果。集团与市场之间呈现的是一种动态的均衡，正是这种动态的处于经常变动中的均衡，使饭店集团在市场竞争的汪洋大海中形成"联合舰队"，取得竞争优势。

(二)成本驱动

成本节约是饭店取得竞争优势的重要途径，也是饭店盈利的重要保证。饭店集团作为多法人联合体，通过规模不断扩大，内部结构的调整，使自己同时享有规模经济效应和范围经济效应。其中，企业集团节约的成本分为信息成本、经营成本、交易成本、资金成本、其他营业成本等。

信息成本，包括外部市场信息成本和内部企业信息成本，日本后藤认为"调整生产活动的组织，没有必要限于企业组织和市场机制两个方面，企业不止于孤立的存在，通过企业间结成特殊的关系，在这些企业间进行反复、连续的交易。这样，与一般利用市场机制比较，能够大幅度降低合同成本及信息搜集成本，此外，企业间结成这样柔软关系的成本，与将自己的企业组织通过垂直统合扩张相比较，其成本可能会更低。所以，在这样的情况下，作为继企业组织和市场组织之后的第三个组织，企业集团便产生了"。饭店业的发展尤其依赖于高效的信息传递，所以形成饭店集团之后，不仅增强了搜索外部信息的能力、扩大了信息来源和渠道，还降低了在集团内饭店间交换信息的成本，同时还可以节约选择最佳交易对象所需要的费用。

经营成本，是饭店维持经营能力和提高经营效果所付出的成本代价。Marris 在其代表著作《经营者资本主义的经济理论》中，提出了企业均衡成长模型。均衡条件是资产的成长率和总需求成长率相等，变数是多元化率、利润率，制约条件是企业评价率在一定水准以上，负债比率在一定范围以下。企业集团内的企业通过优先的金融交易的优势扩大负债比率制约的范围，通过股份的相互持有扩大企业评价率降低的余地，从而使企业有更高的成长。取得较低的经营成本、赢得市场竞争优势的目的，驱动了饭店集团化发展。

交易成本，包括因市场变动引起的交易风险成本和正常交易成本。集团形成之后，集团内饭店间进行交易成为可能，这种交易是稳定的，节约了因竞争带来的附加成本，降低了风险成本。同时，对外的交易规模化，也相应地降低了平均交易成本。

资金成本，主要是企业为了获取保证企业的正常运行和未来的发展所需资金所付出的代价。饭店集团能够通过相互持股、行业并购、系列融资等手段将小额的、分散的、闲散的社会资本转化为巨额的、集中的生产资本，将借入资本转化为永久性资本，从而最大程度上节约了饭店资金成本。

其他营业成本，如饭店的市场推广、营销网络建设、品牌形象塑造和推广成本等，饭店集团通过资源共享、专业化操作及品牌共建等方式，能够降低日常经营成本。

(三)科技驱动

科学技术是第一生产力，它对饭店集团的形成与发展起到了巨大的推动作用。尤其是现代科学技术，如通信与网络技术，使饭店集团在管理、交流等方面突破地域限制，在更大的空间范围内成长与发展。从宏观上来说，科学技术促进生产力的发展与生产社会化程度的提高，改善了饭店集团的外部环境。从微观上来说，科学技术与企业的结合，促进了饭店集团的技术变革和产品创新，加速了饭店集团组织结构的革新，提高了企业运作的效率，并且大大降低了饭店集团的交易成本。如饭店预定系统的建立，使集团的成员饭店可以在世界各地分享客源，同时，集团还可以通过信息技术实现一般管理能力和专业管理能力的扩展。

(四)体制与政策驱动

体制与政策是企业集团发展的重要影响要素，甚至有着决定性的作用，譬如韩国企业集团的形成模式就是典型的政府作用型。饭店集团作为微观经济组织，必然受到体制与政策的制约与影响。不同体制与不同政策对企业集团的发展有着不同的作用效果。在我国饭店集团的形成和发展过程中，由于体制方面的原因，众多饭店企业在经过了权力与利益在各相关利益者之间重新调整与再分配之后，仍无法完全实现自主决策、自主投资，仍是地区、行业与部门的行政附属物。同时，国家的财政、金融、投资、产业、科技、教育等方面的政策对饭店集团的成长和发展的作用是巨大的，在市场经济规律的基础上，以法律为依据，利用政策导向间接引导饭店的集团化发展，形成良好的法律框架和诚信的商业氛围有助于降低交易成本，是建立股份制饭店集团的基础。可见，体制与政策是饭店集团化的又一重要驱动力。

三、饭店集团形成的路径

企业集团化路径主要分为两类：内部成长型和外部扩张型。鉴于我国经济体制特征和旅游业的发展阶段，政府在旅游市场中扮演了重要角色，还存在政府干预型的旅游企业集团发展路径。

(一)内部成长

通过旅游企业科学的战略经营和自身积累，为了满足企业成长的需求，投资创建分支机构或企业实体，形成企业集团的发展路径。在激烈的市场竞争中，饭店很少单独利用内部成长方式来扩大企业规模、发展旅游饭店集团。但是也有一些饭店通过内部成长路径取得了成功，如美国德鲁里饭店集团，1973年第一家饭店开业，到现在已有5个品牌100多家联号饭店，该公司奉行的就是"保守性扩张"政策，它的特点是所有饭店均由集团自己建造、自己拥有、自己管理。

旅游饭店集团的内部成长路径主要有以下特点：第一，扩张速度较慢，仅依靠自有资金滚动投入，步步为营；第二，资金流动速率高、方向单一。只有通过提高资金的周转速度、缩短资金回收期、提高投资收益率，才能保证集团在规模上的扩张；第三，风险性较高，单方的大量资金投入以及缩短投资回收期都会给来企业集团带来高风险；第四，股权集中，在一定程度上缩短了组织管理的跨度，减少了集团内部的矛盾，但同时也可能带来饭店集团决策的不科学性；第五，母公司、子公司之间的联系更加紧密，有利于饭店集团的专业化发展和产业链的延伸。

(二)外部扩张

与企业内部扩张相对应的是外部扩张，即充分利用外部资源和力量，通过资本纽带、兼并收购、管理合同、特许经营、战略联盟等多种方式，来扩大产业规模，形成企业集团的发展路径。外部扩张是现代企业集团扩张的最常见方式，如英国巴斯酿酒集团通过收购假日饭店集团大规模进入了饭店业市场；日本Saison集团以23亿美元从大都会集团购得洲际饭店集团，巴斯集团又于1998年3月以29亿美元从日本Saison集团手中收购了洲际酒店及假日酒店，使集团酒店数目陡增187家；希尔顿酒店公司2001年利用收购兼并的方法，使客房从8.5万间猛增到29万间，净增241%。

旅游饭店集团通过外部扩张路径能在短时间内实现企业集团的规模化，其优点主要体现在：第一，其他企业进入饭店市场时，能在短时间内形成扩张规模，譬如大型的房地产公司通过一次性收购已有一定经营规模的饭店，就能在短时间内进入饭店市场，形成饭店集团；第二，最大限度实现规模经济效益，多方资金来源给饭店集团化发展奠定了基础，通过集团采购、联合营销、联合培训等，可以有效地降低成本，形成规模效应和协同效应；第三，通过发行股票，分散了资金风险，同时通过产业链的上下延伸以及多品牌策略的实施，降低了经营风险；第四，通过兼并和收购等扩张活动显示企业的竞争力，增强现有和潜在投资者的信心，提高市场知名度。同时，外部扩张路径也存在缺点，譬如容易注重数量上的扩张，而忽略了质量上的要求，往往使集团管理混乱、组织结构冗繁和品牌效用被削弱。

(三)政府干预

旅游产业所涉及的部门广泛、关系复杂，政府在我国旅游业的发展过程中扮演着重要角色。利用政府干预途径实现旅游饭店的集团化，出发点是在以市场为基础配置资源的前提下，充分而合理地发挥政府的宏观调控能力，积极引导、撮合旅游饭店的集团化整合，以使旅游资源的配置达到或接近最优状态。通过政府干预形成的旅游饭店集团一方面依靠行政命令使集团形成后扩张成本较低，速度较快；但另一方面很容易出现政府职能行使的偏差。通常将某一母公司或上级单位下属的旅游饭店用行政调拨的方式集中在一起，形成旅游饭店集团，无论资产是否优良，统统绑在一起，形成算术式相加的捆绑式结合，这样的行政翻牌集团貌似强大，其实没有对内部存量资产和外部资产进行任何变动，只是一种形式上的饭店集团，其竞争力不可能强。因此，政府干预形式的旅游饭店集团化需要科学利用政府的宏观调控职能，盘活资源存量，进行市场化运作，从而实现中国旅游饭店集团竞争力与规模的同步增长。

以上三种旅游饭店的集团化发展路径，在实际中往往是相互交叉、相互结合运用，是一个综合作用过程。一个旅游饭店集团的成长需要联系自身实力和特点，综合利用多种途径的优势。

第二节　国内外饭店集团发展状况

一、国内外饭店集团发展现状

(一)国外饭店集团发展现状

在国际范围内，饭店业的集团化比较活跃，20 世纪 40 年代末、50 年代初期，出现了一批以美国饭店集团为首的跨国饭店集团，其代表是希尔顿、喜来登、假日集团。20 世纪 60、70 年代，以东南亚华人为资本主体、以香格里拉为代表的东方跨国饭店集团登上了世界舞台。这些饭店集团都采用集约化手段，迅速地建立起新型的组织结构，扩大了市场占有率，以规模经营的方式获取了高额利润，从而走向企业巨人的行列。

20 世纪 80、90 年代，全球饭店联号中开始了以收购兼并为主要形式的整合扩张活动，出现了大批规模庞大、拥有完整的品牌系列、从事多样化经营的巨型饭店联号。如美国仅在 1995～1997 年间就发生了 350 起饭店收购，最为活跃的是 Starwood 国际饭店集团，先后以 18 亿美元和 146 亿美元兼并和收购了威斯汀和喜来登饭店集团，成为拥有 5 个饭店系列的超级饭店集团。1995 年马里奥特集团投资 2 亿美元收购里兹卡尔顿饭店公司 49%的股份，到 1998 年，股份额增长到 98%；1996 年花费 600 万美元收购了 Forum 集团；1997 年，花费大约 10 亿美元购买了复兴饭店集团。雅高集团(Accor)是从事旅游服务的大型企业集团，1997 年以 11 亿美元收购了美国经济类连锁饭店集团红顶屋(Red Roof Inns)，使雅高集团成为美国最大的经济饭店连锁集团。

进入 20 世纪 90 年代中后期，受供求关系影响而形成的产业利润率差异，使国际饭店集团在地域扩张上将重点从欧洲和美洲转向新兴市场。国际性的饭店集团开始在亚洲、东欧、拉美等地区加速发展，大型饭店联号国际化经营涉及国家的数量不断增加。

在激烈的国际市场争夺中，饭店集团连锁势头依然强劲，前 100 名饭店集团的客房净增量是 110 745 间，其中增加了 166 120 间客房，减少了 55 375 间客房，仅仅前十家最具活力的饭店集团就给世界饭店市场供应净增 118 136 间客房。

表 14-2　2004 年世界饭店客房数量增长前十家(截止 2004.01.01)

2003 排名	2004 排名	集团	国家	饭店数量		客房数量		客房变动率	
				2003	2004	2003	2004	客房数量	%
3	3	Marriott International	USA	2 493	2 656	453 851	479 882	26 031	5.7
2	1	InterContinental Hotels Group	GB	3 325	3 520	515 525	536 318	20 793	4.0
5	5	Choice	USA	4 664	4 810	373 722	388 618	14 896	4.0
4	4	Accor	FRA	3 829	3 894	440 807	453 403	12 596	2.9
8	8	Starwood	USA	748	774	226 970	237 934	10 964	4.8
6	6	Hilton Corp.	USA	2 078	2 142	336 493	344 618	8 125	2.4
13	13	TUI	GER	277	287	69 382	76 079	6 697	9.7
45	28	Best Value Inn	USA	220	318	12 074	18 576	6 502	53.9
22	20	Prince Hotels	JAP	62	76	26 078	32 055	5 977	22.9
9	9	Carlson Hospitality Worldwide	USA	847	879	141 923	147 478	5 555	3.9
		Total of 10 groups		18 543	19 355	2 596 825	2 714 961	118 136	4.5

(资料来源: MKG Consulting Database. 2004 年 6 月)

同时，智力主导在饭店集团的扩张中体现为管理合同和特许经营模式，这对于饭店集团而言，具有管理低成本和市场低风险优势。采取智力主导策略的饭店集团必须拥有由技术、人才和管理主导的智力优势和无形资产，从而避免了投资所带来的财务约束，使得饭店集团能在短时间内迅速扩张。

根据美国《饭店》杂志 2002 年的巨头调查，全球最大的十家援予特许的饭店集团如表 14-3 所示。

表 14-3 国际饭店集团特许经营前 10 名排行表

集团公司名称	饭店总数	特许经营饭店数量
圣达特公司	6 624	6 624
选择国际饭店公司	4 545	4 545
六洲饭店公司	3 274	2 767
希尔顿饭店公司	1 986	1 612
万豪国际公司	2 398	1 482
卡尔森国际饭店集团	788	758
雅高集团	3 654	757
美国特许经营系统	500	500
卢浮宫上流人士饭店	933	409
萨拉德企业集团	341	340

此外，还有一些饭店集团通过战略联盟的形式组建松散型集团或通过各种形式进行合作，尤其是单体饭店，为了维持饭店细分市场独特的优势及长期的消费者忠诚，满足消费者对网络技术偏好不断增强的需求，同时为了降低成本，就选择加入一种特殊的饭店联合体——饭店战略联盟，获得预定和营销方面的支持。如世界一流饭店组织(Leading Hotels Of the World)、最佳西方国际(Best Western International)，它们主要为单体饭店提供中央预定系统和营销网络，这种战略联盟的各个成员饭店之间仅仅是通过同一个预定和营销系统联系在一起，而战略联盟本身并不以赢利为目的，向成员所收取的费用都用于联盟的各项开支(中国旅游饭店业协会，中国饭店集团化发展蓝皮书 2003，北京：中国旅游出版社，2003，P90-91)。

表 14-4 世界饭店联合体 10 强排行表

2001排行	2000排行	联合体名称	总部所在地	饭店数量		客房数量	
				2001	2000	2001	2000
1	1	帕戈萨斯选择 Pegasus Solutions	美国	5 456	6 381	971 581	1 139 708
2	2	莱星顿服务公司 Lexington Service	美国	3 800	3 975	495 000	515 000
3	3	优尼预定 Unirez	美国	2 561	1 747	376 467	262 050
4	6	塞西公司 SynXis Corp.	美国	1 785	–	220 975	–
5	4	超国界饭店组织 Supranational Hotels	英国	1 457	1 609	187 500	192 500

2001 排行	2000 排行	联合体名称	总部 所在地	饭店数量		客房数量	
				2001	2000	2001	2000
6	5	VIP 国际公司 VIP International Corp.	加拿大	1 350	1 136	159 409	130 475
7	8	荷图萨/欧洲之星家庭饭店 Hotusa-Eurostars-Familia Hotels	西班牙	975	977	85 750	78 000
8	7	世界一流饭店组织 Leading Hotels of the World	美国	395	380	84 000	82 300
9	9	凯特 SA Keytel S.A.	西班牙	840	742	84 000	74 200
10	10	SRS 斯泰根伯格饭店 SRS Hotels Steigenberger	德国	394	375	77 362	71 362

(资料来源：*Hotels*，2002 年 7 月)

(二)国内旅游饭店集团化发展现状

改革开放二十几年以来，我国旅游业得到了长足的发展，旅游饭店也得到了迅速发展，1982 年中国第一家中外合资饭店——建国饭店开业并首家引进了境外饭店管理公司(香港半岛管理集团)，标志着中国饭店集团化管理的开始。过去的 20 多年间，在政府宏观政策的扶持和业界的努力下，中国的饭店集团从初期的开放引进和吸收模仿，发展到自主创新，已经成功开始了饭店的集团化发展道路。

从旅游饭店集团发展方式看，旅游饭店集团可以分为市场成长型、产业融合型、资本介入型和政府推动型。市场成长型旅游饭店集团主要是在市场竞争机制的作用下，旅游饭店为了获得集团化经营所带来的规模优势、成本优势、品牌优势等，通过自身的经营优势、经济实力和资本营运发展壮大，形成的旅游饭店集团。在市场经济条件下，旅游饭店作为独立的市场主体，它们自主经营、自负盈亏、自我发展，追求自身经济利润，追求高附加值，追求经济效率与成本的降低成为旅游饭店内在的发展动力。旅游饭店在人力、物力、市场等方面必然产生激烈竞争，竞争的结果必然导致联合或兼并。同时，旅游饭店集团通过上市实现超常规发展，如石家庄国际大厦、上海新亚、海南寰岛等都是股票上市后迅速发展成长的。股票上市同时还可以解决企业债务问题，逐渐进入良性发展，如新锦江大酒店等。

产业融合型旅游饭店集团是在国家产业结构调整的大背景下，一些行业全面重组资产结构，新涌现出的一批成体系的旅游饭店。这些行业主要包括外贸系统、烟草系统、商业系统、房产系统、邮电系统等。外贸系统拥有高档酒店比较多，如经贸部的国贸中心、五矿公司的香格里拉、福建的外贸酒店、长春国贸、沈阳商贸等。近年来，外贸各

大公司实行战略调整，向实业化方向发展。中粮公司在旅游方面的目的性和市场主动性最强。整个烟草行业都在争取以目前的资金优势介入其他产业，把系统内各级公司的饭店整合起来，如云南省正在实施烟草资金向旅游转移的发展战略。大的商业企业纷纷呈现连锁化、集团化、业务多样化发展，其中投资旅游业比较普遍，如西安旅游服务集团、上海新亚等。房地产业转向旅游的很多，一是将房产改营为酒店、商住楼；二是与各地度假区的开发结合，如宋城集团、海南寰岛等。

资本介入型旅游饭店集团主要是指一些大公司、大集团向多元化和国际化方向发展过程中，对旅游行业的投入，这无疑增加了旅游饭店集团发展的资金动力。如香港招商局集团全资直属的旅游饭店。保利集团将集团资产总额 50% 投到旅游饭店与商住楼，如北京保利大厦、哈尔滨保利科技大厦、上海证券大厦、武汉白玫瑰宾馆、广州花海大厦、广州中天广场等。中信集团作为我国最大的国际信托投资公司，在旅游业投入大量资金组建饭店管理公司，如西安喜来登、山东蓬莱阁、宁波国际、汕头度假村以及天津喜来登、北京国安、杭州香格里拉、无锡大饭店、石家庄国际大厦、长春国际大厦、湖南华天、沈阳中山、大连海拉尔等。

政府推动型旅游饭店集团的发展在我国的存在比较普遍，是政府通过宏观调控、经济政策、法律手段等方式引导旅游饭店的集团化发展。政府对旅游饭店集团的扶植目的主要是：首先，实施资源的优化配置，实现规模经济效益，提高行业的整体竞争力。其次，利用大型企业集团在行业中的影响力和带动力，加强对旅游饭店的宏观调控。再次，调整产业结构、提高产业效率，通过集团的规模优势进行跨国经营，提升我国旅游行业的国际竞争能力。政府的推动措施主要是国有资产授权经营和行政划拨，依靠政府、企业、市场三方面的力量，迅速推动旅游饭店的集团化、规模化。如采用"资产划拨"方式进行重组的云南云旅集团，就是将云南一部分优势资源，如陕西旅游集团公司是陕西省政府直属的国有独资公司，现有 20 家全资子公司、1 家控股公司、2 家参股公司，集团经营有北京长安大饭店、西安凯悦(阿房宫)饭店、西安宾馆、唐城宾馆、东方大酒店(朱雀饭店)5 家星级酒店，及兵马俑、华山、华清池、秦始皇陵、乾陵、法门寺博物馆、关山草原等 7 个景区(点)，还包括西安中国国际旅行社、陕西省中国旅行社、陕西海外旅游公司等旅行社。

从饭店集团的内部联系来看，旅游饭店集团可分为资本纽带型、管理主导型和战略联盟型。资本纽带型旅游饭店集团是饭店集团化发展初期较为普遍采用的一种发展模式，主要是通过资金投入与集团成员饭店建立联系。在该模式下，饭店集团通常会直接投资兴建饭店，或对建成的饭店采用兼并收购、参股控股等手段实现控制，从而扩大饭店集团规模，如凯莱国际酒店有限公司、中旅酒店管理公司、中国银行的东方酒店管理有限公司等。但采用该模式资金成本较大，只能为少数拥有强大资金实力的饭店集团使用。因而资本纽带模式在集团的发展中具有一定的局限性，并且经营风险较大，尤其是在饭店集团的海外扩张上，运用该模式扩大饭店集团规模具有较大难度。

　　管理主导型旅游饭店集团是饭店集团以其特色化管理作为资产进行输出，集团成员饭店以同质化管理作为联系纽带的集团化发展模式。该模式下饭店集团主要通过合同管理、特许经营等方式对其他单体饭店实行接管，并通过管理再造形成具有统一管理模式的饭店集团，如上海锦江集团、南京金陵集团以及广州白天鹅饭店集团等。管理主导型模式以管理输出为主，对饭店集团的管理品牌化程度要求较高，但经营成本和风险较小，较易实现饭店集团的快速扩张。管理主导型模式将成为中国饭店集团化发展的主导模式。

　　战略联盟型旅游饭店集团是一种松散型的集团化发展模式。是指饭店集团成员之间通过签署某种协议，在不改变饭店名称、所有权、经营权的条件下互相分享客源、交流管理经验和促销饭店品牌的联合经营行为。这种饭店集团发展模式由于不涉及资产和管理，仅以某种协议为主要连接纽带，饭店集团成员之间缺乏稳定的约束性，只是一种松散联盟，不能算是真正意义上的饭店集团，当集团成员饭店利益发生冲突时，便集而不团了。中国采用该类发展模式的饭店集团主要有中国饭店联谊集团、北京饭店集团、友谊饭店集团等。

（三）中国饭店集团的差距与不足

　　近年来，我国饭店的集团化进程不断加速，在全球饭店集团300强中，凯莱、锦江、首旅等国产集团开始榜上有名，但中国饭店业集团化状态和国际饭店集团相比，还存在很大的差距和不足。

　　从饭店集团的规模上看，我国饭店集团目前还未形成规模化、一体化的集约型经营，相反，饭店集团的经营成本过高、组织结构臃肿、生产力低下，未形成饭店集团所应拥有的成本优势、品牌优势、营销优势。2002年，全球最大的饭店集团美国圣达特饭店管理集团（Cendant Corp，USA）拥有饭店6 513家，客房536 097间；而名列中国第一位、名列全球第47位的上海锦江饭店集团仅拥有饭店77家，仅为圣达特集团的1.18%，客房18 278间，仅为圣达特集团的3.4%。

　　从管理的输出来看，一方面，目前一些国内饭店集团简单认为管好一座饭店就能输出管理，缺乏成熟的产品开发、市场营销、资本营运模式，对组织制度、企业文化未形成足够的重视，本身管理制度还有待完善。另一方面，绝大多数饭店业主及员工情感上能接受境外饭店管理公司的管理，却难以接受中国公司的管理，形成了对中国饭店集团管理输出的阻碍。

　　从综合竞争实力来看，中国内资饭店集团在资本经营、产品经营、品牌塑造等方面都还存在较大的差距，导致了饭店集团竞争力比较弱。国外先进的饭店集团采取资本经营与产品经营并举的方式从事战略性发展，以资本雄厚的企业集团为依托，以新建、并购和股权参与方式组合饭店企业，并参与市场交易和运作，使集团内的饭店企业形成有

效的管理形式和竞争机制，保持资产的有益性和有效性。另外，国外饭店集团以品牌和规制为先导，对集团的饭店进行高水平的管理，形成多系列不同层次的饭店品牌，结合强大的全球网络化预定系统等高科技技术，形成了强势饭店品牌。

二、饭店集团经营模式分析

饭店集团在不同的发展阶段其经营模式有不同的特点，联系的纽带也是不断变化，归纳起来包括以下经营模式：全资饭店、特许经营、管理合同、租赁经营、战略联盟等。

(一)全资饭店

全资饭店指饭店集团通过独资或者收购途径来拥有和经营数家饭店，各饭店所有权都属于同一个饭店集团，同属一个企业法人。这种形式的长处在于公司拥有全部产权和对子公司的控制权，各种饭店资源可以共享，有利于形成饭店的成本优势和独特的管理风格。

在激烈的市场竞争中，集团仅利用内部资源发展旅游饭店集团有很大的局限性，"自己建造、自己拥有"的饭店很难取得快速的规模增长和效益提升。饭店购并成为饭店集团取得外部经营资源、寻求对外发展的战略选择。一方面，购并能使饭店集团迅速进入新的市场领域，使饭店集团规模迅速得以扩大，优化了整体资产组合和业务关联；另一方面，通过直接购并，饭店企业能拥有被购并饭店的营销网络、市场知名度与商誉等无形资产。

国际饭店集团频繁的并购活动推动了饭店业的快速发展，分析当前国外饭店集团的并购活动，具有以下特点：①频次多，价值大。如1997年马里奥特集团以10亿美元购并了Renaissance品牌。②中高档品牌的饭店并购案多于低档品牌。③强强联合。大多数购并活动发生在全球饭店集团排行榜的前40名之间。④并购形式多样化，如现金并购、杠杆并购等(黎洁，张文红. 旅游企业经营战略管理. 北京：中国旅游出版，2002，P247)。

购并方式虽在全资饭店集团的扩张中扮演着重要角色，能够降低行业进入壁垒，利用旅游饭店集团原有的管理制度和管理人员，在新的市场迅速扩大产品种类，获得销售渠道和营销网络，但是很容易出现原有饭店集团与被购并方整合的困难，导致管理的低效，常常伴随有很高的交易成本。

同时，全资饭店集团内部各饭店隶属于同一法人，在集团的经营过程中，由于资产的联带关系，集团投资经营风险较大，集团运行成本也高。

(二)特许经营

特许经营指的是以特定的方式将饭店集团所拥有的具有知识产权性的名称、注册商标、成熟定型技术、客源开发预定系统和物资供应系统等无形资产的使用权，向有需要的其他饭店出售、转让本集团的特许经营权，以此获取经济效益。在这种经营模式中饭店集团有责任对成员饭店，在可行性研究、饭店或餐馆地址选择、资金筹措、建设设计、人员培训、广告宣传、原材料采购、客房预订、管理方法、操作规程和服务质量等方面给予指导和帮助。成员饭店向饭店集团支付特许权让渡费、特许权使用费以及广告推销费等作为报酬。

集团特许经营模式是旅游饭店集团经营中最为普遍的一种形式，美国假日饭店集团在20世纪50年代末期以特许经营方式成为全球最为著名的寄宿品牌，还有希尔顿、喜来登、精品国际、洲际等，也通过特许经营模式获得了快速的发展。一般情况下，饭店集团必须有强大实力及良好的知名度和声誉，才有可能向其他饭店出售特许经营权。对于特许方而言，饭店的优势在于特许者不需要承担开发的成本和打开新市场的风险，但由于不能对受许可饭店的日常管理加以控制，导致质量控制难度大，存在饭店集团品牌受损的风险。对于受许方而言，可以利用特许饭店集团的品牌优势和管理优势，提升知名度和美誉度，获得良好的市场效益。但是特许方主要是向受许饭店提供特许品牌与管理标准，而不提供成功保证。

(三)管理合同

管理合同又称经营合同，是指一个饭店企业由于缺乏专门技术人才与管理经验，以合同形式交由饭店管理公司经营管理。其本质是饭店管理公司与饭店所有者之间通过法律约束的手段，明确双方的义务、权利及责任。饭店管理公司一般可分为两种形式：一种是隶属于饭店集团的饭店管理公司，另一种是独立饭店管理公司。

饭店集团接受业主委托经营管理饭店无须对饭店建设投资、只负责饭店经营管理工作，承担合同条款所规定的经营亏损风险，在经营合同期间，饭店使用该集团的名称、标志，加入该集团的市场营销和客房预定网络系统，饭店集团指派包括总经理在内的各部门主要管理人员。合同经营中，饭店集团收取经营管理费。目前的管理合同更加强调共担风险、共同决策，更注重经营者经营业绩。

(四)租赁经营

租赁是饭店集团通过签订租约，长期租赁业主的饭店、土地、建筑物及设备等，然后由集团作为法人直接经营。由于饭店集团对其拥有经营权，因而该饭店便成为饭店集团一员，使饭店集团连锁规模不断扩大。

在租赁经营模式中，承租者还须承担房地产税、保险税、使用费等固定费用。饭店集团每年以一笔双方约定的最低限度租金，加上一定比例的年营业收入作为支付给出租者的租赁费用。饭店经营所获得的经营利润则归承租者，即饭店集团。饭店的所有权与

经营权分开，饭店的业主和经营者分别属于两个独立的公司，饭店集团只承担经营风险，一旦失败，由于饭店大多数固定资产属于业主，可以受到保护，减少了风险。长期租赁在国际饭店业中通常被视为全资拥有形式的变形，如马里奥特(Marriott)和希尔顿国际(Hilton)的一些饭店就是以长期租赁形式而拥有的。

(五)战略联盟

战略联盟是一些独立经营饭店为了达到某种战略目的而自愿地联合起来，采用同一预订系统，进行统一的广告宣传，执行统一的质量标准，相互合作、风险共担、利益共享的联合行动，从而与那些庞大的饭店集团相抗衡。这种联盟是一种动态的、开放式体系，成员之间签订的是一种非约束性协议，目标的实现完全依靠相互之间的协商。战略联盟改变了传统的对抗性极强的竞争方式，开始强调共同做大市场。同时，受反垄断的制约和目标国(地区)文化与意识形态的影响，发达国家的旅游饭店集团在跨国经营的过程中越来越强调对不同国家饭店战略合作关系的运用。

随着对竞争、合作关系的深入认识，更多的饭店企业明白了建立合作型伙伴关系的重要意义，尤其在营销领域的联盟正得到越来越多的重视。以这种战略联盟的模式形成的集团组织较为松散，它们之间保持独立，各个饭店在经营管理上，财务上互不相关。战略联盟的主要目的是通过饭店企业间在管理技术、技能、营销、品牌等方面的优势互补，降低运营成本，形成规模优势，克服贸易壁垒，避免恶性竞争，从而形成饭店的持续竞争优势。

战略联盟是一种较为成功的集团经营模式，是低成本与低风险的扩张手段，如最佳西方国际饭店集团(Best Western International)通过其全球预定系统，把各个饭店业主独立经营的饭店成员联合起来，现已成为世界上最具影响力的饭店品牌之一。

第三节 中国饭店集团化发展模式创新

一、世界著名饭店集团国际化发展特征

(一)强势品牌

对于旅游饭店集团来说，强势品牌就意味着具有较高的知晓度、美誉度、效益度和扩张度。知晓度是建立强势品牌的基础，较高的知晓度有助于饭店集团在国际市场上树立良好的市场形象，从而为其赢得良好的市场业绩。国际上著名的饭店集团都是那些人们耳熟能详的品牌饭店集团。因此，较高的知晓度成为饭店集团强势品牌的重要构成

要素。

美誉度是指消费者对于饭店集团好感的程度。较高的知晓度并不意味着高度的美誉度。美誉度依赖于饭店集团提供产品和服务的特定优势，如人们交口称赞的假日饭店的"暖"、喜来登饭店的"值"、希尔顿饭店的"快"和曼谷东方大酒店的"情"。因此美誉度作为打造饭店集团强势品牌的关键因素，是知晓度的提升。

追求经济效益是饭店集团化扩张的最终目标，因此不能给饭店集团带来效益的品牌是没有市场价值的，品牌的效益度是衡量饭店集团品牌竞争力的重要要素。扩张度是指饭店品牌在时间、空间以及市场上能够具备的扩张程度，具有强大扩张能力的品牌能大力促进饭店集团的市场扩张。

当前，各大饭店集团大多数实行多品牌战略，根据不同的细分市场采用不同品牌的多品牌战略，以使不同类别的饭店都有自己独特的品牌和标识，从而在不同细分市场上形成明确的品牌认知，形成固定的顾客群体，同时还可避免出现一荣俱荣、一损俱损的局面。如雅高(Accor)就分几种不同的品牌系列：豪华型(Upscale)的索菲特(Sofitel)；中档型(Midscale)的诺富特(Novetel)、套房酒店(Suite Hotel)、美居(Mercure)；经济型(Economy)的宜必思(Ibis)、伊塔普(Etap Hotel)、弗幕勒(Fomule 1)；红屋顶客栈(Red Roof Inns)、公寓6(Studio 6)、汽车旅馆6(Motel 6)；度假与休闲型(Vacation and Leisure)。中国饭店集团不仅要追求品牌在饭店数量规模上的扩展，更要加强品牌的自身拓展能力，形成饭店集团产品品牌的多元化发展。

(二)适度规模

从饭店集团产生的动机来看，其发展的直接动因源自对规模经济的追求。饭店集团通过集团规模的扩张，在集团内部形成管理、信息和市场共享的内部效益，从而形成内部优势。充分发挥集团优势，实现集团采购和统一配送，并在市场、员工培训等方面资源共享，优势互补，降低经营成本，进行市场垄断，提高酒店盈利能力(见表 14-5)，并且规避了部分经营风险，其形成的规模效应无疑比单打独斗要强大得多。因此，饭店集团规模的扩张对于集团的发展，尤其是对于集团应对国际旅游饭店市场的激烈竞争具有十分重要的战略意义。

表 14-5　2002 年按销售额排名世界前 25 位的酒店集团

排　名	公司名称	销售额(百万美元)	总部所在地
1	Marriott International	10 152	美国
2	Carlson Holdings, Inc	9 800	美国
3	Cendant Corporation	8 950	美国
4	Accor	6 459	法国

续表

排　名	公司名称	销售额(百万美元)	总部所在地
5	Six Continents Plc	5 310	英国
6	Park Place Entertainment	4 631	美国
7	MGM MIRAGE	4 010	美国
8	Starwood Hotels & Resorts	3 967	美国
9	Hilton Hotels Corporation	3 050	美国
10	Mandalay Resort Group	2 462	美国
11	Wyndham International	2 105	美国
12	Club Mediterranee SA	1 772	法国
13	Trump Hotels & Casino Resorts, Inc.	1 490	美国
14	City Developments Ltd	1 243	新加坡
15	Hyatt Equities L L C	1 238	美国
16	Trump Hotel/Casino Resort	1 203	美国
17	Horseshoe Gaming Holding Corp.	1 013	美国
18	Mirage Resorts, Inc.	1 000	美国
19	Foxwoods	1 000	美国
20	Intrawest Corp	980	加拿大
21	Forest City Enterprises Inc	907	美国
22	Djont Operations, L.L.C.	880	美国
23	Trump Atlantic City Associates	827	美国
24	Motel 6 Operating L.P.	812	美国
25	Genting BHD	797	马来西亚

(资料来源：Tuck Marketing Club)

因此，中国饭店的集团化发展必须在现有饭店集团的基础上，立足于全球饭店市场进行规模扩张。但与此同时，饭店集团也必须坚持规模适度的原则，克服一味求快、盲目扩张的心理，严格将集团规模控制在适度的范围内，以期实现其快速、稳定的国际化发展。

(三)高效运作

经济的全球化对经济运行效率提出了更高的要求，饭店的集团化发展也要实现高效运作。从全球饭店集团的发展来看，饭店集团国际化发展的高效运作主要指高效发展(品牌)、高效组织(资本)和高效经营(网络)三方面。

高效发展是指饭店集团在规模扩张时速度的高效。高效发展是饭店集团获得规模效益的重要前提，只有实现高效发展才能抓住国际化发展的契机，实现竞争力的提升。成功品牌的有效运用是饭店集团实现快速发展的关键。

　　高效组织是指饭店集团饭店间实现有效的联系，避免出现"集而不团"的现象。比如，中国目前有许多饭店集团是行政干预的产物，集团成员饭店通过行政命令捆绑在一起，饭店经营没有有效的连接纽带，无法形成合力。资产纽带是饭店集团最紧密的纽带，饭店集团成员必须彼此建立资产联接，饭店集团才具实质意义。

　　高效经营是指饭店集团内部以及不同的饭店集团之间应构建完善的业务网络，通过集团内部各成员饭店之间共享信息和市场资源实现集团的高效经营。中国饭店集团在高效经营方面与国际知名饭店集团也存在较大差距。根据近几年有关统计资料表明，中国只有20%的饭店略有盈利，而80%的饭店在无利润区间徘徊。这与中国饭店集团不重视业务网络构建有很大关系，使得其与跨国饭店集团之间的差距日益拉大。因此，中国饭店集团要顺应经济全球化的趋势，实现国际化发展必须在经营效率上有所提高。

二、我国饭店集团发展条件分析与障碍

(一)我国饭店集团的发展障碍

1. 理念障碍

　　我国饭店集团发展的理念障碍主要体现在：一方面对饭店集团化发展的理解还不深刻，另一方面，中国饭店集团化发展的目标不明确。饭店集团的前提是进入该集团范畴里的成员饭店是企业，而且产权交易以及由此而来的资本介入是饭店集团最为根本的特征，其他特征则是派生的。饭店集团拥有属于自身产权的饭店，而饭店管理公司是以其特有的专业技术管理人才向饭店输出管理，不一定有属于自己产权的饭店，因此，通过整理一套管理模式，输出几个管理人员，给单体饭店挂上自己的牌子就可以超常规发展中国的饭店集团的理念是有失偏颇的。从资本运作和产权交易的角度分析，中国饭店业离真正的市场经济和现代企业还有相当大的差距。这种差距需要靠切切实实地以企业视角来经营饭店，做好饭店集团化发展的微观基础性建设工作，尽快转变传统的文化及价值观念。

　　中国饭店集团发展目标定位不明确也阻碍了饭店集团化的发展进程，现在不少已经在位或即将成立的饭店集团动辄就把自己定位于国际化，定位于上市。而从跨国旅游企业集团的发展规律来看，只有投资主体和客源国高度一致时才能实现国际化。尽管这几年中国的出境旅游市场增长较快，但是还远远未达到支撑起数家跨国饭店集团的程度。因此，中国饭店集团化需在理性务实的基础上，确立切实可行的发展战略目标。

2. 产权障碍

　　中国饭店集团化过程中存在的产权障碍主要体现在国有饭店的终极所有者及其在

位代理者之间的定位不明、体制不顺，以及由此带来的国有饭店与民营、集体、外资等非国有饭店之间的产权流通渠道不畅等问题。

首先是居于规模主导地位的国有饭店的转型与变革问题，主要表现在政府接待型饭店意识形态和行政附属的色彩浓厚导致政治目标与经济目标交织在一起；饭店的产权都以某一种方式固化在某一政府部门；预算软约束条件下的非理性投资影响了国有饭店的资产与财务结构不合理；各利益主体的寻租行为在相当程度上制约了其市场化进程；体制转型与组织变革的理论支持不够等，这些都严重阻碍了中国饭店集团的发育与成长。要在产权明晰的基础上建立科学有效的企业治理结构，经营权与所有权要明确分离，委托管理机制、激励约束机制要良好地建立，只有企业体制和管理制度完善，才能保证中国饭店业的快速发展。

其次是地方保护主义、行业主管部门和地区行政性条块分割，严重阻碍了大型饭店企业集团跨地区、跨行业、跨所有制发展。饭店集团化过程是一个资产重组的过程，意味着权利在相关主体间的重新调整与再分配，是一个公共选择、制度变迁的过程。在现实中很多地方政府以及部分中央企工委所属的特大型国有企业为了保持控制权和收益权，不顾饭店产业的自身发展规律及自身业务集群之间的内在联系，将自有的饭店整合成自己的饭店集团，阻碍了饭店通过股权的开放实现跨地域、跨所有制的集团化发展。

3. 市场障碍

在市场竞争过程当中，无论是对于要素市场还是对于产品市场而言，国际饭店集团以其资金、品牌、管理模式、人力资源、信息技术以及分销网络方面的既有优势，已经在消费者心目中树立了牢固的市场地位。现在我国在单体饭店的管理和模式的建立上已取得了很大的进步，并在局部市场上取得了比较好的效益。但全面的营销和预定网络很不发达，集团采购、融资、培训与财务预算方面的能力较弱，在市场上遭到了国际饭店集团运用投资、管理、特许、分销等多种策略的挤压，而我国饭店的经营又在市场开拓、品牌塑造、网络预定等方面缺乏竞争优势，这极大地影响了核心饭店能力的培养和集团的建立。

与市场经济发达国家相比，当前的中国饭店业市场壁垒呈现出典型的经济体制转轨与旅游市场完善过程中的非常规型壁垒结构。整体饭店市场上的低产业集中度、过度竞争与部分区域市场、细分市场上的高度垄断并存。从 C4 法计算的产业集中度来看，我国饭店业还远远低于垄断竞争的标准，尚处于较为充分的竞争态势，或者说市场静态壁垒较弱。与此同时，中国饭店业在服务、品牌、知识、技术、企业文化等非价格方面的竞争不足，削弱了中国饭店集团的整体竞争力。

4. 资本障碍

饭店集团是以资本联结为前提的，饭店集团的成长必须有强有力的资本要素支持，但我国资本市场与饭店产品市场两者之间存在着高度的信息不对称。一方面饭店产业需要资本融合；另一方面资本市场对于饭店产业的行业背景、运作与盈利模式不清楚，已经上市的一些单体饭店业绩表现欠佳也在一定程度上影响了资本市场对饭店产业的介入力度。同时，我国的股票市场和债券市场还很不完善，银行借贷也存在种种制约，风险基金的发展尚处于萌芽阶段，受经济实力和现行体制的限制，现有的饭店集团除少数几家外，基本上没有经济实力进行直接投资、购买，或通过控股的方式来取得对成员饭店的直接管理权。

5. 管理障碍

中国饭店集团化的管理障碍主要是缺乏一整套科学的、有效的、系统化的管理模式，和一支职业化的、高水平的、经验丰富的专业管理人员队伍。我国现有的饭店企业的管理虽然具有一定的管理经验，但缺乏知名品牌，无固定管理模式，管理水平参差不齐，人员素质偏低，技术实力不足，在经营宗旨、企业文化、经营理念、经营战略、品牌经营等方面尚不成熟。只有当饭店管理的知识固化在科学管理模式这样的制度上，而不是内化在管理者的经验上，饭店管理的层次才能得以提高，才能推动管理转化为生产力。以管理理念、管理制度及其运行机制为核心的饭店管理模式是饭店集团得以有效运作的基本保证。那些成熟的管理公司，不是靠人，而是靠制度来运作的。对于中国饭店集团，特别是那些对管理模式输出比较依赖的集团来说，下大力气研究企业管理制度及其执行机制是十分必要的。

(二)我国饭店集团的发展条件

1. 先进的发展理念

我国饭店集团发展理念的落后源于对旅游业与饭店业经营特点、饭店集团的一体化经营特征的认识不足。首先，旅游业与饭店业的发展处于体验经济时代和休闲经济时代，旅游产品是以设备、设施与环境为道具和舞台，以员工的接待、服务与娱乐活动的介绍及表演为内容，使顾客融入其中，给顾客带来愉悦的体验。体验经济本质上是满足个人心灵与情感需要的一种活动，它的价值是当一位顾客的情绪、体力、智力与精神达到某一状态时，在他的意识中所产生的美好感觉。因此，饭店的经理与员工不仅仅是客房、餐饮、会议厅与健身房的提供者，而且是这种美好感觉的策划者与创造者。我国饭店集团对旅游业与饭店业的认识大多停留在服务业上，饭店集团发展客观上要求饭店集团对饭店产品与服务的管理提升到体验经济的高度，培育全体员工具有一种充满人情味的高雅艺术表演家的服务精神。

其次，需明确我国饭店集团发展的方向和途径，通过学习外国饭店集团在中国的运作方式，学习国外公司采用的不同的管理和商业技术，摆脱行政性公司的痕迹，提高我国饭店集团化经营程度。饭店集团从本质上是产权交易的结果，饭店集团大多以产权交易方式扩大本身的供给能力或使用卖方资源实现饭店企业的增长。中国饭店集团的发展必须在理念上领先，产业界和政府必须树立明确的中国饭店集团化发展理念，综合运用多种手段，加强资源的集约化管理，实现资源的优化整合，实现集团效益最大化。

2. 明晰的产权关系

饭店集团的组建和发展，除了自身形成的客观需要外，还必须有一定的体制条件。明晰的产权关系是每一个饭店存在的先决条件，也是饭店集团产生、运行和发展的首要条件。目前，虽然明确了各级国有资产管理局可以代表国家行使管理国有资产的权力，但却不承担资产经营的盈亏责任，对国有资产经营所得也不行使收回的权力，致使国有资产以各种方式大量流失。可以设想，在单个饭店产权关系不清的情况下，又将其资产加入饭店集团，成为这个饭店集团的母公司或子公司，产权关系更是混乱。可见，国有饭店的体制转型与组织变革是中国饭店集团发展的战略基础和前提。

同时，区域之间的饭店产权交易障碍、国有饭店与非国有饭店之间的产权流通障碍必须移除。因此，发展饭店集团的首要体制条件是，解决成为集团成员的饭店(无论是母公司或子公司)自身的资产责任问题，以保证集团内明晰的产权关系，才能积极探索包括外资、民营资本与法人资本进入国有饭店的多种渠道。

3. 良好的市场环境

积极创造一个有利于饭店集团成长的宽松外部环境，也是中国饭店集团发展的必要条件。首先，要发挥政府的政策导向和运用行政手段的作用，在既保证效率又规避风险的前提下，逐渐建立并有效实施一套相对严密和完善的法律、法规、制度与规范，形成完备的饭店市场监督机制，促进饭店市场竞争有序化。其次，建立良好的网络技术支持环境，促进中国饭店集团化进程。再者，要有一个积极的财政金融环境。如：成立金融资产管理公司，对国有旅游饭店的银行贷款以金融管理公司作为主体实行"债权转股权"。最后，要形成活跃的金融市场环境。宽松的资本市场、货币市场环境，可以解决一部分有潜在经济效益的国有旅游饭店的融资困难，继而创造存量资本的效益。

4. 有效的资本运营

饭店业资本运营是饭店集团发展的必由之路，它可以通过多种方式运作。只有引入资本的要素，中国饭店集团才能从"饭店管理公司"、"饭店联合体"、"饭店销售平台"、"饭店品牌特许经营者"等业态的基础上真正成长起来。只有以资金为联系纽带组建的企业集团,才是规范的、典型意义上的企业集团,才具有生命力。有效的资本运营主要包括:一是兼并联合,即将拥有"名牌"的饭店建立为核心企业,然后收购、兼并其他饭店,使之成为饭店集团成员,从而达到壮大优势饭店、带动其他集团成员的目的;二是发展股份制饭店集团,饭店集团是以资本联合为特征,产权主体多元化的复杂经济联合体,股份制的本质内容和基本特征正好科学地处理产权关系及相适应的权益与义务关系,同时,股份制饭店集团还有利于促进不同所有制、不同地域、不同国度间全方位的饭店经济联合。

5. 丰富的管理人才

饭店集团要走向全国、走向世界,必须拥有高素质的企业家阶层和企业家群体。企业家作为企业的法人代表,集企业应享有的权利和应承担的义务于一身,是企业的"核心"人物。企业家是饭店集团经营活动的总设计师,在规划集团的发展规模、发展速度、市场定位、地域分布等重大经营战略方面,必须有超人的眼光和魄力、极强的号召力和感染力。企业家是经营活动的决策者,又是经营活动的组织者。作为一个饭店集团经营活动的决策者和组织者,在对集团的发展方向、经营范围、客源的组织和吸引、集团内各企业经营活动的分工协作、集团及其内部企业管理部门的设置及其职责等日常经营管理工作的组织方面,他必须有过人的胆识和对市场敏锐的反应能力,还必须有能够控制集团及其内部企业各项经营活动的能力及很强的协调和沟通能力。

面对饭店业快速变化的市场环境和制度环境,饭店集团管理者必须考虑超越现在和集团之外的问题,这对企业家队伍的领导能力、决策能力、知识结构、控制能力、协调能力等有更高的要求,饭店集团的管理者不仅是一个出色的策略家,更重要的是一个战略家。因此,要使饭店集团得到发展,使集团走向全国、走向世界,必须培养一支一流的企业家队伍。

三、我国饭店集团发展模式创新

面对国内、国际日益激烈的市场竞争,中国饭店必须加快集团化发展进程,迎接世界饭店市场的严峻挑战。虽然从目前中国饭店集团发展的现状来看,还少有能真正进行国际化扩张的饭店集团。但迫于国外跨国饭店集团市场拓展的压力,中国饭店集团已经不能等待。因此,中国饭店集团必须寻求一种非常规发展模式,实现创新型发展,从而迅速提升中国饭店集团的国际竞争力。

在此,笔者提出一种中国饭店集团的"三角形"创新性发展模式(triangle development mode),该模式主要针对中国目前饭店集团发展较为滞后的现状,以国际化饭店集团的

强势品牌、适度规模和高效运作特征为导向，以快速增强中国饭店集团的国际竞争力为目标，通过一系列策略组合促进中国饭店集团实现国际化扩张。希望通过该创新发展模式，中国能形成一至两个在国际上具有一定影响力，国内结构紧密，国际快速扩张，国际业务一体化的跨国饭店集团。该模式的具体内容可以概括为以下三点：

(一)依托资本扩大规模，以规模增强竞争实力

中国饭店集团参与国际饭店市场竞争的首要条件就是要增强竞争力。虽然经过 20 多年的发展，中国饭店数量己具有相当规模，但是在饭店的经营效率和盈利率等方面，中国饭店集团较国外大型饭店集团都有很大的差距。因此，中国饭店集团应首先依托资本运作实现规模的扩张，同时借助资本对盈利性的追求促进饭店经营效益的上升，从而提升饭店集团竞争力，为实现国际化发展奠定坚实基础。

在依托资本扩大饭店集团规模方面，中国饭店集团，特别是那些资金实力较为雄厚的饭店集团应充分运用国内逐步完善的资本市场，通过资本营运实现饭店集团资本规模的快速扩张。饭店集团在资本营运时应更新观念，将"大鱼吃小鱼"的观念转化成"强强联合"的观念，即资本营运的对象已不能仅限于国内的一些单兵作战的饭店，而是应瞄准国内外具有一定规模的饭店集团。资本运营通常包括兼并、收购、合同管理、特许经营等形式。其中，兼并和收购是资本营运的核心。目前中国的上海锦江、北京建国等都已发展成为在国内外较有知名度的饭店集团，它们是未来中国饭店集团国际化发展的核心。因此应积极推动这些饭店集团收购、兼并其他饭店或饭店集团，建立以它们为核心并在国际上享有一定声誉的中国饭店集团。

同时，饭店集团实力的增强不仅仅表现在饭店集团数量规模的扩张上，饭店集团的效益度也是饭店集团竞争实力的一个主要衡量指标。只有中国饭店集团在数量规模和经营质量上都有了发展，集团的竞争力才能真正得到提升。通过资本运营组建的饭店集团，由于其在资金联系上的紧密性，饭店集团各成员间在利益上有密切的相关性，这有利于集团成员经营合力的形成与发挥。因此，中国饭店集团应以资本化运作为契机，实现饭店集团规模的扩张和效益的提升。

(二)围绕管理塑造品牌，以品牌促进国际扩张

品牌是饭店集团市场形象的重要体现，它代表着饭店服务的个性和消费者的认同感，是饭店消费者区分不同产品并作出相应选择的重要依据。国际一流饭店集团一般都有多个国际知名品牌，甚至在同一档次的市场推出多个品牌系列。相比之下，中国饭店市场品牌意识较为淡薄，大多数饭店市场形象模糊，不利于饭店参与市场竞争，应引起中国饭店集团的重视。从国际饭店集团的发展来看，饭店集团快速扩张最为有效的方式是委托管理与特许经营，这些方式都要求饭店集团具有较高知名度的品牌。因此，以饭

店特色管理为核心塑造饭店集团的管理品牌是中国饭店集团国际化扩张的关键。

目前中国饭店集团管理模式的形成主要通过两种途径：一是利用境外集团管理体系，如希尔顿管理模式、假日管理模式等；二是总结自己在长期经营中积累的服务管理经验。前者面临管理模式本土化的问题，而后者则需要将管理经验上升到理论的高度，创建出真正具有中国特色的管理模式和管理品牌。国际知名饭店集团大多拥有自己科学的管理模式及运作体系，该管理模式和体系也是其获得成功的关键要素。因此，在饭店管理品牌的塑造上，中国现有饭店集团应以管理为核心，通过总结、完善已有的饭店集团管理模式，构建饭店集团国际化发展的坚强内核。

在打造饭店管理知名品牌的基础上，中国饭店集团应放眼世界，依托集团管理品牌，通过对国外饭店输出管理实现中国饭店集团的海外扩张。但是，中国饭店集团在对外输出管理时必须要注意克服中西方文化差异的阻力，通过文化理解和文化融合促进中国饭店集团管理模式的跨文化拓展。中国饭店集团管理模式的跨文化输出是成功实现国际发展的重要前提。只要能成功实现饭店跨文化管理并创造较大收益，中国饭店集团的特色管理模式必将为世界所认同，中国饭店集团的国际化发展也将拥有更加广阔的发展前景。

(三)构建网络沟通信息、以信息实现一体经营

当今世界正处在信息化、网络化时代，信息在现代企业管理中越来越受到重视。中国饭店集团在国际化发展中也应积极利用现代信息技术，通过管理技术创新，推进饭店集团经营管理和决策的全球化，实现饭店集团一体化经营。饭店的管理技术创新主要是指在集团内部通过信息网络建设实现饭店集团管理集成，外部则通过加强业务网络建设，促进饭店集团整体竞争实力的提升。

所谓饭店集团集成是指饭店借助先进的 ERP 管理软件，将财务、服务提供、质量管理、销售和人力资源等职能部门紧密连接在一起，以加快饭店经营的响应速度。饭店集成的本质在于改变信息收集、处理和传递的方式，它使饭店所有的经营数据在集成系统中自动生成。饭店集团的经营者、管理决策者和新近加盟者都能在第一时间获得所需信息。

饭店集团的全球化管理要求饭店集团能在短时期内从集团的全球成员处获取大量管理信息，实现管理信息的集团内部自由流动。饭店集团规模的扩大使得饭店经营的个性化对信息的依赖也越来越强烈，没有巨大的管理信息系统，饭店的特色经营也就难以实现。世界著名的里兹·卡尔顿饭店就通过建立顾客信息库储存了近 50 万客人的信息，当客人再次光临该集团成员饭店时，都可以从该信息库中迅速调取客人的资料，满足其个人偏好，使客人产生"宾至如归"的感觉。因此，中国饭店集团应建立通畅的内部信

息网络，实现集团信息的自由化流动。

中国饭店集团在国际化发展中，不仅要在集团内部建立完善的信息网络，更要与外部相关行业和部门构建流畅的业务信息网络。中国饭店集团应主动加入全球饭店的分销系统，并与其他旅游企业和航空、海运等行业建立广泛的业务联系网，通过完善的外部业务网络建设增强中国饭店集团的国际竞争力，促进中国饭店集团的国际化发展。

附录 《旅游饭店星级的划分与评定》

1. 范围

本标准规定了旅游饭店星级的划分条件、评定规则及服务质量和管理制度要求。

本标准适用于正式营业的各种经济性质的旅游饭店。

2. 规范性引用文件

下列文件中的条款通过本标准的引用而成为本标准的条款。凡是注日期的引用文件，其随后所有的修改单(不包括勘误的内容)或修订版均不适用于本标准，然而，鼓励根据本标准达成协议的各方研究是否可使用这些文件的最新版本。凡是不注日期的引用文件，其最新版本适用于本标准。

GB/T 10001.1 标志用公共信息图形符号 第 1 部分：通用符号(GB/T 10001.1—2000,neq ISO 7001:1990)

GB/T 10001.2 标志用公共信息图形符号 第 2 部分：旅游设施与服务符号 (GB/T 10001.2—2002,neq ISO 7001:1990)

3. 术语和定义

下列术语和定义适用于本标准。

3.1 旅游饭店(tourist hotel)

能够以夜为时间单位向旅游客人提供配有餐饮及相关服务的住宿设施，按不同习惯它也被称为宾馆、酒店、旅馆、旅社、宾舍、度假村、俱乐部、大厦、中心等。

3.2 星级(star-rating)

用星的数量和颜色表示旅游饭店的等级。星级分为五个等级，即一星级、二星级、三星级、四星级、五星级(含白金五星级)。最低为一星级，最高为白金五星级。星级越高，表示旅游饭店的档次越高。

3.3 预备星级(probationary star-rating)

作为星级的补充，其等级与星级相同。

4. 符号

星级以镀金五角星为符号，用一颗五角星表示一星级，两颗五角星表示二星级，三颗五角星表示三星级，四颗五角星表示四星级，五颗五角星表示五星级，五颗白金五角星表示白金五星级。

5. 总则

5.1　由若干建筑物组成的饭店其管理使用权应该一致，饭店内包括出租营业区域在内的所有区域应该是一个整体，评定星级时不能因为某一区域财产权或经营权的分离而区别对待。

5.2　饭店开业一年后可申请星级，经星级评定机构评定批复后，可以享有五年有效的星级及其标志使用权。开业不足一年的饭店可以申请预备星级，有效期一年。

5.3　除非本标准有更高要求，饭店的建筑、附属设施、服务项目和运行管理必须符合安全、消防、卫生、环境保护等现行的国家有关法规和标准。

6. 星级的划分条件

6.1　一星级

6.1.1 饭店布局基本合理，方便客人在饭店内的正常活动。

6.1.2　公共信息图形符号符合 GB/T 10001.1 和 GB/T 10001.2 的规定。

6.1.3　有适应所在地气候的采暖、制冷设备，各区域通风良好。

6.1.4　设施设备养护良好，达到整洁、卫生和有效。

6.1.5　各种指示用和服务用文字至少用规范的中英文同时表示。

6.1.6　能够用英语提供服务。

6.1.7　前厅

a.　有前厅和总服务台；

b.　总服务台位于前厅显著位置，有装饰、光线好，有中英文标志；前厅接待人员18 小时以上以普通话提供接待、问询、结账和留言服务；

c.　提供饭店服务项目宣传品、客房价目表、所在地旅游交通图、主要交通工具时刻表；

d.　提供小件行李存放服务；

e.　提供行李出入店服务。

6.1.8　客房

a.　至少有 15 间(套)可供出租的客房；

b.　门锁为暗锁，有防盗装置，显著位置张贴应急疏散图及相关说明；

c. 装修良好，有软垫床、桌、椅、床头柜等配套家具；

d. 至少 75%的客房有卫生间，装有抽水马桶、面盆、淋浴或浴缸(配有浴帘)。客房中没有卫生间的楼层设有男女分设、间隔式公用卫生间以及专供客人使用的男女分设、间隔式公共浴室，配有浴帘。采取有效的防滑措施，24 小时供应冷水，16 小时供应热水。

e. 照明充足，有遮光窗帘；

f. 备有饭店服务指南、价目表、住宿须知；

g. 客房、卫生间每天全面整理一次，隔日或应客人要求更换床单、被单及枕套，并做到每客必换；

h. 16 小时提供冷热饮用水。

6.1.9 餐饮

a. 有桌椅、餐具、灯具配套及照明充足的就餐区域；

b. 能够提供早餐服务；

c. 餐饮加工区域及用具保持整洁、卫生。

6.1.10   公共区域

a. 有男女分设的公共卫生间；

b. 有公用电话；

c. 有应急照明灯；

d. 走廊墙面整洁、有装修，24 小时光线充足，无障碍物。紧急出口等各种标识清楚，位置合理。

6.2   二星级

6.2.1 饭店布局基本合理，方便客人在饭店内的正常活动。

6.2.2 公共信息图形符号符合 GB/T 10001.1 和 GB/T 10001.2 的规定。

6.2.3 有适应所在地气候的采暖、制冷设备，各区域通风良好。

6.2.4 设施设备养护良好，达到整洁、卫生和有效。

6.2.5 各种指示用和服务用文字至少用规范的中英文同时表示。

6.2.6 能够用英语提供服务。

6.2.7 前厅

a. 有与饭店规模、星级相适应的前厅和总服务台；

b. 总服务台位于前厅显著位置，有装饰、光线好，有中英文标志；前厅接待人员24 小时以普通话提供接待、问询、结账和留言服务；

c. 提供传真服务；

d. 总服务台提供饭店服务项目宣传品、客房价目表、所在地旅游景区(点)介绍、旅游交通图、报刊及主要交通工具时刻表；

e. 有行李推车、提供行李出入房服务；

f.　提供小件行李存放服务；

g.　有管理人员 24 小时在岗值班；

h.　设客人休息场所。

6.2.8　客房

a.　至少有 20 间(套)可供出租的客房；

b.　门锁为暗锁，有防盗装置，显著位置张贴应急疏散图及相关说明；

c.　装修良好，有软垫床、桌、椅、床头柜等配套家具，照明良好；

d.　至少 75%的客房有卫生间，装有抽水马桶、面盆、淋浴或浴缸(配有浴帘)。客房中没有卫生间的楼层设有男女分设、间隔式公用卫生间以及专供客人使用的男女分设、间隔式公共浴室，配有浴帘。采取有效的防滑措施，24 小时供应冷水，18 小时供应热水；

e.　照明充足，有遮光窗帘；

f.　有方便使用的电话机，可以直接拨打或使用预付费电信卡拨打国际、国内长途电话，并配有使用说明；

g.　有彩色电视机，画面音质清晰；

h.　具备防噪声及隔音设施；

i.　备有饭店服务指南、价目表、宾客须知；

j.　设有至少两种规格的电源插座；

k.　客房、卫生间每天全面整理一次，每日或应客人要求更换床单、被单及枕套；

l.　提供洗衣服务；

m.　24 小时提供冷热饮用水。

6.2.9　餐饮

a.　有照明充足的就餐区域，桌椅、餐具、灯具配套；

b.　能够提供早餐服务；

c.　应客人要求提供送餐服务；

d.　餐饮制作区域及用具保持干净、整洁、卫生；

6.2.10　公共区域

a.　提供回车线或停车场；

b.　4 层(含 4 层)以上的楼房有客用电梯；

c.　有公用电话，并配备市内电话簿；

d.　有男女分设的公共卫生间；

e.　代售邮票，代发信件，代售旅行日常用品；

f.　有应急照明灯；

g.　走廊墙面整洁、有装修，24 小时光线充足，无障碍物。紧急出口等各种标识清楚，位置合理。

6.3 三星级

6.3.1 饭店布局合理，方便客人在饭店内活动。

6.3.2 指示用标志清晰，公共信息图形符号符合 GB/T 10001.1 和 GB/T 10001.2 的规定。

6.3.3 有空调设施，各区域通风良好，温、湿度适宜。

6.3.4 有与本星级相适应的计算机管理系统。

6.3.5 设施设备养护良好，使用安全，达到整洁、卫生和有效。

6.3.6 各项管理制度健全，与饭店规模和星级相一致。

6.3.7 各种指示用和服务用文字至少用规范的中英文同时表示。

6.3.8 各对客服务区域能用普通话和英语提供服务。

6.3.9 前厅

a. 有与接待能力相适应的前厅。内装修美观别致。有与饭店规模、星级相适应的总服务台；

b. 总服务台各区段有中英文标志，接待人员 24 小时提供接待、问询、结账和留言服务；

c. 提供一次性总账单结账服务(商品除外)；

d. 提供信用卡结算服务；

e. 提供饭店服务项目宣传品，客房价目表，所在地旅游交通图、所在地旅游景点介绍、主要交通工具时刻表、与住店客人相适应的报刊；

f. 24 小时提供客房预订；

g. 有饭店和客人同时开启的贵重物品保险箱。保险箱位置安全、隐蔽，能够保护客人的隐私；

h. 设门卫应接员，16 小时迎送客人；

i. 设专职行李员，有专用行李车，18 小时为客人提供行李服务。有小件行李存放处；

j. 有管理人员 24 小时在岗值班；

k. 设大堂经理，18 小时在岗服务；

l. 在非经营区设客人休息场所；

m. 提供代客预订和安排出租汽车服务；

n. 门厅及主要公共区域有残疾人出入坡道，配备轮椅，能为残疾人提供必要的服务。

6.3.10 客房

a. 至少有 30 间(套)可供出租的客房；

b. 有门窥镜和防盗装置，在显著位置张贴应急疏散图及相关说明；

c.　装修良好、美观，有软垫床、梳妆台或写字台、衣橱及衣架、座椅或简易沙发、床头柜、床头灯及行李架等配套家具。室内满铺地毯、木地板或其他较高档材料。室内采用区域照明且目的物照明度良好；

d.　有卫生间，装有抽水马桶、梳妆台(配备面盆、梳妆镜和必要的盥洗用品)、浴缸或淋浴间。浴缸配有浴帘、淋浴喷头(另有单独淋浴间的可以不带淋浴喷头)。采取有效的防滑措施。采用较高级建筑材料装修地面、墙面和天花，色调柔和，目的物照明度良好。有良好的排风系统或排风器，温湿度与客房适宜。有 110/220V 不间断电源插座。24 小时供应冷、热水；

e.　有方便使用的电话机，可以直接拨打或使用预付费电信卡拨打国际、国内长途的电话，并配有使用说明；

f.　可以提供国际互联网接入服务，并有使用说明；

g.　有彩色电视机。播放频道不少于 16 个，画面和音质清晰，备有频道指示说明。播放内容应符合中国政府规定；

h.　具备有效的防噪声及隔音设施；

i.　有至少两种规格的电源插座，并提供插座转换器；

j.　有遮光窗帘；

k.　有单人间；

l.　有套房；

m.　有与本星级相适应的文具用品。有服务指南、价目表、住宿须知、所在地旅游景点介绍和旅游交通图。应客人要求提供相应的报刊；

n.　客房、卫生间每天全面整理 1 次，每日或应客人要求更换床单、被单及枕套，客用品和消耗品补充齐全；

o.　提供开夜床服务，放置晚安致意卡；

p.　床上用棉织品(床单、枕心、枕套、棉被及被单等)及卫生间针织用品(浴衣、浴巾、毛巾等)材质良好、工艺讲究、柔软舒适；

q.　24 小时提供冷热饮用水，免费提供茶叶或咖啡；

r.　70%客房有小冰箱，提供适量酒和饮料，备有饮用器具和价目单；

s.　客人在房间会客，可应要求提供加椅和茶水服务；

t.　提供留言和叫醒服务；

u.　提供衣装湿洗、干洗和熨烫服务；

v.　有送餐菜单和饮料单，18 小时提供送餐服务，有可挂置门外的送餐牌；

w.　提供擦鞋服务。

6.3.11　餐厅及吧室

a.　有餐厅，提供早、中、晚餐服务；

b. 有宴会单间或小宴会厅，能提供宴会服务；

c. 有酒吧或茶室或其他供客人休息交流且提供饮品服务的场所；

d. 餐具无破损，卫生、光洁；

e. 菜单及饮品单美观整洁，出菜率不低于90%。

6.3.12 厨房

a. 位置合理，紧邻餐厅；

b. 墙面满铺瓷砖，用防滑材料满铺地面，有地槽，有吊顶；

c. 冷菜间、面点间独立分隔，有足够的冷气设备。冷菜间温度符合食品卫生标准，内有空气消毒设施；

d. 粗加工间与其他操作间隔离，各操作间温度适宜；

e. 有必要的冷藏、冷冻设施；

f. 洗碗间位置合理；

g. 有专门放置临时垃圾的设施并保持其封闭；

h. 厨房与餐厅之间，有起隔音、隔热和隔气味作用的进出分开、自动闭合的弹簧门；

i. 采取有效消杀蚊绳、蟑螂等虫害的措施。

6.3.13 会议康乐设施：有会议康乐设施设备，并提供相应服务。

6.3.14 公共区域

a. 提供回车线或停车场；

b. 4 层(含 4 层)以上的建筑物有足够的客用电梯；

c. 有公用电话，并配备市内电话簿；

d. 有男女分设、间隔式公共卫生间；

e. 有小商店，出售旅行日常用品、旅游纪念品、工艺品等商品；

f. 代售邮票、代发信件，办理传真、复印、打字、国际长途电话等服务；

g. 提供电脑出租服务；

h. 有应急供电设施和应急照明设施；

i. 走廊地面满铺地毯或其他较高档材料，墙面整洁、有装修，24 小时光线充足，无障碍物。紧急出口标识清楚，位置合理。

6.3.15 在选择项目中至少具备 10 项。

6.4 四星级

6.4.1 饭店布局和功能划分合理，设施使用方便、安全。

6.4.2 内外装修采用高档材料，工艺精致，具有突出风格。

6.4.3 指示用标志清晰、实用,公共信息图形符号符合 GB/T 10001.1 和 GB/T 10001.2 的规定。

6.4.4 有中央空调(别墅式度假饭店除外),各区域通风良好。

6.4.5 有与本星级相适应的计算机管理系统。

6.4.6 有公共音响转播系统;背景音乐曲目、音量适宜,音质良好。

6.4.7 设施设备养护良好,无噪声,达到整洁、卫生和有效。

6.4.8 各项管理制度健全,与饭店规模和星级一致。

6.4.9 各种指示用和服务用文字至少用规范的中英文同时表示。

6.4.10 能用普通话和英语提供服务,必要时能用第二种外国语提供服务。

6.4.11 前厅。

a. 面积宽敞,与接待能力相适应;

b. 气氛豪华,风格独特,装饰典雅,色调协调,光线充足;

c. 有与饭店规模、星级相适应的总服务台;

d. 总服务台各区段有中英文标志,接待人员 24 小时提供接待、问询和结账服务;

e. 提供留言服务;

f. 提供一次性总账单结账服务(商品除外);

g. 提供信用卡结算服务;

h. 18 小时提供外币兑换服务;

i. 提供饭店服务项目宣传品、客房价目表、中英文所在地交通图、所在地和全国主要旅游景点介绍、主要交通工具时刻表及相应报刊;

j. 24 小时接受客房预订;

k. 有饭店和客人同时开启的贵重物品保险箱。保险箱位置安全、隐蔽,能够保护客人的隐私;

l. 设门卫应接员,18 小时迎送客人;

m. 设专职行李员,有专用行李车,24 小时提供行李服务。有小件行李存放处;

n. 有管理人员 24 小时在岗值班;

o. 设大堂经理,18 小时在岗服务;

p. 在非经营区设客人休息场所;

q. 提供代客预订和安排出租汽车服务;

r. 门厅及主要公共区域有残疾人出入坡道,配备轮椅,有残疾人专用卫生间或厕位,能为残疾人提供必要的服务。

6.4.12 客房

a. 至少有 40 间(套)可供出租的客房;

b. 70%客房的面积(不含卫生间)不小于 20 平方米;

c. 装修豪华,有高档软垫床、写字台、衣橱及衣架、茶几、座椅或沙发、床头柜、床头灯、台灯、落地灯、全身镜、行李架等高级配套家具。室内满铺高级地毯,或优质

木地板或其他高档地面材料。采用区域照明且目的物照明度良好;

d. 客房门能自动闭合,有门窥镜、门铃及防盗装置。显著位置张贴应急疏散图及相关说明;

e. 有卫生间,装有高级抽水马桶、梳妆台(配备面盆、梳妆镜和必要的盥洗用品)、浴缸并带淋浴喷头(有单独淋浴间的可以不带淋浴喷头),配有浴帘。水龙头冷热标识清晰。采取有效的防滑措施。采用高档建筑材料装修地面、墙面和天花,色调高雅柔和,采用分区照明且目的物照明度良好。有良好的低噪声排风系统,温湿度与客房适宜。有110/220V 不间断电源插座、电话副机。配有吹风机。24 小时供应冷、热水;

f. 有方便使用的电话机,可以直接拨打或使用预付费电信卡拨打国际、国内长途电话。并备有电话使用说明和所在地主要电话指南;

g. 提供国际互联网接入服务。并有使用说明;

h. 有彩色电视机,播放频道不少于 16 个,画面和音质良好。备有频道指示说明;播放内容应符合中国政府规定。

i. 有客人可以调控且音质良好的音响装置;

j. 有防噪声及隔音措施,效果良好;

k. 有至少两种规格的电源插座,方便客人使用,并提供插座转换器;

l. 有内窗帘及外层遮光窗帘;

m. 有单人间;

n. 有套房;

o. 有至少 3 个开间的豪华套房;

p. 有与本星级相适应的文具用品。有服务指南、价目表、住宿须知、所在地旅游景点介绍和旅游交通图、与住店客人相适应的报刊;

q. 客房、卫生间每天全面整理 1 次,每日或应客人要求更换床单、被单及枕套,客用品和消耗品补充齐全,并应客人要求随时进房清扫整理,补充客用品和消耗品;

r. 床上用棉织品(床单、枕心、枕套、棉被及被衬等)及卫生间针织用品(浴巾、浴衣、毛巾等)材质良好、工艺讲究、柔软舒适;

s. 提供开夜床服务,放置晚安致意品;

t. 24 小时提供冷热饮用水及冰块,并免费提供茶叶或咖啡;

u. 客房内设微型酒吧(包括小冰箱),提供适量酒和饮料,备有饮用器具和价目单;

v. 提供留言及叫醒服务;

w. 客人在房间会客,可应要求提供加椅和茶水服务;

x. 提供衣装干洗、湿洗、熨烫及缝补服务,可在 24 小时内交还客人。16 小时提供加急服务;

y. 有送餐菜单和饮料单,24 小时提供中西式送餐服务。送餐菜式品种不少于 8 种,饮料品种不少于 4 种，甜食品种不少于 4 种，有可挂置门外的送餐牌；

z. 提供擦鞋服务。

6.4.13 餐厅及吧室

a. 有布局合理、装饰豪华的中餐厅；

b. 有独具特色、格调高雅、位置合理的咖啡厅(或简易西餐厅)。能提供自助早餐、西式正餐；

c. 有宴会单间或小宴会厅。能提供宴会服务；

d. 有专门的酒吧或茶室或其他供客人休息交流且提供饮品服务的场所；

e. 餐具按中西餐习惯成套配置，无破损，卫生、光洁；

f. 菜单及饮品单装帧精致，完整清洁，出菜率不低于 90%。

6.4.14 厨房

a. 位置合理、布局科学，传菜路线不与其他公共区域交叉；

b. 墙面满铺瓷砖，用防滑材料满铺地面，有地槽、有吊顶；

c. 冷菜间、面点间独立分隔，有足够的冷气设备。冷菜间内有空气消毒设施；

d. 粗加工间与其他操作间隔离，各操作间温度适宜，冷气供给充足；

e. 有必要的冷藏、冷冻设施，生熟食品及半成食品分柜置放。有干货仓库并及时清理过期食品；

f. 洗碗间位置合理；

g. 有专门放置临时垃圾的设施并保持其封闭，排污设施(地槽、抽油烟机和排风口等)保持清洁通畅；

h. 厨房与餐厅之间，有起隔音、隔热和隔气味作用的进出分开、自动闭合的弹簧门；

i. 采取有效的消杀蚊蝇、蟑螂等虫害措施。

6.4.15 会议康乐设施：有会议康乐设施设备，并提供相应服务。

6.4.16 公共区域。

a. 有足够的停车场；

b. 3 层以上建筑物有数量充足的高质量客用电梯，轿厢装修高雅；另配有服务电梯；

c. 有公用电话，并配备市内电话簿；

d. 各主要区域均有男女分设的间隔式公共卫生间；

e. 有商店，出售旅行日常用品、旅游纪念品、工艺品等商品；

f. 有商务中心，代售邮票，代发信件，提供电报、传真、复印、打字、国际长途电话和电脑出租等服务；

g. 代购交通、影剧、参观等票务；

h. 提供市内观光服务；

i. 主要公共区域有闭路电视监控系统；

j. 有应急供电系统和应急照明设施。

k. 走廊地面满铺地毯或其他高档材料，墙面整洁、有装修装饰，24 小时光线充足，无障碍物。紧急出口标识清楚醒目，位置合理。

6.4.17 在选择项目中至少具备 26 项。

6.5 五星级

6.5.1 饭店布局和功能划分合理，设施使用方便、安全。

6.5.2 内外装修采用高档材料，工艺精致，具有突出风格。

6.5.3 指示用标志清晰、实用、美观，公共信息图形符号符合 GB/T 10001.1 和 GB/T 10001.2 的规定。

6.5.4 有中央空调(别墅式度假饭店除外)，各区域通风良好。

6.5.5 有与本星级相适应的计算机管理系统。

6.5.6 有公共音响转播系统；背景音乐曲目、音量适宜，音质良好。

6.5.7 设施设备养护良好，无噪声，达到完备、整洁和有效。

6.5.8 各项管理制度健全，与饭店规模和星级相一致。

6.5.9 各种指示用和服务用文字至少用规范的中英文同时表示。

6.5.10 能用普通话和英语提供服务，必要时能够用第二种外国语提供服务。

6.5.11 前厅。

a. 空间宽敞，与接待能力相适应，不使客人产生压抑感；

b. 气氛豪华，风格独特，装饰典雅，色调协调，光线充足；

c. 有与饭店规模、星级相适应的总服务台；

d. 总服务台各区段有中英文标志，接待人员 24 小时提供接待、问询和结账服务；

e. 提供留言服务；

f. 提供一次性总账单结账服务(商品除外)；

g. 提供信用卡结算服务；

h. 18 小时提供外币兑换服务；

i. 提供饭店服务项目宣传品、客房价目表、中英文所在地交通图、全国旅游交通图、所在地和全国旅游景点介绍、主要交通工具时刻表、与住店客人相适应的报刊；

j. 24 小时接受客房预订；

k. 有饭店和客人同时开启的贵重物品保险箱，保险箱位置安全、隐蔽，能够保护客人的隐私；

l. 设门卫应接员，18 小时迎送客人；

m. 设专职行李员，有专用行李车，24 小时提供行李服务。有小件行李存放处；

n. 有管理人员 24 小时在岗值班；

o. 设大堂经理，24 小时在岗服务；

p. 在非经营区设客人休息场所；

q. 提供代客预订和安排出租汽车服务；

r. 门厅及主要公共区域有残疾人出入坡道，配备轮椅，有残疾人专用卫生间或厕位，能为残疾人提供必要的服务。

6.5.12 客房

a. 至少有 40 间(套)可供出租的客房；

b. 70%客房的面积(不含卫生间和门廊)不小于 20 平方米；

c. 装修豪华，具有文化氛围，有舒适的床垫、写字台、衣橱及衣架、茶几、座椅或沙发、床头柜、床头灯、台灯、落地灯、全身镜、行李架等高级配套家具。室内满铺高级地毯，或用优质木地板或其他高档材料装饰。采用区域照明且目的物照明度良好；

d. 客房门能自动闭合，有门窥镜、门铃及防盗装置。显著位置张贴应急疏散图及相关说明；

e. 有面积宽敞的卫生间，装有高级抽水马桶、梳妆台(配备面盆、梳妆镜和必要的盥洗用品)、浴缸并带淋浴喷头(另有单独淋浴间的可以不带淋浴喷头)，配有浴帘。采取有效的防滑措施。采用豪华建筑材料装修地面、墙面和天花，色调高雅柔和，采用分区照明且目的物照明度良好。有良好的无明显噪声的排风系统，温度与客房无明显差异。有 110/220V 不间断电源插座、电话副机。配有吹风机。24 小时供应冷、热水；

f. 有方便使用的电话机，可以直接拨打或使用预付费电信卡拨打国际、国内长途电话，并备有电话使用说明和所在地主要电话指南；

g. 提供互联网接入服务，并备有使用说明；

h. 有彩色电视机，播放频道不少于 16 个，画面和音质优良。备有频道指示说明。播放内容应符合中国政府规定；

i. 有可由客人调控且音质良好的音响装置；

j. 有防噪声及隔音措施，效果良好；

k. 有至少两种规格的电源插座，方便客人使用，并提供插座转换器；

l. 有沙帘及遮光窗帘；

m. 有单人间；

n. 有套房；

o. 有至少 4 个开间的豪华套房；

p. 有与本星级相适应的文具用品。有服务指南、价目表、住宿须知、所在地旅游景区(点)介绍和旅游交通图、与住店客人相适应的报刊；

q. 客房、卫生间每天全面清理 1 次，每日或应客人要求更换床单、被单及枕套，客用品和消耗品补充齐全，并应客人要求随时进房清理，补充客用品和消耗品；

r.　床上用棉织品(床单、枕心、枕套、棉被及被衬等)及卫生间针织用品(浴巾、浴衣、毛巾等)材质良好、工艺讲究、柔软舒适；

s.　提供开夜床服务，放置晚安致意品；

t.　24 小时提供冷热饮用水及冰块，并免费提供茶叶或咖啡；

u.　客房内设微型酒吧(包括小冰箱)，提供适量酒和饮料，备有饮用器具和价目单；

v.　客人在房间会客，可应要求提供加椅和茶水服务；

w.　提供叫醒、留言及语音信箱服务；

x.　提供衣装干洗、湿洗、熨烫及修补服务，可在 24 小时内交还客人。18 小时提供加急服务；

y.　有送餐菜单和饮料单，24 小时提供中西式送餐服务。送餐菜式品种不少于 8 种，饮料品种不少于 4 种，甜食品种不少于 4 种，有可挂置门外的送餐牌；

z.　提供擦鞋服务。

6.5.13　餐厅及吧室

a.　有布局合理、装饰豪华的中餐厅。

b.　有布局合理、装饰豪华、格调高雅的专业外国餐厅，配有专门厨房；

c.　有独具特色、格调高雅、位置合理的咖啡厅(或简易西餐厅)，能提供自助早餐、西式正餐。咖啡厅(或有一餐厅)营业时间不少于 18 小时并有明确的营业时间；

d.　有 3 个以上宴会单间或小宴会厅。能提供宴会服务；

e.　有专门的酒吧或茶室或其他供客人休息交流且提供饮品服务的场所；

f.　餐具按中外习惯成套配置，材质高档，工艺精致，有特色，无破损磨痕，光洁、卫生；

g.　菜单及饮品单装帧精美，完整清洁，出菜率不低于 90%。

6.5.14　厨房

a.　位置合理、布局科学，传菜路线不与其他公共区域交叉；

b.　墙面满铺瓷砖，用防滑材料满铺地面，有地槽、有吊顶；

c.　冷菜间、面点间独立分隔，有足够的冷气设备。冷菜间内有空气消毒设施；

d.　冷菜间有二次更衣场所及设施；

e.　粗加工间与其他操作间隔离，各操作间温度适宜，冷气供应充足；

f.　有必要的冷藏、冷冻设施，生熟食品及半成食品分柜置放。有干货仓库并定期清理过期食品；

g.　洗碗间位置合理；

h.　有专门放置临时垃圾的设施并保持其封闭，排污设施(地槽、抽油烟机和排风口等)保持畅通清洁；

i. 厨房与餐厅之间，有起隔音、隔热和隔气味作用的进出分开、自动闭合的弹簧门；

j. 采取有效的消杀蚊蝇、蟑螂等虫害措施。

6.5.15 会议康乐设施：有会议康乐设施设备，并提供相应服务。

6.5.16 公共区域。

a. 有足够的停车场；

b. 3层以上建筑物有数量充足的高质量客用电梯，轿厢装饰高雅，另配有服务电梯；

c. 有公用电话；

d. 各公共区域均有男女分设的间隔式公共卫生间；

e. 有商店，出售旅行日常用品、旅游纪念品、工艺品等商品；

f. 有商务中心，代售邮票，代发信件，代办电报、电传、传真、复印、国际长途电话，提供打字和电脑出租等服务；

g. 代购交通、影剧、参观等票务；

h. 提供市内观光服务；

i. 有紧急救助室；

j. 有应急供电系统和应急照明设施；

k. 主要公共区域有闭路电视监控系统；

l. 走廊地面满铺地毯或其他高档材料，墙面整洁、有装修装饰，24小时光线充足，无障碍物。紧急出口标识清楚醒目，位置合理。

6.5.17 在选择项目中至少具备33项。

6.6 白金五星级

6.6.1 具有两年以上五星级饭店资格。

6.6.2 地理位置处于城市中心商务区或繁华地带，交通极其便利。

6.6.3 建筑主题鲜明，外观造型独具一格，有助于所在地建立旅游目的地形象。

6.6.4 内部功能布局及装修装饰能与所在地历史、文化、自然环境相结合，恰到好处地表现和烘托其主题氛围。

6.6.5 除有富丽堂皇的门廊及入口外，饭店整体氛围极其豪华气派。

6.6.6 各类设施配备齐全，品质一流；有饭店内主要区域温湿度自动控制系统。

6.6.7 有位置合理、功能齐全、品味高雅、装饰华丽的行政楼层专用服务区，至少对行政楼层提供24小时管家式服务。

6.6.8 以下项目中至少具备5项：

a. 普通客房面积不小于36平方米；

b. 有布局合理、装饰豪华、格调高雅、符合国际标准的高级西餐厅，可提供正规的西式正餐和宴会；

    c. 有位置合理、装饰高雅、气氛浓郁的独立封闭式酒吧；

    d. 有净高不小于 5 米、至少容纳 500 人的宴会厅；

    e. 国际认知度极高，平均每间可供出租客房收入连续三年居于所在地同星级饭店前列；

    f. 有规模壮观、构思独特、布局科学、装潢典雅、出类拔萃的专项配套设施。

6.6.9 在选择项目中至少具备 37 项。

6.7 选择项目(共 73 项)

6.7.1 综合类别(21 项)

    a. 5 家以上饭店共享同一连锁品牌或 10 家以上饭店由同一家饭店管理公司管理；

    b. 总经理连续 5 年以上担任过同级饭店高级管理职位；

    c. 总经理连续 2 年以上接受饭店管理专业教育或培训；

    d. 总经理持有全国旅游岗位培训指导机构颁发的《旅游行业管理人员岗位培训证书》；

    e. 不少于 15%的员工通过全国旅游岗位培训指导机构认可的"旅游饭店职业英语等级测试"；

    f. 委托代办服务("金钥匙")；

    g. 电梯内有方便残疾人使用的按键；

    h. 有残疾人客房；

    i. 客用电梯轿厢内两侧均有按键；

    j. 不少于 50%的客房配备客用保险箱；

    k. 不少于 70%的客房内配有静音、节能、环保型冰箱；

    l. 为客房内床上用品及卫生间一次性客用品、客用布草的再次使用设有征询客人意见牌；

    m. 客房内配有逃生用充电式手电；

    n. 客房卫生间有大包装、循环使用的洗发液、沐浴液方便容器；

    o. 客房卫生间配备防雾梳妆镜或化妆放大镜；

    p. 不少于 50%的客房卫生间淋浴与浴缸分设；

    q. 不少于 50%的客房卫生间干湿区分开(或有独立的化妆间)；

    r. 客房卫生间有饮用水系统；

    s. 设有无烟楼层；

    t. 餐厅、吧室均设有无烟区；

    u. 餐厅及吧室不使用一次性筷子、一次性湿毛巾和塑料桌布；

6.7.2 特色类别一(20 项)

a. 至少容纳 200 人的多功能厅或专用会议室，并有良好的隔音、遮光效果，配设衣帽间；

b. 至少容纳 200 人的大宴会厅，配有序门和专门厨房；

c. 至少 2 个小会议室或洽谈室(至少容纳 10 人)；

d. 现场监控系统及视音频转播系统；

e. 有录音、扩音功能的音响控制系统；

f. 同声传译设施(至少 2 种语言)；

g. 多媒体演示系统(含电脑、多媒体投影仪、实物投影仪等)；

h. 会议即席发言麦克风；

i. 至少 2000 平方米的展厅；

j. 独立的鲜花店；

k. 独立的酒吧、茶室等；

l. 大堂酒吧；

m. 饼屋；

n. 所有客房内配有电熨裤机；

o. 所有客房附设写字台电话；

p. 套房数量占客房总数的 10%以上；

q. 所有套房供主人和来访客人使用的卫生间分设；

r. 有 5 个以上开间的豪华套房；

s. 设行政楼层，有本楼层客人专用服务区；

t. 行政楼层客房内配有可收发传真或上网的设备。

6.7.3 特色类别二(16 项)

a. 有观光电梯；

b. 有自动扶梯；

c. 有歌舞厅；

d. 有影剧场，舞美设施和舞台照明系统能满足一般演出需要；

e. 美容美发室；

f. 健身中心；

g. 桑拿浴；

h. 保健按摩；

i. 视音频交互服务系统(VOD)，提供客房内可视性账单查询服务；

j. 提供语音信箱服务；

k. 24 小时提供加急洗衣服务；

l. 定期歌舞表演；

m. 专卖店或商场；

n. 独立的书店或图书馆(至少有 1000 册图书)；

o. 有 24 小时营业的餐厅；

p. 旅游信息电子查询系统。

6.7.4 特色类别三(16 项)

a. 自用温泉或海滨浴场或滑雪场；

b. 不少于 30%的客房有阳台；

c. 室内游泳池；

d. 室外游泳池；

e. 棋牌室；

f. 游戏机室；

g. 桌球室；

h. 乒乓球室；

i. 保龄球室(至少 4 道)；

j. 网球场；

k. 高尔夫练习场；

l. 电子模拟高尔夫球场；

m. 高尔夫球场(至少 9 洞)；

n. 壁球场；

o. 射击或射箭场；

p. 其他运动休闲项目。

7. 星级的评定规则

7.1 星级评定的责任分工

7.1.1 旅游饭店星级评定工作由全国旅游饭店星级评定机构统筹负责，其责任是制定星级评定工作的实施办法和检查细则，授权并督导省级以下旅游饭店星级评定机构开展星级评定工作，组织实施五星级饭店的评定与复核工作，保有对各级旅游饭店星级评定机构所评定饭店星级的否决权。

7.1.2 省、自治区、直辖市旅游饭店星级评定机构按照全国旅游饭店星级评定机构的授权和督导，组织本地区旅游饭店星级评定与复核工作，保有对本地区下级旅游饭店星级评定机构所评饭店星级的否决权，并承担推荐五星级饭店的责任。同时，负责将本地区所评星级饭店的批复和评定检查资料上报全国旅游饭店星级评定机构备案。

7.1.3 其他城市或行政区域旅游饭店星级评定机构按照全国旅游饭店星级评定机构的授权和所在地区省级旅游饭店星级评定机构的督导，实施本地区旅游饭店星级评定

与复核工作，保有对本地区下级旅游饭店星级评定机构所评饭店星级的否决权，并承担推荐较高星级饭店的责任。同时，负责将本地区所评星级饭店的批复和评定检查资料逐级上报全国旅游饭店星级评定机构备案。

7.2 星级的申请

7.2.1 申请星级的饭店，均须执行《旅游统计调查制度》，承诺履行向全国旅游饭店星级评定机构提供不涉及本饭店商业机密的经营管理数据的义务。

7.2.2 旅游饭店申请星级，应向相应评定权限的旅游饭店星级评定机构递交星级申请材料；申请四星级以上的饭店，应按属地原则逐级递交申请材料。申请材料包括：饭店星级申请报告、自查自评情况说明及其他必要的文字和图片资料。

7.3 星级的评定规程

7.3.1 受理

接到饭店星级申请后，相应评定权限的旅游饭店星级评定机构应在核实申请材料的基础上，于14天内做出受理与否的答复，对申请四星级以上饭店，其所在地旅游饭店星级评定机构在逐级递交或转交申请材料时应提交推荐报告或转交报告。

7.3.2 检查

受理申请或接到推荐报告后，相应评定权限的旅游饭店星级评定机构应在一个月内以明查和暗访的方式安排评定检查。检查合格与否，检查员均应提交检查报告，对检查未予通过的饭店，相应星级评定机构应加强指导，待接到饭店整改完成并要求重新检查的报告后，于一个月内再次安排评定检查。对申请四星级以上的饭店，检查分为初检和终检：

a. 初检由相应评定权限的旅游饭店星级评定机构组织，委派检查员以暗访或明查的形式实施检查，并将检查结果及整改意见记录在案，供终检时对照使用；初检合格，方可安排终检；

b. 终检由相应评定权限的旅游饭店星级评定机构组织，委派检查员对照初检结果及整改意见进行全面检查；终检合格，方可提交评审。

7.3.3 评审

接到检查报告后的一个月内，旅游饭店星级评定机构应根据检查员意见对申请星级的饭店进行评审。评审的主要内容有：审定申请资格，核实申请报告，认定本标准的达标情况，查验违规及事故、投诉的处理情况等。

7.3.4 批复

对于评审通过的饭店，旅游饭店星级评定机构应给予评定星级的批复，并授予相应星级的标志和证书。对于经评审认定达不到标准的饭店，旅游饭店星级评定机构不予批复。

7.4 星级的评定办法

7.4.1 星级的评定按照本标准及附录 A、附录 B 和附录 C 中给出的最低得分和得分率执行，服务与管理制度评价参见附录 D。

7.4.2 星级的评定和复核的检查工作由星级标准检查员承担。

7.5 星级的评定原则

7.5.1 饭店所取得的星级表明该饭店所有建筑物、设施设备及服务项目均处于同一水准。如果饭店由若干座不同建筑水平或设施设备标准的建筑物组成，旅游饭店星级评定机构应按每座建筑物的实际标准评定星级，评定星级后，不同星级的建筑物不能继续使用相同的饭店名称。否则，旅游饭店星级评定机构应不予批复或收回星级标志和证书。

7.5.2 饭店取得星级后，因改造发生建筑规格、设施设备和服务项目的变化，关闭或取消原有设施设备、服务功能或项目，导致达不到原星级标准的，必须向原旅游饭店星级评定机构申报，接受复核或重新评定。否则，原旅游饭店星级评定机构应收回该饭店的星级证书和标志。

7.5.3 某些特色突出或极其个性化的饭店，若自身条件与本标准规定的条件有所区别，可以直接向全国旅游饭店星级评定机构申请星级。全国旅游饭店星级评定机构应在接到申请后一个月内安排评定检查，根据检查和评审结果给予评定星级的批复，并授予相应星级的证书和标志。

7.6 星级的复核及处理

7.6.1 星级复核是星级评定工作的重要补充部分，其目的是督促已取得星级的饭店持续达标，其责任划分完全依照星级评定的责任分工。

7.6.2 对已经评定星级的饭店，旅游饭店星级评定机构应按照本标准及附录 A、附录 B 和附录 C 进行复核，每年一次。

7.6.3 复核工作应在饭店对照星级标准自查自纠、并将自查结果报告旅游饭店星级评定机构的基础上，由旅游饭店星级评定机构以明查或暗访的形式安排抽查验收。旅游饭店星级评定机构应于本地区复核工作结束后进行认真总结，并逐级上报复核结果。

7.6.4 对严重降低或复核认定达不到本标准相应星级的饭店，按以下办法处理：

a. 旅游饭店星级评定机构根据情节轻重给予签发警告通知书、通报批评、降低或取消星级的处理，并在相应范围内公布处理结果；

b. 凡在一年内接到警告通知书三次以上或通报批评两次以上的饭店，旅游饭店星级评定机构应降低或取消其星级，并向社会公布；

c. 被降低或取消星级的饭店。自降低或取消星级之日起一年内，不予恢复或重新评定星级；一年后，方可重新申请星级；

d. 已取得星级的饭店如发生重大事故，造成恶劣影响，其所在地旅游饭店星级评定机构应立即反映情况或在权限范围内做出降低或取消星级的处理。

7.6.5 饭店接待警告通知书、通报批评、降低星级的通知后，必须认真整改并在规定期限内将整改情况报告处理机构。

7.6.6 旅游饭店星级评定机构对星级饭店进行处理的责任分工依照星级评定的责任分工办理。全国旅游饭店星级评定机构保留对各星级饭店的直接处理权。

7.6.7 凡经旅游饭店星级评定机构决定提升或降低、取消星级的饭店，应立即将原星级标志和证书交还授予机构，由旅游饭店星级评定机构做出更换或没收的处理。

7.7 星级的标志和证书

7.7.1 旅游饭店星级的标志和证书由全国旅游饭店星级评定机构统一制作、核发。

7.7.2 旅游饭店星级的标志须置于饭店前厅最明显位置。

8. 服务质量要求

8.1 服务基本原则

8.1.1 对客人礼貌、热情、亲切、友好。

8.1.2 对所有客人，不分种族、民族、国别、贫富、亲疏，一视同仁。

8.1.3 密切关注并尽量满足客人的需求，高效率地完成对客服务。

8.1.4 遵守国家法律法规，保护客人的合法权益。

8.1.5 尊重客人的道德信仰与风俗习惯，不损害民族尊严。

8.2 服务基本要求

8.2.1 员工仪容仪表要求

a. 着工装、佩工牌上岗，仪容仪表端庄、大方、整洁；

b. 服务过程中表情自然、亲切、热情适度，提倡微笑服务；

c. 遵守饭店的仪容仪表规范。

8.2.2 言行举止要求

a. 站、坐、行姿符合各岗位的规范与要求，主动服务，有职业风范；

b. 以协调适宜的自然语言和身体语言对客服务，让客人感到尊重舒适；

8.2.3 语言要求

a. 语言文明、简明、清晰，符合礼仪规范；

b. 对客人提出的问题暂时无法解决时，应予耐心解释并于事后设法解决，不推诿和应付；

8.2.4 业务能力与技能要求：服务人员应掌握相应的业务知识和技能，并能熟练运用。

9. 管理制度要求

9.1 有员工手册。

9.2 有饭店组织机构图和部门组织机构图。

9.3 管理制度：主要针对管理层如层级管理制度、质量控制制度、市场营销制度、物资采购制度等。一项完整的饭店管理制度包括制度名称、制度目的、管理职责、项目运作规程(具体包括执行层级、管理对象、方式与频率、管理工作内容)、管理分工、管理程序与考核指标等项目。

9.4 部门化运作规范：包括管理人员岗位工作说明书、管理人员工作关系表、管理人员工作项目核检表、专门的质量管理文件、工作用表和质量管理记录等内容。

9.5 服务和专业技术人员岗位工作说明书：对服务和专业技术人员的岗位要求、任职条件、班次、接受指令与协调渠道、主要工作职责等内容进行书面说明。

9.6 服务项目、程序与标准说明书：针对服务和专业技术人员岗位工作说明书的要求，对每一个服务项目完成的目标、为完成该目标所需要经过的程序，以及为各个程序的质量标准进行说明。

9.7 工作技术标准说明书：对国家和地方主管部门和强制性标准所要求的特定岗位的技术工作如锅炉、强弱电、消防、食品加工与制作等，必须有相应的工作技术标准的书面说明，相应岗位的从业人员必须知晓。

9.8 其他可以证明饭店质量管理水平的证书或文件。

主要参考文献

1. 蒋丁新. 饭店管理概论. 北京：中国旅游出版社，1992

2. 国家旅游局人教司. 饭店管理概论. 北京：旅游教育出版社，1994

3. 邹益民. 周亚庆. 饭店管理 理论、方法与案例. 北京：高等教育出版社，2004

4. 邓峻枫. 现代饭店管理. 广东旅游出版社，1996

5. 贾天骥编译. 美国现代酒店管理实务. 广东旅游出版社，1997

6. 沈建龙. 饭店管理基础知识. 北京：高等教育出版社，1998

7. 赵星铁. 新编饭店管理. 立信会计出版社，2003

8. 张宁. 饭店管理理论与实践. 文汇出版社，1994

9. 马勇. 刘名俭. 旅游市场营销管理. 东北财经大学出版社，2002

10. 马勇. 周娟. 旅游管理学理论与方法. 北京：高等教育出版社，2004

11. 马勇. 旅游市场营销管理. 广东旅游出版社，1999

12. 马勇，周霄. 旅游学概论. 旅游教育出版社，2004

13. 马勇. 旅游经济管理. 南开大学出版社，1999.12

14. 马勇，周霄. WTO 与中国旅游产业发展新论. 北京：科学出版社，2003

15. 邵兵家，于同奎等. 客户关系管理 理论与实践. 北京：清华大学山版社，2004

16. 董金祥，陈刚，尹建伟. 客户关系管理 CRM. 浙江大学出版社，2002

17. 唐璎璋，孙黎. 一对一营销 客户关系管理的核心战略. 北京：中国经济出版社，2002

18. 郝树人，朱艳. 旅游企业人力资源管理. 东北财经大学出版社，2004

19. 查良松. 旅游管理信息系统. 北京：高等教育出版社，2002

20. 吴正平，邹统钎. 现代饭店人际关系学. 广东旅游出版社，1996

21. 区志钊. 现代饭店洗衣部管理与洗衣技术. 广东旅游出版社，1997

22. 张四成. 现代饭店礼貌礼仪. 广东旅游出版社，1996

23. 贾天骥编译. 现代饭店管家业务. 广东旅游出版社，1996

24. 黄静. 品牌管理. 武汉大学出版社，2005

25. 宋永高. 品牌战略和管理. 浙江大学出版社，2003

26. 黄江松. 品牌战略. 北京：中国金融出版社，2004

27. 巨天中. 品牌推广. 北京：中国经济出版社，2004

28. 马新建等. 人力资源管理与开发. 北京：石油工业出版社，2003

29. (英)乔纳森·瑞德. 人力资源 10S. 科学普及出版社，2004

30. 约翰 M.伊万切维奇. Human resource management/人力资源管理/. John M. Ivancevich.China Machine Press，2004

31. (美) Philip Kotler, John Bowen, James Makens. 旅游市场营销. 旅游教育出版社，2002

32. 崔卫华. 旅游投资项目评价. 东北财经大学出版社，2003

33. 黄惠伯. 饭店安全管理. 湖南科学技术出版社，2001

34. (美)菲根堡姆(Feigenbaum,A.V.). 全面质量管理. 机械工业出版社，1991

35. 蔡万坤. 餐饮管理. 旅游教育出版社，2004

36. 施涵蕴. 餐饮管理. 南开大学出版社，1993

37. 邹统钎. 旅游危机管理. 北京大学出版社，2005

38. 周娟. 优秀硕士毕业论文. 旅游危机管理系统机制分析与战略对策研究——以长江三峡旅游发展为例. 湖北大学马勇教授指导，2004

39. 邹统钎等. 饭店战略管理 理论前沿与中国的实践. 广东旅游出版社，2002

40. Stephen P. Robbins, David A. DeCenzo. Fundamentals of management = 管理学基础. 北京：北京大学出版社，2002

41. (美)斯蒂芬·P.罗宾斯，玛丽·库尔特. 管理学. 北京：中国人民大学出版社，2004

42. 中外酒店管理比较研究. 邹统钎，吴正平. 现代饭店经营思想与竞争战略. 广东旅游出版社，2000

43. Chuck Y. Gee. 国际饭店管理. 北京：中国旅游出版社，2002

44. 杨锡怀等. 企业战略管理 理论与案例. 北京：高等教育出版社，2004

45. 现代饭店导入 2000 版 ISO9000 族标准适宜性分析 《科技进步与对策》 6 月号，2001

46. 谷慧敏. 世界著名饭店集团管理精要. 辽宁科学技术出版社，2001

47. 中国旅游饭店业协会. 2003 年中国饭店集团化发展蓝皮书. 北京：中国旅游出版社，2003

48. 黎洁，张文红. 旅游企业经营战略管理. 北京：中国旅游出版社，2000

49. 戴斌. 论中国饭店集团的发展障碍.《中国饭店集团化发展蓝皮书 2003》 北京：中国旅游出版社，2003

50. 中国旅游饭店发展蓝皮书(1979—2000) 北京：中国旅游出版社，2001

51. 何建民. 中外饭店集团比较研究.《中国饭店集团化发展蓝皮书 2003》

52. Management Board Report-Accor Business Riview

53. www.itsqq.com

54. http://www.zdhotel.com/2005

55. 王云. 超值服务——让顾客更满意. 中国经理人在线，2005

56. 叶万春. 服务营销学. 北京：高等教育出版社，2001

57. 董观志. 现代饭店经营管理. 广州：中山大学出版社，2004

58. http://www.manage9.com，2004

59. 张文显. 当代西方方法哲学. 吉林大学出版社，1987

60. 中国建装网

61. 谷慧敏. 世界著名饭店集团管理精要. 沈阳：辽宁科学技术出版社，2001，p66～p99

62. 中国旅游饭店业协会. 中国饭店集团化发展蓝皮书 2003. 北京：中国旅游出版社，2003，p85

63. 中国旅游饭店业协会. 2003 年中国饭店集团化发展蓝皮书. 北京：中国旅游出版社，2003，p90～p91

64. 黎洁，张文红. 旅游企业经营战略管理. 北京：中国旅游出版社，2000，p247

65. 邹益民，周亚庆. 饭店管理——理论、方法与案例. 北京：高等教育出版社，2004，p123

66. 戴斌. "论中国饭店集团的发展障碍".《中国饭店集团化发展蓝皮书 2003》，北京：中国旅游出版社，2003，p54～p60

67. 《中国旅游饭店发展蓝皮书(1979—2000)》. 北京：中国旅游出版社，2001，p118～p122

68. 许激. 管理方法的类型. http://www.mange9.com. 2004-02-16

69. 蒋晓波. 我国国有旅游饭店资本存量结构调整初探. 旅游学刊，2000(2)，p41

70 戴斌. "论中国饭店集团的发展障碍".《中国饭店集团化发展蓝皮书 2003》. 北京：中国旅游出版社，p58

71. 周三多等. 管理学——原理与方法. 上海：复旦大学出版社，1999 年

72. 现代酒店经营中的创新意识与营销策略. [J],http://www.zdhotel.com. 2005-8-8

73. 许激. 系统理论学派. http://www.manage9.com. 2004-02-16

74. 许激. 管理方法的形成和发展. http://www.manage9.com. 2004-02-16

读者回执卡

欢迎您立即填妥回函

您好！感谢您购买本书,请您抽出宝贵的时间填写这份回执卡,并将此页剪下寄回我公司读者服务部。我们会在以后的工作中充分考虑您的意见和建议,并将您的信息加入公司的客户档案中,以便向您提供全程的一体化服务。您享有的权益:

★ 免费获得我公司的新书资料;
★ 寻求解答阅读中遇到的问题;

★ 免费参加我公司组织的技术交流会及讲座;
★ 可参加不定期的促销活动,免费获取赠品;

读者基本资料

姓　　名＿＿＿＿＿＿＿＿ 性　别 □男　□女　年　龄＿＿＿＿＿＿＿＿

电　　话＿＿＿＿＿＿＿＿ 职　业＿＿＿＿＿ 文化程度＿＿＿＿＿＿＿

E-mail＿＿＿＿＿＿＿＿ 邮　编＿＿＿＿＿＿＿＿

通讯地址＿＿＿＿＿＿＿＿＿＿＿＿＿＿＿＿

请在您认可处打√ (6至10题可多选)

1、您购买的图书名称是什么:＿＿＿＿＿＿＿＿＿＿＿＿

2、您在何处购买的此书:＿＿＿＿＿＿＿＿＿＿＿＿

3、您对电脑的掌握程度: □不懂 □基本掌握 □熟练应用 □精通某一领域

4、您学习此书的主要目的是: □工作需要 □个人爱好 □获得证书

5、您希望通过学习达到何种程度: □基本掌握 □熟练应用 □专业水平

6、您想学习的其他电脑知识有: □电脑入门 □操作系统 □办公软件 □多媒体设计
　　　　　　　　　　　　　□编程知识 □图像设计 □网页设计 □互联网知识

7、影响您购买图书的因素: □书名 □作者 □出版机构 □印刷、装帧质量
　　　　　　　　　　　　□内容简介 □网络宣传 □图书定价 □书店宣传
　　　　　　　　　　　　□封面,插图及版式 □知名作家(学者)的推荐或书评 □其他

8、您比较喜欢哪些形式的学习方式: □看图书 □上网学习 □用教学光盘 □参加培训班

9、您可以接受的图书的价格是: □20元以内 □30元以内 □50元以内 □100元以内

10、您从何处获知本公司产品信息: □报纸、杂志 □广播、电视 □同事或朋友推荐 □网站

11、您对本书的满意度: □很满意 □较满意 □一般 □不满意

12、您对我们的建议:＿＿＿＿＿＿＿＿＿＿＿＿＿＿＿＿＿＿＿＿＿

请剪下本页填写清楚,放入信封寄回,谢谢!

1 0 0 0 8 4

北京100084—157信箱

读者服务部　　　　　　**收**

邮政编码: □□□□□□

贴邮票处